ŒUVRES

DE

VOLTAIRE.

TOME XVI.

DE L'IMPRIMERIE DE FIRMIN DIDOT,
RUE JACOB, n° 24.

OEUVRES
DE
VOLTAIRE

AVEC

PRÉFACES, AVERTISSEMENTS,
NOTES, ETC.

PAR M. BEUCHOT.

TOME XVI.

ESSAI SUR LES MOEURS. — TOME II.

A PARIS,

CHEZ LEFÈVRE, LIBRAIRE,
RUE DE L'ÉPERON, N° 6.

WERDET ET LEQUIEN FILS,
RUE DU BATTOIR, N° 20.

M DCCC XXIX.

ESSAI

SUR

LES MOEURS ET L'ESPRIT

DES NATIONS,

ET SUR LES PRINCIPAUX FAITS DE L'HISTOIRE,
DEPUIS CHARLEMAGNE JUSQU'A LOUIS XIII.

CHAPITRE XXXVI.

Suite de l'empire d'Othon, et de l'état de l'Italie.

(961, 962) Othon entra en Italie, et il s'y conduisit comme Charlemagne : il vainquit Bérenger, qui en affectait la souveraineté. Il se fit sacrer et couronner empereur des Romains par les mains du pape, prit le nom de César et d'Auguste, et obligea le pape à lui faire serment de fidélité, sur le tombeau dans lequel on dit que repose le corps de saint Pierre. On dressa un instrument authentique de cet acte. Le clergé et la noblesse romaine se soumettent à ne jamais élire de pape qu'en présence des commissaires de l'empereur. Dans cet acte Othon confirme les donations de Pepin, de Charlemagne, de Louis-le-Débonnaire, sans spécifier quelles sont ces donations si contestées; « sauf en « tout notre puissance, dit-il, et celle de notre fils et « de nos descendants. » Cet instrument, écrit en lettres d'or, souscrit par sept évêques d'Allemagne, cinq comtes, deux abbés, et plusieurs prélats italiens, est gardé encore au château Saint-Ange, à ce que dit Baronius. La date est du 13 février 962.

Mais comment l'empereur Othon pouvait-il donner par cet acte, confirmatif de celui de Charlemagne, la ville même de Rome, que jamais Charlemagne ne donna? Comment pouvait-il faire présent du duché de Bénévent, qu'il ne possédait pas, et qui appartenait encore à ses ducs? Comment aurait-il donné la Corse et la Sicile, que les Sarrasins occupaient? Ou Othon fut trompé, ou cet acte est faux, il en faut convenir.

On dit, et Mézerai le dit après d'autres, que Lothaire, roi de France, et Hugues Capet, depuis roi, assistèrent à ce couronnement. Les rois de France étaient en effet alors si faibles, qu'ils pouvaient servir d'ornement au sacre d'un empereur; mais les noms de Lothaire et de Hugues Capet ne se trouvent pas dans les signatures vraies ou fausses de cet acte.

Quoi qu'il en soit, l'imprudence de Jean XII d'avoir appelé les Allemands à Rome fut la source de toutes les calamités dont Rome et l'Italie furent affligées pendant tant de siècles.

Le pape s'étant ainsi donné un maître, quand il ne voulait qu'un protecteur, lui fut bientôt infidèle. Il se ligua contre l'empereur avec Bérenger même, réfugié chez les mahométans, qui venaient de se cantonner sur les côtes de Provence. Il fit venir le fils de Bérenger à Rome tandis qu'Othon était à Pavie. Il envoya chez les Hongrois pour les solliciter à rentrer en Allemagne; mais il n'était pas assez puissant pour soutenir cette action hardie, et l'empereur l'était assez pour le punir.

Othon revint donc de Pavie à Rome; et, s'étant assuré de la ville, il tint un concile dans lequel il fit juridiquement le procès au pape. On assembla les seigneurs allemands et romains, quarante évêques, dix-sept cardinaux, dans l'église de Saint-Pierre; et là, en présence de tout le peuple, on accusa le saint-père d'avoir joui de plusieurs femmes, et surtout d'une nommée Étiennette, concubine de son père, qui était morte en couche. Les autres chefs d'accusation étaient d'avoir fait évêque de Todi un enfant de dix ans, d'avoir vendu les ordinations et les bénéfices, d'avoir fait crever les yeux à son parrain, d'avoir châtré un cardinal, et ensuite de l'avoir fait mourir; enfin de ne pas croire en Jésus-Christ, et d'avoir invoqué le diable, deux choses qui semblent se contredire. On mêlait donc, comme il arrive presque toujours, de fausses accusations à de véritables; mais on ne parla point du tout de la seule raison pour laquelle le concile était assemblé. L'empereur craignait sans doute de réveiller cette révolte et cette conspiration dans laquelle les accusateurs même du pape avaient trempé. Ce jeune pontife, qui avait alors vingt-sept ans, parut déposé pour ses incestes et ses scandales, et le fut en effet pour avoir voulu, ainsi que tous les Romains, détruire la puissance allemande dans Rome.

Othon ne put se rendre maître de sa personne; ou s'il le put, il fit une faute en le laissant libre. A peine avait-il fait élire le pape Léon VIII, qui, si l'on en croit le discours d'Arnoud, évêque d'Orléans, n'était ni ecclésiastique ni même chrétien; à peine en avait-il reçu l'hommage, et avait-il quitté Rome, dont probablement il ne devait pas s'écarter, que Jean XII eut le courage de faire soulever les Romains; et, opposant alors concile à concile, on déposa Léon VIII; on ordonna que « jamais l'inférieur ne pourrait ôter « le rang à son supérieur. »

Le pape, par cette décision, n'entendait pas seulement que jamais les évêques et les cardinaux ne pourraient déposer le pape; mais on désignait aussi l'empereur, que les évêques de Rome regardaient toujours comme un séculier qui devait à l'Église l'hommage et les serments qu'il exigeait d'elle. Le cardinal, nommé Jean, qui avait écrit et lu les accusations contre le pape, eut la main droite coupée. On arracha la langue, on coupa le nez et deux doigts à celui qui avait servi de greffier au concile de déposition.

Au reste, dans tous ces conciles où présidaient la faction et la vengeance, on citait toujours l'Évangile et les pères, on implorait les lumières du Saint-Esprit, on parlait en son nom, on fesait même des réglements utiles; et qui lirait ces actes sans connaître l'histoire, croirait lire les actes des saints. Si Jésus-Christ était alors revenu au monde, qu'aurait-il dit en voyant tant d'hypocrisie et tant d'abominations dans son Église?

Tout cela se fesait presque sous les yeux de l'empereur; et qui sait jusqu'où le courage et le ressentiment du jeune pontife, le soulèvement des Romains en sa faveur, la haine des autres villes d'Italie contre les Allemands, eussent pu porter cette révolution?

(964) Mais le pape Jean XII fut assassiné trois mois après, entre les bras d'une femme mariée, par les mains du mari qui vengeait sa honte. Il mourut de ses blessures au bout de huit jours. On a écrit que, ne croyant pas à la religion dont il était pontife, il ne voulut pas recevoir en mourant le viatique.

Ce pape, ou plutôt ce patrice, avait tellement animé les Romains, qu'ils osèrent, même après sa mort, soutenir un siége, et ne se rendirent qu'à l'extrémité. Othon, deux fois vainqueur de Rome, fut le maître de l'Italie comme de l'Allemagne.

Le pape Léon, créé par lui, le sénat, les principaux du peuple, le clergé de Rome, solennellement assemblés dans Saint-Jean-de-Latran, confirmèrent à l'empereur le droit de se choisir un successeur au royaume d'Italie, d'établir le pape, et de donner l'investiture aux évêques. Après tant de traités et de serments formés par la crainte, il fallait des empereurs qui demeurassent à Rome pour les faire observer.

A peine l'empereur Othon était retourné en Allemagne, que les Romains voulurent être libres. Ils mirent en prison leur nouveau pape, créature de l'empereur. Le préfet de Rome, les tribuns, le sénat, voulurent faire revivre les anciennes lois; mais ce qui dans un temps est une entreprise de héros, devient dans d'autres une révolte de séditieux. Othon revole en Italie, fait pendre une partie du sénat; (966) et le préfet de Rome, qui avait voulu être un Brutus, fut fouetté dans les carrefours, promené nu sur un âne, et jeté dans un cachot, où il mourut de faim.

CHAPITRE XXXVII.

Des empereurs Othon II et III, et de Rome.

Tel fut à peu près l'état de Rome sous Othon-le-Grand, Othon II, et Othon III. Les Allemands tenaient les Romains subjugués, et les Romains brisaient leurs fers dès qu'ils le pouvaient.

Un pape élu par l'ordre de l'empereur, ou nommé par lui, devenait l'objet de l'exécration des Romains. L'idée de rétablir la république vivait toujours dans leurs cœurs; mais cette noble ambition ne produisait que des misères humiliantes et affreuses.

Othon II marche à Rome comme son père. Quel gouvernement! quel empire! et quel pontificat! Un consul nommé Crescentius, fils du pape Jean X et de la fameuse Marozie, prenant avec ce titre de consul la haine de la royauté, souleva Rome contre Othon II. Il fit mourir en prison Benoît VI, créature de l'empereur; et l'autorité d'Othon, quoique éloigné, ayant, dans ces troubles, donné avant son arrivée la chaire romaine au chancelier de l'empire en Italie, qui fut pape sous le nom de Jean XIV, ce malheureux pape fut une nouvelle victime que le parti romain immola. Le pape Boniface VII, créature du consul Crescentius, déjà souillé du sang de Benoît VI, fit encore périr Jean XIV. Les temps de Caligula, de Néron, de Vitellius, ne produisirent ni des infortunes plus déplorables, ni de plus grandes barbaries; mais les attentats et les malheurs de ces papes sont obscurs comme eux. Ces tragédies sanglantes se jouaient sur le théâtre de Rome, mais petit et ruiné, et celles des Césars avaient pour théâtre le monde connu.

Cependant Othon II arrive à Rome en 981. Les papes autrefois avaient fait venir les Francs en Italie, et s'étaient soustraits à l'autorité des empereurs d'Orient. Que font-ils maintenant? Ils essaient de retourner en apparence à leurs anciens maîtres; et ayant imprudemment appelé les empereurs saxons, ils veulent les chasser. Ce même Boniface VII était allé à Constantinople presser les empereurs Basile et Constantin de venir rétablir le trône des Césars. Rome ne savait ni ce qu'elle était, ni à qui elle était. Le consul Crescentius et le sénat voulaient rétablir la république : le pape ne voulait en effet ni république ni maître : Othon II voulait régner. Il entre donc dans Rome; il y invite à dîner les principaux sénateurs et les partisans du consul : et, si l'on en croit Geoffroi de Viterbe, il les fit tous égorger au milieu d'un repas. Voilà le pape délivré par son ennemi des sénateurs républicains : mais il faut se délivrer de ce tyran. Ce n'est pas assez des troupes de l'empereur d'Orient qui viennent dans la Pouille, le pape y joint les Sarrasins. Si le massacre des sénateurs dans ce repas sanglant, rapporté par Geoffroi, est véritable, il valait mieux sans doute avoir les mahométans pour protecteurs, que ce Saxon sanguinaire pour maître. Il est vaincu par les Grecs; il l'est par les musulmans; il tombe captif entre leurs mains, mais il leur échappe; et profitant de la division de ses ennemis, il rentre encore dans Rome, où il meurt en 983.

Après sa mort, le consul Crescentius maintint quelque temps l'ombre de la république romaine. Il chassa du siége pontifical Grégoire V, neveu de l'empereur Othon III. Mais enfin Rome fut encore assiégée et prise. Crescentius, attiré hors du château Saint-Ange sur l'espérance d'un accommodement, et sur la foi des serments de l'empereur, eut la tête tranchée. Son corps fut pendu par les pieds ; et le nouveau pape, élu par les Romains, sous le nom de Jean XVI, ou XVII selon d'autres, eut les yeux crevés et le nez coupé. On le jeta en cet état du haut du château Saint-Ange dans la place.

Les Romains renouvelèrent alors à Othon III les serments faits à Othon Ier et à Charlemagne ; et il assigna aux papes les terres de la Marche d'Ancône pour soutenir leur dignité.

Après les trois Othons, ce combat de la domination allemande et de la liberté italique resta long-temps dans les mêmes termes. Sous les empereurs Henri II de Bavière et Conrad II le Salique, dès qu'un empereur était occupé en Allemagne, il s'élevait un parti en Italie. Henri II y vint, comme les Othons, dissiper des factions, confirmer aux papes les donations des empereurs, et recevoir les mêmes hommages. Cependant la papauté était à l'encan, ainsi que presque tous les autres évêchés.

Benoît VIII, et Jean XIX ou XX, l'achetèrent publiquement l'un après l'autre : ils étaient frères, de la maison des marquis de Toscanelle, toujours puissante à Rome depuis le temps des Marozie et des Théodora.

Après leur mort, pour perpétuer le pontificat dans leur maison, on acheta encore les suffrages pour un enfant de douze ans. (1034) C'était Benoît IX, qui eut l'évêché de Rome de la même manière qu'on voit encore aujourd'hui tant de familles acheter, mais en secret, des bénéfices pour des enfants.

Le désordre n'eut plus de bornes. On vit, sous le pontificat de ce Benoît IX, deux autres papes élus à prix d'argent, et trois papes dans Rome s'excommunier réciproquement; mais par une conciliation heureuse qui étouffa une guerre civile, ces trois papes s'accordèrent à partager les revenus de l'Église, et à vivre en paix chacun avec sa maîtresse.

Ce triumvirat pacifique et singulier ne dura qu'autant qu'ils eurent de l'argent; et enfin, quand ils n'en eurent plus, chacun vendit sa part de la papauté au diacre Gratien, homme de qualité, fort riche. Mais, comme le jeune Benoît IX avait été élu long-temps avant les deux autres, on lui laissa, par un accord solennel, la jouissance du tribut que l'Angleterre payait alors à Rome, qu'on appelait le *denier de saint Pierre*, et auquel un roi saxon d'Angleterre, nommé Ételvolft, Édelvolf, ou Éthelulfe, s'était soumis en 852.

Ce Gratien, qui prit le nom de Grégoire VI, jouissait paisiblement du pontificat, lorsque l'empereur Henri III, fils de Conrad II le Salique, vint à Rome.

Jamais empereur n'y exerça plus d'autorité. Il exila Grégoire VI, et nomma pape Suidger, son chancelier, évêque de Bamberg, sans qu'on osât murmurer.

(1048) Après la mort de cet Allemand, qui, parmi

les papes, est appelé Clément II, l'empereur, qui était en Allemagne, y créa pape un Bavarois, nommé Popon : c'est Damase II, qui, avec le brevet de l'empereur, alla se faire reconnaître à Rome. Il fut intronisé, malgré ce Benoît IX qui voulait encore rentrer dans la chaire pontificale après l'avoir vendue.

Ce Bavarois étant mort vingt-trois jours après son intronisation, l'empereur donna la papauté à son cousin Brunon, de la maison de Lorraine, qu'il transféra de l'évêché de Toul à celui de Rome, par une autorité absolue. Si cette autorité des empereurs avait duré, les papes n'eussent été que leurs chapelains, et l'Italie eût été esclave.

Ce pontife prit le nom de Léon IX ; on l'a mis au rang des saints. Nous le verrons à la tête d'une armée combattre les princes normands fondateurs du royaume de Naples, et tomber captif entre leurs mains.

Si les empereurs eussent pu demeurer à Rome, on voit par la faiblesse des Romains, par les divisions de l'Italie, et par la puissance de l'Allemagne, qu'ils eussent été toujours les souverains des papes, et qu'en effet il y aurait eu un empire romain. Mais ces rois électifs d'Allemagne ne pouvaient se fixer à Rome, loin des princes allemands trop redoutables à leurs maîtres. Les voisins étaient toujours prêts à envahir les frontières. Il fallait combattre tantôt les Danois, tantôt les Polonais et les Hongrois. C'est ce qui sauva quelque temps l'Italie d'un joug contre lequel elle se serait en vain débattue.

Jamais Rome et l'Église latine ne furent plus méprisées à Constantinople que dans ces temps malheureux. Luitprand, l'ambassadeur d'Othon Ier auprès de l'empereur Nicéphore Phocas, nous apprend que les habitants de Rome n'étaient point appelés Romains, mais Lombards, dans la ville impériale. Les évêques de Rome n'y étaient regardés que comme des brigands schismatiques. Le séjour de saint Pierre à Rome était considéré comme une fable absurde, fondée uniquement sur ce que saint Pierre avait dit, dans une de ses épîtres, qu'il était à Babylone, et qu'on s'était avisé de prétendre que Babylone signifiait Rome : on ne fesait guère plus de cas à Constantinople des empereurs saxons, qu'on traitait de barbares.

Cependant la cour de Constantinople ne valait pas mieux que celle des empereurs germaniques. Mais il y avait dans l'empire grec plus de commerce, d'industrie, de richesses, que dans l'empire latin : tout était déchu dans l'Europe occidentale depuis les temps brillants de Charlemagne. La férocité et la débauche, l'anarchie et la pauvreté, étaient dans tous les états. Jamais l'ignorance ne fut plus universelle. Il ne se fesait pourtant pas moins de miracles que dans d'autres temps : il y en a eu dans chaque siècle ; et ce n'est guère que depuis l'établissement des académies des sciences dans l'Europe, qu'on ne voit plus de miracles chez les nations éclairées ; et que, si l'on en voit, la saine physique les réduit bientôt à leur valeur.

CHAPITRE XXXVIII.

De la France, vers le temps de Hugues Capet.

Pendant que l'Allemagne commençait à prendre ainsi une nouvelle forme d'administration, et que Rome et l'Italie n'en avaient aucune, la France devenait, comme l'Allemagne, un gouvernement entièrement féodal.

Ce royaume s'étendait des environs de l'Escaut et de la Meuse jusqu'à la mer Britannique, et des Pyrénées au Rhône. C'étaient alors ses bornes; car, quoique tant d'historiens prétendent que ce grand fief de la France allait par-delà les Pyrénées jusqu'à l'Èbre, il ne paraît point du tout que les Espagnols de ces provinces, entre l'Èbre et les Pyrénées, fussent soumis au faible gouvernement de France, en combattant contre les mahométans.

La France, dans laquelle ni la Provence ni le Dauphiné n'étaient compris, était un assez grand royaume; mais il s'en fallait beaucoup que le roi de France fût un grand souverain. Louis, le dernier des descendants de Charlemagne, n'avait plus pour tout domaine que les villes de Laon et de Soissons, et quelques terres qu'on lui contestait. L'hommage rendu par la Normandie ne servait qu'à donner au roi un vassal qui aurait pu soudoyer son maître. Chaque province avait ou ses comtes ou ses ducs héréditaires; celui qui n'avait pu se saisir que de deux ou trois bourgades rendait hommage aux usurpateurs d'une province; et qui n'avait qu'un château relevait de celui qui avait usurpé une ville. De tout cela s'était fait cet assemblage monstrueux de membres qui ne formaient point un corps.

Le temps et la nécessité établirent que les seigneurs des grands fiefs marcheraient avec des troupes au secours du roi. Tel seigneur devait quarante jours de service, tel autre vingt-cinq. Les arrière-vassaux marchaient aux ordres de leurs seigneurs immédiats. Mais, si tous ces seigneurs particuliers servaient l'état quelques jours, ils se fesaient la guerre entre eux presque toute l'année. En vain les conciles, qui dans ces temps de crimes ordonnèrent souvent des choses justes, avaient réglé qu'on ne se battrait point depuis le jeudi jusqu'au point du jour du lundi, et dans les temps de Pâques et dans d'autres solennités; ces réglements, n'étant point appuyés d'une justice coercitive, étaient sans vigueur. Chaque château était la capitale d'un petit état de brigands; chaque monastère était en armes: leurs avocats, qu'on appelait *avoyers*, institués dans les premiers temps pour présenter leurs requêtes au prince et ménager leurs affaires, étaient les généraux de leurs troupes : les moissons étaient ou brûlées, ou coupées avant le temps, ou défendues l'épée à la main ; les villes presque réduites en solitude, et les campagnes dépeuplées par de longues famines.

Il semble que ce royaume sans chef, sans police, sans ordre, dût être la proie de l'étranger; mais une anarchie presque semblable dans tous les royaumes fit sa sûreté; et quand, sous les Othons, l'Allemagne fut plus à craindre, les guerres intestines l'occupèrent.

C'est de ces temps barbares que nous tenons l'usage de rendre hommage, pour une maison et pour un bourg, au seigneur d'un autre village. Un praticien, un marchand qui se trouve possesseur d'un ancien fief, reçoit foi et hommage d'un autre bourgeois ou d'un pair du royaume qui aura acheté un arrière-fief dans sa mouvance. Les lois de fiefs ne subsistent plus ; mais ces vieilles coutumes de mouvances, d'hommages, de redevances, subsistent encore : dans la plupart des tribunaux on admet cette maxime, *Nulle terre sans seigneur* ; comme si ce n'était pas assez d'appartenir à la patrie.

Quand la France, l'Italie, et l'Allemagne, furent ainsi partagées sous un nombre innombrable de petits tyrans, les armées, dont la principale force avait été l'infanterie, sous Charlemagne ainsi que sous les Romains, ne furent plus que de la cavalerie. On ne connut plus que les gendarmes ; les gens de pied n'avaient pas ce nom, parceque, en comparaison des hommes de cheval, ils n'étaient point armés.

Les moindres possesseurs de châtellenies ne se mettaient en campagne qu'avec le plus de chevaux qu'ils pouvaient ; et le faste consistait alors à mener avec soi des écuyers, qu'on appela *vaslets*, du mot *vassalet*, petit vassal. L'honneur étant donc mis à ne combattre qu'à cheval, on prit l'habitude de porter une armure complète de fer, qui eût accablé un homme à pied de son poids. Les brassards, les cuissards, furent une partie de l'habillement. On prétend que Charlemagne en avait eu; mais ce fut vers l'an 1000 que l'usage en fut commun.

Quiconque était riche devint presque invulnérable à la guerre; et c'était alors qu'on se servit plus que jamais de massues, pour assommer ces chevaliers que les pointes ne pouvaient percer. Le plus grand commerce alors fut en cuirasses, en boucliers, en casques ornés de plumes.

Les paysans qu'on traînait à la guerre, seuls exposés et méprisés, servaient de pionniers plutôt que de combattants. Les chevaux, plus estimés qu'eux, furent bardés de fer; leur tête fut armée de chanfreins.

On ne connut guère alors de lois que celles que les plus puissants firent pour le service des fiefs. Tous les autres objets de la justice distributive furent abandonnés au caprice des maîtres-d'hôtel, prevôts, baillis, nommés par les possesseurs des terres.

Les sénats de ces villes, qui, sous Charlemagne et sous les Romains, avaient joui du gouvernement municipal, furent abolis presque partout. Le mot de *senior*, seigneur, affecté long-temps à ces principaux du sénat des villes, ne fut plus donné qu'aux possesseurs des fiefs.

Le terme de pair commençait alors à s'introduire dans la langue gallo-tudesque, qu'on parlait en France. On sait qu'il venait du mot latin *par*, qui signifie égal ou confrère. On ne s'en était servi que dans ce sens sous la première et la seconde race des rois de France. Les enfants de Louis-le-Débonnaire s'appelèrent *Pares* dans une de leurs entrevues, l'an 851; et long-temps auparavant, Dagobert donne le nom de pairs à des moines. Godegrand, évêque de Metz, du temps de Charlemagne, appelle pairs des évêques et des abbés, ainsi que le marque le savant Du Cange. Les vassaux d'un même seigneur s'accoutumèrent donc à s'appeler pairs.

Alfred-le-Grand avait établi en Angleterre les jurés : c'étaient des pairs dans chaque profession. Un homme, dans une cause criminelle, choisissait douze hommes de sa profession pour être ses juges. Quelques vassaux, en France, en usèrent ainsi; mais le nombre des pairs n'était pas pour cela déterminé à douze. Il y en avait dans chaque fief autant que de barons, qui relevaient du même seigneur, et qui étaient pairs entre eux, mais non pairs de leur seigneur féodal.

Les princes qui rendaient un hommage immédiat à la couronne, tels que les ducs de Guienne, de Normandie, de Bourgogne, les comtes de Flandre, de Toulouse, étaient donc en effet des pairs de France.

Hugues Capet n'était pas le moins puissant. Il possédait depuis long-temps le duché de France, qui s'étendait jusqu'en Touraine : il était comte de Paris : de vastes domaines en Picardie et en Champagne lui donnaient encore une grande autorité dans ces provinces. Son frère avait ce qui compose aujourd'hui le duché de Bourgogne. Son grand-père Robert, et son grand-oncle Eudes ou Odon, avaient tous deux porté la couronne du temps de Charles-le-Simple ; Hugues son père, surnommé l'Abbé, à cause des abbayes de Saint-Denys, de Saint-Martin-de-Tours, de Saint-Germain-des-Prés, et de tant d'autres qu'il possédait, avait ébranlé et gouverné la France. Ainsi l'on peut dire que depuis l'année 910, où le roi Eudes commença son règne, sa maison a gouverné presque sans interruption; et que, si on excepte Hugues l'Abbé, qui ne voulut pas prendre la couronne royale, elle forme une suite de souverains de plus de huit cent cinquante ans : filiation unique parmi les rois.

(987) On sait comment Hugues Capet, duc de France, comte de Paris, enleva la couronne au duc Charles, oncle du dernier roi Louis V. Si les suffrages eussent été libres, le sang de Charlemagne respecté, et le droit de succession aussi sacré qu'aujourd'hui, Charles aurait été roi de France. Ce ne fut point un parlement de la nation qui le priva du droit de ses ancêtres, comme l'ont dit tant d'historiens, ce fut ce qui fait et défait les rois, la force aidée de la prudence.

Tandis que Louis, ce dernier roi du sang carlovingien, était prêt à finir, à l'âge de vingt-trois ans, sa vie obscure, par une maladie de langueur, Hugues Capet assemblait déjà ses forces; et, loin de recourir à l'autorité d'un parlement, il sut dissiper avec ses troupes un parlement qui se tenait à Compiègne, pour assurer la succession à Charles. La lettre de Gerbert, depuis archevêque de Reims, et pape sous le nom de Silvestre II, déterrée par Duchesne, en est un témoignage authentique.

Charles, duc de Brabant et de Hainaut, états qui composaient la Basse-Lorraine, succomba sous un rival plus puissant et plus heureux que lui : trahi par l'évêque de Laon, surpris et livré à Hugues Capet, il mourut captif dans la tour d'Orléans; et deux enfants mâles qui ne purent le venger, mais dont l'un eut cette Basse-Lorraine, furent les derniers princes de la postérité masculine de Charlemagne. Hugues Capet, devenu roi de ses pairs, n'en eut pas un plus grand domaine.

CHAPITRE XXXIX.

État de la France aux dixième et onzième siècles. Excommunication du roi Robert.

La France, démembrée, languit dans des malheurs obscurs, depuis Charles-le-Gros jusqu'à Philippe Ier, arrière-petit-fils de Hugues Capet, près de deux cent cinquante années. Nous verrons si les croisades qui signalèrent le règne de Philippe Ier, à la fin du onzième siècle, rendirent la France plus florissante. Mais dans l'espace de temps dont je parle, tout ne fut que confusion, tyrannie, barbarie, et pauvreté. Chaque seigneur un peu considérable fesait battre monnaie; mais c'était à qui l'altérerait. Les belles manufactures étaient en Grèce et en Italie. Les Français ne pouvaient les imiter dans les villes sans liberté, ou, comme on a parlé long-temps, sans privilèges, et dans un pays sans union.

(999) De tous les événements de ce temps, le plus digne de l'attention d'un citoyen est l'excommunication du roi Robert. Il avait épousé Berthe, sa commère et sa cousine au quatrième degré; mariage en soi légitime, et, de plus, nécessaire au bien de l'état, et que les évêques avaient approuvé dans un concile

national. Nous avons vu, de nos jours, des particuliers épouser leurs nièces, et acheter au prix ordinaire les dispenses à Rome, comme si Rome avait des droits sur des mariages qui se font à Paris. Le roi de France n'éprouva pas autant d'indulgence. L'Église romaine, dans l'avilissement et les scandales où elle était plongée, osa imposer au roi une pénitence de sept ans, lui ordonna de quitter sa femme, l'excommunia en cas de refus. Le pape interdit tous les évêques qui avaient assisté à ce mariage, et leur ordonna de venir à Rome lui demander pardon. Tant d'insolence paraît incroyable; mais l'ignorante superstition de ces temps peut l'avoir soufferte, et la politique peut l'avoir causée. Grégoire V, qui fulmina cette excommunication, était Allemand, et gouverné par Gerbert, ci-devant archevêque de Reims, devenu ennemi de la maison de France. L'empereur Othon III, peu ami de Robert, assista lui-même au concile où l'excommunication fut prononcée. Tout cela fait croire que la raison d'état eut autant de part à cet attentat que le fanatisme.

Les historiens disent que cette excommunication fit en France tant d'effet, que tous les courtisans du roi et ses propres domestiques l'abandonnèrent, et qu'il ne lui resta que deux serviteurs, qui jetaient au feu le reste de ses repas, ayant horreur de ce qu'avait touché un excommunié. Quelque dégradée que fût alors la raison humaine, il n'y a pas d'apparence que l'absurdité pût aller si loin. Le premier auteur qui rapporte cet excès de l'abrutissement de la cour de France est le cardinal Pierre Damien, qui n'écrivit

2.

que soixante-cinq ans après. Il rapporte qu'en punition de cet inceste prétendu, la reine accoucha d'un monstre; mais il n'y eut rien de monstrueux dans toute cette affaire que l'audace du pape, et la faiblesse du roi, qui se sépara de sa femme.

Les excommunications, les interdits, sont des foudres qui n'embrasent un état que quand ils trouvent des matières combustibles. Il n'y en avait point alors; mais peut-être Robert craignait-il qu'il ne s'en formât.

La condescendance du roi Robert enhardit tellement les papes, que son petit-fils, Philippe Ier, fut excommunié comme lui. (1075) D'abord le fameux Grégoire VII le menaça de le déposer, s'il ne se justifiait de l'accusation de simonie devant ses nonces. Un autre pape l'excommunia en effet. Philippe s'était dégoûté de sa femme, et était amoureux de Bertrade, épouse du comte d'Anjou. Il se servit du ministère des lois pour casser son mariage, sous prétexte de parenté: et Bertrade, sa maîtresse, fit casser le sien avec le comte d'Anjou, sous le même prétexte.

Le roi et sa maîtresse furent ensuite mariés solennellement par les mains d'un évêque de Bayeux. Ils étaient condamnables; mais ils avaient au moins rendu ce respect aux lois, de se servir d'elles pour couvrir leurs fautes. Quoi qu'il en soit, un pape avait excommunié Robert pour avoir épousé sa parente, et un autre pape excommunia Philippe pour avoir quitté sa parente. Ce qu'il y a de plus singulier, c'est qu'Urbain II, qui prononça cette sentence en 1094, la prononça et la soutint dans les propres états du roi, à

Clermont en Auvergne, où il vint chercher un asile l'année suivante, et dans ce même concile où nous verrons qu'il prêcha la croisade.

Cependant il ne paraît pas que Philippe excommunié ait été en horreur à ses sujets : c'est une raison de plus pour douter de cet abandon général où l'on dit que le roi Robert avait été réduit.

Ce qu'il y eut d'assez remarquable, c'est le mariage du roi Henri, père de Philippe, avec une princesse de Russie, fille d'un duc nommé Jaraslau. On ne sait si cette Russie était la Russie Noire, la Blanche, ou la Rouge. Cette princesse était-elle née idolâtre, ou chrétienne, ou grecque? Changea-t-elle de religion pour épouser un roi de France? Comment, dans un temps où la communication entre les états de l'Europe était si rare, un roi de France eut-il connaissance d'une princesse du pays des anciens Scythes? Qui proposa cet étrange mariage? L'histoire de ces temps obscurs ne satisfait à aucune de ces questions.

Il est à croire que le roi des Français, Henri Ier, rechercha cette alliance, afin de ne pas s'exposer à des querelles ecclésiastiques. De toutes les superstitions de ces temps-là, ce n'était pas la moins nuisible au bien des états que celle de ne pouvoir épouser sa parente au septième degré. Presque tous les souverains de l'Europe étaient parents de Henri. Quoi qu'il en soit, Anne, fille d'un Jaraslau (Jaroslau), duc inconnu d'une Russie alors ignorée, fut reine de France; et il est à remarquer qu'après la mort de son mari elle n'eut point la régence, et n'y prétendit point. Les lois changent selon les temps. Ce fut le comte de Flandre, un des vassaux du royaume, qui en fut régent. La reine veuve se remaria à un comte de Crépi. Tout cela serait singulier aujourd'hui, et ne le fut point alors.

En général, si on compare ces siècles au nôtre, ils paraissent l'enfance du genre humain, dans tout ce qui regarde le gouvernement, la religion, le commerce, les arts, les droits des citoyens.

C'est surtout un spectacle étrange que l'avilissement, le scandale de Rome, et sa puissance d'opinion, subsistant dans les esprits au milieu de son abaissement; cette foule de papes créés par les empereurs, l'esclavage de ces pontifes, leur pouvoir immense dès qu'ils sont maîtres, et l'excessif abus de ce pouvoir. Silvestre II, Gerbert, ce savant du dixième siècle, qui passa pour un magicien, parcequ'un Arabe lui avait enseigné l'arithmétique et quelques éléments de géométrie, ce précepteur d'Othon III, chassé de son archevêché de Reims du temps du roi Robert, nommé pape par l'empereur Othon III, conserve encore la réputation d'un homme éclairé, et d'un pape sage. Cependant, voici ce que rapporte la chronique d'Ademar Chabanois, son contemporain et son admirateur.

Un seigneur de France, Gui, vicomte de Limoges, dispute quelques droits de l'abbaye de Brantôme à un Grimoad, évêque d'Angoulême; l'évêque l'excommunie; le vicomte fait mettre l'évêque en prison. Ces violences réciproques étaient très communes dans toute l'Europe, où la violence tenait lieu de loi.

Le respect pour Rome était alors si grand dans cette anarchie universelle, que l'évêque, sorti de sa prison, et le vicomte de Limoges, allèrent tous deux de France à Rome plaider leur cause devant le pape Silvestre II, en plein consistoire. Le croira-t-on ? ce seigneur fut condamné à être tiré à quatre chevaux ; et la sentence eût été exécutée, s'il ne se fût évadé. L'excès commis par ce seigneur, en fesant emprisonner un évêque qui n'était pas son sujet, ses remords, sa soumission pour Rome, la sentence aussi barbare qu'absurde du consistoire, peignent parfaitement le caractère de ces temps agrestes.

Au reste, ni le roi des Français, Henri Ier, fils de Robert, ni Philippe Ier, fils de Henri, ne furent connus par aucun événement mémorable ; mais, de leur temps, leurs vassaux et arrière-vassaux conquirent des royaumes.

Nous allons voir comment quelques aventuriers de la province de Normandie, sans biens, sans terres, et presque sans soldats, fondèrent la monarchie des Deux-Siciles, qui depuis fut un si grand sujet de discorde entre les empereurs de la dynastie de Souabe et les papes, entre les maisons d'Anjou et d'Aragon, entre celles d'Autriche et de France.

CHAPITRE XL.

Conquête de Naples et de Sicile par des gentilshommes normands.

Quand Charlemagne prit le nom d'empereur, ce nom ne lui donna que ce que ses armes pouvaient lui assurer. Il se prétendait dominateur suprême du duché de Bénévent, qui composait alors une grande partie des états connus aujourd'hui sous le nom de royaume de Naples. Les ducs de Bénévent, plus heureux que les rois lombards, lui résistèrent ainsi qu'à ses successeurs. La Pouille, la Calabre, la Sicile, furent en proie aux incursions des Arabes. Les empereurs grecs et latins se disputaient en vain la souveraineté de ces pays. Plusieurs seigneurs particuliers en partageaient les dépouilles avec les Sarrasins. Les peuples ne savaient à qui ils appartenaient, ni s'ils étaient de la communion romaine, ou de la grecque, ou mahométans. L'empereur Othon Ier exerça son autorité dans ces pays en qualité de plus fort. Il érigea Capoue en principauté. Othon II, moins heureux, fut battu par les Grecs et par les Arabes réunis contre lui. Les empereurs d'Orient restèrent alors en possession de la Pouille et de la Calabre, qu'ils gouvernaient par un catapan. Des seigneurs avaient usurpé Salerne. Ceux qui possédaient Bénévent et Capoue envahissaient ce qu'ils pouvaient des terres du catapan; et le catapan les dépouillait à son tour. Naples et Gaïete étaient de petites républiques comme Sienne et Lucques : l'esprit de l'ancienne Grèce semblait s'être réfugié dans ces deux petits territoires. Il y avait de la grandeur à vouloir être libres, tandis que tous les peuples d'alentour étaient des esclaves qui changeaient de maîtres. Les mahométans, cantonnés dans plusieurs châteaux, pillaient également les Grecs et les Latins : les Églises des provinces du catapan étaient soumises au métropolitain de Constantinople; les autres, à celui de Rome. Les mœurs se ressentaient du mélange de tant de peuples, de tant de gouvernements et de religions. L'esprit naturel des habitants ne jetait aucune étincelle : on ne reconnaissait plus le pays qui avait produit Horace et Cicéron, et qui devait faire naître le Tasse. Voilà dans quelle situation était cette fertile contrée, aux dixième et onzième siècles, de Gaïète et du Garillan jusqu'à Otrante.

Le goût des pélerinages et des aventures de chevalerie régnait alors. Les temps d'anarchie sont ceux qui produisent l'excès de l'héroïsme : son essor est plus retenu dans les gouvernements réglés. Cinquante ou soixante Français étant partis, en 983, des côtes de Normandie pour aller à Jérusalem, passèrent, à leur retour, sur la mer de Naples, et arrivèrent dans Salerne, dans le temps que cette ville, assiégée par les mahométans, venait de se racheter à prix d'argent. Ils trouvent les Salertins occupés à rassembler le prix de leur rançon, et les vainqueurs livrés dans leur camp à la sécurité d'une joie brutale et de la débauche. Cette poignée d'étrangers reproche aux assiégés la lâcheté de leur soumission ; et, dans l'instant, marchant avec audace au milieu de la nuit, suivis de quelques Salertins qui osent les imiter, ils fondent dans le camp des Sarrasins, les étonnent, les mettent en fuite, les forcent de remonter en désordre sur leurs vaisseaux, et non seulement sauvent les trésors de Salerne, mais ils y ajoutent les dépouilles des ennemis.

Le prince de Salerne, étonné, veut les combler de présents, et est encore plus étonné qu'ils les refusent : ils sont traités long-temps à Salerne comme des héros libérateurs le méritaient. On leur fait promettre de revenir. L'honneur attaché à un événement si surprenant engage bientôt d'autres Normands à passer à Salerne et à Bénévent. Les Normands reprennent l'habitude de leurs pères, de traverser les mers pour combattre. Ils servent tantôt l'empereur grec, tantôt les princes du pays, tantôt les papes : il ne leur importe pour qui ils se signalent, pourvu qu'ils recueillent le fruit de leurs travaux. Il s'était élevé un duc à Naples, qui avait asservi la république naissante. Ce duc de Naples est trop heureux de faire alliance avec ce petit nombre de Normands, qui le secourent contre un duc de Bénévent. (1030) Ils fondent la ville d'Averse entre ces deux territoires : c'est la première souveraineté acquise par leur valeur.

Bientôt après arrivent trois fils de Tancrède de Hauteville, du territoire de Coutances, Guillaume, surnommé Fier-à-bras, Drogon, et Humfroi. Rien ne ressemble plus aux temps fabuleux. Ces trois frères, avec les Normands d'Averse, accompagnent le catapan dans la Sicile. Guillaume Fier-à-bras tue le général arabe, donne aux Grecs la victoire ; et la Sicile allait retourner aux Grecs s'ils n'avaient pas été ingrats. Mais le catapan craignit ces Français qui le défendaient ; il leur fit des injustices, et il s'attira leur vengeance. Ils tournent leurs armes contre lui. Trois à quatre cents Normands s'emparent de presque toute la Pouille (1041). Le fait paraît incroyable ; mais les aventuriers du pays se joignaient à eux, et devenaient de bons soldats sous de tels maîtres. Les Calabrois qui cherchaient la fortune par le courage, devenaient autant de Normands. Guillaume Fier-à-bras se fait lui-même comte de la Pouille, sans consulter ni empereur, ni pape, ni seigneurs voisins. Il ne consulta que les soldats, comme ont fait tous les premiers rois de tous les pays. Chaque capitaine normand eut une ville ou un village pour son partage.

(1046) Fier-à-bras étant mort, son frère Drogon est élu souverain de la Pouille. Alors Robert Guiscard et ses deux jeunes frères quittent encore Coutances pour avoir part à tant de fortune. Le vieux Tancrède est étonné de se voir père d'une race de conquérants. Le nom des Normands fesait trembler tous les voisins de la Pouille, et même les papes. Robert Guiscard et ses frères, suivis d'une foule de leurs compatriotes, vont par petites troupes en pélerinage à Rome. Ils marchent inconnus, le bourdon à la main, et arrivent enfin dans la Pouille.

(1047) L'empereur Henri III, assez fort alors pour régner dans Rome, ne le fut pas assez pour s'opposer d'abord à ces conquérants. Il leur donna solennellement l'investiture de ce qu'ils avaient envahi. Ils possédaient alors la Pouille entière, le comté d'Averse, la moitié du Bénéventin.

Voilà donc cette maison, devenue bientôt après maison royale, fondatrice des royaumes de Naples et de Sicile, feudataire de l'empire. Comment s'est-il pu faire que cette portion de l'empire en ait été sitôt détachée, et soit devenue un fief de l'évêché de Rome, dans le temps que les papes ne possédaient presque point de terrain, qu'ils n'étaient point maîtres à Rome, qu'on ne les reconnaissait pas même dans la Marche d'Ancône, qu'Othon-le-Grand leur avait, dit-on, donnée? Cet événement est presque aussi étonnant que les conquêtes des gentilshommes normands. Voici l'explication de cette énigme. Le pape Léon IX voulut avoir la ville de Bénévent, qui appartenait aux princes de la race des rois lombards dépossédés par Charlemagne. (1053) L'empereur Henri III lui donna en effet cette ville, qui n'était point à lui, en échange du fief de Bamberg, en Allemagne. Les souverains pontifes sont maîtres aujourd'hui de Bénévent, en vertu de cette donation. Les nouveaux princes normands étaient des voisins dangereux. Il n'y a point de conquêtes sans de très grandes injustices : ils en commettaient; et l'empereur aurait voulu avoir des vassaux moins redoutables. Léon IX, après les avoir excommuniés, se mit en tête de les aller combattre avec une armée d'Allemands que Henri III lui fournit. L'histoire ne dit point comment les dépouilles devaient être partagées : elle dit seulement que l'armée était nombreuse, que le pape y joignit des troupes italiennes, qui s'enrôlèrent comme pour une guerre sainte, et que parmi les capitaines il y eut beaucoup d'évêques. Les Normands, qui avaient toujours vaincu en petit nombre, étaient quatre fois moins forts que le pape; mais ils étaient accoutumés à combattre. Robert Guiscard, son frère Humfroi, le comte d'Averse, Richard, chacun à la tête d'une troupe aguerrie, taillèrent en pièces l'armée allemande, et firent disparaître l'italienne. Le pape s'enfuit à Civitade, dans la Capitanate, près du champ de bataille; les Normands le suivent, le prennent, l'emmènent prisonnier dans cette même ville de Bénévent, qui était le premier sujet de cette entreprise (1053).

On a fait un saint de ce pape Léon IX : apparemment qu'il fit pénitence d'avoir fait inutilement répandre tant de sang, et d'avoir mené tant d'ecclésiastiques à la guerre. Il est sûr qu'il s'en repentit, surtout quand il vit avec quel respect le traitèrent ses vainqueurs, et avec quelle inflexibilité ils le gardèrent prisonnier une année entière. Ils rendirent Bénévent aux princes lombards, et ce ne fut qu'après l'extinction de cette maison que les papes eurent enfin la ville.

On conçoit aisément que les princes normands étaient plus piqués contre l'empereur qui avait fourni une armée redoutable, que contre le pape qui l'avait commandée. Il fallait s'affranchir pour jamais des prétentions ou des droits de deux empires entre lesquels ils se trouvaient. Ils continuent leurs conquêtes; ils s'emparent de la Calabre et de Capoue pendant la minorité de l'empereur Henri IV, et tandis que le gouvernement des Grecs est plus faible qu'une minorité.

C'étaient les enfants de Tancrède de Hauteville qui conquéraient la Calabre; c'étaient les descendants des premiers libérateurs qui conquéraient Capoue. Ces deux dynasties victorieuses n'eurent point de ces querelles qui divisent si souvent les vainqueurs, et qui les affaiblissent. L'utilité de l'histoire demande ici que je m'arrête un moment, pour observer que Richard d'Averse, qui subjugua Capoue, se fit couronner avec les mêmes cérémonies du sacre et de l'huile sainte, qu'on avait employées pour l'usurpateur Pepin, père de Charlemagne. Les ducs de Bénévent s'étaient toujours fait sacrer ainsi. Les successeurs de Richard en usèrent de même. Rien ne fait mieux voir que chacun établit les usages à son choix.

Robert Guiscard, duc de la Pouille et de la Calabre, Richard, comte d'Averse et de Capoue, tous deux par le droit de l'épée, tous deux voulant être indépendants des empereurs, mirent en usage pour leurs souverainetés une précaution que beaucoup de particuliers prenaient, dans ces temps de troubles et de rapines, pour leurs biens de patrimoine : on les donnait à l'Église sous le nom d'offrande, d'*oblata*, et on en jouissait moyennant une légère redevance ; c'était la ressource des faibles, dans les gouvernements orageux de l'Italie. Les Normands, quoique puissants, l'employèrent comme une sauvegarde contre des empereurs qui pouvaient devenir plus puissants. Robert Guiscard, et Richard de Capoue, excommuniés par le pape Léon IX, l'avaient tenu en captivité. Ces mêmes vainqueurs, excommuniés par Nicolas II, lui rendirent hommage.

(1059) Robert Guiscard et le comte de Capoue mirent donc sous la protection de l'Église, entre les mains de Nicolas II, non seulement tout ce qu'ils avaient pris, mais tout ce qu'ils pourraient prendre. Le duc Robert fit hommage de la Sicile même qu'il n'avait point encore. Il se déclara feudataire du saint-siége pour tous ses états, promit une redevance de douze deniers par chaque charrue, ce qui était beaucoup. Cet hommage était un acte de piété politique, qui pouvait être regardé comme le denier de saint Pierre que payait l'Angleterre au saint-siége, comme les deux livres d'or que lui donnèrent les premiers rois de Portugal ; enfin, comme la soumission volontaire de tant de royaumes à l'Église.

Mais selon toutes les lois du droit féodal, établies en Europe, ces princes, vassaux de l'empire, ne pouvaient choisir un autre suzerain. Ils devenaient coupables de félonie envers l'empereur ; ils le mettaient en droit de confisquer leurs états. Les querelles qui survinrent entre le sacerdoce et l'empire, et encore plus les propres forces des princes normands, mirent les empereurs hors d'état d'exercer leurs droits. Ces conquérants, en se fesant vassaux des papes, devinrent les protecteurs, et souvent les maîtres de leurs nouveaux suzerains. Le duc Robert ayant reçu un étendard du pape, et devenu capitaine de l'Église, de son ennemi qu'il était, passe en Sicile avec son frère Roger : ils font la conquête de cette île sur les Grecs et sur les Arabes, qui la partageaient alors. (1067) Les mahométans et les Grecs se soumirent, à condition qu'ils conserveraient leurs religions et leurs usages.

Il fallait achever la conquête de tout ce qui compose aujourd'hui le royaume de Naples. Il restait encore des princes de Salerne, descendants de ceux qui avaient les premiers attiré les Normands dans ce pays. Les Normands enfin les chassèrent ; le duc Robert leur prit Salerne : ils se réfugièrent dans la campagne de Rome, sous la protection de Grégoire VII, de ce même pape qui fesait trembler les empereurs. Robert, ce vassal et ce défenseur de l'Église, les y poursuit : Grégoire VII ne manque pas de l'excommunier; et le fruit de l'excommunication est la conquête de tout le Bénéventin, que fait Robert après la mort du dernier duc de Bénévent de la race lombarde.

Grégoire VII, que nous verrons si fier et si terrible avec les empereurs et les rois, n'a plus que des complaisances pour l'excommunié Robert. (1077) Il lui donne l'absolution, et en reçoit la ville de Bénévent, qui depuis ce temps-là est toujours demeurée au saint-siége.

Bientôt après éclatent les grandes querelles, dont nous parlerons, entre l'empereur Henri IV et ce même Grégoire VII. (1084) Henri s'était rendu maître de Rome, et assiégeait le pape dans ce château qu'on a depuis appelé le château Saint-Ange. Robert accourt alors de la Dalmatie, où il fesait des conquêtes nouvelles, délivre le pape, malgré les Allemands et les Romains réunis contre lui, se rend maître de sa personne, et l'emmène à Salerne, où ce pape, qui déposait tant de rois, mourut le captif et le protégé d'un gentilhomme normand.

Il ne faut point être étonné si tant de romans nous représentent des chevaliers errants devenus de grands souverains par leurs exploits, et entrant dans la famille des empereurs. C'est précisément ce qui arriva à Robert Guiscard, et ce que nous verrons plus d'une fois au temps des croisades. Robert maria sa fille à Constantin, fils de l'empereur de Constantinople, Michel Ducas. Ce mariage ne fut pas heureux. Il eut bientôt sa fille et son gendre à venger, et résolut d'aller détrôner l'empereur d'Orient après avoir humilié celui d'Occident.

La cour de Constantinople n'était qu'un continuel orage. Michel Ducas fut chassé du trône par Nicéphore, surnommé Botoniate. Constantin, gendre de Robert, fut fait eunuque; et enfin Alexis Comnène, qui eut depuis tant à se plaindre des croisés, monta sur le trône. (1084) Robert, pendant ces révolutions, s'avançait déjà par la Dalmatie, par la Macédoine, et portait la terreur jusqu'à Constantinople. Bohémond, son fils d'un premier lit, si fameux dans les croisades, l'accompagnait à cette conquête d'un empire. Nous voyons par là combien Alexis Comnène eut raison de craindre les croisades, puisque Bohémond commença par vouloir le détrôner.

(1085) La mort de Robert, dans l'île de Corfou, mit fin à ses entreprises. La princesse Anne Comnène, fille de l'empereur Alexis, laquelle écrivit une partie de cette histoire, ne regarde Robert que comme un brigand, et s'indigne qu'il ait eu l'audace de marier sa fille au fils d'un empereur. Elle devait songer que l'histoire même de l'empire lui fournissait des exemples de fortunes plus considérables, et que tout cède dans le monde à la force et à la puissance.

CHAPITRE XLI[1].

De la Sicile en particulier, et du droit de légation dans cette île.

L'idée de conquérir l'empire de Constantinople s'évanouit avec la vie de Robert; mais les établissements de sa famille s'affermirent en Italie. Le comte Roger, son frère, resta maître de la Sicile; le duc Roger, son fils, demeura possesseur de presque tous les pays qui ont le nom de royaume de Naples; Bohémond, son autre fils, alla depuis conquérir Antioche, après avoir inutilement tenté de partager les états du duc Roger, son frère.

Pourquoi ni le comte Roger, souverain de Sicile, ni son neveu Roger, duc de la Pouille, ne prirent-ils point dès-lors le titre de rois? Il faut du temps à tout. Robert Guiscard, le premier conquérant, avait été investi comme duc par le pape Nicolas II. Roger, son frère, avait été investi par Robert Guiscard, en qualité de comte de Sicile. Toutes ces cérémonies ne donnaient que des noms, et n'ajoutaient rien au pouvoir. Mais ce comte de Sicile eut un droit qui s'est conservé toujours, et qu'aucun roi de l'Europe n'a eu : il devint un second pape dans son île.

Les papes s'étaient mis en possession d'envoyer dans toute la chrétienté des légats qu'on nommait *a*

---

[1] M. Ed. Gaultier, dont l'*Histoire des conquêtes des Normands en Italie, en Sicile et en Grèce*, s'imprime en même temps que le présent volume, a trouvé quelques inexactitudes dans ce chapitre. B.

latere [1], qui exerçaient une juridiction sur toutes les églises, en exigeaient des décimes, donnaient les bénéfices, exerçaient et étendaient le pouvoir pontifical autant que les conjonctures et les intérêts des rois le permettaient. Le temporel, presque toujours mêlé au spirituel, leur était soumis; ils attiraient à leur tribunal les causes civiles, pour peu que le sacré s'y joignît au profane : mariages, testaments, promesses par serment, tout était de leur ressort. C'étaient des proconsuls que l'empereur ecclésiastique des chrétiens déléguait dans tout l'Occident. C'est par-là que Rome, toujours faible, toujours dans l'anarchie, esclave quelquefois des Allemands, et en proie à tous les fléaux, continua d'être la maîtresse des nations. C'est par-là que l'histoire de chaque peuple est toujours l'histoire de Rome.

Urbain II envoya un légat en Sicile dès que le comte Roger eut enlevé cette île aux mahométans et aux Grecs, et que l'Église latine y fut établie. C'était de tous les pays celui qui semblait en effet avoir le plus de besoin d'un légat, pour y régler la hiérarchie, chez un peuple dont la moitié était musulmane, et dont l'autre était de la communion grecque; cependant ce fut le seul pays où la légation fut proscrite pour toujours. Le comte Roger, bienfaiteur de l'Église latine, à laquelle il rendait la Sicile, ne put souffrir qu'on envoyât un roi sous le nom de légat dans le pays de sa conquête.

---

[1] Les légats *a latere*, les plus éminents de tous, sont choisis parmi les personnes demeurant à Rome, *à côté* du pape; les légats envoyés prennent le titre de nonces; le titre de légat-né est attaché à quelques archevêchés. B.

Le pape Urbain, uniquement occupé des croisades, et voulant ménager une famille de héros si nécessaire à cette grande entreprise, accorda, la dernière année de sa vie (1098), une bulle au comte Roger, par laquelle il révoqua son légat, et créa Roger et ses successeurs légats-nés du saint-siége en Sicile, leur attribuant tous les droits et toute l'autorité de cette dignité, qui était à-la-fois spirituelle et temporelle. C'est là ce fameux droit qu'on appelle la *monarchie de Sicile*, c'est-à-dire le droit attaché à cette monarchie, droit que, depuis, les papes ont voulu anéantir, et que les rois de Sicile ont maintenu. Si cette prérogative est incompatible avec la hiérarchie chrétienne, il est évident qu'Urbain ne put pas la donner; si c'est un objet de discipline que la religion ne réprouve pas, il est aussi évident que chaque royaume est en droit de se l'attribuer. Ce privilége, au fond, n'est que le droit de Constantin et de tous les empereurs de présider à toute la police de leurs états; cependant il n'y a eu dans toute l'Europe catholique qu'un gentilhomme normand qui ait su se donner cette prérogative aux portes de Rome.

(1130) Le fils de ce comte Roger recueillit tout l'héritage de la maison normande; il se fit couronner et sacrer roi de Sicile et de la Pouille. Naples, qui était alors une petite ville, n'était point encore à lui, et ne pouvait donner le nom au royaume : elle s'était toujours maintenue en république, sous un duc qui relevait des empereurs de Constantinople; et ce duc avait jusqu'alors échappé, par des présents, à l'ambition de la famille conquérante.

Ce premier roi, Roger, fit hommage au saint-siége. Il y avait alors deux papes: l'un, le fils d'un Juif, nommé Léon, qui s'appelait Anaclet, et que saint Bernard appelle *judaïcam sobolem*, race hébraïque; l'autre s'appelait Innocent II. Le roi Roger reconnut Anaclet, parceque l'empereur Lothaire II reconnaissait Innocent; et ce fut à cet Anaclet qu'il rendit son vain hommage.

Les empereurs ne pouvaient regarder les conquérants normands que comme des usurpateurs: aussi saint Bernard, qui entrait dans toutes les affaires des papes et des rois, écrivait contre Roger, aussi bien que contre ce fils d'un Juif qui s'était fait élire pape à prix d'argent. « L'un, dit-il, a usurpé la chaire de saint « Pierre, l'autre a usurpé la Sicile; c'est à César à les « punir. » Il était donc évident alors que la suzeraineté du pape sur ces deux provinces n'était qu'une usurpation.

Le roi Roger soutenait Anaclet, qui fut toujours reconnu dans Rome. Lothaire prend cette occasion pour enlever aux Normands leurs conquêtes. Il marche vers la Pouille avec le pape Innocent II. Il paraît bien que ces Normands avaient eu raison de ne pas vouloir dépendre des empereurs, et de mettre entre l'empire et Naples une barrière. Roger, à peine roi, fut sur le point de tout perdre. Il assiégeait Naples quand l'empereur s'avance contre lui: il perd des batailles; il perd presque toutes ses provinces dans le continent. Innocent II l'excommunie et le poursuit. Saint Bernard était avec l'empereur et le pape: il voulut en vain ménager un accommodement. (1137) Roger, vaincu, se retire en Sicile. L'empereur meurt. Tout change alors. Le roi Roger et son fils reprennent leurs provinces. Le pape Innocent II, reconnu enfin dans Rome, ligué avec les princes à qui Lothaire avait donné ces provinces, ennemi implacable du roi, marche, comme Léon IX, à la tête d'une armée. Il est vaincu et pris comme lui (1139). Que peut-il faire alors? Il fait comme ses prédécesseurs: il donne des absolutions et des investitures, et il se fait des protecteurs contre l'empire de cette même maison normande contre laquelle il avait appelé l'empire à son secours.

Bientôt après le roi subjugue Naples et le peu qui restait encore pour arrondir son royaume de Gaïete jusqu'à Brindes. La monarchie se forme telle qu'elle est aujourd'hui. Naples devient la capitale tranquille du royaume, et les arts commencent à renaître un peu dans ces belles provinces.

Après avoir vu comment des gentilshommes de Coutances fondèrent le royaume de Naples et de Sicile, il faut voir comment un duc de Normandie, pair de France, conquit l'Angleterre. C'est une chose bien frappante que toutes ces invasions, toutes ces émigrations, qui continuèrent depuis la fin du quatrième siècle jusqu'au commencement du quatorzième, et qui finirent par les croisades. Toutes les nations de l'Europe ont été mêlées, et il n'y en a eu presque aucune qui n'ait eu ses usurpateurs.

CHAPITRE XLII.

Conquête de l'Angleterre par Guillaume, duc de Normandie.

Tandis que les enfants de Tancrède de Hauteville fondaient si loin des royaumes, les ducs de leur nation en acquéraient un qui est devenu plus considérable que les Deux-Siciles. La nation britannique était, malgré sa fierté, destinée à se voir toujours gouvernée par des étrangers. Après la mort d'Alfred, arrivée en 900, l'Angleterre retomba dans la confusion et la barbarie. Les anciens Anglo-Saxons, ses premiers vainqueurs, et les Danois, ses usurpateurs nouveaux, s'en disputaient toujours la possession; et de nouveaux pirates danois venaient encore souvent partager les dépouilles. Ces pirates continuaient d'être si terribles, et les Anglais si faibles, que, vers l'an 1000, on ne put se racheter d'eux qu'en payant quarante-huit mille livres sterling. On imposa, pour lever cette somme, une taxe qui dura, depuis, assez long-temps en Angleterre, ainsi que la plupart des autres taxes, qu'on continue toujours de lever après le besoin. Ce tribut humiliant fut appelé argent danois, *dann geld*.

Canut, roi de Danemarck, qu'on a nommé *le Grand*, et qui n'a fait que de grandes cruautés, réunit sous sa domination le Danemarck et l'Angleterre. (1017) Les naturels anglais furent traités alors comme des esclaves. Les auteurs de ce temps avouent que quand un Anglais rencontrait un Danois, il fallait qu'il s'arrêtât jusqu'à ce que le Danois eût passé.

(1041) La race de Canut ayant manqué, les états du royaume, reprenant leur liberté, déférèrent la couronne, premièrement à Alfred II, qu'un traître assassina deux ans après; ensuite à Édouard III, un descendant des anciens Anglo-Saxons, qu'on appelle *le Saint* ou *le Confesseur*. Une des grandes fautes, ou un des grands malheurs de ce roi, fut de n'avoir point d'enfants de sa femme Édithe, fille du plus puissant seigneur du royaume. Il haïssait sa femme, ainsi que sa propre mère, pour des raisons d'état, et les fit éloigner l'une et l'autre. La stérilité de son mariage servit à sa canonisation. On prétendit qu'il avait fait vœu de chasteté : vœu téméraire dans un mari, et absurde dans un roi qui avait besoin d'héritiers. Ce vœu, s'il fut réel, prépara de nouveaux fers à l'Angleterre.

Au reste, les moines ont écrit que cet Édouard fut le premier roi de l'Europe qui eut le don de guérir les écrouelles. Il avait déjà rendu la vue à sept ou huit aveugles, quand une pauvre femme attaquée d'une humeur froide se présenta devant lui; il la guérit incontinent en fesant le signe de la croix, et la rendit féconde, de stérile qu'elle était auparavant. Les rois d'Angleterre se sont attribué depuis le privilége, non pas de guérir les aveugles, mais de toucher les écrouelles, qu'ils ne guérissaient pas.

Saint Louis en France, comme suzerain des rois d'Angleterre, toucha les écrouelles, et ses successeurs jouirent de cette prérogative. Guillaume III la négligea en Angleterre; et le temps viendra que la raison, qui commence à faire quelques progrès en France, abolira cette coutume [1].

Vous voyez toujours les usages et les mœurs de ces temps-là absolument différents des nôtres. Guillaume, duc de Normandie, qui conquit l'Angleterre, loin d'avoir aucun droit sur ce royaume, n'en avait pas même sur la Normandie, si la naissance donnait les droits. Son père, le duc Robert, qui ne s'était jamais marié, l'avait eu de la fille d'un pelletier de Falaise, que l'histoire appelle Harlot, terme qui signifiait et signifie encore aujourd'hui en anglais *con-*

---

[1] Non seulement Louis XVI a été sacré, ce qui, dans ce siècle, ne pouvait avoir d'autre avantage que de prolonger un peu parmi le peuple le règne de la superstition, et de valoir de gros profits aux fournisseurs de la cour, mais même il a touché des écrouelles suivant l'usage établi. Louis XV en avait touché à son sacre. Une bonne femme de Valenciennes imagina qu'elle ferait fortune si elle pouvait faire accroire que le roi l'avait guérie. Moitié espérance, moitié crainte, des médecins constatèrent la guérison. L'intendant de Valenciennes (d'Argenson) s'empressa d'en envoyer le procès-verbal authentique; il reçut des bureaux la réponse suivante: *Monsieur, la prérogative qu'ont les rois de France de guérir les écrouelles est établie sur des preuves si authentiques, qu'elle n'a pas besoin d'être confirmée par des faits particuliers.* Un siècle plus tôt, les bureaux eussent mis leur politique à paraître dupes; un siècle plus tard, aucun intendant n'osera plus leur envoyer des procès-verbaux de miracles, quand même il serait capable d'y croire. K.— La sainte ampoule avait été brisée le 6 octobre 1793; mais des fragments de la fiole et une partie du baume s'étant retrouvés, en 1825, on en fit la transfusion dans le saint chrême que renferme une fiole nouvelle (voyez le *Moniteur* du 26 mai 1825). Le sacre de S. M. Charles X eut lieu le 29 mai; et le surlendemain le roi alla à l'hôpital Saint-Marcoul: cent vingt et un malades scrofuleux avaient été réunis dans une salle, et furent présentés au roi qui, au lieu de les toucher, se contenta de leur dire, avec l'accent d'un tendre intérêt (voyez le *Moniteur* du 2 juin): *Mes chers amis, je vous apporte des paroles de consolation: je désire bien vivement que vous guérissiez.* Voltaire avait déjà parlé de la sainte ampoule au chapitre XIII. Voyez ce qui est dit dans le *Dictionnaire philosophique*, au mot ÉCROUELLES; et dans la *Correspondance* la lettre du roi de Prusse du 27 juillet 1775. B.

cubine ou *femme publique*. L'usage des concubines, permis dans tout l'Orient et dans la loi des Juifs, ne l'était pas dans la nouvelle loi : il était autorisé par la coutume. On rougissait si peu d'être né d'une pareille union, que souvent Guillaume, en écrivant, signait *le bâtard Guillaume*. Il est resté une lettre de lui au comte Alain de Bretagne, dans laquelle il signe ainsi. Les bâtards héritaient souvent; car dans tous les pays où les hommes n'étaient pas gouvernés par des lois fixes, publiques et reconnues, il est clair que la volonté d'un prince puissant était le seul code. Guillaume fut déclaré par son père et par les états héritier du duché; et il se maintint ensuite par son habileté et par sa valeur contre tous ceux qui lui disputèrent son domaine. Il régnait paisiblement en Normandie, et la Bretagne lui rendait hommage, lorsque, Édouard-le-Confesseur étant mort, il prétendit au royaume d'Angleterre.

Le droit de succession ne paraissait alors établi dans aucun état de l'Europe. La couronne d'Allemagne était élective : l'Espagne était partagée entre les chrétiens et les musulmans : la Lombardie changeait chaque jour de maître : la race carlovingienne, détrônée en France, fesait voir ce que peut la force contre le droit du sang : Édouard-le-Confesseur n'avait point joui du trône à titre d'héritage : Harold, successeur d'Édouard, n'était point de sa race; mais il avait le plus incontestable de tous les droits, les suffrages de toute la nation : Guillaume-le-Bâtard n'avait pour lui ni le droit d'élection, ni celui d'héritage, ni même aucun parti en Angleterre. Il prétendit que dans un voyage qu'il fit autrefois dans cette île, le roi Édouard avait fait en sa faveur un testament, que personne ne vit jamais; il disait encore qu'autrefois il avait délivré de prison Harold, et qu'Harold lui avait cédé ses droits sur l'Angleterre: il appuya ses faibles raisons d'une forte armée.

Les barons de Normandie, assemblés en forme d'états, refusèrent de l'argent à leur duc pour cette expédition, parceque, s'il ne réussissait pas, la Normandie en resterait appauvrie, et qu'un heureux succès la rendrait province d'Angleterre; mais plusieurs Normands hasardèrent leur fortune avec leur duc. Un seul seigneur, nommé Fitz-Othbern, équipa quarante vaisseaux à ses dépens. Le comte de Flandre, beau-père du duc Guillaume, le secourut de quelque argent. Le pape Alexandre II entra dans ses intérêts. Il excommunia tous ceux qui s'opposeraient aux desseins de Guillaume. C'était se jouer de la religion; mais les peuples étaient accoutumés à ces profanations, et les princes en profitaient. Guillaume partit de Saint-Valery-sur-Somme (le 14 octobre 1066) avec une flotte nombreuse; on ne sait combien il avait de vaisseaux ni de soldats. Il aborda sur les côtes de Sussex; et bientôt après se donna dans cette province la fameuse bataille de Hastings, qui décida seule du sort de l'Angleterre. Les anciennes chroniques nous apprennent qu'au premier rang de l'armée normande, un écuyer, nommé Taillefer, monté sur un cheval armé, chanta la chanson de Roland, qui fut si long-temps dans la bouche des Français, sans qu'il en soit resté le moindre fragment. Ce Taillefer, après avoir entonné la chanson que les soldats répétaient, se jeta le premier parmi les Anglais, et fut tué. Le roi Harold et le duc de Normandie quittèrent leurs chevaux, et combattirent à pied : la bataille dura six heures. La gendarmerie à cheval, qui commençait à faire ailleurs toute la force des armées, ne paraît pas avoir été employée dans cette journée. Les troupes, de part et d'autre, étaient composées de fantassins. Harold et deux de ses frères y furent tués. Le vainqueur s'approcha de Londres, portant devant lui une bannière bénite que le pape lui avait envoyée. Cette bannière fut l'étendard auquel tous les évêques se rallièrent en sa faveur. Ils vinrent aux portes avec le magistrat de Londres, lui offrir la couronne, qu'on ne pouvait refuser au vainqueur.

Quelques auteurs appellent ce couronnement une élection libre, un acte d'autorité du parlement d'Angleterre. C'est précisément l'autorité des esclaves faits à la guerre, qui accorderaient à leurs maîtres le droit de les fustiger.

Guillaume ayant reçu une bannière du pape pour cette expédition, lui envoya en récompense l'étendard du roi Harold tué dans la bataille, et une petite partie du petit trésor que pouvait avoir alors un roi anglais. C'était un présent considérable pour ce pape Alexandre II, qui disputait encore son siége à Honorius II, et qui, sur la fin d'une longue guerre civile dans Rome, était réduit à l'indigence. Ainsi un barbare, fils d'une prostituée, meurtrier d'un roi légitime, partage les dépouilles de ce roi avec un autre barbare; car, ôtez les noms de duc de Normandie, de roi d'Angleterre, et de pape, tout se réduit à l'action d'un voleur normand, et d'un recéleur lombard : et c'est au fond à quoi toute usurpation se réduit.

Guillaume sut gouverner comme il sut conquérir. Plusieurs révoltes étouffées, des irruptions de Danois rendues inutiles, des lois rigoureuses durement exécutées, signalèrent son règne. Anciens Bretons, Danois, Anglo-Saxons, tous furent confondus dans le même esclavage. Les Normands qui avaient eu part à sa victoire partagèrent par ses bienfaits les terres des vaincus. De là toutes ces familles normandes, dont les descendants, ou du moins les noms, subsistent encore en Angleterre. Il fit faire un dénombrement exact de tous les biens des sujets, de quelque nature qu'ils fussent. On prétend qu'il en profita pour se faire en Angleterre un revenu de quatre cent mille livres sterling, environ cent vingt millions de France. Il est évident qu'en cela les historiens se sont trompés. L'état d'Angleterre d'aujourd'hui, qui comprend l'Écosse et l'Irlande, n'a pas un plus gros revenu, si vous en déduisez ce qu'on paie pour les anciennes dettes du gouvernement. Ce qui est sûr, c'est que Guillaume abolit toutes les lois du pays pour y introduire celles de Normandie. Il ordonna qu'on plaidât en normand; et depuis lui, tous les actes furent expédiés en cette langue jusqu'à Édouard III. Il voulut que la langue des vainqueurs fût la seule du pays. Des écoles de la langue normande furent établies dans toutes les villes et les bourgades. Cette langue était le français mêlé d'un peu de danois : idiome barbare, qui n'avait aucun avantage sur celui qu'on parlait en Angleterre.

On prétend qu'il traitait non seulement la nation vaincue avec dureté, mais qu'il affectait encore des caprices tyranniques. On en donne pour exemple *la loi du couvre-feu*, par laquelle il fallait, au son de la cloche, éteindre le feu dans chaque maison à huit heures du soir. Mais cette loi, bien loin d'être tyrannique, n'est qu'une ancienne police établie presque dans toutes les villes du Nord : elle s'est long-temps conservée dans les cloîtres. Les maisons étaient bâties de bois, et la crainte du feu était un objet des plus importants de la police générale.

On lui reproche encore d'avoir détruit tous les villages qui se trouvaient dans un circuit de quinze lieues, pour en faire une forêt dans laquelle il pût goûter le plaisir de la chasse. Une telle action est trop insensée pour être vraisemblable. Les historiens ne font pas attention qu'il faut au moins vingt années pour qu'un nouveau plant d'arbres devienne une forêt propre à la chasse. On lui fait semer cette forêt en 1080. Il avait alors soixante-trois ans. Quelle apparence y a-t-il qu'un homme raisonnable ait à cet âge détruit des villages, pour semer quinze lieues en bois, dans l'espérance d'y chasser un jour ?

Le conquérant de l'Angleterre fut la terreur du roi de France Philippe Ier, qui voulut abaisser trop tard un vassal si puissant, et qui se jeta sur le Maine, dépendant alors de la Normandie. Guillaume repassa la mer, reprit le Maine, et contraignit le roi de France à demander la paix.

Les prétentions de la cour de Rome n'éclatèrent jamais plus singulièrement qu'avec ce prince. Le pape

Grégoire VII prit le temps qu'il fesait la guerre à la France, pour demander qu'il lui rendît hommage du royaume d'Angleterre. Cet hommage était fondé sur cet ancien denier de saint Pierre que l'Angleterre payait à l'Église de Rome : il revenait à environ vingt sous de notre monnaie par chaque maison; offrande regardée en Angleterre comme une forte aumône, et à Rome comme un tribut. Guillaume-le-Conquérant fit dire au pape qu'il pourrait bien continuer l'aumône; mais, au lieu de faire hommage, il fit défense, en Angleterre, de reconnaître d'autre pape que celui qu'il approuverait. La proposition de Grégoire VII devint par là ridicule à force d'être audacieuse. C'est ce même pape qui bouleversait l'Europe pour élever le sacerdoce au-dessus de l'empire; mais, avant de parler de cette querelle mémorable, et des croisades qui prirent naissance dans ces temps, il faut voir en peu de mots dans quel état étaient les autres pays de l'Europe.

CHAPITRE XLIII.

De l'état de l'Europe aux dixième et onzième siècles.

La Moscovie, ou plutôt la Ziovie, avait commencé à connaître un peu de christianisme vers la fin du dixième siècle. Les femmes étaient destinées à changer la religion des royaumes. Une sœur des empereurs Basile et Constantin, mariée à un grand duc ou grand knès de Moscovie, nommé Volodimer, obtint de son mari qu'il se fît baptiser. Les Moscovites, quoique esclaves de leur maître, ne suivirent qu'avec le temps son exemple ; et enfin, dans ces siècles d'ignorance, ils ne prirent guère du rite grec que les superstitions.

Au reste, les ducs de Moscovie ne se nommaient pas encore czars, ou tsars, ou tchards ; ils n'ont pris ce titre que quand ils ont été les maîtres des pays vers Casan appartenant à des tsars. C'est un terme slavon imité du persan; et dans la bible slavonne le roi David est appelé le csar David.

Environ dans ce temps-là une femme attira encore la Pologne au christianisme. Micislas, duc de Pologne, fut converti par sa femme, sœur du duc de Bohême. J'ai déjà remarqué [1] que les Bulgares avaient reçu la foi de la même manière. Giselle, sœur de l'empereur Henri II, fit encore chrétien son mari, roi de Hongrie, dans la première année du onzième siècle; ainsi il est très vrai que la moitié de l'Europe doit aux femmes son christianisme.

La Suède, où il avait été prêché dès le neuvième siècle, était redevenue idolâtre. La Bohême, et tout ce qui est au nord de l'Elbe, renonça au christianisme (1013). Toutes les côtes de la mer Baltique vers l'orient étaient païennes. Les Hongrois retournèrent au paganisme (1047). Mais toutes ces nations étaient beaucoup plus loin encore d'être polies que d'être chrétiennes.

La Suède, probablement depuis long-temps épuisée d'habitants par ces anciennes émigrations dont l'Eu-

[1] Chapitre XXXI. B.

rope fut inondée, paraît dans les huitième, neuvième, dixième et onzième siècles, comme ensevelie dans sa barbarie, sans guerre et sans commerce avec ses voisins ; elle n'a part à aucun grand événement, et n'en fut probablement que plus heureuse.

La Pologne, beaucoup plus barbare que chrétienne, conserva jusqu'au treizième siècle toutes les coutumes des anciens Sarmates, comme celle de tuer leurs enfants qui naissaient imparfaits, et les vieillards invalides. Albert, surnommé le Grand dans ces siècles d'ignorance, alla en Pologne pour y déraciner ces coutumes affreuses qui durèrent jusqu'au milieu du treizième siècle ; et on n'en put venir à bout qu'avec le temps. Tout le reste du Nord vivait dans un état sauvage ; état de la nature humaine quand l'art ne l'a pas changée.

L'empire de Constantinople n'était ni plus resserré ni plus agrandi que nous l'avons vu au neuvième siècle. A l'occident, il se défendait contre les Bulgares ; à l'orient, au nord, et au midi, contre les Turcs et les Arabes.

On a vu en général ce qu'était l'Italie : des seigneurs particuliers partageaient tout le pays depuis Rome jusqu'à la mer de la Calabre, et les Normands en avaient la plus grande partie. Florence, Milan, Pavie, se gouvernaient par leurs magistrats sous des comtes ou sous des ducs nommés par les empereurs. Bologne était plus libre.

La maison de Maurienne, dont descendent les ducs de Savoie, rois de Sardaigne, commençait à s'établir. (888) Elle possédait comme fief de l'empire le comté héréditaire de Savoie et de Maurienne, depuis qu'un Berthol, tige de cette maison, avait eu ce petit démembrement du royaume de Bourgogne. Il y eut cent seigneurs en France beaucoup plus considérables que les comtes de Savoie; mais tous ont été enfin accablés sous le pouvoir du seigneur dominant; tous ont cédé l'un après l'autre à des maisons nouvelles, élevées par la faveur des rois. Il ne reste plus de traces de leur ancienne grandeur. La maison de Maurienne, cachée dans ses montagnes, s'est agrandie de siècle en siècle, et est devenue égale aux plus grands monarques.

Les Suisses et les Grisons, qui composaient un état quatre fois plus puissant que la Savoie, et qui était, comme elle, un démembrement de la Bourgogne, obéissaient aux baillis que les empereurs nommaient. Deux villes maritimes d'Italie commençaient à s'élever, non pas par ces invasions subites qui ont fait les droits de presque tous les princes qui ont passé sous nos yeux, mais par une industrie sage, qui dégénéra aussi bientôt en esprit de conquête. Ces deux villes étaient Gênes et Venise. Gênes, célèbre du temps des Romains, regardait Charlemagne comme son restaurateur. Cet empereur l'avait rebâtie quelque temps après que les Goths l'avaient détruite. Gouvernée par des comtes sous Charlemagne et ses premiers descendants, elle fut saccagée au dixième siècle par les mahométans; et presque tous ses citoyens furent emmenés en servitude. Mais comme c'était un port commerçant, elle fut bientôt repeuplée. Le négoce, qui l'avait fait fleurir, servit à la rétablir. Elle devint alors une république. Elle prit l'île de Corse sur les Arabes qui s'en étaient emparés. Les papes exigèrent un tribut pour cette île, non seulement parcequ'ils y avaient possédé autrefois des patrimoines, mais parcequ'ils se prétendaient suzerains de tous les royaumes conquis sur les infidèles. Les Génois payèrent ce tribut au commencement du onzième siècle; mais bientôt après ils s'en affranchirent sous le pontificat de Lucius II. Enfin, leur ambition croissant avec leurs richesses, de marchands ils voulurent devenir conquérants.

La ville de Venise, bien moins ancienne que Gênes, affectait le frivole honneur d'une plus ancienne liberté, et jouissait de la gloire solide d'une puissance bien supérieure. Ce ne fut d'abord qu'une retraite de pêcheurs et de quelques fugitifs, qui s'y réfugièrent au commencement du cinquième siècle, quand les Huns et les Goths ravageaient l'Italie. Il n'y avait pour toute ville que des cabanes sur le Rialto. Le nom de Venise n'était point encore connu. Ce Rialto, bien loin d'être libre, fut pendant trente années une simple bourgade appartenante à la ville de Padoue, qui la gouvernait par des consuls. La vicissitude des choses a mis depuis Padoue sous le joug de Venise.

Il n'y a aucune preuve que sous les rois lombards Venise ait eu une liberté reconnue. Il est plus vraisemblable que ses habitants furent oubliés dans leurs marais.

Le Rialto et les petites îles voisines ne commencèrent qu'en 709 à se gouverner par leurs magistrats. Ils furent alors indépendants de Padoue, et se regardèrent comme une république.

4.

C'est en 709 qu'ils eurent leur premier doge, qui ne fut qu'un tribun du peuple élu par des bourgeois. Plusieurs familles, qui donnèrent leurs voix à ce premier doge, subsistent encore. Elles sont les plus anciens nobles de l'Europe, sans en excepter aucune maison, et prouvent que la noblesse peut s'acquérir autrement qu'en possédant un château, ou en payant des patentes à un souverain.

Héraclée fut le premier siége de cette république jusqu'à la mort de son troisième doge. Ce ne fut que vers la fin du neuvième siècle que ces insulaires, retirés plus avant dans leurs lagunes, donnèrent à cet assemblage de petites îles, qui formèrent une ville, le nom de Venise, du nom de cette côte, qu'on appelait *terræ Venetorum*. Les habitants de ces marais ne pouvaient subsister que par leur commerce. La nécessité fut l'origine de leur puissance. Il n'est pas assurément bien décidé que cette république fût alors indépendante. (950) On voit que Bérenger, reconnu quelque temps empereur en Italie, accorda au doge le privilége de battre monnaie. Ces doges mêmes étaient obligés d'envoyer aux empereurs, en redevance, un manteau de drap d'or tous les ans; et Othon III leur remit en 998 cette espèce de petit tribut. Mais ces légères marques de vassalité n'ôtaient rien à la véritable puissance de Venise; car, tandis que les Vénitiens payaient un manteau d'étoffe d'or aux empereurs, ils acquirent par leur argent et par leurs armes toute la province d'Istrie, et presque toutes les côtes de Dalmatie, Spalatro, Raguse, Narenza. Leur doge prenait, vers le milieu du dixième siècle, le titre de duc de Dalmatie; mais ces conquêtes enrichissaient moins Venise que le commerce, dans lequel elle surpassait encore les Génois; car, tandis que les barons d'Allemagne et de France bâtissaient des donjons et opprimaient les peuples, Venise attirait leur argent, en leur fournissant toutes les denrées de l'Orient. La Méditerranée était déjà couverte de ses vaisseaux, et elle s'enrichissait de l'ignorance et de la barbarie des nations septentrionales de l'Europe.

CHAPITRE XLIV.

De l'Espagne et des mahométans de ce royaume, jusqu'au commencement du douzième siècle.

L'Espagne était toujours partagée entre les mahométans et les chrétiens; mais les chrétiens n'en avaient pas la quatrième partie, et ce coin de terre était la contrée la plus stérile. L'Asturie, dont les princes prenaient le titre de roi de Léon; une partie de la Vieille-Castille, gouvernée par des comtes; Barcelone, et la moitié de la Catalogne, aussi sous un comte; la Navarre, qui avait un roi; une partie de l'Aragon, unie quelque temps à la Navarre : voilà ce qui composait les états des chrétiens. Les Maures possédaient le Portugal, la Murcie, l'Andalousie, Valence, Grenade, Tortose, et s'étendaient au milieu des terres par-delà les montagnes de la Castille et de Saragosse. Le séjour des rois mahométans était toujours à Cordoue. Ils y avaient bâti cette grande mosquée dont la voûte est soutenue par trois cent soixante-cinq colonnes de marbre précieux, et qui porte encore parmi les chrétiens le nom de la *Mesquita,* mosquée, quoiqu'elle soit devenue cathédrale.

Les arts y fleurissaient; les plaisirs recherchés, la magnificence, la galanterie, régnaient à la cour des rois maures. Les tournois, les combats à la barrière, sont peut-être de l'invention de ces Arabes. Ils avaient des spectacles, des théâtres, qui, tout grossiers qu'ils étaient, montraient du moins que les autres peuples étaient moins polis que ces mahométans. Cordoue était le seul pays de l'Occident où la géométrie, l'astronomie, la chimie, la médecine, fussent cultivées. (956) Sanche-le-Gros, roi de Léon, fut obligé de s'aller mettre à Cordoue entre les mains d'un fameux médecin arabe, qui, invité par le roi, voulut que le roi vînt à lui.

Cordoue est un pays de délices, arrosé par le Guadalquivir, où des forêts de citronniers, d'orangers, de grenadiers, parfument l'air, et où tout invite à la mollesse. Le luxe et le plaisir corrompirent enfin les rois musulmans. Leur domination fut, au dixième siècle, comme celle de presque tous les princes chrétiens, partagée en petits états. Tolède, Murcie, Valence, Huesca même, eurent leurs rois. C'était le temps d'accabler cette puissance divisée; mais les chrétiens d'Espagne étaient plus divisés encore. Ils se fesaient une guerre continuelle, se réunissaient pour se trahir, et s'alliaient souvent avec les musulmans. Alfonse V, roi de Léon, donna même sa sœur Thérèse en mariage au sultan Abdalla, roi de Tolède (1010).

Les jalousies produisent plus de crimes entre les petits princes qu'entre les grands souverains. La guerre seule peut décider du sort des vastes états; mais les surprises, les perfidies, les assassinats, les empoisonnements, sont plus communs entre des rivaux voisins, qui, ayant beaucoup d'ambition et peu de ressources, mettent en œuvre tout ce qui peut suppléer à la force. C'est ainsi qu'un Sanche-Garcie, comte de Castille, empoisonna sa mère à la fin du dixième siècle, et que son fils, don Garcie, fut poignardé par trois seigneurs du pays, dans le temps qu'il allait se marier.

(1035) Enfin, Ferdinand, fils de Sanche, roi de Navarre et d'Aragon, réunit sous sa puissance la Vieille-Castille, dont sa famille avait hérité par le meurtre de ce don Garcie, et le royaume de Léon, dont il dépouilla son beau-frère, qu'il tua dans une bataille (1036).

Alors la Castille devint un royaume, et Léon en fut une province. Ce Ferdinand, non content d'avoir ôté la couronne de Léon et la vie à son beau-frère, enleva aussi la Navarre à son propre frère, qu'il fit assassiner dans une bataille qu'il lui livra. C'est ce Ferdinand à qui les Espagnols ont prodigué le nom de Grand, apparemment pour déshonorer ce titre trop prodigué aux usurpateurs.

Son père, don Sanche, surnommé aussi le Grand, pour avoir succédé aux comtes de Castille, et pour avoir marié un de ses fils à la princesse des Asturies, s'était fait proclamer empereur, et don Ferdinand voulut aussi prendre ce titre. Il est sûr qu'il n'est ni ne peut être de titre affecté aux souverains, que ceux qu'ils veulent prendre, et que l'usage leur donne. Le nom d'empereur signifiait partout l'héritier des Césars et le maître de l'empire romain, ou du moins celui qui prétendait l'être. Il n'y a pas d'apparence que cette appellation pût être le titre distinctif d'un prince mal affermi, qui gouvernait la quatrième partie de l'Espagne.

L'empereur Henri III mortifia la fierté castillane, en demandant à Ferdinand l'hommage de ses petits états comme d'un fief de l'empire. Il est difficile de dire quelle était la plus mauvaise prétention, celle de l'empereur allemand, ou celle de l'espagnol. Ces idées vaines n'eurent aucun effet, et l'état de Ferdinand resta un petit royaume libre.

C'est sous le règne de ce Ferdinand que vivait Rodrigue, surnommé *le Cid*, qui en effet épousa depuis Chimène, dont il avait tué le père. Tous ceux qui ne connaissent cette histoire que par la tragédie si célèbre dans le siècle passé, croient que le roi don Ferdinand possédait l'Andalousie.

Les fameux exploits du Cid furent d'abord d'aider don Sanche, fils aîné de Ferdinand, à dépouiller ses frères et ses sœurs de l'héritage que leur avait laissé leur père. Mais don Sanche ayant été assassiné dans une de ces expéditions injustes, ses frères rentrèrent dans leurs états (1073).

Alors il y eut près de vingt rois en Espagne, soit chrétiens, soit musulmans; et, outre ces vingt rois, un nombre considérable de seigneurs indépendants et pauvres, qui venaient à cheval, armés de toutes pièces, et suivis de quelques écuyers, offrir leurs services aux princes ou aux princesses qui étaient en guerre. Cette coutume, déjà répandue en Europe, ne fut nulle part plus accréditée qu'en Espagne. Les princes à qui ces chevaliers s'engageaient leur ceignaient le baudrier, et leur fesaient présent d'une épée, dont ils leur donnaient un coup léger sur l'épaule. Les chevaliers chrétiens ajoutèrent d'autres cérémonies à l'accolade. Ils fesaient la veille des armes devant un autel de la Vierge : les musulmans se contentaient de se faire ceindre d'un cimeterre. Ce fut là l'origine des chevaliers errants, et de tant de combats particuliers. Le plus célèbre fut celui qui se fit après la mort du roi don Sanche, assassiné en assiégeant sa sœur Ouraca dans la ville de Zamore. Trois chevaliers soutinrent l'innocence de l'infante contre don Diègue-de-Lare qui l'accusait. Ils combattirent l'un après l'autre en champ clos, en présence des juges nommés de part et d'autre. Don Diègue renversa et tua deux des chevaliers de l'infante; et le cheval du troisième ayant les rênes coupées, et emportant son maître hors des barrières, le combat fut jugé indécis.

Parmi tant de chevaliers, le Cid fut celui qui se distingua le plus contre les musulmans. Plusieurs chevaliers se rangèrent sous sa bannière; et tous ensemble, avec leurs écuyers et leurs gendarmes, composaient une armée couverte de fer, montée sur les plus beaux chevaux du pays. Le Cid vainquit plus d'un petit roi maure; et s'étant ensuite fortifié dans la ville d'Alcasas, il s'y forma une souveraineté.

Enfin il persuada à son maître Alfonse VI, roi de

la Vieille-Castille, d'assiéger la ville de Tolède, et lui offrit tous ses chevaliers pour cette entreprise. Le bruit de ce siége et la réputation du Cid appelèrent de l'Italie et de la France beaucoup de chevaliers et de princes. Raimond, comte de Toulouse, et deux princes du sang de France de la branche de Bourgogne, vinrent à ce siége. Le roi mahométan, nommé Hiaja, était fils d'un des plus généreux princes dont l'histoire ait conservé le nom. Almamon, son père, avait donné dans Tolède un asile à ce même roi Alfonse que son père Sanche persécutait alors. Ils avaient vécu long-temps ensemble dans une amitié peu commune; et Almamon, loin de le retenir, quand après la mort de Sanche il devint roi, et par conséquent à craindre, lui avait fait part de ses trésors : on dit même qu'ils s'étaient séparés en pleurant. Plus d'un chevalier mahométan sortit des murs pour reprocher au roi Alfonse son ingratitude envers son bienfaiteur; et il y eut plus d'un combat singulier sous les murs de Tolède.

Le siége dura une année. Enfin Tolède capitula, mais à condition que l'on traiterait les musulmans comme ils en avaient usé avec les chrétiens, qu'on leur laisserait leur religion et leurs lois; promesse qu'on tint d'abord, et que le temps fit violer. Toute la Castille-Neuve se rendit ensuite au Cid, qui en prit possession au nom d'Alfonse; et Madrid, petite place qui devait un jour être la capitale de l'Espagne, fut pour la première fois au pouvoir des chrétiens.

Plusieurs familles vinrent de France s'établir dans Tolède. On leur donna des priviléges qu'on appelle même encore en Espagne *franchises*. Le roi Alfonse fit aussitôt une assemblée d'évêques, laquelle, sans le concours du peuple, autrefois nécessaire, élut pour évêque de Tolède un prêtre nommé Bertrand, à qui le pape Urbain II conféra la primatie d'Espagne, à la prière du roi. La conquête fut presque toute pour l'Église; mais le primat eut l'imprudence d'en abuser, en violant les conditions que le roi avait jurées aux Maures. La grande mosquée devait rester aux mahométans. L'archevêque, pendant l'absence du roi, en fit une église, et excita contre lui une sédition. Alfonse revint à Tolède, irrité contre l'indiscrétion du prélat. Il apaisa le soulèvement, en rendant la mosquée aux Arabes, et en menaçant de punir l'archevêque. Il engagea les musulmans à lui demander eux-mêmes la grace du prélat chrétien, et ils furent contents et soumis.

Alfonse augmenta encore par un mariage les états qu'il gagnait par l'épée du Cid. Soit politique, soit goût, il épousa Zaïde, fille de Benadat, nouveau roi maure d'Andalousie, et reçut en dot plusieurs villes. On ne dit point que cette épouse d'Alfonse ait embrassé le christianisme. Les Maures passaient encore pour une nation supérieure : on se tenait honoré de s'allier à eux; le surnom de Rodrigue était maure; et de là vient qu'on appela les Espagnols *Maranas*.

On reproche à ce roi Alfonse d'avoir, conjointement avec son beau-père, appelé en Espagne d'autres mahométans d'Afrique. Il est difficile de croire qu'il ait fait une si étrange faute contre la politique : mais les rois se conduisent quelquefois contre la vraisemblance. Quoi qu'il en soit, une armée de Maures vient fondre d'Afrique en Espagne, et augmenter la confusion où tout était alors. Le miramolin qui régnait à Maroc envoie son général Abénada au secours du roi d'Andalousie. Ce général trahit non seulement ce roi même à qui il était envoyé, mais encore le miramolin, au nom duquel il venait. Enfin le miramolin irrité vient lui-même combattre son général perfide, qui fesait la guerre aux autres mahométans, tandis que les chrétiens étaient aussi divisés entre eux.

L'Espagne était ainsi déchirée par les mahométans et les chrétiens, lorsque le Cid, don Rodrigue, à la tête de sa chevalerie, subjugua le royaume de Valence. Il y avait en Espagne peu de rois plus puissants que lui : mais il n'en prit pas le nom, soit qu'il préférât le titre de Cid, soit que l'esprit de chevalerie le rendît fidèle au roi Alfonse son maître. Cependant il gouverna Valence avec l'autorité d'un souverain, recevant des ambassadeurs, et respecté de toutes les nations. De tous ceux qui se sont élevés par leur courage, sans rien usurper, il n'y en a pas eu un seul qui ait eu autant de puissance et de gloire que le Cid.

Après sa mort, arrivée l'an 1096, les rois de Castille et d'Aragon continuèrent toujours leurs guerres contre les Maures : l'Espagne ne fut jamais plus sanglante et plus désolée; triste effet de l'ancienne conspiration de l'archevêque Opas et du comte Julien, qui fesait, au bout de quatre cents ans, et fit encore long-temps après les malheurs de l'Espagne.

C'était donc depuis le milieu du onzième siècle jusqu'à la fin, que le Cid se rendit si célèbre en Europe : c'était le temps brillant de la chevalerie; mais c'était aussi le temps des emportements audacieux de Grégoire VII, des malheurs de l'Allemagne et de l'Italie, et de la première croisade.

CHAPITRE XLV.

De la religion et de la superstition aux dixième et onzième siècles.

Les hérésies semblent être le fruit d'un peu de science et de loisir. On a vu que l'état où était l'Église au dixième siècle ne permettait guère le loisir ni l'étude. Tout le monde était armé, et on ne disputait que des richesses. Cependant en France, du temps du roi Robert, il y eut quelques prêtres, et entre autres un nommé Étienne, confesseur de la reine Constance, accusés d'hérésie. On ne les appela manichéens que pour leur donner un nom plus odieux; car ni eux ni leurs juges ne pouvaient guère connaître la philosophie du Persan Manès. C'étaient probablement des enthousiastes qui tendaient à une perfection outrée pour dominer sur les esprits : c'est le caractère de tous les chefs de sectes. On leur imputa des crimes horribles, et des sentiments dénaturés, dont on charge toujours ceux dont on ne connaît pas les dogmes. (1028) Ils furent juridiquement accusés de réciter les litanies à l'honneur des diables, d'éteindre ensuite les lumières, de se mêler indifféremment, et de brûler le premier des enfants qui naissaient de ces incestes, pour en avaler les cendres. Ce sont à peu près les reproches qu'on fesait aux premiers chrétiens. Les hérétiques dont je parle étaient surtout accusés d'enseigner que Dieu n'est point venu sur la terre, qu'il n'a pu naître d'une vierge, qu'il n'est ni mort ni ressuscité. En ce cas ils n'étaient pas chrétiens. Je vois que les accusations de cette espèce se contredisent toujours.

Ceux qu'on appelait manichéens, ceux qu'on nomma depuis Albigeois, Vaudois, Lollars, et qui reparurent si souvent sous tant d'autres noms, étaient des restes des premiers chrétiens des Gaules, attachés à plusieurs anciens usages que la cour romaine changea depuis, et à des opinions vagues que le temps dissipe. Par exemple, ces premiers chrétiens n'avaient point connu les images; la confession auriculaire ne leur avait pas d'abord été commandée. Il ne faut pas croire que du temps de Clovis, et avant lui, on fût parfaitement instruit dans les Alpes du dogme de la transsubstantiation et de plusieurs autres. On vit, au huitième siècle, Claude, archevêque de Turin, adopter la plupart des sentiments qui font aujourd'hui le fondement de la religion protestante, et prétendre que ces sentiments étaient ceux de la primitive Église. Il y a presque toujours un petit troupeau séparé du grand; et, depuis le commencement du onzième siècle, ce petit troupeau fut dispersé ou égorgé, quand il voulut trop paraître.

Le roi Robert et sa femme Constance se transportèrent à Orléans, où se tenaient quelques assemblées de ceux qu'on appelait manichéens. Les évêques firent brûler treize de ces malheureux. Le roi, la reine, assistèrent à ce spectacle indigne de leur majesté. Jamais, avant cette exécution, on n'avait en France livré au dernier supplice aucun de ceux qui dogmatisent sur ce qu'ils n'entendent point. Il est vrai que Priscillien, au cinquième siècle, avait été condamné à la mort dans Trèves, avec sept de ses disciples; mais la ville de Trèves, qui était alors dans les Gaules, n'est plus annexée à la France depuis la décadence de la famille de Charlemagne. Ce qu'il faut observer, c'est que saint Martin ne voulut point communiquer avec les évêques qui avaient demandé le sang de Priscillien : il disait hautement qu'il était horrible de condamner des hommes à la mort parcequ'ils se trompent. Il ne se trouva point de saint-Martin du temps du roi Robert.

Il s'élevait alors quelques légers nuages sur l'eucharistie; mais ils ne formaient point encore d'orages. Ce sujet de querelle, qui ne devait être qu'un sujet d'adoration et de silence, avait échappé à l'imagination ardente des chrétiens grecs. Il fut probablement négligé, parcequ'il ne laissait aucune prise à cette métaphysique, cultivée par les docteurs depuis qu'ils eurent adopté les idées de Platon. Ils avaient trouvé de quoi exercer leur philosophie dans l'explication de la Trinité, dans la consubstantialité du Verbe, dans l'union des deux natures et des deux volontés, enfin dans l'abîme de la prédestination. La question si du pain et du vin sont changés en la seconde personne de la Trinité, et par conséquent en Dieu; si on mange et on boit cette seconde personne réellement ou seulement par la foi : cette question, dis-je, était d'un autre genre, qui ne paraissait pas soumis à la philosophie de ces temps. Aussi on se contenta de faire la cène le soir dans les premiers âges du christianisme, et de communier à la messe sous les deux espèces, au temps dont je parle, sans que les peuples eussent une idée fixe et déterminée sur ce mystère étrange.

Il paraît que dans beaucoup d'Églises, et surtout en Angleterre, on croyait qu'on ne mangeait et qu'on ne buvait Dieu que spirituellement. On trouve dans la bibliothèque Bodléienne une homélie du dixième siècle, dans laquelle sont ces propres mots : « C'est « véritablement par la consécration le corps et le sang « de Jésus-Christ, non corporellement, mais spirituel- « lement. Le corps dans lequel Jésus-Christ souffrit, « et le corps eucharistique, sont entièrement diffé- « rents. Le premier était composé de chair et d'os ani- « més par une ame raisonnable; mais ce que nous nom- « mons eucharistie, n'a ni sang, ni os, ni ame. Nous « devons donc l'entendre dans un sens spirituel [1]. »

---

[1] « Si vous trouvez un précepte qui défende ou un crime ou une action honteuse (*aut facinus aut flagitium*), qui prescrive une conduite sage ou un acte de bienfesance, ce précepte n'est pas une figure; mais si un précepte paraît ordonner un crime ou une action honteuse, s'il paraît condamner une conduite sage ou un acte de bienfesance, il faut l'entendre dans le sens figuré. « Si vous ne mangez la chair du fils de l'homme, si vous ne buvez « point son sang, vous n'aurez point la vie au dedans de vous. » Ce précepte semble ordonner *un crime ou une action honteuse*. C'est donc une figure qui nous ordonne de nous unir à la passion du Seigneur, et de garder dans notre mémoire avec douceur et avec fruit que sa chair a été crucifiée et blessée pour nous. »

« Si præceptiva locutio est aut flagitium aut facinus vetans, aut utilitatem « aut beneficentiam jubens, non est figurata. Si autem flagitium aut facinus « videtur jubere, aut utilitatem aut beneficentiam vetare, figurata est. *Nisi « manducaveritis, inquit, carnem filii hominis, et sanguinem biberitis, non « habebitis vitam in vobis*, facinus vel flagitium videtur jubere : figura est « ergo præcipiens passioni dominicæ communicandum, et suaviter atque

Jean Scot, surnommé Érigène, parcequ'il était d'Irlande, avait long-temps auparavant, sous le règne de Charles-le-Chauve, et même, à ce qu'il dit, par ordre de cet empereur, soutenu à peu près la même opinion.

Du temps de Jean Scot, Ratram, moine de Corbie, et d'autres, avaient écrit sur ce mystère d'une manière à faire penser qu'ils ne croyaient pas ce qu'on appela depuis la *présence réelle*. Car Ratram, dans son écrit adressé à l'empereur Charles-le-Chauve, dit en termes exprès : « C'est le corps de Jésus-Christ qui est « vu, reçu, et mangé, non par les sens corporels, « mais par les yeux de l'esprit fidèle. » « Il est évident,

---

« utiliter recondendum in memoria, quod pro nobis caro ejus crucifixa et « vulnerata sit. » Saint Augustin; livre IIIe de la *Doctrine chrétienne*.

Au concile de Constantinople, en 754, plus de trois cents évêques dirent que l'eucharistie était la seule *image* permise de Jésus-Christ; que cette image était sous la figure de pain, parceque si elle avait eu l'apparence de la figure humaine, elle aurait pu entraîner à l'idolâtrie, etc. : ils paraissaient donc ne pas admettre la réalité. Dans le second concile de Nicée, où celui de Constantinople fut rejeté, et que nous regardons comme œcuménique, on répondit à ces raisonnements, et on se rapprocha davantage de la doctrine actuelle de l'Église romaine; mais cette discussion paraît moins intéresser le concile que le culte des images, et on ne la traite qu'incidemment. Le concile de Francfort, en Occident, rejeta, comme on sait, ce second concile de Nicée, sans faire aucune attention à cette dispute sur l'eucharistie. Mais l'on pouvait présager dès-lors que les querelles sur la réalité ne tarderaient pas à troubler l'Église.

Ces actes du second concile de Nicée, qui prouvent d'ailleurs dans quelle ignorance et dans quelle honteuse crédulité l'Église était alors plongée, sont antérieurs à *Paschase Ratbert*.

Remarquons que la réalité, ou du moins la doctrine qui s'en approchait le plus, avait pour partisans ceux du culte des images ; et que les décisions de l'Église ont toujours été en faveur de l'opinion la plus opposée à la raison, et la plus propre à frapper les esprits du peuple. *Voyez* pages 67 et 68. K.

« ajoute-t-il, qu'il n'y a aucun changement dans le
« pain et dans le vin; ils ne sont donc que ce qu'ils
« étaient auparavant. » Il finit par dire, après avoir
cité saint Augustin, que «le pain appelé corps, et le
« vin appelé sang, sont une figure, parceque c'est un
« mystère. »

D'autres passages de Ratram sont équivoques :
quelques uns, contradictoires aux premiers, paraissaient favorables à la *présence réelle;* mais, de quelque manière qu'il s'entendît et qu'on l'entendît, on écrivit contre lui. Un autre moine bénédictin, nommé Paschase Ratbert, qui vivait à peu près dans le même temps, a passé pour être le premier qui ait développé ce sentiment en termes exprès, en disant que «le pain
« était le véritable corps qui était sorti de la Vierge;
« et le vin avec l'eau, le véritable sang coulé du côté
« de Jésus, réellement, et non pas en figure.» Cette dispute produisit celle des stercoristes ou stercoranistes, qui, osant examiner physiquement un objet de la foi, prétendirent qu'on digérait le pain et le vin sacrés, et qu'ils suivaient le sort ordinaire des aliments.

Comme ces questions se traitaient en latin, et que les laïques, alors occupés uniquement de la guerre, prenaient peu de part aux disputes de l'école, elles ne produisirent heureusement aucun trouble. Les peuples n'avaient qu'une idée vague et obscure de la plupart des mystères : ils ont toujours reçu leurs dogmes comme la monnaie, sans examiner le poids et le titre.

Enfin Bérenger, archidiacre d'Angers, enseigna

vers 1050, par écrit et dans la chaire, que le corps véritable de Jésus-Christ n'est point et ne peut être sous les apparences du pain et du vin.

Il affirmait que ce qui aurait donné une indigestion, s'il avait été mangé en trop grande quantité, ne pouvait être qu'un aliment ; que ce qui aurait enivré si on en avait trop bu, était une liqueur réelle; qu'il n'y avait point de blancheur sans un objet blanc, point de rondeur sans un objet rond; qu'il est physiquement impossible que le même corps puisse être en mille lieux à-la-fois. Ses propositions révoltèrent d'autant plus, que Bérenger, ayant une très grande réputation, avait d'autant plus d'ennemis. Celui qui se distingua le plus contre lui fut Lanfranc, de race lombarde, né à Pavie, qui était venu chercher une fortune en France : il balançait la réputation de Bérenger. Voici comme il s'y prenait pour le confondre dans son traité *de corpore Domini*.

« On peut dire avec vérité que le corps de notre
« Seigneur dans l'eucharistie est le même qui est sorti
« de la Vierge, et que ce n'est pas le même. C'est le
« même quant à l'essence et aux propriétés de la vé-
« ritable nature, et ce n'est pas le même quant aux
« espèces du pain et du vin; de sorte qu'il est le même
« quant à la substance, et qu'il n'est pas le même
« quant à la forme. »

Cette décision théologique parut être en général celle de l'Église. Bérenger n'avait raisonné qu'en philosophe. Il s'agissait d'un objet de la foi, d'un mystère, que l'Église reconnaissait comme incompréhensible. Il était du corps de l'Église; il était payé par elle; il devait donc avoir la même foi qu'elle, et soumettre sa raison comme elle, disait-on. Il fut condamné au concile de Paris en 1050, condamné encore à Rome en 1079, et obligé de prononcer sa rétractation; mais cette rétractation forcée ne fit que graver plus avant ses sentiments dans son cœur. Il mourut dans son opinion, qui ne fit alors ni schisme ni guerre civile. Le temporel seul était le grand objet qui occupait l'ambition des bénéficiers et des moines. L'autre source, qui devait faire verser tant de sang, n'était pas encore ouverte [1].

C'est après la dispute et la condamnation de Bérenger que l'Église institua l'usage de l'élévation de l'hostie, afin que le peuple, en l'adorant, ne doutât pas de la réalité qu'on avait combattue; mais le terme de transsubstantiation ne fut pas encore attaché à ce mystère; il ne fut adopté qu'en 1215, dans un concile de Latran.

L'opinion de Scot, de Ratram, de Bérenger, ne fut pas ensevelie; elle se perpétua chez quelques ecclésiastiques; elle passa aux Vaudois, aux Albigeois, aux Hussites, aux protestants, comme nous le verrons.

Vous avez dû observer que dans toutes les disputes qui ont animé les chrétiens les uns contre les autres depuis la naissance de l'Église, Rome s'est toujours décidée pour l'opinion qui soumettait le plus l'esprit

---

[1] On pouvait cependant prévoir déjà les guerres purement religieuses. Le concile de Paris, tenu contre Bérenger, en 1050, déclare que « si Bérenger
« ne se rétractait avec ses sectateurs, toute l'armée de France ayant le clergé
« à la tête, *en habit ecclésiastique,* irait les chercher quelque part qu'ils fus-
« sent, et les assiéger jusqu'à ce qu'ils se soumissent à la foi catholique, ou
« qu'ils fussent pris pour *être punis de mort.* » (FLEURI.) K.

humain, et qui anéantissait le plus le raisonnement : je ne parle ici que de l'historique; je mets à part l'inspiration de l'Église et son infaillibilité, qui ne sont pas du ressort de l'histoire. Il est certain qu'en fesant du mariage un sacrement, on fesait de la fidélité des époux un devoir plus saint, et de l'adultère une faute plus odieuse; que la croyance d'un dieu réellement présent dans l'eucharistie, passant dans la bouche et dans l'estomac d'un communiant, le remplissait d'une terreur religieuse. Quel respect ne devait-on pas avoir pour ceux qui changeaient d'un mot le pain en dieu, et surtout pour le chef d'une religion qui opérait un tel prodige! Quand la simple raison humaine combattit ces mystères, elle affaiblit l'objet de sa vénération; et la multiplicité des prêtres, en rendant le prodige trop commun, le rendit moins respectable aux peuples.

Il ne faut pas omettre l'usage qui commença à s'introduire dans le onzième siècle, de racheter par les aumônes et par les prières des vivants les peines des morts, de délivrer leurs ames du purgatoire, et l'établissement d'une fête solennelle consacrée à cette piété.

L'opinion d'un purgatoire, ainsi que d'un enfer, est de la plus haute antiquité; mais elle n'est nulle part si clairement exprimée que dans le vi^e livre de *l'Énéide* de Virgile[1], dans lequel on retrouve la plupart des mystères de la religion des gentils.

« Ergo exercentur pœnis, veterumque malorum
« Supplicia expendunt, etc. »

[1] Vers 730 et suiv. B.

Cette idée fut peu-à-peu sanctifiée dans le christianisme ; et on la porta jusqu'à croire que l'on pouvait par des prières modérer les arrêts de la Providence, et obtenir de Dieu la grace d'un mort condamné dans l'autre vie à des peines passagères.

Le cardinal Pierre Damien, celui-là même qui conte que la femme du roi Robert accoucha d'une oie, rapporte qu'un pélerin revenant de Jérusalem fut jeté par la tempête dans une île où il trouva un bon ermite, lequel lui apprit que cette île était habitée par les diables ; que son voisinage était tout couvert de flammes, dans lesquelles les diables plongeaient les ames des trépassés ; que ces mêmes diables ne cessaient de crier et de hurler contre saint Odillon, abbé de Cluni, leur ennemi mortel. Les prières de cet Odillon, disaient-ils, et celles de ses moines, nous enlèvent toujours quelque ame.

Ce rapport ayant été fait à Odillon, il institua dans son couvent de Cluni la fête des morts. Il n'y avait dans cette fête qu'un grand fonds d'humanité et de piété ; et ces sentiments pouvaient servir d'excuse à la fable du pélerin. L'Église adopta bientôt cette solennité, et en fit une fête d'obligation : on attacha de grandes indulgences aux prières pour les morts. Si on s'en était tenu là, ce n'eût été qu'une dévotion ; mais bientôt elle dégénéra en abus : on vendit cher les indulgences ; les moines mendiants, surtout, se firent payer pour tirer les ames du purgatoire ; ils ne parlèrent que d'apparitions des trépassés, d'ames plaintives qui venaient demander du secours, de morts subites et de châtiments éternels de ceux qui en avaient refusé; le brigandage succéda à la piété crédule, et ce fut une des raisons qui, dans la suite des temps, firent perdre à l'Église romaine la moitié de l'Europe.

On croit bien que l'ignorance de ces siècles affermissait les superstitions populaires. J'en rapporterai quelques exemples qui ont long-temps exercé la crédulité humaine. On prétend que l'empereur Othon III fit périr sa femme, Marie d'Aragon, pour cause d'adultère. Il est très possible qu'un prince cruel et dévot, tel qu'on peint Othon III, envoie au supplice sa femme moins débauchée que lui : mais vingt auteurs ont écrit, et Maimbourg a répété après eux, et d'autres ont répété après Maimbourg, que l'impératrice ayant fait des avances à un jeune comte italien, qui les refusa par vertu, elle accusa ce comte auprès de l'empereur de l'avoir voulu séduire, et que le comte fut puni de mort. La veuve du comte, dit-on, vint, la tête de son mari à la main, demander justice, et prouver son innocence. Cette veuve demande d'être admise à l'épreuve du fer ardent : elle tint tant qu'on voulut une barre de fer toute rouge dans ses mains sans se brûler; et ce prodige servant de preuve juridique, l'impératrice fut condamnée à être brûlée vive.

Maimbourg aurait dû faire réflexion que cette fable est rapportée par des auteurs qui ont écrit très long-temps après le règne d'Othon III; qu'on ne dit pas seulement les noms de ce comte italien, et de cette veuve qui maniait si impunément des barres de fer rouge : il est même très douteux qu'il y ait jamais eu une Marie d'Aragon, femme d'Othon III. Enfin, quand même des auteurs contemporains auraient authentiquement rendu compte d'un tel événement, ils ne mériteraient pas plus de croyance que les sorciers qui déposent en justice qu'ils ont assisté au sabbat.

L'aventure de la barre de fer doit faire révoquer en doute le supplice de la prétendue impératrice Marie d'Aragon, rapporté dans tant de dictionnaires et d'histoires, où dans chaque page le mensonge est joint à la vérité.

Le second événement est du même genre. On prétend que Henri II, successeur d'Othon III, éprouva la fidélité de sa femme Cunégonde, en la fesant marcher pieds nus sur neuf socs de charrue rougis au feu. Cette histoire, rapportée dans tant de martyrologes, mérite la même réponse que celle de la femme d'Othon.

Didier, abbé du Mont-Cassin, et plusieurs autres écrivains, rapportent un fait à peu près semblable, et qui est plus célèbre. En 1063, des moines de Florence, mécontents de leur évêque, allèrent crier à la ville et à la campagne, « Notre évêque est un simo- « niaque et un scélérat; » et ils eurent, dit-on, la hardiesse de promettre qu'ils prouveraient cette accusation par l'épreuve du feu. On prit donc jour pour cette cérémonie, et ce fut le mercredi de la première semaine du carême. Deux bûchers furent dressés, chacun de dix pieds de long sur cinq de large, séparés par un sentier d'un pied et demi de largeur, rempli de bois sec. Les deux bûchers ayant été allumés, et cet espace réduit en charbon, le moine Pierre Aldobrandin passe à travers sur ce sentier, à pas graves et mesurés, et revient même prendre au milieu des flammes son manipule qu'il avait laissé tomber. Voilà ce que plusieurs historiens disent qu'on ne peut nier qu'en renversant tous les fondements de l'histoire; mais il est sûr qu'on ne peut le croire sans renverser tous les fondements de la raison.

Il se peut faire sans doute qu'un homme passe très rapidement entre deux bûchers, et même sur des charbons, sans en être tout-à-fait brûlé; mais y passer et y repasser d'un pas grave pour reprendre son manipule, c'est une de ces aventures de la *Légende dorée* dont il n'est plus permis de parler à des hommes raisonnables.

La dernière épreuve que je rapporterai est celle dont on se servit pour décider en Espagne, après la prise de Tolède en 1085, si on devait réciter l'office romain, ou celui qu'on appelait mosarabique. On convint d'abord unanimement de terminer la querelle par le duel. Deux champions armés de toutes pièces combattirent dans toutes les règles de la chevalerie. Don Ruis de Martanza, chevalier du missel mosarabique, fit perdre les arçons à son adversaire, et le renversa mourant. Mais la reine, qui avait beaucoup d'inclination pour le missel romain, voulut qu'on tentât l'épreuve du feu. Toutes les lois de la chevalerie s'y opposaient: cependant on jeta au feu les deux missels, qui probablement furent brûlés; et le roi, pour ne mécontenter personne, convint que quelques églises prieraient Dieu selon le rituel romain, et que d'autres garderaient le mosarabique.

Tout ce que la religion a de plus auguste était défiguré dans presque tout l'Occident par les coutumes les plus ridicules. La fête des fous, celle des ânes[1], étaient établies dans la plupart des églises. On créait aux jours solennels un évêque des fous; on fesait entrer dans la nef un âne en chape et en bonnet carré. L'âne était révéré en mémoire de celui qui porta Jésus-Christ.

Les danses dans l'église, les festins sur l'autel, les dissolutions, les farces obscènes, étaient les cérémonies de ces fêtes, dont l'usage extravagant dura environ sept siècles dans plusieurs diocèses. A n'envisager que les coutumes que je viens de rapporter, on croirait voir le portrait des Nègres et des Hottentots; et il faut avouer qu'en plus d'une chose nous n'avons pas été supérieurs à eux.

Rome a souvent condamné ces coutumes barbares, aussi bien que le duel et les épreuves. Il y eut toujours dans les rites de l'Église romaine, malgré tous les troubles et tous les scandales, plus de décence, plus de gravité qu'ailleurs; et on sentait qu'en tout, cette Église, quand elle était libre et bien gouvernée, était faite pour donner des leçons aux autres.

[1] Voyez ci-après chapitre LXXXII, et le *Dictionnaire philosophique*, au mot ANE. B.

CHAPITRE XLVI.

De l'Empire, de l'Italie, de l'empereur Henri IV, et de Grégoire VII. De Rome et de l'Empire dans le onzième siècle. De la donation de la comtesse Mathilde. De la fin malheureuse de l'empereur Henri IV et du pape Grégoire VII.

Il est temps de revenir aux ruines de Rome, et à cette ombre du trône des Césars, qui reparaissait en Allemagne.

On ne savait encore qui dominerait dans Rome, et quel serait le sort de l'Italie. Les empereurs allemands se croyaient de droit maîtres de tout l'Occident : mais à peine étaient-ils souverains en Allemagne, où le grand gouvernement féodal des seigneurs et des évêques commençait à jeter de profondes racines. Les princes normands, conquérants de la Pouille et de la Calabre, formaient une nouvelle puissance. L'exemple des Vénitiens inspirait aux grandes villes d'Italie l'amour de la liberté. Les papes n'étaient pas encore souverains, et voulaient l'être.

Le droit des empereurs de nommer les papes commençait à s'affermir; mais on sent bien que tout devait changer à la première circonstance favorable. (1056) Elle arriva bientôt, à la minorité de l'empereur Henri IV, reconnu du vivant de Henri III, son père, pour son successeur.

Dès le temps même de Henri III, la puissance impériale diminuait en Italie. Sa sœur, comtesse ou duchesse de Toscane, mère de cette véritable bienfaitrice des papes, la comtesse Mathilde d'Est, contribua plus que personne à soulever l'Italie contre son frère. Elle possédait, avec le marquisat de Mantoue, la Toscane, et une partie de la Lombardie. Ayant eu l'imprudence de venir à la cour d'Allemagne, on l'arrêta long-temps prisonnière. Sa fille, la comtesse Mathilde, hérita de son ambition, et de sa haine pour la maison impériale.

Pendant la minorité de Henri IV, les brigues, l'argent, et les guerres civiles, firent plusieurs papes. Enfin on élut, en 1061, Alexandre II, sans consulter la cour impériale. En vain cette cour nomma un autre pape : son parti n'était pas le plus fort en Italie; Alexandre II l'emporta, et chassa de Rome son compétiteur. C'est ce même Alexandre II que nous avons vu vendre sa bénédiction au bâtard Guillaume de Normandie, usurpateur de l'Angleterre.

Henri IV, devenu majeur, se vit empereur d'Italie et d'Allemagne presque sans pouvoir. Une partie des princes séculiers et ecclésiastiques de sa patrie se liguèrent contre lui; et l'on sait qu'il ne pouvait être maître de l'Italie qu'à la tête d'une armée, qui lui manquait. Son pouvoir était peu de chose, son courage était au-dessus de sa fortune.

(1073) Quelques auteurs rapportent qu'étant accusé, dans la diète de Vurtzbourg, d'avoir voulu faire assassiner les ducs de Souabe et de Carinthie, il offrit de se battre en duel contre l'accusateur, qui était un simple gentilhomme. Le jour fut déterminé pour le combat; et l'accusateur, en ne paraissant pas, sembla justifier l'empereur.

Dès que l'autorité d'un prince est contestée, ses mœurs sont toujours attaquées. On lui reprochait publiquement d'avoir des maîtresses, tandis que les moindres clercs en avaient impunément. Il voulait se séparer de sa femme, fille d'un marquis de Ferrare, avec laquelle il disait n'avoir jamais pu consommer son mariage. Quelques emportements de sa jeunesse aigrissaient encore les esprits, et sa conduite affaiblissait son pouvoir.

Il y avait alors à Rome un moine de Cluni, devenu cardinal, homme inquiet, ardent, entreprenant, qui savait mêler quelquefois l'artifice à l'ardeur de son zèle pour les prétentions de l'Église. Hildebrand était le nom de cet homme audacieux, qui fut depuis ce célèbre Grégoire VII, né à Soane en Toscane, de parents inconnus, élevé à Rome, reçu moine de Cluni sous l'abbé Odillon, député depuis à Rome pour les intérêts de son ordre, employé après par les papes dans toutes ces affaires qui demandent de la souplesse et de la fermeté, et déjà célèbre en Italie par un zèle intrépide. La voix publique le désignait pour le successeur d'Alexandre II, dont il gouvernait le pontificat. Tous les portraits, ou flatteurs ou odieux, que tant d'écrivains ont faits de lui, se trouvent dans le tableau d'un peintre napolitain, qui peignit Grégoire tenant une houlette dans une main et un fouet dans l'autre, foulant des sceptres à ses pieds, et ayant à côté de lui les filets et les poissons de saint Pierre.

(1073) Grégoire engagea le pape Alexandre à faire un coup d'éclat inouï, à sommer le jeune Henri de venir comparaître à Rome devant le tribunal du saint-siége. C'est le premier exemple d'une telle entreprise. Et dans quel temps la hasarde-t-on? lorsque Rome était tout accoutumée par Henri III, père de Henri IV, à recevoir ses évêques sur un simple ordre de l'empereur. C'était précisément cette servitude dont Grégoire voulait secouer le joug : et pour empêcher les empereurs de donner des lois dans Rome, il voulait que le pape en donnât aux empereurs. Cette hardiesse n'eut point de suite. Il semble qu'Alexandre II était un enfant perdu, qu'Hildebrand détachait contre l'empire avant d'engager la bataille. La mort d'Alexandre suivit bientôt ce premier acte d'hostilité.

(1073) Hildebrand eut le crédit de se faire élire et introniser par le peuple romain, sans attendre la permission de l'empereur. Bientôt il obtint cette permission, en promettant d'être fidèle. Henri IV reçut ses excuses. Son chancelier d'Italie alla confirmer à Rome l'élection du pape; et Henri, que tous ses courtisans avertissaient de craindre Grégoire VII, dit hautement que ce pape ne pouvait être ingrat à son bienfaiteur. Mais à peine Grégoire est-il assuré du pontificat, qu'il déclare excommuniés tous ceux qui recevront des bénéfices des mains des laïques, et tout laïque qui les conférera. Il avait conçu le dessein d'ôter à tous les collateurs séculiers le droit d'investir les ecclésiastiques. C'était mettre l'église aux prises avec tous les rois. Son humeur violente éclate en même temps contre Philippe Ier, roi de France. Il s'agissait de quelques marchands italiens que les Français avaient rançonnés. Le pape écrit une lettre circulaire aux évêques de France. « Votre roi, leur dit-il, est

« moins roi que tyran; il passe sa vie dans l'infamie
« et dans le crime. » Et, après ces paroles indiscrètes,
suit la menace ordinaire de l'excommunication.

Bientôt après, tandis que l'empereur Henri est occupé dans une guerre civile contre les Saxons, le pape lui envoie deux légats pour lui ordonner de venir répondre aux accusations intentées contre lui d'avoir donné l'investiture des bénéfices, et pour l'excommunier en cas de refus. Les deux porteurs d'un ordre si étrange trouvent l'empereur vainqueur des Saxons, comblé de gloire et plus puissant qu'on ne l'espérait. On peut se figurer avec quelle hauteur un empereur de vingt-cinq ans, victorieux et jaloux de son rang, reçut une telle ambassade. Il n'en fit pas le châtiment exemplaire, que l'opinion de ces temps-là ne permettait pas, et n'opposa en apparence que du mépris à l'audace : il abandonna ces légats indiscrets aux insultes des valets de sa cour (1076).

Presque au même temps, le pape excommunia encore ces Normands, princes de la Pouille et de la Calabre (comme nous l'avons dit précédemment). Tant d'excommunications à-la-fois paraîtraient aujourd'hui le comble de la folie. Mais qu'on fasse réflexion que Grégoire VII, en menaçant le roi de France, adressait sa bulle au duc d'Aquitaine, vassal du roi, aussi puissant que le roi même; que, quand il éclatait contre l'empereur, il avait pour lui une partie de l'Italie, la comtesse Mathilde, Rome, et la moitié de l'Allemagne; qu'à l'égard des Normands, ils étaient dans ce temps-là ses ennemis déclarés; alors Grégoire VII paraîtra plus violent et plus audacieux qu'insensé. Il sentait qu'en élevant sa dignité au-dessus de l'empereur et de tous les rois, il serait secondé des autres Églises, flattées d'être les membres d'un chef qui humiliait la puissance séculière. Son dessein était formé non seulement de secouer le joug des empereurs, mais de mettre Rome, empereurs et rois, sous le joug de la papauté. Il pouvait lui en coûter la vie, il devait même s'y attendre, et le péril donne de la gloire.

Henri IV, trop occupé en Allemagne, ne pouvait passer en Italie. Il parut se venger d'abord moins comme un empereur allemand que comme un seigneur italien. Au lieu d'employer un général et une armée, il se servit, dit-on, d'un bandit nommé Cencius, très considéré par ses brigandages, qui saisit le pape dans Sainte-Marie-Majeure, dans le temps qu'il officiait : des satellites déterminés frappèrent le pontife, et l'ensanglantèrent. On le mena prisonnier dans une tour dont Cencius s'était rendu maître, et on lui fit payer cher sa rançon.

(1076) Henri IV agit un peu plus en prince, en convoquant à Worms un concile d'évêques, d'abbés et de docteurs, dans lequel il fit déposer le pape. Toutes les voix, à deux près, conclurent à la déposition. Mais il manquait à ce concile des troupes pour l'aller faire respecter à Rome. Henri ne fit que commettre son autorité, en écrivant au pape qu'il le déposait, et au peuple romain qu'il lui défendait de reconnaître Grégoire.

Dès que le pape eut reçu ces lettres inutiles, il parla ainsi dans un concile à Rome : « De la part de Dieu « tout puissant, et par notre autorité, je défends à

« Henri, fils de notre empereur Henri, de gouverner
« le royaume teutonique et l'Italie; j'absous tous les
« chrétiens du serment qu'ils lui ont fait ou feront; et
« je défends que qui que ce soit le serve jamais comme
« roi. » On sait que c'est là le premier exemple d'un
pape qui prétend ôter la couronne à un souverain.
Nous avons vu auparavant des évêques déposer Louis-
le-Débonnaire[1]; mais il y avait au moins un voile à cet
attentat. Ils condamnèrent Louis, en apparence seulement, à la pénitence publique; et personne n'avait
jamais osé parler, depuis la fondation de l'Église,
comme Grégoire VII. Les lettres circulaires du pape
respirèrent le même esprit que sa sentence. Il y redit
plusieurs fois que les évêques sont au-dessus des rois,
et faits pour les juger: expressions non moins adroites
que hardies, qui devaient ranger sous son étendard
tous les prélats du monde.

Il y a grande apparence que quand Grégoire VII
déposa ainsi son souverain par de simples paroles, il
savait bien qu'il serait secondé par les guerres civiles
d'Allemagne, qui recommencèrent avec plus de fureur. Un évêque d'Utrecht avait servi à faire condamner Grégoire. On prétendit que cet évêque,
mourant d'une mort soudaine et douloureuse, s'était
repenti de la déposition du pape, comme d'un sacrilége. Les remords vrais ou faux de l'évêque en donnèrent au peuple. Ce n'était plus le temps où l'Allemagne était unie sous les Othons. Henri IV se vit
entouré près de Spire par l'armée des confédérés, qui
se prévalaient de la bulle du pape. Le gouvernement

[1] Chapitre XXIII. B.

féodal devait alors amener de pareilles révolutions. Chaque prince allemand était jaloux de la puissance impériale, comme le haut baronnage en France était jaloux de celle de son roi. Le feu des guerres civiles couvait toujours, et une bulle lancée à propos pouvait l'allumer.

Les princes confédérés ne donnèrent la liberté à Henri IV qu'à condition qu'il vivrait en particulier et en excommunié dans Spire, sans faire aucune fonction ni de chrétien ni de roi, en attendant que le pape vînt présider dans Augsbourg à une assemblée de princes et d'évêques, qui devait le juger.

Il paraît que des princes qui avaient le droit d'élire l'empereur avaient aussi celui de le déposer : mais vouloir faire présider le pape à ce jugement, c'était le reconnaître pour juge naturel de l'empereur et de l'empire. Ce fut le triomphe de Grégoire VII et de la papauté. Henri IV, réduit à ces extrémités, augmenta encore beaucoup ce triomphe.

Il voulut prévenir ce jugement fatal d'Augsbourg; et par une résolution inouïe, passant par les Alpes du Tyrol avec peu de domestiques, il alla demander au pape son absolution. Grégoire VII était alors avec la comtesse Mathilde dans la ville de Canosse, l'ancien Canusium, sur l'Apennin près de Reggio, forteresse qui passait alors pour imprenable. Cet empereur, déjà célèbre par des batailles gagnées, se présente à la porte de la forteresse, sans gardes, sans suite. On l'arrête dans la seconde enceinte, on le dépouille de ses habits, on le revêt d'un cilice, il reste pieds nus dans la cour : c'était au mois de janvier 1077. On le fit jeûner trois jours, sans l'admettre à baiser les pieds du pape, qui pendant ce temps était enfermé avec la comtesse Mathilde, dont il était depuis long-temps le directeur. Il n'est pas surprenant que les ennemis de ce pape lui aient reproché sa conduite avec Mathilde. Il est vrai qu'il avait soixante-deux ans; mais il était directeur, Mathilde était femme, jeune et faible. Le langage de la dévotion, qu'on trouve dans les lettres du pape à la princesse, comparé avec les emportemens de son ambition, pouvait faire soupçonner que la religion servait de masque à toutes ses passions: mais aucun fait, aucun indice n'a jamais fait tourner ces soupçons en certitude. Les hypocrites voluptueux n'ont ni un enthousiasme si permanent, ni un zèle si intrépide. Grégoire passait pour austère, et c'était par là qu'il était dangereux.

Enfin l'empereur eut la permission de se prosterner aux pieds du pontife, qui voulut bien l'absoudre, en le fesant jurer qu'il attendrait le jugement juridique du pape à Augsbourg, et qu'il lui serait en tout parfaitement soumis. Quelques évêques et quelques seigneurs allemands du parti de Henri firent la même soumission. Grégoire VII se croyant alors, non sans vraisemblance, le maître des couronnes de la terre, écrivit, dans plusieurs lettres, que son devoir était d'abaisser les rois.

La Lombardie, qui tenait encore pour l'empereur, fut si indignée de l'avilissement où il s'était réduit, qu'elle fut prête de l'abandonner. On y haïssait Grégoire VII beaucoup plus qu'en Allemagne. Heureusement pour l'empereur, cette haine des violences du

6.

pape l'emporta sur l'indignation qu'inspirait la bassesse du prince. Il en profita, et, par un changement de fortune nouveau pour des empereurs teutoniques, il se trouva enfin très fort en Italie, quand l'Allemagne l'abandonnait. Toute la Lombardie fut en armes contre le pape, tandis que Grégoire VII soulevait l'Allemagne contre l'empereur.

D'un côté, ce pape agissait secrètement pour faire élire un autre César en Allemagne; et Henri n'omettait rien pour faire élire un autre pape par les Italiens (1078). Les Allemands élurent donc pour empereur Rodolphe, duc de Souabe : et d'abord Grégoire VII écrivit qu'il jugerait entre Henri et Rodolphe, et qu'il donnerait la couronne à celui qui lui serait le plus soumis. Henri s'étant plus fié à ses troupes qu'au saint-père, mais ayant eu quelques mauvais succès, le pape, plus fier, excommunia encore Henri (1080). « Je lui ôte la couronne, dit-il, et je donne le royaume « teutonique à Rodolphe. » Et pour faire croire qu'il donnait en effet les empires, il fit présent à ce Rodolphe d'une couronne d'or, où ce vers était gravé :

« Petra dedit Petro, Petrus diadema Rodolpho. »

La pierre a donné à Pierre la couronne, et Pierre la donne à Rodolphe.

Ce vers rassemble à-la-fois un jeu de mots puéril, et une fierté, qui étaient également la suite de l'esprit du temps.

Cependant, en Allemagne, le parti de Henri se fortifiait. Ce même prince qui, couvert d'un cilice et pieds nus, avait attendu trois jours la miséricorde de celui qu'il croyait son sujet, prit deux résolutions plus hardies, de déposer le pape, et de combattre son compétiteur (1080). Il rassemble à Brixen, dans le Tyrol, une vingtaine d'évêques, qui, chargés de la procuration des prélats de Lombardie, excommunient et déposent Grégoire VII, *comme fauteur des tyrans, simoniaque, sacrilége, et magicien.* On élit pour pape dans cette assemblée Guibert, archevêque de Ravenne. Tandis que ce nouveau pape court en Lombardie exciter les peuples contre Grégoire, Henri IV, à la tête d'une armée, va combattre son rival Rodolphe. Est-ce excès d'enthousiasme, est-ce ce qu'on appelle fraude pieuse, qui portait alors Grégoire VII à prophétiser que Henri serait vaincu et tué dans cette guerre ? « Que je ne sois point pape, dit-il dans sa « lettre aux évêques allemands de son parti, si cela « n'arrive avant la Saint-Pierre. » La saine raison nous apprend que quiconque prédit l'avenir est un fourbe ou un insensé. Mais considérons quelles erreurs régnaient dans les esprits des hommes. L'astrologie judiciaire fut toujours la superstition des savants. On reproche à Grégoire d'avoir cru aux astrologues. L'acte de sa déposition à Brixen porte qu'il se mêlait de deviner, d'expliquer les songes ; et c'est sur ce fondement qu'on l'accusait de magie. On l'a traité d'imposteur au sujet de cette fausse et étrange prophétie : il se peut faire qu'il ne fût que crédule, emporté, et fou furieux.

Sa prédiction retomba sur Rodolphe, sa créature. Il fut vaincu. Godefroi de Bouillon, neveu de la comtesse Mathilde, le même qui depuis conquit Jérusalem, (1080) tua dans la mêlée cet empereur que le pape se vantait d'avoir nommé. Qui croirait qu'alors le pape, au lieu de rechercher Henri, écrivit à tous les évêques teutoniques, qu'il fallait élire un autre souverain, à condition qu'il rendrait hommage au pape, comme son vassal? De telles lettres prouvent que la faction contre Henri en Allemagne était encore très puissante.

C'était dans ce temps même que ce pape ordonnait à ses légats en France d'exiger en tribut un denier d'argent par an pour chaque maison, ainsi qu'en Angleterre.

Il traitait l'Espagne plus despotiquement; il prétendait en être le seigneur suzerain et domanial; et il dit dans sa seizième épître, qu'*il vaut mieux qu'elle appartienne aux Sarrasins que de ne pas rendre hommage au saint-siége.*

Il écrivit au roi de Hongrie, Salomon, roi d'un pays à peine chrétien : « Vous pouvez apprendre des « anciens de votre pays que le royaume de Hongrie « appartient à l'église romaine. »

Quelque téméraires que paraissent les entreprises, elles sont toujours la suite des opinions dominantes. Il faut certainement que l'ignorance eût mis alors dans beaucoup de têtes que l'Église était la maîtresse des royaumes, puisque le pape écrivait toujours de ce style.

Son inflexibilité avec Henri n'était pas non plus sans fondement. Il avait tellement prévalu sur l'esprit de la comtesse Mathilde, qu'elle avait fait une donation authentique de ses états au saint-siége, s'en réservant seulement l'usufruit sa vie durant. On ne sait s'il y eut un acte, un contrat, de cette concession. La coutume était de mettre sur l'autel une motte de terre quand on donnait ses biens à l'Église : des témoins tenaient lieu de contrat. On prétend que Mathilde donna deux fois tous ses biens au saint-siége[a].

La vérité de cette donation, confirmée depuis par son testament, ne fut point révoquée en doute par Henri IV. C'est le titre le plus authentique que les papes aient réclamé. Mais ce titre même fut un nouveau sujet de querelles. La comtesse Mathilde possédait la Toscane, Mantoue, Parme, Reggio, Plaisance, Ferrare, Modène, une partie de l'Ombrie et du duché de Spolette, Vérone, presque tout ce qui est appelé aujourd'hui le patrimoine de Saint-Pierre, de Viterbe jusqu'à Orviette, avec une partie de la Marche d'Ancône.

Henri III avait concédé l'usufruit de cette Marche d'Ancône aux papes ; mais cette concession n'avait pas empêché la mère de la comtesse Mathilde de se mettre en possession des villes qu'elle avait cru lui appartenir. Il semble que Mathilde voulût réparer après sa mort le tort qu'elle fesait au saint-siége pendant sa vie. Mais elle ne pouvait donner les fiefs qui étaient inaliénables ; et les empereurs prétendirent que tout son patrimoine était fief de l'empire : c'était donner des terres à conquérir, et laisser des guerres après elle. Henri IV, comme héritier et comme seigneur suzerain, ne vit dans une telle donation que la violation des droits de l'empire. Cependant, à la

---

[a] Voyez le *Dictionnaire philosophique*, à l'article DONATIONS.

longue, il a fallu céder au saint-siége une partie de ces états.

Henri IV, poursuivant sa vengeance, vint enfin assiéger le pape dans Rome. Il prend cette partie de la ville en-deçà du Tibre qu'on appelle la Léonine. Il négocie avec les citoyens, tandis qu'il menace le pape; il gagne les principaux de Rome par argent. Le peuple se jette aux genoux de Grégoire, pour le prier de détourner les malheurs d'un siége, et de fléchir sous l'empereur. Le pontife, inébranlable, répond qu'il faut que l'empereur renouvelle sa pénitence, s'il veut obtenir son pardon.

Cependant le siége traînait en longueur. Henri IV, tantôt présent au siége, tantôt forcé de courir éteindre des révoltes en Allemagne, prit enfin la ville d'assaut. Il est singulier que les empereurs d'Allemagne aient pris tant de fois Rome, et n'y aient jamais régné. Restait Grégoire VII à prendre. Réfugié dans le château Saint-Ange, il y bravait et excommuniait son vainqueur.

Rome était bien punie de l'intrépidité de son pape. Robert Guiscard, duc de la Pouille, l'un de ces fameux Normands dont j'ai parlé [1], prit le temps de l'absence de l'empereur, pour venir délivrer le pontife; mais en même temps il pilla Rome, également ravagée, et par les Impériaux qui assiégeaient le pontife, et par les Napolitains qui le délivraient. Grégoire VII mourut quelque temps après à Salerne (24 mai 1085), laissant une mémoire chère et respectable au clergé romain, qui partagea sa fierté odieuse aux empereurs

[1] Chapitre XL. B.

et à tout bon citoyen qui considère les effets de son ambition inflexible. L'Église, dont il fut le vengeur et la victime, l'a mis au nombre des saints [1], comme les peuples de l'antiquité déifiaient leurs défenseurs. Les sages l'ont mis au nombre des fous.

La comtesse Mathilde, privée du pape Grégoire, se remaria bientôt après avec le jeune prince Guelfe, fils de Guelfe, duc de Bavière. On vit alors de quelle imprudence était sa donation, si elle est vraie. Elle avait quarante-deux ans, et elle pouvait encore avoir des enfants qui eussent hérité d'une guerre civile.

La mort de Grégoire VII n'éteignit point l'incendie qu'il avait allumé. Ses successeurs se gardèrent bien de faire approuver leurs élections par l'empereur. L'Église était loin de rendre hommage : elle en exigeait ; et l'empereur excommunié n'était pas d'ailleurs compté au rang des hommes. Un moine, abbé du

---

[1] Voyez le *Dictionnaire philosophique*, article GRÉGOIRE VII.

Benoît XIII imagina dans le dix-huitième siècle de canoniser ce pape ennemi des rois et de toute autorité séculière ; ce perturbateur de l'Europe, l'auteur de tant de guerres et de scandales ; l'amant hypocrite ou du moins le directeur très indiscret de Mathilde ; le séducteur, qui avait abusé de son crédit sur sa pénitente pour se faire donner son patrimoine ; un homme enfin convaincu par ses propres lettres d'avoir commis un parjure, et d'avoir fait de fausses prophéties, c'est-à-dire d'avoir été un insensé ou un fripon. Voilà les hommes que, dans le siècle où nous vivons, Rome met au nombre des saints ! Et les prêtres de l'Église romaine osent encore parler de morale ! ils osent accuser de sédition ceux qui prennent la défense de l'humanité contre leurs prétentions séditieuses !

Le parlement de Paris voulut sévir contre cet attentat de Benoît XIII ; mais le cardinal de Fleuri trahit, en faveur de la cour de Rome, les intérêts de son prince et ceux de la nation. Ce n'est pas que Fleuri fût dévot, ni même hypocrite ; mais il aimait par goût les intrigues de prêtres, et il haïssait les parlements, que sa poltronnerie lui fesait croire dangereux pour l'autorité royale. K.

Mont-Cassin, fut élu pape après le moine Hildebrand ; mais il ne fit que passer. Ensuite Urbain II, né en France dans l'obscurité, qui siégea onze ans, fut un nouvel ennemi de l'empereur.

Il me paraît sensible que le vrai fond de la querelle était que les papes et les Romains ne voulaient point d'empereurs à Rome ; et le prétexte, qu'on voulait rendre sacré, était que les papes, dépositaires des droits de l'Église, ne pouvaient souffrir que des princes profanes investissent les évêques par la crosse et l'anneau. Il était bien clair que les évêques, sujets des princes et enrichis par eux, devaient un hommage des terres qu'ils tenaient de leurs bienfaits. Les empereurs et les rois ne prétendaient pas donner le Saint-Esprit, mais ils voulaient l'hommage du temporel qu'ils avaient donné. La forme d'une crosse et d'un anneau étaient des accessoires à la question principale. Mais il arriva ce qui arrive presque toujours dans les disputes ; on négligea le fond, et on se battit pour une cérémonie indifférente.

Henri IV, toujours excommunié et toujours persécuté sur ce prétexte par tous les papes de son temps, éprouva les malheurs que peuvent causer les guerres de religion et les guerres civiles. Urbain II suscita contre lui son propre fils Conrad ; et, après la mort de ce fils dénaturé, son frère, qui fut depuis l'empereur Henri V, soulevé encore par Paschal II, fit la guerre à son père. Ce fut pour la seconde fois depuis Charlemagne, que les papes contribuèrent à mettre les armes aux mains des enfants contre leurs pères. Et vous remarquerez que cet Urbain II est le même qui excommunia Philippe Ier en France, et qui ordonna la première croisade. Il ne fut pas seulement la cause de la mort malheureuse de Henri IV, il fut la cause de la mort de plus de deux millions d'hommes.

« Tantum relligio potuit suadere malorum! »
Lucr., lib. I, v. 102.

(1106) Henri IV, trompé par Henri son fils, comme Louis-le-Débonnaire l'avait été par les siens, fut enfermé dans Mayence. Deux légats l'y déposent; deux députés de la diète, envoyés par son fils, lui arrachent les ornements impériaux.

Bientôt après (7 auguste), échappé de sa prison, pauvre, errant, et sans secours, il mourut à Liége, plus misérable encore que Grégoire VII, et plus obscurément, après avoir si long-temps tenu les yeux de l'Europe ouverts sur ses victoires, sur ses grandeurs, sur ses infortunes, sur ses vices et ses vertus. Il s'écriait en mourant : « Dieu des vengeances, vous « vengerez ce parricide! » De tout temps les hommes ont imaginé que Dieu exauçait les malédictions des mourants, et surtout des pères. Erreur utile et respectable, si elle arrêtait le crime. Une autre erreur, plus généralement répandue parmi nous, fesait croire que les excommuniés étaient damnés. Le fils de Henri IV mit le comble à son impiété en affectant la piété atroce de déterrer le corps de son père, inhumé dans la cathédrale de Liége, et de le faire porter dans une cave à Spire. Ce fut ainsi qu'il consomma son hypocrisie dénaturée.

Arrêtez-vous un moment près du cadavre exhumé

de ce célèbre empereur Henri IV, plus malheureux que notre Henri IV, roi de France. Cherchez d'où viennent tant d'humiliations et d'infortunes d'un côté, tant d'audace de l'autre, tant de choses horribles réputées sacrées, tant de princes immolés à la religion : vous en verrez l'unique origine dans la populace ; c'est elle qui donne le mouvement à la superstition. C'est pour les forgerons et les bûcherons de l'Allemagne que l'empereur avait paru pieds nus devant l'évêque de Rome ; c'est le commun peuple, esclave de la superstition, qui veut que ses maîtres en soient les esclaves. Dès que vous avez souffert que vos sujets soient aveuglés par le fanatisme, ils vous forcent à paraître fanatique comme eux ; et si vous secouez le joug qu'ils portent et qu'ils aiment, ils se soulèvent. Vous avez cru que plus les chaînes de la religion, qui doivent être douces, seraient pesantes et dures, plus vos peuples seraient soumis ; vous vous êtes trompé : ils se servent de ces chaînes pour vous gêner sur le trône, ou pour vous en faire descendre.

CHAPITRE XLVII.

De l'empereur Henri V, et de Rome jusqu'à Frédéric Ier.

Ce même Henri V, qui avait détrôné et exhumé son père, une bulle du pape à la main, soutint les mêmes droits de Henri IV contre l'Église dès qu'il fut maître.

Déjà les papes savaient se faire un appui des rois

de France contre les empereurs. Les prétentions de la papauté attaquaient, il est vrai, tous les souverains; mais on ménageait par des négociations ceux qu'on insultait par des bulles. Les rois de France ne prétendaient rien à Rome : ils étaient voisins et jaloux des empereurs, qui voulaient dominer sur les rois; ils étaient donc les alliés naturels des papes. Aussi Paschal II vint en France, et implora le secours du roi Philippe Ier. Ses successeurs en usèrent souvent de même. Les domaines que possédait le saint-siége, le droit qu'il réclamait en vertu des prétendues donations de Pepin et de Charlemagne, la donation réelle de la comtesse Mathilde, ne fesaient point encore du pape un souverain puissant. Toutes ces terres étaient ou contestées, ou possédées par d'autres. L'empereur soutenait, non sans raison, que les états de Mathilde lui devaient revenir comme un fief de l'empire; ainsi les papes combattaient pour le spirituel et pour le temporel. (1107) Paschal II n'obtint du roi Philippe que la permission de tenir un concile à Troyes. Le gouvernement était trop faible, trop divisé pour lui donner des troupes.

Henri V, ayant terminé par des traités une guerre de peu de durée contre la Pologne, sut tellement intéresser les princes de l'empire à soutenir ses droits, que ces mêmes princes, qui avaient aidé à détrôner son père en vertu des bulles des papes, se réunirent avec lui pour faire annuler dans Rome ces mêmes bulles.

Il descend donc des Alpes avec une armée, et Rome fut encore teinte de sang pour cette querelle de la crosse et de l'anneau. Les traités, les parjures, les excommunications, les meurtres, se suivirent avec rapidité. Paschal II, ayant solennellement rendu les investitures avec serment sur l'Évangile, fit annuler son serment par les cardinaux : nouvelle manière de manquer à sa parole. Il se laissa traiter de lâche et de prévaricateur en plein concile, afin d'être forcé à reprendre ce qu'il avait donné. Alors nouvelle irruption de l'empereur à Rome; car presque jamais ces Césars n'y allèrent que pour des querelles ecclésiastiques, dont la plus grande était le couronnement. Enfin après avoir créé, déposé, chassé, rappelé des papes, Henri V, aussi souvent excommunié que son père, et inquiété comme lui par ses grands vassaux d'Allemagne, fut obligé de terminer la guerre des investitures, en renonçant à cette crosse et à cet anneau. Il fit plus; (1122) il se désista solennellement du droit que s'étaient attribué les empereurs, ainsi que les rois de France, de nommer aux évêchés, ou d'interposer tellement leur autorité dans les élections, qu'ils en étaient absolument les maîtres.

Il fut donc décidé, dans un concile tenu à Rome, que les rois ne donneraient plus aux bénéficiers canoniquement élus les investitures par un bâton recourbé, mais par une baguette. L'empereur ratifia en Allemagne les décrets de ce concile : ainsi finit cette guerre sanglante et absurde. Mais le concile, en décidant avec quelle espèce de bâton on donnerait les évêchés, se garda bien d'entamer la question si l'empereur devait confirmer l'élection du pape; si le pape était son vassal; si tous les biens de la comtesse Mathilde appartenaient à l'Église ou à l'empire. Il semblait qu'on tînt en réserve ces aliments d'une guerre nouvelle.

(1125) Après la mort de Henri V, qui ne laissa point d'enfants, l'empire, toujours électif, est conféré par dix électeurs à un prince de la maison de Saxe : c'est Lothaire II. Il y avait bien moins d'intrigues et de discorde pour le trône impérial que pour la chaire pontificale : car quoique en 1059 un concile tenu par Nicolas II eût ordonné que le pape serait élu par les cardinaux évêques, nulle forme, nulle règle certaine, n'était encore introduite dans les élections. Ce vice essentiel du gouvernement avait pour origine une institution respectable. Les premiers chrétiens, tous égaux et tous obscurs, liés ensemble par la crainte commune des magistrats, gouvernaient secrètement leur société pauvre et sainte à la pluralité des voix. Les richesses ayant pris depuis la place de l'indigence, il ne resta de la primitive Église que cette liberté populaire devenue quelquefois licence. Les cardinaux, évêques, prêtres et clercs, qui formaient le conseil des papes, avaient une grande part à l'élection : mais le reste du clergé voulait jouir de son ancien droit; le peuple croyait son suffrage nécessaire; et toutes ces voix n'étaient rien au jugement des empereurs.

(1130) Pierre de Léon, petit-fils d'un Juif très opulent, fut élu par une faction; Innocent II le fut par une autre. Ce fut encore une guerre civile. Le fils du Juif, comme le plus riche, resta maître de Rome, et fut protégé par Roger, roi de Sicile (comme nous l'ayons vu au chap. XLI); l'autre, plus habile et plus heureux, fut reconnu en France et en Allemagne.

C'est ici un trait d'histoire qu'il ne faut pas négliger. Cet Innocent II, pour avoir le suffrage de l'empereur, lui cède, à lui et à ses enfants, l'usufruit de tous les domaines de la comtesse Mathilde, par un acte daté du 13 juin 1133. Enfin celui qu'on appelait le pape juif étant mort, après avoir siégé huit ans, Innocent II fut possesseur paisible : il y eut quelques années de trêve entre l'empire et le sacerdoce. L'enthousiasme des croisades, qui était alors dans sa force, entraînait ailleurs les esprits.

Mais Rome ne fut pas tranquille. L'ancien amour de la liberté reproduisait de temps en temps quelques racines. Plusieurs villes d'Italie avaient profité de ces troubles pour s'ériger en républiques, comme Florence, Sienne, Bologne, Milan, Pavie. On avait les grands exemples de Gênes, de Venise, de Pise; et Rome se souvenait d'avoir été la ville des Scipions. Le peuple rétablit une ombre de sénat, que les cardinaux avaient aboli. On créa un patrice au lieu de deux consuls. (1144) Le nouveau sénat signifia au pape Lucius II que la souveraineté résidait dans le peuple romain, et que l'évêque ne devait avoir soin que de l'Église.

Ces sénateurs s'étant retranchés au Capitole, le pape Lucius les assiégea en personne. Il y reçut un coup de pierre à la tête, et en mourut quelques jours après.

En ce temps, Arnaud de Brescia, un de ces hommes à enthousiasme, dangereux aux autres et à eux-mêmes, prêchait de ville en ville contre les richesses immenses des ecclésiastiques, et contre leur luxe. Il

vint à Rome, où il trouva les esprits disposés à l'entendre. Il se flattait de réformer les papes, et de contribuer à rendre Rome libre. Eugène III, auparavant moine à Cîteaux et à Clervaux, était alors pontife. Saint Bernard lui écrivait : « Gardez-vous des Ro-
« mains : ils sont odieux au ciel et à la terre, impies
« envers Dieu, séditieux entre eux, jaloux de leurs
« voisins, cruels envers les étrangers : ils n'aiment
« personne, et ne sont aimés de personne ; et vou-
« lant se faire craindre de tous, ils craignent tout le
« monde, etc. » Si on comparait ces antithèses de Bernard avec la vie de tant de papes, on excuserait un peuple qui, portant le nom romain, cherchait à n'avoir point de maître.

(1155) Le pape Eugène III sut ramener ce peuple, accoutumé à tous les jougs. Le sénat subsista encore quelques années. Mais Arnaud de Brescia, pour fruit de ses sermons, fut brûlé à Rome sous Adrien IV; destinée ordinaire des réformateurs qui ont plus d'indiscrétion que de puissance.

Je crois devoir observer que cet Adrien IV, né Anglais, était parvenu à ce faîte des grandeurs du plus vil état où les hommes puissent naître. Fils d'un mendiant, et mendiant lui-même, errant de pays en pays avant de pouvoir être reçu valet chez des moines de Valence en Dauphiné, il était enfin devenu pape.

On n'a jamais que les sentiments de sa fortune présente. Adrien IV eut d'autant plus d'élévation dans l'esprit, qu'il était parvenu d'un état plus abject. L'Église romaine a toujours eu cet avantage de pouvoir donner au mérite ce qu'ailleurs on donne à la naissance ; et on peut même remarquer que, parmi les papes, ceux qui ont montré le plus de hauteur sont ceux qui naquirent dans la condition la plus vile. Aujourd'hui, en Allemagne, il y a des couvents où l'on ne reçoit que des nobles. L'esprit de Rome a plus de grandeur et moins de vanité.

CHAPITRE XLVIII.

De Frédéric Barberousse. Cérémonies du couronnement des empereurs et des papes. Suite des guerres de la liberté italique contre la puissance allemande. Belle conduite du pape Alexandre III, vainqueur de l'empereur par la politique, et bienfaiteur du genre humain.

(1152) Frédéric Ier, qu'on nomme communément *Barberousse*, régnait alors en Allemagne ; il avait été élu après la mort de Conrad III, son oncle, non seulement par les seigneurs allemands, mais aussi par les Lombards, qui donnèrent cette fois leur suffrage. Frédéric était un homme comparable à Othon et à Charlemagne. Il fallut aller prendre à Rome cette couronne impériale, que les papes donnaient à-la-fois avec fierté et avec regret, voulant couronner un vassal, et affligés d'avoir un maître. Cette situation toujours équivoque des papes, des empereurs, des Romains, et des principales villes d'Italie, fesait répandre du sang à chaque couronnement d'un César. La coutume était que, quand l'empereur s'approchait pour se faire couronner, le pape se fortifiait, le peuple se cantonnait, l'Italie était en armes. L'empereur promettait qu'il n'attenterait ni à la vie, ni aux membres, ni à l'honneur du pape, des cardinaux, et des magistrats : le pape, de son côté, fesait le même serment à l'empereur et à ses officiers. Telle était alors la confuse anarchie de l'Occident chrétien, que les deux premiers personnages de cette petite partie du monde, l'un se vantant d'être le successeur des Césars, l'autre le successeur de Jésus-Christ, et l'un devant donner l'onction sacrée à l'autre, tous deux étaient obligés de jurer qu'ils ne seraient point assassins pour le temps de la cérémonie. Un chevalier armé de toutes pièces fit ce serment au pontife Adrien IV, au nom de l'empereur, et le pape fit son serment devant le chevalier.

Le couronnement, ou exaltation des papes, était accompagné alors de cérémonies aussi extraordinaires, et qui tenaient de la simplicité plus encore que de la barbarie. On posait d'abord le pape élu sur une chaise percée, appelée *stercorarium*; ensuite sur un siége de porphyre, sur lequel on lui donnait deux clefs, de là sur un troisième siége, où il recevait douze pièces de couleur. Toutes ces coutumes, que le temps avait introduites, ont été abolies par le temps. Quand l'empereur Frédéric eut fait son serment, le pape Adrien IV vint le trouver à quelques milles de Rome.

Il était établi par le cérémonial romain que l'empereur devait se prosterner devant le pape, lui baiser les pieds, lui tenir l'étrier, et conduire la haquenée blanche du saint-père par la bride l'espace de neuf pas romains. Ce n'était pas ainsi que les papes avaient reçu Charlemagne. L'empereur Frédéric trouva le cérémonial outrageant, et refusa de s'y soumettre. Alors tous les cardinaux s'enfuirent, comme si le prince, par un sacrilége, avait donné le signal d'une guerre civile. Mais la chancellerie romaine, qui tenait registre de tout, lui fit voir que ses prédécesseurs avaient rendu ces devoirs. Je ne sais si aucun autre empereur que Lothaire II, successeur de Henri V, avait mené le cheval du pape par la bride. La cérémonie de baiser les pieds, qui était d'usage, ne révoltait point la fierté de Frédéric; et celle de la bride et de l'étrier l'indignait, parcequ'elle parut nouvelle. Son orgueil accepta enfin ces deux prétendus affronts, qu'il n'envisagea que comme de vaines marques d'humilité chrétienne, et que la cour de Rome regardait comme des preuves de sujétion. Celui qui se disait le maître du monde, *caput orbis*, se fit palefrenier d'un gueux qui avait vécu d'aumônes.

Les députés du peuple romain, devenus aussi plus hardis depuis que presque toutes les villes de l'Italie avaient sonné le tocsin de la liberté, voulurent traiter de leur côté avec l'empereur; mais ayant commencé leur harangue en disant, « Grand roi, nous vous avons « fait citoyen et notre prince, d'étranger que vous « étiez », l'empereur, fatigué de tous côtés de tant d'orgueil, leur imposa silence, et leur dit en propres mots, « Rome n'est plus ce qu'elle a été; il n'est pas « vrai que vous m'ayez appelé et fait votre prince: « Charlemagne et Othon vous ont conquis par la va- « leur; je suis votre maître par une possession légi- « time. » Il les renvoya ainsi, et fut inauguré hors des murs par le pape, qui lui mit le sceptre et l'épée en main, et la couronne sur la tête.

(1155, 18 juin) On savait si peu ce que c'était que l'empire, toutes les prétentions étaient si contradictoires, que, d'un côté, le peuple romain se souleva, et il y eut beaucoup de sang versé, parceque le pape avait couronné l'empereur sans l'ordre du sénat et du peuple; et, de l'autre côté, le pape Adrien écrivait dans toutes ses lettres, qu'il avait conféré à Frédéric le bénéfice de l'empire romain, *Beneficium imperii romani*. Ce mot de *beneficium* signifiait un fief à la lettre. Il fit de plus exposer en public, à Rome, un tableau qui représentait Lothaire II aux genoux du pape Innocent II, tenant les mains jointes entre celles du pontife, ce qui était la marque distinctive de la vassalité. L'inscription du tableau était :

« Rex venit ante fores, jurans prius urbis honores :
« Post homo fit papæ, sumit quo dante coronam. »

Le roi jure, à la porte, le maintien des honneurs de Rome, et devient vassal du pape, qui lui donne la couronne.

Frédéric, étant à Besançon (reste du royaume de Bourgogne, appartenant à Frédéric par son mariage), apprit ces attentats, et s'en plaignit. Un cardinal présent répondit : « Eh! de qui tient-il donc l'empire, s'il « ne le tient du pape ? » Othon, comte Palatin, fut près de le percer de l'épée de l'empire, qu'il tenait à la main. Le cardinal s'enfuit, le pape négocia. Les Allemands tranchaient tout alors par le glaive, et la cour romaine se sauvait par des équivoques.

Roger, vainqueur en Sicile des musulmans, et au

royaume de Naples des chrétiens, avait, en baisant les pieds du pape Urbain II, son prisonnier, obtenu de lui l'investiture, et avait fait modérer la redevance à six cents *besans d'or,* ou *squifates,* monnaie qui vaut environ dix livres de France d'aujourd'hui. Le pape Adrien, assiégé par Guillaume, lui céda jusqu'à des prétentions ecclésiastiques (1156). Il consentit qu'il n'y eût jamais dans l'île de Sicile ni légation, ni appellation au saint-siége, que quand le roi le voudrait ainsi. C'est depuis ce temps que les rois de Sicile, seuls rois vassaux des papes, sont eux-mêmes d'autres papes dans cette île. Les pontifes de Rome, ainsi adorés et maltraités, ressemblaient aux idoles que les Indiens battent pour en obtenir des bienfaits.

Adrien IV se dédommageait avec les autres rois qui avaient besoin de lui. Il écrivait au roi d'Angleterre, Henri II : « On ne doute pas, et vous le savez, que « l'Irlande et toutes les îles qui ont reçu la foi, appar- « tiennent à l'Église de Rome : or, si vous voulez en- « trer dans cette île pour en chasser les vices, y faire « observer les lois, et faire payer le denier de saint « Pierre par an pour chaque maison, nous vous l'ac- « cordons avec plaisir. »

Si quelques réflexions me sont permises dans cet Essai sur l'histoire de ce monde, je considère qu'il est bien étrangement gouverné. Un mendiant d'Angleterre, devenu évêque de Rome, donne de son autorité l'île d'Irlande à un homme qui veut l'usurper. Les papes avaient soutenu des guerres pour cette investiture par la crosse et l'anneau, et Adrien IV avait envoyé au roi Henri II un anneau en signe de l'investiture de l'Irlande. Un roi qui eût donné un anneau en conférant une prébende eût été sacrilége.

L'intrépide activité de Frédéric Barberousse suffisait à peine pour subjuguer et les papes qui contestaient l'empire, et Rome qui refusait le joug, et toutes les villes d'Italie qui voulaient la liberté. Il fallait réprimer en même temps la Bohême qui l'inquiétait, les Polonais qui lui fesaient la guerre. Il vint à bout de tout. La Pologne vaincue devint un état tributaire de l'empire (1158). Il pacifia la Bohême, érigée déjà en royaume par Henri IV, en 1086 [1]. On dit que le roi de Danemarck reçut de lui l'investiture. Il s'assura de la fidélité des princes de l'empire, en se rendant redoutable aux étrangers, et revola dans l'Italie, qui fondait sa liberté sur les embarras du monarque. Il la trouva toute en confusion, moins encore par ces efforts des villes pour leur liberté, que par cette fureur de parti qui troublait, comme vous l'avez vu, toutes les élections des papes.

(1160) Après la mort d'Adrien IV, deux factions élisent en tumulte ceux qu'on nomme Victor IV et Alexandre III. Il fallait bien que les alliés de l'empereur reconnussent le même pape que lui, et que les rois jaloux de l'empereur reconnussent l'autre. Le scandale de Rome était donc nécessairement le signal de la division de l'Europe. Victor IV fut le pape de

---

[1] L'empereur Henri IV avait accordé le titre de roi à Vratislas II, sans que celui de royaume fût affecté au pays qu'il gouvernait. Cette singularité se présente plusieurs fois dans l'histoire de Bohême; ce fut l'empereur Philippe qui, en 1198, créa héréditaire, en faveur de Prémislas II, le titre de roi de Bohême (*voyez* ci-après la note [a] de la page 109.) B.

Frédéric Barberousse. L'Allemagne, la Bohême, la moitié de l'Italie, lui adhérèrent. Le reste reconnut Alexandre. Ce fut en l'honneur de cet Alexandre que les Milanais, ennemis de l'empereur, bâtirent Alexandrie. Les partisans de Frédéric voulurent en vain qu'on la nommât Césarée; mais le nom du pape prévalut, et elle fut nommée *Alexandrie de la paille;* surnom qui fait sentir la différence de cette petite ville, et des autres de ce nom bâties autrefois en l'honneur du véritable Alexandre.

Heureux ce siècle, s'il n'eût produit que de telles disputes! mais les Allemands voulaient toujours dominer en Italie, et les Italiens voulaient être libres. Ils avaient certes un droit plus naturel à la liberté qu'un Allemand n'en avait d'être leur maître.

Les Milanais donnent l'exemple. Les bourgeois, devenus soldats, surprennent vers Lodi les troupes de l'empereur, et les battent. S'ils avaient été secondés par les autres villes, l'Italie prenait une face nouvelle. Mais Frédéric rétablit son armée. (1162) Il assiége Milan, il condamne par un édit les citoyens à la servitude, fait raser les murs et les maisons, et sumer du sel sur leurs ruines. C'était bien justifier les papes que d'en user ainsi. Brescia, Plaisance, furent démantelées par le vainqueur. Les autres villes qui avaient aspiré à la liberté perdirent leurs priviléges. Mais le pape Alexandre, qui les avait toutes excitées, revint à Rome après la mort de son rival : il rapporta avec lui la guerre civile. Frédéric fit élire un autre pape, et celui-ci mort, il en fit nommer encore un autre. Alors Alexandre III se réfugie en France, asile naturel de tout pape ennemi d'un empereur : mais le feu qu'il a allumé reste dans toute sa force. Les villes d'Italie se liguent ensemble pour le maintien de leur liberté. Les Milanais rebâtissent Milan malgré l'empereur. Le pape enfin, en négociant, fut plus fort que l'empereur en combattant. Il fallut que Frédéric Barberousse pliât. Venise eut l'honneur de la réconciliation (1177). L'empereur, le pape, une foule de princes et de cardinaux, se rendirent dans cette ville, déjà maîtresse de la mer, et une des merveilles du monde. L'empereur y finit la querelle en reconnaissant le pape, en baisant ses pieds, et en tenant son étrier sur le rivage de la mer. Tout fut à l'avantage de l'Église. Frédéric Barberousse promit de restituer ce qui appartenait au saint-siége ; cependant les terres de la comtesse Mathilde ne furent pas spécifiées. L'empereur fit une trêve de six ans avec les villes d'Italie. Milan, qu'on rebâtissait, Pavie, Brescia, et tant d'autres, remercièrent le pape de leur avoir rendu cette liberté précieuse pour laquelle elles combattaient; et le saint-père, pénétré d'une joie pure, s'écriait : « Dieu a voulu « qu'un vieillard et qu'un prêtre triomphât sans com- « battre d'un empereur puissant et terrible. »

Il est très remarquable que, dans ces longues dissensions, le pape Alexandre III, qui avait fait souvent cette cérémonie d'excommunier l'empereur, n'alla jamais jusqu'à le déposer. Cette conduite ne prouve-t-elle pas non seulement beaucoup de sagesse dans ce pontife, mais une condamnation générale des excès de Grégoire VII ?

(1190) Après la pacification de l'Italie, Frédéric

Barberousse partit pour les guerres des croisades, et mourut, pour s'être baigné dans le Cydnus, de la maladie dont Alexandre-le-Grand avait échappé autrefois si difficilement, pour s'être jeté tout en sueur dans ce fleuve. Cette maladie était probablement une pleurésie.

Frédéric fut de tous les empereurs celui qui porta le plus loin ses prétentions. Il avait fait décider à Bologne, en 1158, par les docteurs en droit, que l'empire du monde entier lui appartenait, et que l'opinion contraire était une hérésie. Ce qui était plus réel, c'est qu'à son couronnement dans Rome, le sénat et le peuple lui prêtèrent serment de fidélité: serment devenu inutile quand le pape Alexandre III triompha de lui dans le congrès de Venise. L'empereur de Constantinople, Isaac l'Ange, ne lui donnait que le titre d'avocat de l'Église romaine; et Rome fit tout le mal qu'elle put à son avocat.

Pour le pape Alexandre, il vécut encore quatre ans dans un repos glorieux, chéri dans Rome et dans l'Italie. Il établit dans un nombreux concile, que, désormais, pour être élu pape canoniquement, il suffirait d'avoir les deux tiers des voix des seuls cardinaux: mais cette règle ne put prévenir les schismes qui furent depuis causés par ce qu'on appelle en Italie *la rabbia papale*. L'élection d'un pape fut long-temps accompagnée d'une guerre civile. Les horreurs des successeurs de Néron jusqu'à Vespasien n'ensanglantèrent l'Italie que pendant quatre ans; et la rage du pontificat ensanglanta l'Europe pendant deux siècles.

CHAPITRE XLIX.

De l'empereur Henri VI, et de Rome.

La querelle de Rome et de l'empire, plus ou moins envenimée, subsistait toujours. On a écrit que Henri VI, fils de l'empereur Frédéric Barberousse, ayant reçu à genoux la couronne impériale de Célestin III, ce pape, âgé de plus de quatre-vingt-quatre ans, la fit tomber, d'un coup de pied, de la tête de l'empereur. Ce fait n'est pas vraisemblable; mais c'est assez qu'on l'ait cru, pour faire voir jusqu'où l'animosité était poussée. Si le pape en eût usé ainsi, cette indécence n'eût été qu'un trait de faiblesse.

Ce couronnement de Henri VI présente un plus grand objet et de plus grands intérêts. Il voulait régner dans les Deux-Siciles. Il se soumettait, quoique empereur, à recevoir l'investiture du pape pour des états dont on avait fait d'abord hommage à l'empire, et dont il se croyait à-la-fois le suzerain et le propriétaire. Il demande à être le vassal lige du pape, et le pape le refuse. Les Romains ne voulaient point de Henri VI pour voisin ; Naples n'en voulait point pour maître : mais il le fut malgré eux.

Il semble qu'il y ait des peuples faits pour servir toujours, et pour attendre quel sera l'étranger qui voudra les subjuguer. Il ne restait de la race légitime des conquérants normands que la princesse Constance[1], fille du roi Roger Ier, mariée à Henri VI. Tancrède, bâtard de cette race, avait été reconnu roi par le peuple et par le saint-siége. Qui devait l'emporter, ou ce Tancrède qui avait le droit de l'élection, ou Henri qui avait le droit de sa femme? Les armes devaient décider. En vain, après la mort de Tancrède, les Deux-Siciles proclamèrent son jeune fils (1193): il fallait que Henri prévalût.

Une des plus grandes lâchetés qu'un souverain puisse commettre servit à ses conquêtes. L'intrépide roi d'Angleterre, Richard-Cœur-de-Lion, en revenant d'une de ces croisades dont nous parlerons, fait naufrage près de la Dalmatie; il passe sur les terres d'un duc d'Autriche. (1194) Ce duc viole l'hospitalité, charge de fers le roi d'Angleterre, le vend à l'empereur Henri VI, comme les Arabes vendent leurs esclaves. Henri en tire une grosse rançon, et avec cet argent va conquérir les Deux-Siciles; il fait exhumer le corps du roi Tancrède, et par une barbarie aussi atroce qu'inutile, le bourreau coupe la tête au cadavre. On crève les yeux au jeune roi son fils, on le fait eunuque, on le confine dans une prison à Coire, chez les Grisons. On enferme ses sœurs en Alsace avec leur mère. Les partisans de cette famille infortunée, soit barons, soit évêques, périssent dans les supplices. Tous les trésors sont enlevés et portés en Allemagne.

Ainsi passèrent Naples et Sicile aux Allemands, après avoir été conquis par des Français. Ainsi vingt

---

[1] Voyez, dans la *Correspondance*, la lettre à Burigny du 24 février 1757. B.

provinces ont été sous la domination de souverains que la nature a placés à trois cents lieues d'elles : éternel sujet de discorde, et preuve de la sagesse d'une loi telle que la *Salique;* loi qui serait encore plus utile à un petit état qu'à un grand. Henri VI alors fut beaucoup plus puissant que Frédéric Barberousse. Presque despotique en Allemagne, souverain en Lombardie, à Naples, en Sicile, suzerain de Rome, tout tremblait sous lui. Sa cruauté le perdit; sa propre femme Constance, dont il avait exterminé la famille, conspira contre ce tyran, et enfin, dit-on, le fit empoisonner.

(1198) A la mort de Henri VI, l'empire d'Allemagne est divisé. La France ne l'était pas ; c'est que les rois de France avaient été assez prudents ou assez heureux pour établir l'ordre de la succession. Mais ce titre d'empire, que l'Allemagne affectait, servait à rendre la couronne élective. Tout évêque et tout grand seigneur donnait sa voix. Ce droit d'élire et d'être élu flattait l'ambition des princes, et fit quelquefois les malheurs de l'état.

(1198) Le jeune Frédéric II, fils de Henri VI, sortait du berceau. Une faction l'élit empereur, et donne à son oncle Philippe[a] le titre de *roi des Romains* : un autre parti couronne Othon de Brunswick, son neveu. Les papes tirèrent bien un autre fruit des divisions de l'Allemagne, que les empereurs n'avaient fait de celles d'Italie.

Innocent III, fils d'un gentilhomme d'Agnani, près de Rome, bâtit enfin l'édifice de la puissance tempo-

---

[a] C'est cet empereur Philippe qui érigea la Bohême en royaume. Il fut assassiné par un seigneur de Vitelsbach, en 1208.

relle dont ses prédécesseurs avaient amassé les matériaux pendant quatre cents ans. Excommunier Philippe, vouloir détrôner le jeune Frédéric, prétendre exclure à jamais du trône d'Allemagne et d'Italie cette maison de Souabe si odieuse aux papes, se constituer juge des rois, c'était le style devenu ordinaire depuis Grégoire VII. Mais Innocent III ne s'en tint pas à ces formules. L'occasion était trop belle ; il obtint ce qu'on appelle le patrimoine de Saint-Pierre, si long-temps contesté. C'était une partie de l'héritage de la fameuse comtesse Mathilde.

La Romagne, l'Ombrie, la Marche d'Ancône, Orbitello, Viterbe, reconnurent le pape pour souverain. Il domina en effet d'une mer à l'autre. La république romaine n'en avait pas tant conquis dans ses quatre premiers siècles ; et ces pays ne lui valaient pas ce qu'ils valaient aux papes. Innocent III conquit même Rome : le nouveau sénat plia sous lui : il fut le sénat du pape et non des Romains. Le titre de consul fut aboli. Les pontifes de Rome commencèrent alors à être rois en effet ; et la religion les rendait, suivant les occurrences, les maîtres des rois. Cette grande puissance temporelle en Italie ne fut pas de durée.

C'était un spectacle intéressant que ce qui se passait alors entre les chefs de l'Église, la France, l'Allemagne, et l'Angleterre. Rome donnait toujours le mouvement à toutes les affaires de l'Europe. Vous avez vu les querelles du sacerdoce et de l'empire jusqu'au pape Innocent III, et jusqu'aux empereurs Philippe, Henri, et Othon, pendant que Frédéric II était jeune encore. Il faut jeter les yeux sur la France, sur l'Angleterre, et sur les intérêts que ces royaumes avaient à démêler avec l'Allemagne.

CHAPITRE L.

État de la France et de l'Angleterre pendant le douzième siècle, jusqu'au règne de saint Louis, de Jean-sans-Terre et de Henri III. Grand changement dans l'administration publique en Angleterre et en France. Meurtre de Thomas Becket, archevêque de Cantorbéry. L'Angleterre devenue province du domaine de Rome, etc. Le pape Innocent III joue les rois de France et d'Angleterre.

Le gouvernement féodal était en vigueur dans presque toute l'Europe, et les lois de la chevalerie partout à peu près les mêmes. Il était surtout établi dans l'empire, en France, en Angleterre, en Espagne, par les lois des fiefs, que si le seigneur d'un fief disait à son homme lige, « Venez-vous-en avec moi, car je « veux guerroyer le roi mon seigneur, qui me dénie « justice », l'homme lige devait d'abord aller trouver le roi, et lui demander s'il était vrai qu'il eût refusé justice à ce seigneur. En cas de refus, l'homme lige devait marcher contre le roi, au service de ce seigneur, le nombre de jours prescrits, ou perdre son fief. Un tel réglement pouvait être intitulé, *Ordonnance pour faire la guerre civile.*

(1158) L'empereur Frédéric Barberousse abolit cette loi établie par l'usage, et l'usage l'a conservée malgré lui dans l'empire, toutes les fois que les grands vassaux ont été assez puissants pour faire la guerre à leur chef. Elle fut en vigueur en France jusqu'au temps de l'extinction de la maison de Bourgogne. Le gouvernement féodal fit bientôt place en Angleterre à la liberté; il a cédé en Espagne au pouvoir absolu.

Dans les premiers temps de la race de Hugues, nommée improprement Capétienne, du sobriquet donné à ce roi, tous les petits vassaux combattaient contre les grands, et les rois avaient souvent les armes à la main contre les barons du duché de France. La race des anciens pirates danois, qui régnait en Normandie et en Angleterre, favorisait toujours ce désordre. C'est ce qui fit que Louis-le-Gros eut tant de peine à soumettre un sire de Couci, un baron de Corbeil, un sire de Montlhéri, un sire du village de Puiset, un seigneur de Baudouin, de Châteaufort : on ne voit pas même qu'il ait osé et pu faire condamner à mort ces vassaux. Les choses sont bien changées en France.

L'Angleterre, dès le temps de Henri Ier, fut gouvernée comme la France. On comptait en Angleterre, sous le roi Étienne, fils de Henri Ier, mille châteaux fortifiés. Les rois de France et d'Angleterre ne pouvaient rien alors sans le consentement et le secours de cette multitude de barons : et c'était, comme on l'a déjà vu, le règne de la confusion [1].

(1152) Le roi de France, Louis-le-Jeune, acquit un grand domaine par un mariage, mais il le perdit par un divorce. Éléonore sa femme, héritière de la Guienne et du Poitou, lui fit des affronts qu'un mari

---

[1] Voyez le chapitre XXXVIII où Voltaire dit que le royaume était *sans chef, sans police, sans ordre;* et le commencement du chap. XXXIX. B.

devait ignorer. Fatiguée de l'accompagner dans ces croisades illustres et malheureuses, elle se dédommagea des ennuis que lui causait, à ce qu'elle disait, un roi qu'elle traitait toujours de moine. Le roi fit casser son mariage sous prétexte de parenté. Ceux qui ont blâmé ce prince de ne pas retenir la dot, en répudiant sa femme, ne songent pas qu'alors un roi de France n'était pas assez puissant pour commettre une telle injustice. Mais ce divorce est un des plus grands objets du droit public que les historiens auraient bien dû approfondir. Le mariage fut cassé à Beaugenci par un concile d'évêques de France, sur le vain prétexte qu'Éléonore était arrière-cousine de Louis : encore fallut-il que les seigneurs gascons fissent serment que les deux époux étaient parents, comme si l'on ne pouvait connaître que par un serment une telle vérité. Il n'est que trop certain que ce mariage était nul par les lois superstitieuses de ces temps d'ignorance. Si le mariage était nul, les deux princesses qui en étaient nées étaient donc bâtardes; elles furent pourtant mariées en qualité de filles très légitimes. Le mariage d'Éléonore, leur mère, fut donc toujours réputé valide; malgré la décision du concile. Ce concile ne prononça donc pas la nullité, mais la cassation, le divorce; et, dans ce procès de divorce, le roi se garda bien d'accuser sa femme d'adultère : ce fut proprement une répudiation en plein concile sur le plus frivole des motifs.

Il reste à savoir comment, selon la loi du christianisme, Éléonore et Louis pouvaient se remarier. Il est assez connu, par saint Matthieu[1] et par saint Luc[2], qu'un homme ne peut ni se marier après avoir répudié sa femme, ni épouser une répudiée. Cette loi est émanée expressément de la bouche du Christ, et cependant elle n'a jamais été observée. Que de sujets d'excommunications, d'interdits, de troubles, et de guerres, si les papes alors avaient voulu se mêler d'une pareille affaire, dans laquelle ils sont entrés tant de fois !

Un descendant du conquérant Guillaume, Henri II, depuis roi d'Angleterre, déjà maître de la Normandie, du Maine, de l'Anjou, de la Touraine, moins difficile que Louis-le-Jeune, crut pouvoir sans honte épouser une femme galante, qui lui donnait la Guienne et le Poitou. Bientôt après il fut roi d'Angleterre : et le roi de France en reçut l'hommage lige, qu'il eût voulu rendre au roi anglais pour tant d'états.

Le gouvernement féodal déplaisait également aux rois de France, d'Angleterre, et d'Allemagne. Ces rois s'y prirent presque de même, et presque en même temps, pour avoir des troupes indépendamment de leurs vassaux. Le roi Louis-le-Jeune donna des priviléges à toutes les villes de son domaine, à condition que chaque paroisse marcherait à l'armée sous la bannière du saint de son église, comme les rois marchaient eux-mêmes sous la bannière de saint Denys. Plusieurs serfs, alors affranchis, devinrent citoyens; et les citoyens eurent le droit d'élire leurs officiers municipaux, leurs échevins, et leurs maires.

[1] V, 31-32.
[2] XVI, 18.

C'est vers les années 1137 et 1138 qu'il faut fixer cette époque du rétablissement de ce gouvernement municipal des cités et des bourgs. Henri II, roi d'Angleterre, donna les mêmes priviléges à plusieurs villes pour en tirer de l'argent, avec lequel il pourrait lever des troupes.

(1166) Les empereurs en usèrent à peu près de même en Allemagne. Spire, par exemple, acheta le droit de se choisir des bourgmestres, malgré l'évêque qui s'y opposa. La liberté, naturelle aux hommes, renaquit du besoin d'argent où étaient les princes : mais cette liberté n'était qu'une moindre servitude, en comparaison de ces villes d'Italie, qui alors s'érigèrent en républiques.

L'Italie citérieure se formait sur le plan de l'ancienne Grèce. La plupart de ces grandes villes libres et confédérées semblaient devoir former une république respectable ; mais de petits et de grands tyrans la détruisirent bientôt.

Les papes avaient à négocier à-la-fois avec chacune de ces villes, avec le royaume de Naples, l'Allemagne, la France, l'Angleterre, et l'Espagne. Tous eurent avec les papes des démêlés, et l'avantage demeura toujours au pontife.

(1142) Le roi de France, Louis-le-Jeune, ayant donné l'exclusion à un de ses sujets, nommé Pierre-la-Châtre, pour l'évêché de Bourges ; l'évêque, élu malgré lui, et soutenu par Rome, mit en interdit les domaines royaux de son évêché : de là suit une guerre civile; mais elle ne finit que par une négociation, en reconnaissant l'évêque, et en priant le pape de faire lever l'interdit.

Les rois d'Angleterre eurent bien d'autres querelles avec l'Église. Un des rois dont la mémoire est la plus respectée chez les Anglais, est Henri Ier, le troisième roi depuis la conquête, qui commença à régner en 1100. Ils lui savent bon gré d'avoir aboli la loi du couvre-feu, qui les gênait. Il fixa dans ses états les mêmes poids et les mêmes mesures, ouvrage d'un sage législateur, qui fut aisément exécuté en Angleterre, et toujours inutilement proposé en France. Il confirma les lois de saint Édouard, que son père Guillaume-le-Conquérant avait abrogées. Enfin, pour mettre le clergé dans ses intérêts, il renonça au droit de régale qui lui donnait l'usufruit des bénéfices vacants : droit que les rois de France ont conservé.

Il signa surtout une charte remplie de priviléges qu'il accordait à la nation : première origine des libertés d'Angleterre, tant accrues dans la suite. Guillaume-le-Conquérant, son père, avait traité les Anglais en esclaves qu'il ne craignait pas. Si Henri, son fils, les ménagea tant, c'est qu'il en avait besoin. Il était cadet, il ravissait le sceptre à son aîné, Robert (1103). Voilà la source de tant d'indulgences. Mais, tout adroit et tout maître qu'il était, il ne put empêcher son clergé et Rome de s'élever contre lui, pour ces mêmes investitures. Il fallut qu'il s'en désistât, et qu'il se contentât de l'hommage que les évêques lui fesaient pour le temporel.

La France était exempte de ces troubles; la cérémonie de la crosse n'y avait pas lieu, et on ne peut attaquer tout le monde à-la-fois.

Il s'en fallait peu que les évêques anglais ne fussent princes temporels dans leurs évêchés : du moins les plus grands vassaux de la couronne ne les surpassaient pas en grandeur et en richesses. Sous Étienne, successeur de Henri Ier, un évêque de Salisbury, nommé Roger, marié et vivant publiquement avec celle qu'il reconnaissait pour sa femme, fait la guerre au roi son souverain; et, dans un de ses châteaux pris pendant cette guerre, on trouva, dit-on, quarante mille marcs d'argent. Si ce sont des marcs, des demi-livres, c'est une somme exorbitante : si ce sont des marques, des écus, c'est encore beaucoup dans un temps où l'espèce était si rare.

Après ce règne d'Étienne, troublé par des guerres civiles, l'Angleterre prenait une nouvelle face sous Henri II, qui réunissait la Normandie, l'Anjou, la Touraine, la Saintonge, le Poitou, la Guienne, avec l'Angleterre, excepté la Cornouaille, non encore soumise. Tout y était tranquille, lorsque ce bonheur fut troublé par la grande querelle du roi et de Thomas Becket, qu'on appelle saint Thomas de Cantorbéry.

Ce Thomas Becket, avocat élevé par le roi Henri II à la dignité de chancelier, et enfin à celle d'archevêque de Cantorbéry, primat d'Angleterre et légat du pape, devint l'ennemi de la première personne de l'état, dès qu'il fut la seconde. Un prêtre commit un meurtre. Le primat ordonna qu'il serait seulement privé de son bénéfice. Le roi indigné lui reprocha qu'un laïque en cas pareil étant puni de mort, c'était inviter les ecclésiastiques au crime que de proportionner si peu la peine au délit. L'archevêque soutint qu'aucun ecclésiastique ne pouvait être puni de mort, et renvoya ses lettres de chancelier pour être entièrement indépendant. Le roi, dans un parlement, proposa qu'aucun évêque n'allât à Rome, qu'aucun sujet n'appelât au saint-siége, qu'aucun vassal et officier de la couronne ne fût excommunié et suspendu de ses fonctions, sans permission du souverain; qu'enfin les crimes du clergé fussent soumis aux juges ordinaires. Tous les pairs séculiers passèrent ces propositions. Thomas Becket les rejeta d'abord. Enfin il signa des lois si justes; mais il s'accusa auprès du pape d'avoir trahi les droits de l'Église, et promit de n'avoir plus de telles complaisances.

Accusé devant les pairs d'avoir malversé pendant qu'il était chancelier, il refusa de répondre, sous prétexte qu'il était archevêque. Condamné à la prison, comme séditieux, par les pairs ecclésiastiques et séculiers, il s'enfuit en France, et alla trouver Louis-le-Jeune, ennemi naturel du roi d'Angleterre. Quand il fut en France, il excommunia la plupart des seigneurs qui composaient le conseil de Henri. Il lui écrivait : « Je vous dois, à la vérité, révérence comme à mon « roi; mais je vous dois châtiment comme à mon fils « spirituel. » Il le menaçait dans sa lettre d'être changé en bête comme Nabuchodonosor, quoique après tout il n'y eût pas un grand rapport entre Nabuchodonosor et Henri II.

Le roi d'Angleterre fit tout ce qu'il put pour engager l'archevêque à rentrer dans son devoir. Il prit, dans un de ses voyages, Louis-le-Jeune, son seigneur suzerain, pour arbitre. « Que l'archevêque, dit-il à « Louis en propres mots, agisse avec moi comme le « plus saint de ses prédécesseurs en a usé avec le « moindre des miens, et je serai satisfait. » Il se fit une paix simulée entre le roi et le prélat. Becket revint donc en Angleterre; mais il n'y revint que pour excommunier tous les ecclésiastiques, évêques, chanoines, curés, qui s'étaient déclarés contre lui. (1170) Ils se plaignirent au roi, qui était alors en Normandie. Enfin Henri II, outré de colère, s'écria : « Est-il possible « qu'aucun de mes serviteurs ne me vengera de ce « brouillon de prêtre ? »

Ces paroles, plus qu'indiscrètes, semblaient mettre le poignard à la main de quiconque croirait le servir en assassinant celui qui ne devait être puni que par les lois.

(1170) Quatre de ses domestiques allèrent à Kenterbury, que nous nommons Cantorbéry; ils assommèrent à coups de massue l'archevêque au pied de l'autel. Ainsi un homme qu'on aurait pu traiter en rebelle devint un martyr, et le roi fut chargé de la honte et de l'horreur de ce meurtre.

L'histoire ne dit point quelle justice on fit de ces quatre assassins : il semble qu'on n'en ait fait que du roi.

On a déjà vu [1] comme Adrien IV donna à Henri II la permission d'usurper l'Irlande. Le pape Alexandre III, successeur d'Adrien IV, confirma cette permission, à

---

[1] Chapitre XLVIII. B.

condition que le roi ferait serment qu'il n'avait jamais commandé cet assassinat, et qu'il irait pieds nus recevoir la discipline sur le tombeau de l'archevêque par la main des chanoines. Il eût été bien grand de donner l'Irlande, si Henri avait eu le droit de s'en emparer, et le pape celui d'en disposer ; mais il était plus grand de forcer un roi puissant et coupable à demander pardon de son crime.

(1172) Le roi alla donc conquérir l'Irlande. C'était un pays sauvage qu'un comte de Pembroke avait déjà subjugué en partie, avec douze cents hommes seulement. Ce comte de Pembroke voulait retenir sa conquête. Henri II, plus fort que lui, et muni d'une bulle du pape, s'empara aisément de tout. Ce pays est toujours resté sous la domination de l'Angleterre, mais inculte, pauvre, et inutile, jusqu'à ce qu'enfin, dans le dix-huitième siècle, l'agriculture, les manufactures, les arts, les sciences, tout s'y est perfectionné ; (1174) et l'Irlande, quoique subjuguée, est devenue une des plus florissantes provinces de l'Europe.

Henri II, contre lequel ses enfants se révoltaient, accomplit sa pénitence après avoir subjugué l'Irlande. Il renonça solennellement à tous les droits de la monarchie, qu'il avait soutenus contre Becket. Les Anglais condamnent cette renonciation, et même sa pénitence. Il ne devait certainement pas céder ses droits, mais il devait se repentir d'un assassinat : l'intérêt du genre humain demande un frein qui retienne les souverains, et qui mette à couvert la vie des peuples. Ce frein de la religion aurait pu être, par une convention universelle, dans la main des papes, comme nous l'avons déjà remarqué [1]; ces premiers pontifes, en ne se mêlant des querelles temporelles que pour les apaiser, en avertissant les rois et les peuples de leurs devoirs, en reprenant leurs crimes, en réservant les excommunications pour les grands attentats, auraient toujours été regardés comme des images de Dieu sur la terre; mais les hommes sont réduits à n'avoir pour leur défense que les lois et les mœurs de leur pays : lois souvent méprisées, et mœurs souvent corrompues.

L'Angleterre fut tranquille sous Richard-Cœur-de-Lion, fils et successeur de Henri II. Il fut malheureux par ses croisades dont nous ferons bientôt mention; mais son pays ne le fut pas. Richard eut avec Philippe-Auguste quelques unes de ces guerres inévitables entre un suzerain et un vassal puissant : elles ne changèrent rien à la fortune de leurs états. Il faut regarder toutes les guerres pareilles entre les princes chrétiens comme des temps de contagion qui dépeuplent des provinces sans en changer les limites, les usages, et les mœurs. Ce qu'il y eut de plus remarquable dans ces guerres, c'est que Richard enleva, dit-on, à Philippe-Auguste son chartrier qui le suivait partout; il contenait un détail des revenus du prince, une liste de ses vassaux, un état des serfs et des affranchis. On ajoute que le roi de France fut obligé de faire un nouveau chartrier, dans lequel ses droits furent plutôt augmentés que diminués. Il n'est guère vraisemblable que dans les expéditions militaires on porte ses archives dans une char-

---

[1] Voltaire veut probablement parler de ce qu'il a dit dans les *Annales de l'Empire*, années 858-865. B.

rette, comme du pain de munition. Mais que de choses invraisemblables nous disent les historiens !

(1194) Un autre fait digne d'attention, c'est la captivité d'un évêque de Beauvais, pris les armes à la main par le roi Richard. Le pape Célestin III redemanda l'évêque. « Rendez-moi mon fils », écrivit-il à Richard. Le roi, en envoyant au pape la cuirasse de l'évêque, lui répondit par ces paroles de l'histoire de Joseph : « Reconnaissez-vous la tunique de votre fils ? »

Il faut observer encore à l'égard de cet évêque guerrier, que si les lois des fiefs n'obligeaient pas les évêques à se battre, elles les obligeaient pourtant d'amener leurs vassaux au rendez-vous des troupes.

Philippe-Auguste saisit le temporel des évêques d'Orléans et d'Auxerre, pour n'avoir pas rempli cet abus, devenu un devoir. Ces évêques condamnés commencèrent par mettre le royaume en interdit, et finirent par demander pardon.

(1199) Jean-sans-terre, qui succéda à Richard, devait être un très grand terrien; car à ses grands domaines il joignit la Bretagne, qu'il usurpa sur le prince Artus, son neveu, à qui cette province était échue par sa mère. Mais pour avoir voulu ravir ce qui ne lui appartenait pas, il perdit tout ce qu'il avait, et devint enfin un grand exemple qui doit intimider les mauvais rois. Il commença par s'emparer de la Bretagne, qui appartenait à son neveu Artus; il le prit dans un combat, il le fit enfermer dans la tour de Rouen, sans qu'on ait jamais pu savoir ce que devint ce jeune prince. L'Europe accusa avec raison le roi Jean de la mort de son neveu.

Heureusement pour l'instruction de tous les rois, on peut dire que ce premier crime fut la cause de tous ses malheurs. Les lois féodales, qui d'ailleurs fesaient naître tant de désordres, furent signalées ici par un exemple mémorable de justice. La comtesse de Bretagne, mère d'Artus, fit présenter à la cour des pairs de France une requête, signée des barons de Bretagne. Le roi d'Angleterre fut sommé par les pairs de comparaître. La citation lui fut signifiée à Londres par des sergents d'armes. Le roi accusé envoya un évêque demander à Philippe-Auguste un sauf-conduit. « Qu'il « vienne, dit le roi, il le peut. » « Y aura-t-il sûreté pour « le retour? » demanda l'évêque. « Oui, si le jugement « des pairs le permet, » répondit le roi. (1203) L'accusé n'ayant point comparu, les pairs de France le condamnèrent à mort, déclarèrent toutes ses terres situées en France acquises et confisquées au roi. Mais qui étaient ces pairs qui condamnèrent un roi d'Angleterre à mort? ce n'étaient point les ecclésiastiques, lesquels ne peuvent assister à un jugement criminel. On ne dit point qu'il y eût alors à Paris un comte de Toulouse, et jamais on ne vit aucun acte de pairs signé par ces comtes. Baudouin IX, comte de Flandre, était alors à Constantinople, où il briguait les débris de l'empire d'Orient. Le comte de Champagne était mort, et la succession était disputée. C'était l'accusé lui-même qui était duc de Guienne et de Normandie. L'assemblée des pairs fut composée des hauts barons relevant immédiatement de la couronne. C'est un point très important que nos historiens auraient dû examiner, au lieu de ranger à leur gré des armées en bataille, et de s'appesantir sur les siéges de quelques châteaux qui n'existent plus.

On ne peut douter que l'assemblée des pairs barons français qui condamna le roi d'Angleterre ne fût celle-là même qui était convoquée alors à Melun pour régler les lois féodales, *Stabilimentum feudorium.* Eudes, duc de Bourgogne, y présidait sous le roi Philippe-Auguste. On voit encore au bas des chartes de cette assemblée les noms d'Hervé, comte de Nevers; de Renaud, comte de Boulogne; de Gaucher, comte de Saint-Paul; de Gui-de-Dampierre : et ce qui est très remarquable, on n'y trouve aucun grand officier de la couronne.

Philippe se mit bientôt en devoir de recueillir le fruit du crime du roi son vassal. Il paraît que le roi Jean était du naturel des rois tyrans et lâches. Il se laissa prendre la Normandie, la Guienne, le Poitou, et se retira en Angleterre, où il était haï et méprisé. Il trouva d'abord quelque ressource dans la fierté de la nation anglaise, indignée de voir son roi condamné en France; mais les barons d'Angleterre se lassèrent bientôt de donner de l'argent à un roi qui n'en savait pas user. Pour comble de malheur, Jean se brouilla avec la cour de Rome pour un archevêque de Cantorbéry, que le pape voulait nommer de son autorité, malgré les lois.

Innocent III, cet homme sous lequel le saint-siége fut si formidable, mit l'Angleterre en interdit, et défendit à tous les sujets de Jean de lui obéir. Cette foudre ecclésiastique était en effet terrible, parceque le pape la remettait entre les mains de Philippe-Auguste, auquel il transféra le royaume d'Angleterre en héritage perpétuel, l'assurant de la rémission de tous ses péchés, s'il réussissait à s'emparer de ce royaume. Il accorda même pour ce sujet les mêmes indulgences qu'à ceux qui allaient à la Terre-Sainte. Le roi de France ne publia pas alors qu'il n'appartenait pas au pape de donner des couronnes : lui-même avait été excommunié quelques années auparavant, en 1199, et son royaume avait aussi été mis en interdit par ce même pape Innocent III, parcequ'il avait voulu changer de femme [1]. Il avait déclaré alors les censures de Rome insolentes et abusives ; il avait saisi le temporel de tout évêque et de tout prêtre assez mauvais Français pour obéir au pape. Il pensa tout différemment quand il se vit l'exécuteur d'une bulle qui lui donnait l'Angleterre. Alors il reprit sa femme, dont le divorce lui avait attiré tant d'excommunications, et ne songea qu'à exécuter la sentence de Rome. Il employa une année à faire construire dix-sept cents vaisseaux (c'est-à-dire, mille sept cents grandes barques), et à préparer la plus belle armée qu'on eût jamais vue en France. La haine qu'on portait en Angleterre au roi Jean valait au roi Philippe encore une autre armée. Philippe-Auguste était prêt de partir, et Jean, de son côté, fesait un dernier effort pour le recevoir. Tout haï qu'il était d'une partie de la nation, l'éternelle émulation des Anglais contre la France, l'indignation contre le procédé du pape, les prérogatives de la couronne, toujours puissantes, lui donnèrent enfin pour quelques semaines une armée de près de soixante

---

[1] Voyez, dans le *Dictionnaire philosophique*, l'article YVETOT. B.

mille hommes, à la tête de laquelle il s'avança jusqu'à Douvres pour recevoir celui qui l'avait jugé en France, et qui devait le détrôner en Angleterre.

L'Europe s'attendait donc à une bataille décisive entre les deux rois, lorsque le pape les joua tous deux, et prit adroitement pour lui ce qu'il avait donné à Philippe-Auguste. Un sous-diacre, son domestique, nommé Pandolfe, légat en France et en Angleterre, consomma cette singulière négociation. Il passe à Douvres, sous prétexte de négocier avec les barons en faveur du roi de France (1213). Il voit le roi Jean. « Vous êtes perdu, lui dit-il ; l'armée française va mettre à la voile ; la vôtre va vous abandonner ; vous n'avez qu'une ressource ; c'est de vous en rapporter entièrement au saint-siége. » Jean y consentit, et en fit serment, et seize barons jurèrent la même chose sur l'ame du roi. Étrange serment qui les obligeait à faire ce qu'ils ne savaient pas qu'on leur proposerait ! L'artificieux Italien intimida tellement le prince, disposa si bien les barons, qu'enfin, le 15 mai 1213, dans la maison des chevaliers du Temple, au faubourg de Douvres, le roi à genoux, mettant ses mains entre celles du légat, prononça ces paroles :

« Moi Jean, par la grâce de Dieu, roi d'Angleterre et seigneur d'Hibernie, pour l'expiation de mes péchés, de ma pure volonté, et de l'avis de mes barons, je donne à l'Église de Rome, au pape Innocent, et à ses successeurs, les royaumes d'Angleterre et d'Irlande, avec tous leurs droits : je les tiendrai comme vassal du pape : je serai fidèle à Dieu, à l'Église romaine, au pape mon seigneur, et à ses successeurs légitimement élus. Je m'oblige de lui payer une redevance de mille marcs d'argent par an; savoir, sept cents pour le royaume d'Angleterre, et trois cents pour l'Hibernie. »

C'était beaucoup dans un pays qui avait alors très peu d'argent, et dans lequel on ne frappait aucune monnaie d'or.

Alors on mit de l'argent entre les mains du légat, comme premier paiement de la redevance. On lui remit la couronne et le sceptre. Le diacre italien foula l'argent aux pieds, et garda la couronne et le sceptre cinq jours. Il rendit ensuite ces ornements au roi, comme un bienfait du pape, leur commun maître.

Philippe-Auguste n'attendait à Boulogne que le retour du légat pour se mettre en mer. Le légat revient à lui pour lui apprendre qu'il ne lui est plus permis d'attaquer l'Angleterre, devenue fief de l'Église romaine, et que le roi Jean est sous la protection de Rome.

Le présent que le pape avait fait de l'Angleterre à Philippe pouvait alors lui devenir funeste. Un autre excommunié, neveu du roi Jean, s'était ligué avec lui pour s'opposer à la France, qui devenait trop à craindre. Cet excommunié était l'empereur Othon IV, qui disputait à-la-fois l'empire au jeune Frédéric II, fils de Henri VI, et l'Italie au pape. C'est le seul empereur d'Allemagne qui ait jamais donné une bataille en personne contre un roi de France.

CHAPITRE LI.

D'Othon IV et de Philippe-Auguste, au treizième siècle. De la bataille de Bouvines. De l'Angleterre et de la France, jusqu'à la mort de Louis VIII, père de saint Louis. Puissance singulière de la cour de Rome : pénitence plus singulière de Louis VIII, etc.

Quoique le système de la balance de l'Europe n'ait été développé que dans les derniers temps, cependant il paraît qu'on s'est réuni, toujours autant qu'on a pu, contre les puissances prépondérantes. L'Allemagne, l'Angleterre, et les Pays-Bas, armèrent contre Philippe-Auguste, ainsi que nous les avons vus se réunir contre Louis XIV. Ferrand, comte de Flandre, se joignit à l'empereur Othon IV. Il était vassal de Philippe; mais c'était par cette raison même qu'il se déclara contre lui, aussi bien que le comte de Boulogne. Ainsi Philippe, pour avoir voulu accepter le présent du pape, se mit au point d'être opprimé. Sa fortune et son courage le firent sortir de ce péril avec la plus grande gloire qu'ait jamais méritée un roi de France.

Entre Lille et Tournay est un petit village nommé Bouvines, près duquel Othon IV, à la tête d'une armée, qu'on dit forte de plus de cent mille combattants, vint attaquer le roi, qui n'en avait guère que la moitié (1215). On commençait alors à se servir d'arbalètes : cette arme était en usage à la fin du douzième siècle. Mais ce qui décidait d'une journée, c'était cette pesante cavalerie toute couverte de fer. L'armure complète du chevalier était une prérogative d'honneur, à laquelle les écuyers ne pouvaient prétendre; il ne leur était pas permis d'être invulnérables. Tout ce qu'un chevalier avait à craindre était d'être blessé au visage, quand il levait la visière de son casque; ou dans le flanc, au défaut de la cuirasse, quand il était abattu, et qu'on avait levé sa chemise de mailles; enfin sous les aisselles, quand il levait le bras.

Il y avait encore des troupes de cavalerie, tirées du corps des communes, moins bien armées que les chevaliers. Pour l'infanterie, elle portait des armes défensives à son gré, et les offensives étaient l'épée, la flèche, la massue, la fronde.

Ce fut un évêque qui rangea en bataille l'armée de Philippe-Auguste: il s'appelait Guérin, et venait d'être nommé à l'évêché de Senlis. Cet évêque de Beauvais, si long-temps prisonnier du roi Richard d'Angleterre, se trouva aussi à cette bataille. Il s'y servit toujours d'une massue, disant qu'il serait irrégulier s'il versait le sang humain. On ne sait point comment l'empereur et le roi disposèrent leurs troupes. Philippe, avant le combat, fit chanter le psaume, *Exsurgat Deus, et dissipentur inimici ejus*, comme si Othon avait combattu contre Dieu. Auparavant les Français chantaient des vers en l'honneur de Charlemagne et de Roland. L'étendard impérial d'Othon était sur quatre roues. C'était une longue perche qui portait un dragon de bois peint, et sur le dragon s'élevait un aigle de bois doré. L'étendard royal de France était un bâton doré avec un drapeau de soie blanche, semé de fleurs de lis: ce qui n'avait été long-temps qu'une imagination de peintre commençait à servir d'armoiries aux rois de France. D'anciennes couronnes des rois lombards, dont on voit des estampes fidèles dans Muratori, sont surmontées de cet ornement, qui n'est autre chose que le fer d'une lance lié avec deux autres fers recourbés, une vraie hallebarde.

Outre l'étendard royal, Philippe-Auguste fit porter l'oriflamme de saint Denys. Lorsque le roi était en danger, on haussait et baissait l'un ou l'autre de ces étendards. Chaque chevalier avait aussi le sien, et les grands chevaliers fesaient porter un autre drapeau, qu'on nommait bannière. Ce terme de bannière, si honorable, étoit pourtant commun aux drapeaux de l'infanterie, presque toute composée de serfs. Le cri de guerre des Français était *Monjoie saint Denys*. Le cri des Allemands était *Kyrie, eleison*.

Une preuve que les chevaliers bien armés ne couraient guère d'autre risque que d'être démontés, et n'étaient blessés que par un très grand hasard, c'est que le roi Philippe-Auguste, renversé de son cheval, fut long-temps entouré d'ennemis, et reçut des coups de toute espèce d'armes sans verser une goutte de sang.

On raconte même qu'étant couché par terre, un soldat allemand voulut lui enfoncer dans la gorge un javelot à double crochet, et n'en put jamais venir à bout. Aucun chevalier ne périt dans la bataille, sinon Guillaume de Longchamp, qui malheureusement mourut d'un coup dans l'œil, adressé par la visière de son casque.

On compte du côté des Allemands vingt-cinq chevaliers bannerets, et sept comtes de l'empire prisonniers, mais aucun de blessé.

L'empereur Othon perdit la bataille. On tua, dit-on, trente mille Allemands, nombre probablement exagéré. On ne voit pas que le roi de France fît aucune conquête du côté de l'Allemagne après la victoire de Bouvines; mais il en eut bien plus de pouvoir sur ses vassaux.

Celui qui perdit le plus à cette bataille fut Jean d'Angleterre, dont l'empereur Othon semblait la dernière ressource. (1218) Cet empereur mourut bientôt après comme un pénitent. Il se fesait, dit-on, fouler aux pieds de ses garçons de cuisine, et fouetter par des moines, selon l'opinion des princes de ce temps-là, qui pensaient expier par quelques coups de discipline le sang de tant de milliers d'hommes.

Il n'est point vrai, comme tant d'auteurs l'ont écrit, que Philippe reçut, le jour de la victoire de Bouvines, la nouvelle d'une autre bataille gagnée par son fils Louis VIII contre le roi Jean. Au contraire, Jean avait eu quelque succès en Poitou; mais, destitué du secours de ses alliés, il fit une trêve avec Philippe. Il en avait besoin : ses propres sujets d'Angleterre devenaient ses plus grands ennemis : il était méprisé, parcequ'il s'était fait vassal de Rome. (1215) Les barons le forcèrent de signer cette fameuse charte, qu'on appelle la *charte des libertés d'Angleterre*.

Le roi Jean se crut plus lésé en laissant par cette charte à ses sujets les droits les plus naturels, qu'il ne s'était cru dégradé en se fesant sujet de Rome; il se plaignit de cette charte comme du plus grand affront fait à sa dignité : cependant qu'y trouve-t-on en effet d'injurieux à l'autorité royale? qu'à la mort d'un comte, son fils majeur, pour entrer en possession du fief, paiera au roi cent marcs d'argent; et un baron, cent schellings; qu'aucun bailli du roi ne pourra prendre les chevaux des paysans, qu'en payant cinq sous par jour par cheval. Qu'on parcoure toute la charte, on trouvera seulement que les droits du genre humain n'y ont pas été assez défendus; on verra que les communes qui portaient le plus grand fardeau, et qui rendaient les plus grands services, n'avaient nulle part à ce gouvernement, qui ne pouvait fleurir sans elles. Cependant Jean se plaignit; il demanda justice au pape, son nouveau souverain.

Ce pape, Innocent III, qui avait excommunié le roi, excommunie alors les pairs d'Angleterre. Les pairs outrés font ce qu'avait fait ce même pontife, ils offrent la couronne d'Angleterre à la France. Philippe-Auguste, vainqueur de l'Allemagne, possesseur de presque tous les états de Jean en France, appelé au royaume d'Angleterre, se conduisit en grand politique. Il engagea les Anglais à demander son fils Louis pour roi. Alors les légats de Rome vinrent lui représenter en vain que Jean était feudataire du saint-siége. Louis, de concert avec son père, lui parle ainsi en présence du légat : « Monsieur, suis votre homme lige « pour li fiefs que m'avez baillés en France, mais ne « vos appartient de décider du fait du royaume d'An-

« gleterre; et si le faites, me pourvoirai devant mes
« pairs[a]. »

Après avoir parlé ainsi il partit pour l'Angleterre, malgré les défenses publiques de son père, qui le secourait en secret d'hommes et d'argent. Innocent III excommunia en vain le père et le fils (1216) : les évêques de France déclarèrent nulle l'excommunication du père. Remarquons pourtant qu'ils n'osèrent infirmer celle de Louis; c'est-à-dire qu'ils avouaient que les papes avaient le droit d'excommunier les princes. Ils ne pouvaient disputer ce droit aux papes, puisqu'ils se l'arrogeaient eux-mêmes; mais ils se réservaient encore celui de décider si l'excommunication du pape était juste ou injuste. Les princes étaient alors bien malheureux, exposés sans cesse à l'excommunication chez eux et à Rome : mais les peuples étaient plus malheureux encore; l'anathème retombait toujours sur eux, et la guerre les dépouillait.

Le fils de Philippe-Auguste fut reconnu roi solennellement dans Londres. Il ne laissa pas d'envoyer des ambassadeurs plaider sa cause devant le pape. Ce pontife jouissait de l'honneur qu'avait autrefois le sénat romain d'être juge des rois. (1216) Il mourut avant de rendre son arrêt définitif.

Jean-sans-terre, errant de ville en ville dans son pays, mourut dans le même temps, abandonné de tout le monde, dans un bourg de la province de Norfolk. Un pair de France avait autrefois conquis l'An-

---

[a] C'est une grande preuve que la pairie décidait alors de toutes les grandes affaires.

gleterre, et l'avait gardée ; un roi de France ne la garda pas.

Louis VIII, après la mort de Jean d'Angleterre, du vivant même de Philippe-Auguste, fut obligé de sortir de ce même pays qui l'avait demandé pour roi ; et, au lieu de défendre sa conquête, il alla se croiser contre les Albigeois, qu'on égorgeait alors en exécution des sentences de Rome.

Il ne régna qu'une seule année en Angleterre : les Anglais le forcèrent de rendre à leur roi Henri III, dont ils n'étaient pas encore mécontents, le trône qu'ils avaient ôté à Jean, père de ce Henri III. Ainsi Louis ne fut que l'instrument dont ils s'étaient servis pour se venger de leur monarque. Le légat de Rome, qui était à Londres, régla en maître les conditions auxquelles Louis sortit d'Angleterre. Ce légat, l'ayant excommunié pour avoir osé régner à Londres malgré le pape, lui imposa pour pénitence de payer à Rome le dixième de deux années de ses revenus. Ses officiers furent taxés au vingtième, et les chapelains qui l'avaient accompagné furent obligés d'aller demander à Rome leur absolution. Ils firent le voyage ; on leur ordonna d'aller se présenter dans Paris à la porte de la cathédrale, aux quatre grandes fêtes, nu-pieds et en chemise, tenant en main des verges dont les chanoines devaient les fouetter. Une partie de ces pénitences fut, dit-on, accomplie.

Cette scène incroyable se passait pourtant sous un roi habile et courageux, sous Philippe-Auguste, qui souffrait cette humiliation de son fils et de sa nation. Le vainqueur de Bouvines ne finit pas glorieusement sa carrière illustre. (1225) Il avait augmenté son royaume de la Normandie, du Maine, du Poitou : le reste des biens appartenants à l'Angleterre était encore défendu par beaucoup de seigneurs.

Du temps de Louis VIII, une partie de la Guienne était française, l'autre était anglaise. Il n'y eut alors rien de grand ni de décisif.

Le testament de Louis VIII mérite seulement quelque attention. (1225) Il lègue cent sous à chacune des deux mille léproseries de son royaume. Les chrétiens, pour fruit de leurs croisades, ne remportèrent enfin que la lèpre. Il faut que le peu d'usage du linge, et la malpropreté du peuple, eût bien augmenté le nombre des lépreux. Ce nom de léproserie n'était pas donné indifféremment aux autres hôpitaux; car on voit par le même testament que le roi lègue cent livres de compte à deux cents hôtels-dieu. Le legs que fit Louis VIII de trente mille livres une fois payées à son épouse, la célèbre Blanche-de-Castille, revenait à cinq cent quarante mille livres d'aujourd'hui. J'insiste souvent sur ce prix des monnaies; c'est, ce me semble, le pouls d'un état, et une manière assez sûre de reconnaître ses forces. Par exemple, il est clair que Philippe-Auguste fut le plus puissant prince de son temps, si, indépendamment des pierreries qu'il laissa, les sommes spécifiées dans son testament montent à près de neuf cent mille marcs d'argent de huit onces, qui valent à présent environ quarante-neuf millions de notre monnaie, à 54 liv. 19 s. le marc d'argent fin [1].

---

[1] Dans toutes les évaluations du marc d'or et d'argent, on a supposé que les historiens ou les actes parlent de marcs d'or ou d'argent fin suivant la

Mais il faut qu'il y ait quelque erreur de calcul dans ce testament : il n'est point du tout vraisemblable qu'un roi de France, qui n'avait de revenu que celui de ses domaines particuliers, ait pu laisser alors une somme si considérable : la puissance de tous les rois de l'Europe consistait alors à voir marcher un grand nombre de vassaux sous leurs ordres, et non à posséder assez de trésors pour les asservir.

C'est ici le lieu de relever un étrange conte que font tous nos historiens. Ils disent que Louis VIII étant au lit de la mort, les médecins jugèrent qu'il n'y avait d'autre remède pour lui que l'usage des femmes; qu'ils mirent dans son lit une jeune fille, mais que le roi la chassa, aimant mieux mourir, disent-ils, que de commettre un péché mortel. Le P. Daniel, dans son Histoire de France, a fait graver cette aventure à la tête de la vie de Louis VIII, comme le plus bel exploit de ce prince.

Cette fable a été appliquée à plusieurs autres monarques. Elle n'est, comme tous les autres contes de ces temps-là, que le fruit de l'ignorance. Mais on devrait savoir aujourd'hui que la jouissance d'une fille n'est point un remède pour un malade ; et, après tout, si Louis VIII n'avait pu réchapper que par cet expédient, il avait Blanche, sa femme, qui était fort belle et en état de lui sauver la vie. Le jésuite Daniel

---

manière actuelle de s'exprimer. Si on venait à découvrir que, dans quelques circonstances, ils ont entendu de l'or ou de l'argent au titre de la monnaie ou de la bijouterie du temps, il faudrait corriger les évaluations en conséquence. Mais cela n'est pas vraisemblable, puisque ce sont les variations des monnaies, alors très fréquentes, qui ont introduit l'usage d'exprimer les valeurs en marcs, et non en monnaies. K.

prétend donc que Louis VIII mourut glorieusement en ne satisfesant pas la nature, et en combattant les hérétiques. Il est vrai qu'avant sa mort il alla en Languedoc pour s'emparer d'une partie du comté de Toulouse, que le jeune Amauri, comte de Montfort, fils de l'usurpateur, lui vendit. Mais acheter un pays d'un homme à qui ce pays n'appartient pas, est-ce là combattre pour la foi? Un esprit juste, en lisant l'histoire, n'est presque occupé qu'à la réfuter.

CHAPITRE LII.

De l'empereur Frédéric II : de ses querelles avec les papes ; et de l'empire allemand. Des accusations contre Frédéric II. Du livre *De Tribus Impostoribus*. Du concile général de Lyon, etc.

Vers le commencement du treizième siècle, tandis que Philippe-Auguste régnait encore, que Jean-sans-terre était dépouillé par Louis VIII, qu'après la mort de Jean et de Philippe-Auguste, Louis VIII, chassé d'Angleterre, régnait en France, et laissait l'Angleterre à Henri III; dans ces temps, dis-je, les croisades, les persécutions contre les Albigeois, épuisaient toujours l'Europe. L'empereur Frédéric II fesait saigner les plaies mal fermées de l'Allemagne et de l'Italie. La querelle de la couronne impériale et de la mitre de Rome, les factions des Guelfes et des Gibelins, les haines des Allemands et des Italiens, troublaient le monde plus que jamais. Frédéric II, fils de

Henri VI, et neveu de l'empereur Philippe, jouissait de l'empire qu'Othon IV, son compétiteur, avait abandonné avant de mourir.

Les empereurs étaient alors bien plus puissants que les rois de France; car, outre la Souabe et les grandes terres que Frédéric possédait en Allemagne, il avait aussi Naples et Sicile par héritage. La Lombardie lui appartenait par cette longue possession des empereurs; mais cette liberté, dont les villes d'Italie étaient alors idolâtres, respectait peu la possession des Césars allemands. C'était en Allemagne un temps d'anarchie et de brigandage, qui fut de longue durée. Ce brigandage s'était tellement accru, que les seigneurs comptaient parmi leurs droits celui d'être voleurs de grand chemin dans leurs territoires, et de faire de la fausse monnaie. (1219) Frédéric II les contraignit, dans la diète d'Égra, de faire serment de ne plus exercer de pareils droits; et pour leur donner l'exemple, il renonça à celui que ses prédécesseurs s'étaient attribué de s'emparer de toute la dépouille des évêques à leur décès. Cette rapine était alors autorisée partout, et même en Angleterre.

Les usages les plus ridicules et les plus barbares étaient alors établis. Les seigneurs avaient imaginé le droit de cuissage, de markette, de prélibation; c'était celui de coucher la première nuit avec les nouvelles mariées leurs vassales roturières. Des évêques, des abbés, eurent ce droit en qualité de hauts barons; et quelques uns se sont fait payer, au dernier siècle, par leurs sujets, la renonciation à ce droit étrange, qui s'étendit en Écosse, en Lombardie, en Allemagne, et dans les provinces de France. Voilà les mœurs qui régnaient dans le temps des croisades.

L'Italie était moins barbare, mais n'était pas moins malheureuse. La querelle de l'empire et du sacerdoce avait produit les factions Guelfe et Gibeline, qui divisaient les villes et les familles.

Milan, Brescia, Mantoue, Vicence, Padoue, Trévise, Ferrare, et presque toutes les villes de la Romagne, sous la protection du pape, étaient liguées entre elles contre l'empereur.

Il avait pour lui Crémone, Bergame, Modène, Parme, Reggio, Trente. Beaucoup d'autres villes étaient partagées entre les factions Guelfe et Gibeline. L'Italie était le théâtre, non d'une guerre, mais de cent guerres civiles, qui, en aiguisant les esprits et les courages, n'accoutumaient que trop les nouveaux potentats italiens à l'assassinat et à l'empoisonnement.

Frédéric II était né en Italie : il aimait ce climat agréable, et ne pouvait souffrir ni le pays ni les mœurs de l'Allemagne, dont il fut absent quinze années entières. Il paraît évident que son grand dessein était d'établir en Italie le trône des nouveaux Césars. Cela seul eût pu changer la face de l'Europe. C'est le nœud secret de toutes les querelles qu'il eut avec les papes. Il employa tour-à-tour la souplesse et la violence, et le saint-siége le combattit avec les mêmes armes.

Honorius III et Grégoire IX ne peuvent d'abord lui résister qu'en l'éloignant, et en l'envoyant faire la guerre dans la Terre-Sainte[a]. Tel était le préjugé du temps, que l'empereur fut obligé de se vouer à cette

---

[a] Voyez le chapitre LVI, *Des Croisades*.

entreprise, de peur de n'être pas regardé par les peuples comme chrétien. Il fit le vœu par politique; et par politique il différa le voyage.

Grégoire IX l'excommunie selon l'usage ordinaire. Frédéric part; et tandis qu'il fait une croisade à Jérusalem, le pape en fait une contre lui dans Rome. Il revient, après avoir négocié avec les soudans, se battre contre le saint-siége. Il trouve dans le territoire de Capoue son propre beau-père, Jean de Brienne, roi titulaire de Jérusalem, à la tête des soldats du pontife, qui portaient le signe des deux clefs sur l'épaule. Les Gibelins de l'empereur portaient le signe de la croix; et les croix mirent bientôt les clefs en fuite.

Il ne restait guère alors d'autre ressource à Grégoire IX que de soulever Henri, roi des Romains, fils de Frédéric II, contre son père, ainsi que Grégoire VII, Urbain II, et Paschal II, avaient armé les enfants de Henri IV. (1235) Mais Frédéric, plus heureux que Henri IV, se saisit de son fils rebelle, le dépose dans la célèbre diète de Mayence, et le condamne à une prison perpétuelle.

Il était plus aisé à Frédéric II de faire condamner son fils dans une diète d'Allemagne, que d'obtenir de l'argent et des troupes de cette diète pour aller subjuguer l'Italie. Il eut toujours assez de forces pour l'ensanglanter, et jamais assez pour l'asservir. Les Guelfes, ces partisans de la papauté, et encore plus de la liberté, balancèrent toujours le pouvoir des Gibelins, partisans de l'empire.

La Sardaigne était encore un sujet de guerre entre

l'empire et le sacerdoce, et par conséquent d'excommunications. (1238) L'empereur s'empara de presque toute l'île. Alors Grégoire IX accusa publiquement Frédéric II d'incrédulité. « Nous avons des preuves, « dit-il dans sa lettre circulaire du 1ᵉʳ juillet 1239, « qu'il dit publiquement que l'univers a été trompé « par trois imposteurs, Moïse, Jésus-Christ, et Ma-« homet. Mais il place Jésus-Christ fort au-dessous « des autres; car il dit qu'ils ont vécu pleins de gloire, « et que l'autre n'a été qu'un homme de la lie du peu-« ple, qui prêchait à ses pareils. L'empereur, ajoute-« t-il, soutient qu'un Dieu unique et créateur ne peut « être né d'une femme, et surtout d'une vierge. » C'est sur cette lettre du pape Grégoire IX qu'on crut dès ce temps-là qu'il y avait un livre intitulé *De Tribus Impostoribus* : on a cherché ce livre de siècle en siècle, et on ne l'a jamais trouvé[a].

Ces accusations, qui n'avaient rien de commun avec la Sardaigne, n'empêchèrent pas que l'empereur ne la gardât : les divisions entre Frédéric et le saint-siége n'eurent jamais la religion pour objet; et cependant les papes l'excommuniaient, publiaient contre lui des croisades, et le déposaient. Un cardinal, nommé Jacques de Vitri, évêque de Ptolémaïde en Palestine, apporta en France au jeune Louis IX des lettres de ce pape Grégoire, par lesquelles sa sainteté, ayant déposé Frédéric II, transférait de son autorité l'em-

---

[a] On en a fait de nos jours sous le même titre. — Cette note, ajoutée dans l'édition de 1775, regarde l'ouvrage français intitulé, *Traité des trois Imposteurs*, qui avait été publié en 1768, et à l'occasion duquel Voltaire composa une *Épître* en vers, au commencement de 1769. B.

pire à Robert, comte d'Artois, frère du jeune roi de France. C'était mal prendre son temps : la France et l'Angleterre étaient en guerre : les barons de France, soulevés dans la minorité de Louis, étaient encore puissants dans sa majorité. On prétend qu'ils répondirent « qu'un frère d'un roi de France n'avait pas « besoin d'un empire, et que le pape avait moins de « religion que Frédéric II. » Une telle réponse est trop peu vraisemblable pour être vraie.

Rien ne fait mieux connaître les mœurs et les usages de ce temps, que ce qui se passa au sujet de cette demande du pape.

Il s'adressa aux moines de Cîteaux, chez lesquels il savait que saint Louis devait venir en pélerinage avec sa mère. Il écrivit au chapitre : « Conjurez le roi qu'il « prenne la protection du pape contre le fils de Satan, « Frédéric; il est nécessaire que le roi me reçoive dans « son royaume, comme Alexandre III y fut reçu contre « la persécution de Frédéric Ier, et saint Thomas de « Cantorbéry, contre celle de Henri II, roi d'Angle- « terre. »

Le roi alla en effet à Cîteaux, où il fut reçu par cinq cents moines qui le conduisirent au chapitre : là, ils se mirent tous à genoux devant lui; et, les mains jointes, le prièrent de laisser passer le pape en France. Louis se mit aussi à genoux devant les moines, leur promit de défendre l'Église; mais il leur dit expressément « qu'il ne pouvait recevoir le pape sans le con- « sentement des barons du royaume, dont un roi de « France devait suivre les avis. » Grégoire meurt; mais l'esprit de Rome vit toujours. Innocent IV, l'ami de Frédéric quand il était cardinal, devient nécessairement son ennemi dès qu'il est souverain pontife. Il fallait, à quelque prix que ce fût, affaiblir la puissance impériale en Italie, et réparer la faute qu'avait faite Jean XII, d'appeler à Rome les Allemands.

Innocent IV, après bien des négociations inutiles, assemble dans Lyon ce fameux concile qui a cette inscription encore aujourd'hui dans la bibliothèque du Vatican : « Treizième concile général, premier de « Lyon. Frédéric II y est déclaré ennemi de l'Église, « et privé du siége impérial [1]. »

Il semble bien hardi de déposer un empereur dans une ville impériale ; mais Lyon était sous la protection de la France, et ses archevêques s'étaient emparés des droits régaliens. Frédéric II ne négligea pas d'envoyer à ce concile, où il devait être accusé, des ambassadeurs pour le défendre.

Le pape, qui se constituait juge à la tête du concile, fit aussi la fonction de son propre avocat ; et après avoir beaucoup insisté sur les droits temporels de Naples et de Sicile, sur le patrimoine de la comtesse Mathilde, il accusa Frédéric d'avoir fait la paix avec les mahométans, d'avoir eu des concubines mahométanes, de ne pas croire en Jésus-Christ, et d'être hérétique. Comment peut-on être à-la-fois hérétique et

---

[1] Il faut espérer que Joseph II ne laissera pas long-temps subsister dans le Vatican ce monument des attentats de Rome moderne contre les droits du genre humain ; à moins qu'il ne valût mieux le conserver comme une preuve que le même esprit règne encore dans l'Église ; et comme une leçon qui montre aux rois ce qu'ils auraient à craindre, s'ils avaient le malheur de réussir dans les mesures que le clergé leur inspire pour faire retomber les peuples dans l'ignorance. K.

incrédule? et comment dans ces siècles pouvait-on former si souvent de telles accusations? Les papes Jean XII, Étienne VIII, et les empereurs Frédéric I*er*, Frédéric II, le chancelier Des Vignes, Mainfroi régent de Naples, beaucoup d'autres, essuyèrent cette imputation. Les ambassadeurs de l'empereur parlèrent en sa faveur avec fermeté, et accusèrent le pape, à leur tour, de rapine et d'usure. Il y avait à ce concile des ambassadeurs de France et d'Angleterre. Ceux-ci se plaignirent bien autant des papes que le pape se plaignit de l'empereur. «Vous tirez par vos Italiens, « dirent-ils, plus de soixante mille marcs par an du « royaume d'Angleterre; vous nous avez en dernier « lieu envoyé un légat qui a donné tous les bénéfices « à des Italiens. Il extorque de tous les religieux des « taxes excessives, et il excommunie quiconque se « plaint de ses vexations. Remédiez-y promptement; « car nous ne souffrirons pas plus long-temps ces « avanies. »

Le pape rougit, ne répondit rien, et prononça la déposition de l'empereur. Il est très à remarquer qu'il fulmina cette sentence, non pas, dit-il, de l'approbation du concile, mais en présence du concile. Tous les pères tenaient des cierges allumés, quand le pape prononçait. Ils les éteignirent ensuite. Une partie signa l'arrêt, une autre partie sortit en gémissant.

N'oublions pas que, dans ce concile, le pape demanda un subside à tous les ecclésiastiques. Tous gardèrent le silence, aucun ne parla ni pour approuver ni pour rejeter le subside, excepté un Anglais nommé Mespham, doyen de Lincoln; il osa dire que le pape rançonnait trop l'Église. Le pape le déposa, de sa seule autorité; et les ecclésiastiques se turent. Innocent IV parlait donc et agissait en souverain de l'Église, et on le souffrait.

Frédéric II ne souffrit pas du moins que l'évêque de Rome agît en souverain des rois. Cet empereur était à Turin, qui n'appartenait point encore à la maison de Savoie; c'était un fief de l'empire, gouverné par le marquis de Suze. Il demanda une cassette; on la lui apporta. Il en tira la couronne impériale. « Ce « pape et ce concile, dit-il, ne me l'ont pas ravie; et « avant qu'on m'en dépouille, il y aura bien du sang « répandu. » Il ne manqua pas d'écrire d'abord à tous les princes d'Allemagne et de l'Europe par la plume de son fameux chancelier Pierre Des Vignes, tant accusé d'avoir composé le livre des *Trois Imposteurs*: « Je ne suis pas le premier, disait-il dans ses lettres, « que le clergé ait ainsi indignement traité, et je ne « serai pas le dernier. Vous en êtes cause en obéissant « à ces hypocrites dont vous connaissez l'ambition « sans bornes. Combien, si vous vouliez, découvririez- « vous dans la cour de Rome d'infamies qui font fré- « mir la pudeur? Livrés au siècle, enivrés de délices, « l'excès de leurs richesses étouffe en eux tout senti- « ment de religion. C'est une œuvre de charité de leur « ôter ces richesses pernicieuses qui les accablent; et « c'est à quoi vous devez travailler tous avec moi. »

Cependant le pape, ayant déclaré l'empire vacant, écrivit à sept princes ou évêques: c'étaient les ducs de Bavière, de Saxe, d'Autriche, et de Brabant, les archevêques de Saltzbourg, de Cologne, et de Mayence.

Voilà ce qui a fait croire que sept électeurs étaient alors solennellement établis. Mais les autres princes de l'empire et les autres évêques prétendaient aussi avoir le même droit.

Les empereurs et les papes tâchaient ainsi de se faire déposer mutuellement. Leur grande politique consistait à exciter des guerres civiles.

On avait déjà élu roi des Romains, en Allemagne, Conrad, fils de Frédéric II; mais il fallait, pour plaire au pape, choisir un autre empereur. Ce nouveau César ne fut choisi ni par les ducs de Saxe, ou de Brabant, ou de Bavière, ou d'Autriche, ni par aucun prince de l'empire. Les évêques de Strasbourg, de Vurtzbourg, de Spire, de Metz, avec ceux de Mayence, de Cologne, et de Trèves, créèrent cet empereur. Ils choisirent un landgrave de Thuringe, qu'on appela le *roi des prêtres*.

Quel étrange empereur de Rome qu'un landgrave qui recevait la couronne seulement de quelques évêques de son pays! Alors le pape fait renouveler la croisade contre Frédéric. Elle était prêchée par les *frères-prêcheurs*, que nous appelons *dominicains*, et par les *frères mineurs*, que nous appelons *cordeliers* ou *franciscains*. Cette nouvelle milice des papes commençait à s'établir en Europe[a]. Le saint-père ne s'en tint pas à ces mesures : il ménagea des conspirations contre la vie d'un empereur qui savait résister aux conciles, aux moines, aux croisades; du moins l'empereur se plaignit que le pape suscitait des assassins contre lui, et le pape ne répondit point à ces plaintes.

[a] Voyez le chapitre cxxxix; *Des Ordres religieux*.

Les mêmes prélats qui s'étaient donné la liberté de faire un César, en firent encore un autre après la mort de leur Thuringien, et ce fut un comte de Hollande. La prétention de l'Allemagne sur l'empire romain ne servit donc jamais qu'à la déchirer. Ces mêmes évêques qui élisaient des empereurs, se divisèrent entre eux : leur comte de Hollande fut tué dans cette guerre civile.

(1249) Frédéric II avait à combattre les papes, depuis l'extrémité de la Sicile jusqu'à celle de l'Allemagne. On dit qu'étant dans la Pouille, il découvrit que son médecin, séduit par Innocent IV, voulait l'empoisonner. Le fait me paraît douteux ; mais dans les doutes que fait naître l'histoire de ces temps, il ne s'agit que du plus ou du moins de crimes.

Frédéric, voyant avec horreur qu'il lui était impossible de confier sa vie à des chrétiens, fut obligé de prendre des mahométans pour sa garde. On prétend qu'ils ne le garantirent pas des fureurs de Mainfroi, son bâtard, qui l'étouffa, dit-on, dans sa dernière maladie. Le fait me paraît faux. Ce grand et malheureux empereur, roi de Sicile dès le berceau, ayant porté vingt-deux ans la vaine couronne de Jérusalem, et celle des Césars cinquante-quatre ans (puisqu'il avait été déclaré roi des Romains en 1196), mourut âgé de cinquante-sept ans, dans le royaume de Naples (1250), et laissa le monde aussi troublé à sa mort qu'à sa naissance. Malgré tant de troubles, ses royaumes de Naples et de Sicile furent embellis et policés par ses soins ; il y bâtit des villes, y fonda des universités, y fit fleurir un peu les lettres. La langue italienne commençait à se former alors ; c'était un composé de la langue romance et du latin. On a des vers de Frédéric II en cette langue. Mais les traverses qu'il essuya nuisirent aux sciences autant qu'à ses desseins.

Depuis la mort de Frédéric II jusqu'en 1268, l'Allemagne fut sans chef, non comme l'avaient été la Grèce, l'ancienne Gaule, l'ancienne Germanie, et l'Italie avant qu'elle fût soumise aux Romains : l'Allemagne ne fut ni une république, ni un pays partagé entre plusieurs souverains, mais un corps sans tête dont les membres se déchiraient.

C'était une belle occasion pour les papes, mais ils n'en profitèrent pas. On leur arracha Brescia, Crémone, Mantoue, et beaucoup de petites villes. Il eût fallu alors un pape guerrier pour les reprendre ; mais rarement un pape eut ce caractère. Ils ébranlaient à la vérité le monde avec leurs bulles ; ils donnaient des royaumes avec des parchemins. Le pape Innocent IV déclara, de sa propre autorité, Haquin roi de Norvège, en le fesant enfant légitime, de bâtard qu'il était (1247). Un légat du pape couronna ce roi Haquin, et reçut de lui un tribut de quinze mille marcs d'argent, et cinq cents marcs (ou marques) des églises de Norvège ; ce qui était peut-être la moitié de l'argent comptant qui circulait dans un pays si peu riche.

Le même pape Innocent IV créa aussi un certain Mandog roi de Lithuanie, mais roi relevant de Rome. « Nous recevons, dit-il dans sa bulle du 15 juillet 1251, « ce nouveau royaume de Lithuanie au droit et à la « propriété de saint Pierre, vous prenant sous notre

« protection, vous, votre femme, et vos enfants.» C'était imiter en quelque sorte la grandeur de l'ancien sénat de Rome, qui accordait des titres de rois et de tétrarques. La Lithuanie ne fut pas cependant un royaume; elle ne put même encore être chrétienne que plus d'un siècle après.

Les papes parlaient donc en maîtres du monde, et ne pouvaient être maîtres chez eux : il ne leur en coûtait que du parchemin pour donner ainsi des états; mais ce n'était qu'à force d'intrigues qu'ils pouvaient se ressaisir d'un village auprès de Mantoue ou de Ferrare.

Voilà quelle était la situation des affaires de l'Europe : l'Allemagne et l'Italie déchirées, la France encore faible, l'Espagne partagée entre les chrétiens et les musulmans; ceux-ci entièrement chassés de l'Italie; l'Angleterre commençant à disputer sa liberté contre ses rois; le gouvernement féodal établi partout; la chevalerie à la mode; les prêtres devenus princes et guerriers; une politique presque en tout différente de celle qui anime aujourd'hui l'Europe. Il semblait que les pays de la communion romaine fussent une grande république dont l'empereur et les papes voulaient être les chefs; et cette république, quoique divisée, s'était accordée long-temps dans les projets des croisades, qui ont produit de si grandes et de si infames actions, de nouveaux royaumes, de nouveaux établissements, de nouvelles misères, et enfin beaucoup plus de malheur que de gloire. Nous les avons déjà indiquées. Il est temps de peindre ces folies guerrières.

CHAPITRE LIII[1].

De l'Orient au temps des croisades, et de l'état de la Palestine.

Les religions durent toujours plus que les empires. Le mahométisme florissait, et l'empire des califes était détruit par la nation des Turcomans. On se fatigue à rechercher l'origine de ces Turcs. Elle est la même que celle de tous les peuples conquérants. Ils ont tous été d'abord des sauvages, vivant de rapine. Les Turcs habitaient autrefois au-delà du Taurus et de l'Immaüs, et bien loin, dit-on, de l'Araxe. Ils étaient compris parmi ces Tartares que l'antiquité nommait Scythes. Ce grand continent de la Tartarie, bien plus vaste que l'Europe, n'a jamais été habité que par des barbares. Leurs antiquités ne méritent guère mieux une histoire suivie que les loups et les tigres de leur pays. Ces peuples du Nord firent de tout temps des invasions vers le midi. Ils se répandirent, vers le onzième siècle, du côté de la Moscovie, ils inondèrent les bords de la mer Caspienne. Les Arabes, sous les premiers successeurs de Mahomet, avaient soumis presque toute l'Asie Mineure, la Syrie, et la Perse : les Turcomans vinrent enfin, qui soumirent les Arabes.

Un calife de la dynastie des Abassides, nommé Mo-

---

[1] On a imprimé une *Histoire des Croisades*, par M. de Voltaire, 1753, in-18 de 193 pages, plus le titre. Cette Histoire, déjà publiée dans le *Mercure*, 1750-51, forme, à très peu de différence près, les chapitres LIII, LIV, LV, LVI, LVII et LVIII de l'*Essai sur les Mœurs*. B.

tassem, fils du grand Almamon, et petit-fils du célèbre Aaron-al-Raschild, protecteur comme eux de tous les arts, contemporain de notre Louis-le-Débonnaire ou le Faible, posa les premières pierres de l'édifice sous lequel ses successeurs furent enfin écrasés. Il fit venir une milice de Turcs pour sa garde. Il n'y a jamais eu un plus grand exemple du danger des troupes étrangères. Cinq à six cents Turcs, à la solde de Motassem, sont l'origine de la puissance ottomane, qui a tout englouti, de l'Euphrate jusqu'au bout de la Grèce, et a de nos jours mis le siége devant Vienne. Cette milice turque, augmentée avec le temps, devint funeste à ses maîtres. De nouveaux Turcs arrivent qui profitèrent des guerres civiles excitées pour le califat. Les califes Abassides de Bagdad perdirent bientôt la Syrie, l'Égypte, l'Afrique, que les califes Fatimites leur enlevèrent. Les Turcs dépouillèrent et Fatimites et Abassides.

(1050) Togrul-Beg, ou Orto-grul-Beg, de qui on fait descendre la race des Ottomans, entra dans Bagdad à peu près comme tant d'empereurs sont entrés dans Rome : il se rendit maître de la ville et du calife, en se prosternant à ses pieds. Orto-grul conduisit le calife Caiem à son palais en tenant la bride de sa mule ; mais, plus habile ou plus heureux que les empereurs allemands ne l'ont été dans Rome, il établit sa puissance, et ne laissa au calife que le soin de commencer, le vendredi, les prières à la mosquée, et l'honneur d'investir de leurs états tous les tyrans mahométans qui se fesaient souverains.

Il faut se souvenir que comme ces Turcomans

imitaient les Francs, les Normands et les Goths, dans leurs irruptions, ils les imitaient aussi en se soumettant aux lois, aux mœurs et à la religion des vaincus. C'est ainsi que d'autres Tartares en ont usé avec les Chinois; et c'est l'avantage que tout peuple policé, quoique le plus faible, doit avoir sur le barbare, quoique le plus fort.

Ainsi les califes n'étaient plus que les chefs de la religion, tels que le Dairi, pontife du Japon, qui commande en apparence aujourd'hui au Cubosama, et qui lui obéit en effet; tels que le shérif de la Mecque, qui appelle le sultan turc son vicaire; tels enfin qu'étaient les papes sous les rois lombards. Je ne compare point, sans doute, la religion mahométane avec la chrétienne; je compare les révolutions. Je remarque que les califes ont été les plus puissants souverains de l'Orient, tandis que les pontifes de Rome n'étaient rien. Le califat est tombé sans retour, et les papes sont peu-à-peu devenus de grands souverains, affermis, respectés de leurs voisins, et qui ont fait de Rome la plus belle ville de la terre.

Il y avait donc, au temps de la première croisade, un calife à Bagdad qui donnait des investitures, et un sultan turc qui régnait. Plusieurs autres usurpateurs turcs et quelques Arabes étaient cantonnés en Perse, dans l'Arabie, dans l'Asie Mineure. Tout était divisé; et c'est ce qui pouvait rendre les croisades heureuses. Mais tout était armé, et ces peuples devaient combattre sur leur terrain avec un grand avantage.

L'empire de Constantinople se soutenait : tous ses

princes n'avaient pas été indignes de régner. Constantin Porphyrogénète, fils de Léon-le-Philosophe, et philosophe lui-même, fit renaître, comme son père, des temps heureux. Si le gouvernement tomba dans le mépris sous Romain, fils de Constantin, il devint respectable aux nations sous Nicéphore Phocas, qui avait repris Candie avant d'être empereur (961). Si Jean Zimiscès assassina Nicéphore, et souilla de sang le palais; s'il joignit l'hypocrisie à ses crimes, il fut d'ailleurs le défenseur de l'empire contre les Turcs et les Bulgares. Mais sous Michel Paphlagonate on avait perdu la Sicile : sous Romain Diogène, presque tout ce qui restait vers l'orient, excepté la province de Pont; et cette province, qu'on appelle aujourd'hui Turcomanie, tomba bientôt après sous le pouvoir du Turc Soliman, qui, maître de la plus grande partie de l'Asie Mineure, établit le siége de sa domination à Nicée, et menaçait de là Constantinople au temps où commencèrent les croisades.

L'empire grec était donc borné alors presque à la ville impériale du côté des Turcs; mais il s'étendait dans toute la Grèce, la Macédoine, la Thessalie, la Thrace, l'Illyrie, l'Épire, et avait même encore l'île de Candie. Les guerres continuelles, quoique toujours malheureuses contre les Turcs, entretenaient un reste de courage. Tous les riches chrétiens d'Asie qui n'avaient pas voulu subir le joug mahométan s'étaient retirés dans la ville impériale, qui par-là même s'enrichit des dépouilles des provinces. Enfin, malgré tant de pertes, malgré les crimes et les révolutions du palais, cette ville, à la vérité déchue, mais immense, peuplée, opulente, et respirant les délices, se regardait comme la première du monde. Les habitants s'appelaient Romains, et non Grecs. Leur état était l'empire romain; et les peuples d'Occident, qu'ils nommaient Latins, n'étaient à leurs yeux que des barbares révoltés.

La Palestine n'était que ce qu'elle est aujourd'hui, un des plus mauvais pays de l'Asie. Cette petite province est dans sa longueur d'environ soixante-cinq lieues, et de vingt-trois en largeur; elle est couverte presque partout de rochers arides sur lesquels il n'y a pas une ligne de terre. Si ce canton était cultivé, on pourrait le comparer à la Suisse. La rivière du Jourdain, large d'environ cinquante pieds dans le milieu de son cours, ressemble à la rivière d'Aar, chez les Suisses, qui coule dans une vallée plus fertile que d'autres cantons. La mer de Tibériade n'est pas comparable au lac de Genève. Les voyageurs qui ont bien examiné la Suisse et la Palestine, donnent tous la préférence à la Suisse sans aucune comparaison. Il est vraisemblable que la Judée fut plus cultivée autrefois, quand elle était possédée par les Juifs. Ils avaient été forcés de porter un peu de terre sur les rochers pour y planter des vignes. Ce peu de terre liée avec les éclats des rochers, était soutenu par de petits murs, dont on voit encore des restes de distance en distance.

Tout ce qui est situé vers le midi consiste en déserts de sables salés, du côté de la Méditerranée et de l'Égypte, et en montagnes affreuses, jusqu'à Ésiongaber, vers la mer Rouge. Ces sables et ces rochers, habités aujourd'hui par quelques Arabes voleurs, sont l'ancienne patrie des Juifs. Ils s'avancèrent un peu au nord dans l'Arabie Pétrée. Le petit pays de Jéricho, qu'ils envahirent, est un des meilleurs qu'ils possédèrent : le terrain de Jérusalem est bien plus aride; il n'a pas même l'avantage d'être situé sur une rivière. Il y a très peu de pâturages : les habitants n'y purent jamais nourrir de chevaux; les ânes firent toujours la monture ordinaire. Les bœufs y sont maigres; les moutons y réussissent mieux; les oliviers en quelques endroits y produisent un fruit d'une bonne qualité. On y voit encore quelques palmiers; et ce pays, que les Juifs améliorèrent avec beaucoup de peine, quand leur condition toujours malheureuse le leur permit, fut pour eux une terre délicieuse en comparaison des déserts des Sina, de Param, et de Cadès-Barné [1].

Saint Jérôme, qui vécut si long-temps à Bethléem, avoue qu'on souffrait continuellement la sécheresse et la soif dans ce pays de montagnes arides, de cailloux et de sables, où il pleut rarement, où l'on manque de fontaines, et où l'industrie est obligée d'y suppléer à grands frais par des citernes.

[1] Ceux qui douteraient que la Palestine n'ait été un pays très peu fertile, peuvent consulter deux graves dissertations sur cet objet important, par M. l'abbé Guénée, de l'Académie des Inscriptions. Les preuves que l'on y trouve de la stérilité de ce pays sont d'autant plus décisives que l'intention de l'auteur était de prouver précisément le contraire. Les dissertations de l'abbé de Vertot sur l'authenticité de la sainte ampoule produisent le même effet; mais on a soupçonné l'abbé de Vertot d'y avoir mis un peu de malice, ce dont on n'a garde de soupçonner son savant confrère. K. — Les dissertations ou mémoires de Guénée sur la Judée sont aujourd'hui au nombre de quatre. B.

La Palestine, malgré le travail des Hébreux, n'eut jamais de quoi nourrir ses habitants; et de même que les treize cantons envoient le superflu de leurs peuples servir dans les armées des princes qui peuvent les payer, les Juifs allaient faire le métier de courtiers en Asie et en Afrique. A peine Alexandrie était-elle bâtie, qu'ils s'y étaient établis. Les Juifs commerçants n'habitaient guère Jérusalem; et je doute que dans le temps le plus florissant de ce petit état il y ait jamais eu des hommes aussi opulents que le sont aujourd'hui plusieurs Hébreux d'Amsterdam, de la Haye, de Londres, de Constantinople.

Lorsque Omar, l'un des premiers successeurs de Mahomet, s'empara des fertiles pays de la Syrie, il prit la contrée de la Palestine; et comme Jérusalem est une ville sainte pour les mahométans, il y entra chargé d'une haire et d'un sac de pénitent, et n'exigea que le tribut de treize drachmes par tête, ordonné par le pontife : c'est ce que rapporte Nicétas Coniates. Omar enrichit Jérusalem d'une magnifique mosquée de marbre, couverte de plomb, ornée en dedans d'un nombre prodigieux de lampes d'argent, parmi lesquelles il y en avait beaucoup d'or pur[a]. Quand ensuite les Turcs déjà mahométans s'emparèrent du pays, vers l'an 1055, ils respectèrent la mosquée, et la ville resta toujours peuplée de sept à huit mille habitants. C'était ce que son enceinte pouvait alors contenir, et ce que tout le territoire d'alentour pouvait nourrir. Ce peuple ne s'enrichissait guère d'ailleurs que des

---

[a] Elle fut fondée sur les débris de la forteresse bâtie par Hérode et auparavant par Salomon; forteresse qui avait servi de temple.

pélerinages des chrétiens et des musulmans. Les uns allaient visiter la mosquée, les autres l'endroit où l'on prétend que Jésus fut enterré. Tous payaient une petite redevance à l'émir turc qui résidait dans la ville, et à quelques imans qui vivaient de la curiosité des pélerins.

CHAPITRE LIV.

De la première croisade jusqu'à la prise de Jérusalem.

Tel était l'état de l'Asie Mineure et de la Syrie, lorsqu'un pélerin d'Amiens suscita les croisades. Il n'avait d'autre nom que Coucoupêtre, ou Cucupiêtre, comme le dit la fille de l'empereur Comnène, qui le vit à Constantinople. Nous le connaissons sous le nom de Pierre-l'Ermite. Ce Picard, parti d'Amiens pour aller en pélerinage vers l'Arabie, fut cause que l'Occident s'arma contre l'Orient, et que des millions d'Européans périrent en Asie. C'est ainsi que sont enchaînés les événements de l'univers. Il se plaignit amèrement à l'évêque secret qui résidait dans le pays, avec le titre de patriarche de Jérusalem, des vexations que souffraient les pélerins; les révélations ne lui manquèrent pas. Guillaume de Tyr assure que Jésus-Christ apparut à l'Ermite. « Je serai avec toi, « lui dit-il, il est temps de secourir mes serviteurs. » A son retour à Rome, il parla d'une manière si vive, et fit des tableaux si touchants, que le pape Urbain II crut cet homme propre à seconder le grand dessein que les papes avaient depuis long-temps d'armer la chrétienté contre le mahométisme. Il envoya Pierre de province en province communiquer, par son imagination forte, l'ardeur de ses sentiments, et semer l'enthousiasme.

(1094) Urbain II tint ensuite, vers Plaisance, un concile en rase campagne, où se trouvèrent plus de trente mille séculiers outre les ecclésiastiques. On y proposa la manière de venger les chrétiens. L'empereur des Grecs, Alexis Comnène, père de cette princesse qui écrivit l'histoire de son temps, envoya à ce concile des ambassadeurs pour demander quelque secours contre les musulmans : mais ce n'était ni du pape ni des Italiens qu'il devait l'attendre ; les Normands enlevaient alors Naples et Sicile aux Grecs ; et le pape, qui voulait être au moins seigneur suzerain de ces royaumes, étant d'ailleurs rival de l'Église grecque, devenait nécessairement par son état l'ennemi déclaré des empereurs d'Orient, comme il était l'ennemi couvert des empereurs teutoniques. Le pape, loin de secourir les Grecs, voulait soumettre l'Orient aux Latins.

Au reste, le projet d'aller faire la guerre en Palestine fut vanté par tous les assistants au concile de Plaisance, et ne fut embrassé par personne. Les principaux seigneurs italiens avaient chez eux trop d'intérêts à ménager, et ne voulaient point quitter un pays délicieux pour aller se battre vers l'Arabie Pétrée.

(1095) On fut donc obligé de tenir un autre concile à Clermont en Auvergne. Le pape y harangua dans la grande place. On avait pleuré en Italie sur les malheurs des chrétiens de l'Asie; on s'arma en France. Ce pays était peuplé d'une foule de nouveaux seigneurs, inquiets, indépendants, aimant la dissipation et la guerre, plongés pour la plupart dans les crimes que la débauche entraîne, et dans une ignorance aussi honteuse que leurs débauches. Le pape proposait la rémission de tous leurs péchés, et leur ouvrait le ciel en leur imposant pour pénitence de suivre la plus grande de leurs passions, de courir au pillage. On prit donc la croix à l'envi. Les églises et les cloîtres achetèrent alors à vil prix beaucoup de terres des seigneurs, qui crurent n'avoir besoin que d'un peu d'argent et de leurs armes pour aller conquérir des royaumes en Asie. Godefroi de Bouillon, par exemple, duc de Brabant, vendit sa terre de Bouillon au chapitre de Liége, et Stenay à l'évêque de Verdun. Baudouin, frère de Godefroi, vendit au même évêque le peu qu'il avait en ce pays-là. Les moindres seigneurs châtelains partirent à leurs frais; les pauvres gentilshommes servirent d'écuyers aux autres. Le butin devait se partager selon les grades et selon les dépenses des croisés. C'était une grande source de division, mais c'était aussi un grand motif. La religion, l'avarice, et l'inquiétude, encourageaient également ces émigrations. On enrôla une infanterie innombrable, et beaucoup de simples cavaliers sous mille drapeaux différents. Cette foule de croisés se donna rendez-vous à Constantinople. Moines, femmes, marchands, vivandiers, tout partit, comptant ne trouver sur la route que des chrétiens, qui gagneraient des indulgences en les nourrissant. Plus de quatre-vingt mille de ces vagabonds se rangèrent sous le drapeau de Coucoupêtre, que j'appellerai toujours Pierre-l'Ermite. Il marchait en sandales, et ceint d'une corde, à la tête de l'armée : nouveau genre de vanité ! Jamais l'antiquité n'avait vu de ces émigrations d'une partie du monde dans l'autre produites par un enthousiasme de religion. Cette fureur épidémique parut alors pour la première fois, afin qu'il n'y eût aucun fléau possible qui n'eût affligé l'espèce humaine.

La première expédition de ce général Ermite fut d'assiéger une ville chrétienne en Hongrie, nommée Malavilla, parceque l'on avait refusé des vivres à ces soldats de Jésus-Christ qui, malgré leur sainte entreprise, se conduisaient en voleurs de grand chemin. La ville fut prise d'assaut, livrée au pillage, les habitants égorgés. L'Ermite ne fut plus alors maître de ses croisés, excités par la soif du brigandage. Un des lieutenants de l'Ermite, nommé Gauthier-sans-argent, qui commandait la moitié des troupes, agit de même en Bulgarie. On se réunit bientôt contre ces brigands, qui furent presque tous exterminés ; et l'Ermite arriva enfin devant Constantinople avec vingt mille personnes mourant de faim.

Un prédicateur allemand nommé Godescalc, qui voulut jouer le même rôle, fut encore plus maltraité ; dès qu'il fut arrivé avec ses disciples dans cette même Hongrie où ses prédécesseurs avaient fait tant de désordres, la seule vue de la croix rouge qu'ils portaient fut un signal auquel ils furent tous massacrés.

Une autre horde de ces aventuriers, composée de plus de deux cent mille personnes, tant femmes que prêtres, paysans, écoliers, croyant qu'elle allait défendre Jésus-Christ, s'imagina qu'il fallait exterminer tous les Juifs qu'on rencontrerait. Il y en avait beaucoup sur les frontières de France; tout le commerce était entre leurs mains. Les chrétiens, croyant venger Dieu, firent main basse sur tous ces malheureux. Il n'y eut jamais, depuis Adrien, un si grand massacre de cette nation; ils furent égorgés à Verdun, à Spire, à Worms, à Cologne, à Mayence; et plusieurs se tuèrent eux-mêmes, après avoir fendu le ventre à leurs femmes, pour ne pas tomber entre les mains de ces barbares. La Hongrie fut encore le tombeau de cette troisième armée de croisés.

Cependant l'Ermite Pierre trouva devant Constantinople d'autres vagabonds italiens et allemands, qui se joignirent à lui, et ravagèrent les environs de la ville. L'empereur Alexis Comnène, qui régnait, était assurément sage et modéré; il se contenta de se défaire au plus tôt de pareils hôtes. Il leur fournit des bateaux pour les transporter au-delà du Bosphore. Le général Pierre se vit enfin à la tête d'une armée chrétienne contre les musulmans. Soliman, soudan de Nicée, tomba avec ses Turcs aguerris sur cette multitude dispersée; Gauthier-sans-argent y périt avec beaucoup de pauvre noblesse. L'Ermite retourna cependant à Constantinople, regardé comme un fanatique qui s'était fait suivre par des furieux.

Il n'en fut pas de même des chefs des croisés, plus politiques, moins enthousiastes, plus accoutumés au commandement, et conduisant des troupes un peu plus réglées. Godefroi de Bouillon menait soixante et dix mille hommes de pied, et dix mille cavaliers couverts d'une armure complète, sous plusieurs bannières de seigneurs tous rangés sous la sienne.

Cependant Hugues, frère du roi de France Philippe Ier, marchait par l'Italie avec d'autres seigneurs qui s'étaient joints à lui. Il allait tenter la fortune. Presque tout son établissement consistait dans le titre de frère d'un roi très peu puissant par lui-même. Ce qui est plus étrange, c'est que Robert, duc de Normandie, fils aîné de Guillaume, conquérant de l'Angleterre, quitta cette Normandie où il était à peine affermi. Chassé d'Angleterre par son cadet Guillaume-le-Roux, il lui engagea encore la Normandie pour subvenir aux frais de son armement. C'était, dit-on, un prince voluptueux et superstitieux. Ces deux qualités, qui ont leur source dans la faiblesse, l'entraînèrent à ce voyage.

Le vieux Raimond, comte de Toulouse, maître du Languedoc et d'une partie de la Provence, qui avait déjà combattu contre les musulmans en Espagne, ne trouva ni dans son âge, ni dans les intérêts de sa patrie, aucune raison contre l'ardeur d'aller en Palestine. Il fut un des premiers qui s'arma et passa les Alpes, suivi, dit-on, de près de cent mille hommes. Il ne prévoyait pas que bientôt on prêcherait une croisade contre sa propre famille.

Le plus politique de tous ces croisés, et peut-être le seul, fut Bohémond, fils de ce Robert Guiscard conquérant de la Sicile. Toute cette famille de Normands, transplantée en Italie, cherchait à s'agrandir, tantôt aux dépens des papes, tantôt sur les ruines de l'empire grec. Ce Bohémond avait lui-même long-temps fait la guerre à l'empereur Alexis, en Épire et en Grèce; et n'ayant pour tout héritage que la petite principauté de Tarente et son courage, il profita de l'enthousiasme épidémique de l'Europe pour rassembler sous sa bannière jusqu'à dix mille cavaliers bien armés, et quelque infanterie, avec lesquels il pouvait conquérir des provinces, soit sur les chrétiens, soit sur les mahométans.

La princesse Anne Comnène dit que son père fut alarmé de ces émigrations prodigieuses qui fondaient dans son pays. On eût cru, dit-elle, que l'Europe, arrachée de ses fondements, allait tomber sur l'Asie. Qu'aurait-ce donc été, si près de trois cent mille hommes, dont les uns avaient suivi l'Ermite Pierre, les autres le prêtre Godescalc, n'avaient déjà disparu?

On proposa au pape de se mettre à la tête de ces armées immenses qui restaient encore; c'était la seule manière de parvenir à la monarchie universelle, devenue l'objet de la cour romaine. Cette entreprise demandait le génie d'un Mahomet ou d'un Alexandre. Les obstacles étaient grands, et Urbain ne vit que les obstacles.

Grégoire VII avait autrefois conçu ce projet des croisades. Il aurait armé l'Occident contre l'Orient, il aurait commandé à l'Église grecque comme à la latine: les papes auraient vu sous leurs lois l'un et l'autre empire. Mais du temps de Grégoire VII une telle idée n'était encore que chimérique; l'empire de Constantinople n'était pas encore assez accablé, la fermentation du fanatisme n'était pas assez violente dans l'Occident. Les esprits ne furent bien disposés que du temps d'Urbain II.

Le pape et les princes croisés avaient dans ce grand appareil leurs vues différentes, et Constantinople les redoutait toutes. On y haïssait les Latins, qu'on y regardait comme des hérétiques et des barbares; on craignait surtout que Constantinople ne fût l'objet de leur ambition, plus que la petite ville de Jérusalem; et certes on ne se trompait pas, puisqu'ils envahirent à la fin Constantinople et l'empire.

Ce que les Grecs craignaient le plus, et avec raison, c'était ce Bohémond et ses Napolitains, ennemis de l'empire. Mais quand même les intentions de Bohémond eussent été pures, de quel droit tous ces princes d'Occident venaient-ils prendre pour eux des provinces que les Turcs avaient arrachées aux empereurs grecs?

On peut juger d'ailleurs quelle était l'arrogance féroce des seigneurs croisés, par le trait que rapporte la princesse Anne Comnène, de je ne sais quel comte français qui vint s'asseoir à côté de l'empereur sur son trône dans une cérémonie publique. Baudouin, frère de Godefroi de Bouillon, prenant par la main cet homme indiscret pour le faire retirer, le comte dit tout haut, dans son jargon barbare : « Voilà un plai-
« sant rustre que ce Grec de s'asseoir devant des gens
« comme nous! » Ces paroles furent interprétées à Alexis, qui ne fit que sourire. Une ou deux indiscrétions pareilles suffisent pour décrier une nation. Alexis fit demander à ce comte qui il était. « Je suis,
« répondit-il, de la race la plus noble. J'allais tous les
« jours dans l'église de ma seigneurie, où s'assem-

« blaient tous les braves seigneurs qui voulaient se
« battre en duel, et qui priaient Jésus-Christ et la
« sainte Vierge de leur être favorables. Aucun d'eux
« n'osa jamais se battre contre moi. »

Il était moralement impossible que de tels hôtes n'exigeassent des vivres avec dureté, et que les Grecs n'en refusassent avec malice. C'était un sujet de combats continuels entre les peuples et l'armée de Godefroi, qui parut la première après les brigandages des croisés de l'Ermite Pierre. Godefroi en vint jusqu'à attaquer les faubourgs de Constantinople; et l'empereur les défendit en personne. L'évêque du Puy en Auvergne, nommé Monteil, légat du pape dans les armées de la croisade, voulait absolument qu'on commençât les entreprises contre les infidèles par le siége de la ville où résidait le premier prince des chrétiens : tel était l'avis de Bohémond, qui était alors en Sicile, et qui envoyait courriers sur courriers à Godefroi pour l'empêcher de s'accorder avec l'empereur. Hugues, frère du roi de France, eut alors l'imprudence de quitter la Sicile, où il était avec Bohémond, et de passer presque seul sur les terres d'Alexis; il joignit à cette indiscrétion celle de lui écrire des lettres pleines d'une fierté peu séante à qui n'avait point d'armée. Le fruit de ces démarches fut d'être arrêté quelque temps prisonnier. Enfin la politique de l'empereur grec vint à bout de détourner tous ces orages; il fit donner des vivres, il engagea tous les seigneurs à lui prêter hommage pour les terres qu'ils conquerraient, il les fit tous passer en Asie les uns après les autres, après les avoir comblés de présents. Bohémond, qu'il redoutait le plus, fut celui qu'il traita avec le plus de magnificence. Quand ce prince vint lui rendre hommage à Constantinople, et qu'on lui fit voir les raretés du palais, Alexis ordonna qu'on remplît un cabinet de meubles précieux, d'ouvrages d'or et d'argent, de bijoux de toute espèce, entassés sans ordre, et de laisser la porte du cabinet entr'ouverte. Bohémond vit en passant ces trésors, auxquels les conducteurs affectaient de ne faire nulle attention. « Est-il possible, « s'écria-t-il, qu'on néglige de si belles choses? si je les « avais, je me croirais le plus puissant des princes. » Le soir même l'empereur lui envoya tout le cabinet. Voilà ce que rapporte sa fille, témoin oculaire. C'est ainsi qu'en usait ce prince, que tout homme désintéressé appellera sage et magnifique, mais que la plupart des historiens des croisades ont traité de perfide, parcequ'il ne voulut pas être l'esclave d'une multitude dangereuse.

Enfin, quand il s'en fut heureusement débarrassé, et que tout fut passé dans l'Asie Mineure, on fit la revue près de Nicée, et on a prétendu qu'il se trouva cent mille cavaliers et six cent mille hommes de pied, en comptant les femmes. Ce nombre, joint avec les premiers croisés qui périrent sous l'Ermite et sous d'autres, fait environ onze cent mille. Il justifie ce qu'on dit des armées des rois de Perse qui avaient inondé la Grèce, et ce qu'on raconte des transplantations de tant de barbares; ou bien c'est une exagération semblable à celle des Grecs, qui mêlèrent presque toujours la fable à l'histoire. Les Français enfin, et surtout Raimond de Toulouse, se trouvèrent partout sur le même terrain que les Gaulois méridionaux avaient parcouru treize cents ans auparavant, quand ils allèrent ravager l'Asie Mineure, et donner leur nom à la province de Galatie.

Les historiens nous informent rarement comment on nourrissait ces multitudes; c'était une entreprise qui demandait autant de soins que la guerre même. Venise ne voulut pas d'abord s'en charger; elle s'enrichissait plus que jamais par son commerce avec les mahométans, et craignait de perdre les priviléges qu'elle avait chez eux. Les Génois, les Pisans, et les Grecs, équipèrent des vaisseaux chargés de provisions qu'ils vendaient aux croisés en côtoyant l'Asie Mineure. La fortune des Génois s'en accrut, et on fut étonné bientôt après de voir Gênes devenue une puissance.

Le vieux Turc Soliman, soudan de Syrie, qui était sous les califes de Bagdad ce que les maires avaient été sous la race de Clovis, ne put, avec le secours de son fils, résister au premier torrent de tous ces princes croisés. Leurs troupes étaient mieux choisies que celles de l'Ermite Pierre, et disciplinées autant que le permettaient la licence et l'enthousiasme.

(1097) On prit Nicée; on battit deux fois les armées commandées par le fils de Soliman. Les Turcs et les Arabes ne soutinrent point dans ces commencements le choc de ces multitudes couvertes de fer, de leurs grands chevaux de bataille, et des forêts de lances auxquelles ils n'étaient point accoutumés.

(1098) Bohémond eut l'adresse de se faire céder par les croisés le fertile pays d'Antioche. Baudouin alla jusqu'en Mésopotamie s'emparer de la ville d'Édesse, et s'y forma un petit état. Enfin on mit le siége devant Jérusalem, dont le calife d'Égypte s'était saisi par ses lieutenants. La plupart des historiens disent que l'armée des assiégeants, diminuée par les combats, par les maladies, et par les garnisons mises dans les villes conquises, était réduite à vingt mille hommes de pied et à quinze cents chevaux; et que Jérusalem, pourvue de tout, était défendue par une garnison de quarante mille soldats. On ne manque pas d'ajouter qu'il y avait, outre cette garnison, vingt mille habitants déterminés. Il n'y a point de lecteur sensé qui ne voie qu'il n'est guère possible qu'une armée de vingt mille hommes en assiége une de soixante mille dans une place fortifiée ; mais les historiens ont toujours voulu du merveilleux.

Ce qui est vrai, c'est qu'après cinq semaines de siége la ville fut emportée d'assaut, et que tout ce qui n'était pas chrétien fut massacré. L'Ermite Pierre, de général devenu chapelain, se trouva à la prise et au massacre. Quelques chrétiens, que les musulmans avaient laissé vivre dans la ville, conduisirent les vainqueurs dans les caves les plus reculées, où les mères se cachaient avec leurs enfants, et rien ne fut épargné. Presque tous les historiens conviennent qu'après cette boucherie, les chrétiens, tout dégouttants de sang, (1099) allèrent en procession à l'endroit qu'on dit être le sépulcre de Jésus-Christ, et y fondirent en larmes [1]. Il est très vraisemblable qu'ils y donnèrent des marques de religion ; mais cette tendresse qui se

---

[1] Voyez le chapitre VII de l'*Essai sur la poésie épique*, à la suite de la *Henriade*. B.

manifesta par des pleurs n'est guère compatible avec cet esprit de vertige, de fureur, de débauche, et d'emportement. Le même homme peut être furieux et tendre, mais non dans le même temps.

Elmacim rapporte qu'on enferma les Juifs dans la synagogue qui leur avait été accordée par les Turcs, et qu'on les y brûla tous. Cette action est croyable après la fureur avec laquelle on les avait exterminés sur la route.

(5 juillet 1099) Jérusalem fut prise par les croisés tandis qu'Alexis Comnène était empereur d'Orient, Henri IV d'Occident, et qu'Urbain II, chef de l'Église romaine, vivait encore. Il mourut avant d'avoir appris ce triomphe de la croisade dont il était l'auteur.

Les seigneurs, maîtres de Jérusalem, s'assemblaient déjà pour donner un roi à la Judée. Les ecclésiastiques suivant l'armée se rendirent dans l'assemblée, et osèrent déclarer nulle l'élection qu'on allait faire, parcequ'il fallait, disaient-ils, faire un patriarche avant de faire un souverain.

Cependant Godefroi de Bouillon fut élu, non pas roi, mais duc de Jérusalem. Quelques mois après arriva un légat nommé Damberto, qui se fit nommer patriarche par le clergé; et la première chose que fit ce patriarche, ce fut de prendre le petit royaume de Jérusalem pour lui-même au nom du pape. Il fallut que Godefroi de Bouillon, qui avait conquis la ville au prix de son sang, la cédât à cet évêque. Il se réserva le port de Joppé, et quelques droits dans Jérusalem. Sa patrie, qu'il avait abandonnée, valait bien au-delà de ce qu'il avait acquis en Palestine.

CHAPITRE LV.

Croisades depuis la prise de Jérusalem. Louis-le-Jeune prend la croix. Saint Bernard, qui d'ailleurs fait des miracles, prédit des victoires, et on est battu. Saladin prend Jérusalem ; ses exploits ; sa conduite. Quel fut le divorce de Louis VII, dit le Jeune, etc.

Depuis le quatrième siècle le tiers de la terre est en proie à des émigrations presque continuelles. Les Huns, venus de la Tartarie chinoise, s'établissent enfin sur les bords du Danube ; et de là ayant pénétré, sous Attila, dans les Gaules et en Italie, ils restent fixés en Hongrie. Les Hérules, les Goths, s'emparent de Rome. Les Vandales vont, des bords de la mer Baltique, subjuguer l'Espagne et l'Afrique ; les Bourguignons envahissent une partie des Gaules ; les Francs passent dans l'autre. Les Maures asservissent les Visigoths, conquérants de l'Espagne, tandis que d'autres Arabes étendaient leurs conquêtes dans la Perse, dans l'Asie Mineure, en Syrie, en Égypte. Les Turcs viennent du bord oriental de la mer Caspienne, et partagent les états conquis par les Arabes. Les croisés de l'Europe inondent la Syrie en bien plus grand nombre que toutes ces nations ensemble n'en ont jamais eu dans leurs émigrations, tandis que le Tartare Gengis subjugue la Haute-Asie. Cependant au bout de quelque temps il n'est resté aucune trace des conquêtes des croisés ; Gengis, au contraire, ainsi que les Arabes, les Turcs, et les autres, ont fait de grands établissements loin de leur patrie. Il sera peut-être aisé de découvrir les raisons du peu de succès des croisés.

Les mêmes circonstances produisent les mêmes effets. On a vu que quand les successeurs de Mahomet eurent conquis tant d'états, la discorde les divisa [1]. Les croisés éprouvèrent un sort à peu près semblable. Ils conquirent moins, et furent divisés plus tôt. Voilà déjà trois petits états chrétiens formés tout d'un coup en Asie; Antioche, Jérusalem, et Édesse. Il s'en forma, quelques années après, un quatrième; ce fut celui de Tripoli de Syrie, qu'eut le jeune Bertrand, fils du comte de Toulouse. Mais, pour conquérir Tripoli, il fallut avoir recours aux vaisseaux des Vénitiens. Ils prirent alors part à la croisade, et se firent céder une partie de cette nouvelle conquête.

De tous ces nouveaux princes qui avaient promis de faire hommage de leurs acquisitions à l'empereur grec, aucun ne tint sa promesse, et tous furent jaloux les uns des autres. En peu de temps ces nouveaux états divisés et subdivisés passèrent en beaucoup de mains différentes. Il s'éleva, comme en France, de petits seigneurs, des comtes de Joppé, des marquis de Galilée, de Sidon, d'Acre, de Césarée. Soliman, qui avait perdu Antioche et Nicée, tenait toujours la campagne, habitée d'ailleurs par des colons musulmans; et sous Soliman, et après lui, on vit dans l'Asie un mélange de chrétiens, de Turcs, d'Arabes, se fesant tous la guerre; un château turc était voisin d'un château chrétien, de même qu'en Allemagne les terres des protestants et des catholiques sont enclavées les unes dans les autres.

[1] Voyez chap. vi, xxvii, xxviii. B.

De ce million de croisés bien peu restaient alors. Au bruit de leurs succès, grossis par la renommée, de nouveaux essaims partirent encore de l'Occident. Ce prince Hugues, frère du roi de France Philippe Ier, ramena une nouvelle multitude, grossie par des Italiens et des Allemands. On en compta trois cent mille; mais en réduisant ce nombre aux deux tiers, ce sont encore deux cent mille hommes qu'il en coûta à la chrétienté. Ceux-là furent traités vers Constantinople à peu près comme les suivants de l'Ermite Pierre. Ceux qui abordèrent en Asie furent détruits par Soliman; et le prince Hugues mourut presque abandonné dans l'Asie Mineure.

Ce qui prouve encore, ce me semble, l'extrême faiblesse de la principauté de Jérusalem, c'est l'établissement de ces religieux soldats, templiers et hospitaliers. Il faut bien que ces moines, fondés d'abord pour servir les malades, ne fussent pas en sûreté, puisqu'ils prirent les armes : d'ailleurs, quand la société générale est bien gouvernée, on ne fait guère d'associations particulières.

Les religieux consacrés au service des blessés ayant fait vœu de se battre, vers l'an 1118, il se forma tout d'un coup une milice semblable, sous le nom de *Templiers*, qui prirent ce titre parcequ'ils demeuraient auprès de cette église qui avait, disait-on, été autrefois le temple de Salomon. Ces établissements ne sont dus qu'à des Français, ou du moins à des habitants d'un pays annexé depuis à la France. Raimond Dupuy, premier grand-maître et instituteur de la milice des hospitaliers, était de Dauphiné.

A peine ces deux ordres furent-ils établis par les bulles des papes, qu'ils devinrent riches et rivaux. Ils se battirent les uns contre les autres aussi souvent que contre les musulmans. Bientôt après un nouvel ordre s'établit encore en faveur des pauvres Allemands abandonnés dans la Palestine; et ce fut l'ordre des moines teutoniques, qui devint après, en Europe, une milice de conquérants.

Enfin la situation des chrétiens était si peu affermie, que Baudouin, premier roi de Jérusalem, qui régna après la mort de Godefroi, son frère, fut pris presque aux portes de la ville par un prince turc.

Les conquêtes des chrétiens s'affaiblissaient tous les jours. Les premiers conquérants n'étaient plus; leurs successeurs étaient amollis. Déjà l'état d'Édesse était repris par les Turcs en 1140, et Jérusalem menacée. Les empereurs grecs ne voyant dans les princes d'Antioche, leurs voisins, que de nouveaux usurpateurs, leur fesaient la guerre, non sans justice. Les chrétiens d'Asie, près d'être accablés de tous côtés, sollicitèrent en Europe une nouvelle croisade générale.

La France avait commencé la première inondation; ce fut à elle qu'on s'adressa pour la seconde. Le pape Eugène III, naguère disciple de saint Bernard, fondateur de Clervaux, choisit avec raison son premier maître pour être l'organe d'un nouveau dépeuplement. Jamais religieux n'avait mieux concilié le tumulte des affaires avec l'austérité de son état; aucun n'était arrivé comme lui à cette considération purement personnelle qui est au-dessus de l'autorité même. Son contemporain, l'abbé Suger, était premier ministre de France : son disciple était pape; mais Bernard, simple abbé de Clervaux, était l'oracle de la France et de l'Europe.

A Vézelai en Bourgogne fut dressé un échafaud dans la place publique, où Bernard parut à côté de Louis-le-Jeune, roi de France. Il parla d'abord, et le roi parla ensuite. Tout ce qui était présent prit la croix. Louis la prit le premier des mains de saint Bernard. Le ministre Suger ne fut point d'avis que le roi abandonnât le bien certain qu'il pouvait faire à ses états, pour tenter en Syrie des conquêtes incertaines; mais l'éloquence de Bernard, et l'esprit du temps, sans lequel cette éloquence n'était rien, l'emportèrent sur les conseils du ministre.

On nous peint Louis-le-Jeune comme un prince plus rempli de scrupules que de vertus. Dans une de ces petites guerres civiles que le gouvernement féodal rendait inévitables en France, les troupes du roi avaient brûlé l'église de Vitri; et une partie du peuple, réfugiée dans cette église, avait péri au milieu des flammes. On persuada aisément au roi qu'il ne pouvait expier qu'en Palestine ce crime, qu'il eût mieux réparé en France par une administration sage. Il fit vœu de faire égorger des millions d'hommes pour expier la mort de quatre ou cinq cents Champenois. Sa jeune femme, Éléonore de Guienne, se croisa avec lui, soit qu'elle l'aimât alors, soit qu'il fût de la bienséance de ces temps d'accompagner son mari dans de telles aventures.

Bernard s'était acquis un crédit si singulier, que,

dans une nouvelle assemblée à Chartres, on le choisit lui-même pour le chef de la croisade. Ce fait paraît presque incroyable; mais tout est croyable de l'emportement religieux des peuples. Saint Bernard avait trop d'esprit pour s'exposer au ridicule qui le menaçait. L'exemple de l'Ermite Pierre était récent. Il refusa l'emploi de général, et se contenta de celui de prophète.

De France il court en Allemagne. Il y trouve un autre moine qui prêchait la croisade. Il fit taire ce rival, qui n'avait pas la mission du pape. Il donne enfin lui-même la croix rouge à l'empereur Conrad III, et il promet publiquement, de la part de Dieu, des victoires contre les infidèles. Bientôt après, un de ses disciples, nommé Philippe, écrivit en France que Bernard avait fait beaucoup de miracles en Allemagne. Ce n'était pas, à la vérité, des morts ressuscités, mais les aveugles avaient vu, les boiteux avaient marché, les malades avaient été guéris. On peut compter parmi ces prodiges, qu'il prêchait partout en français aux Allemands.

L'espérance d'une victoire certaine entraîna à la suite de l'empereur et du roi de France la plupart des chevaliers de leurs états. On compta, dit-on, dans chacune des deux armées, soixante et dix mille gendarmes, avec une cavalerie légère prodigieuse: on ne compta point les fantassins. On ne peut guère réduire cette seconde émigration à moins de trois cent mille personnes, qui, jointes aux treize cent mille que nous avons précédemment trouvées, font, jusqu'à cette époque, seize cent mille habitants transplantés.

Les Allemands partirent les premiers, les Français ensuite. Il est naturel que de ces multitudes qui passent sous un autre climat, les maladies en emportent une grande partie; l'intempérance surtout causa la mortalité dans l'armée de Conrad vers les plaines de Constantinople. De là ces bruits répandus dans l'Occident que les Grecs avaient empoisonné les puits et les fontaines. Les mêmes excès que les premiers croisés avaient commis furent renouvelés par les seconds, et donnèrent les mêmes alarmes à Manuel Comnène qu'ils avaient données à son grand-père Alexis.

Conrad, après avoir passé le Bosphore, se conduisit avec l'imprudence attachée à ces expéditions. La principauté d'Antioche subsistait. On pouvait se joindre à ces chrétiens de Syrie, et attendre le roi de France. Alors le grand nombre devait vaincre; mais l'empereur allemand, jaloux du prince d'Antioche et du roi de France, s'enfonça au milieu de l'Asie Mineure. Un sultan d'Icone, plus habile que lui, attira dans des rochers cette pesante cavalerie allemande, fatiguée, rebutée, incapable d'agir dans ce terrain : les Turcs n'eurent que la peine de tuer. L'empereur blessé, et n'ayant plus auprès de lui que quelques troupes fugitives, se sauva vers Antioche, et de là fit le voyage de Jérusalem en pélerin, au lieu d'y paraître en général d'armée. Le fameux Frédéric Barberousse, son neveu et son successeur à l'empire d'Allemagne, le suivait dans ses voyages, apprenant chez les Turcs à exercer un courage que les papes devaient mettre à de plus grandes épreuves.

L'entreprise de Louis-le-Jeune eut le même succès. Il faut avouer que ceux qui l'accompagnaient n'eurent pas plus de prudence que les Allemands, et eurent beaucoup moins de justice. A peine fut-on arrivé dans la Thrace, qu'un évêque de Langres proposa de se rendre maître de Constantinople; mais la honte d'une telle action était trop sûre, et le succès trop incertain. L'armée française passa l'Hellespont sur les traces de l'empereur Conrad.

Il n'y a personne, je crois, qui n'ait observé que ces puissantes armées de chrétiens firent la guerre dans ces mêmes pays où Alexandre remporta toujours la victoire, avec bien moins de troupes, contre des ennemis incomparablement plus puissants que ne l'étaient les Turcs et les Arabes. Il fallait qu'il y eût dans la discipline militaire de ces princes croisés un défaut radical qui devait nécessairement rendre leur courage inutile; ce défaut était probablement l'esprit d'indépendance que le gouvernement féodal avait établi en Europe : des chefs sans expérience et sans art conduisaient dans des pays inconnus des multitudes déréglées. Le roi de France, surpris comme l'empereur dans des rochers vers Laodicée, fut battu comme lui; mais il essuya dans Antioche des malheurs domestiques plus sensibles que ces calamités. Raimond, prince d'Antioche, chez lequel il se réfugia avec la reine Éléonore sa femme, fit publiquement l'amour à cette princesse : on dit même qu'elle oubliait toutes les fatigues d'un si cruel voyage avec un jeune Turc d'une rare beauté, nommé Saladin.

Louis enleva sa femme d'Antioche, et la conduisit

à Jérusalem, en danger d'être pris avec elle, soit par les musulmans, soit par les troupes du prince d'Antioche. Il eut du moins la satisfaction d'accomplir son vœu, et de pouvoir dire un jour à saint Bernard qu'il avait vu Bethléem et Nazareth. Mais, pendant ce voyage, ce qui lui restait de soldats fut battu et dispersé de tous côtés : enfin trois mille Français désertèrent à-la-fois, et se firent mahométans pour avoir du pain (1148).

La conclusion de cette croisade fut que l'empereur Conrad retourna presque seul en Allemagne. Le roi Louis-le-Jeune ne ramena en France que sa femme, et quelques courtisans. A son retour il fit casser son mariage avec Éléonore de Guienne, sous prétexte de parenté; car l'adultère, ainsi qu'on l'a déjà remarqué[1], n'annulait point le sacrement du mariage; mais, par la plus absurde des lois, le crime d'avoir épousé son arrière-cousine annulait ce sacrement. Louis n'était pas assez puissant pour garder la dot en renvoyant la personne; il perdit la Guienne, cette belle province de France, après avoir perdu en Asie la plus florissante armée que son pays eût encore mise sur pied. Mille familles désolées éclatèrent en vain contre les prophéties de Bernard, qui en fut quitte pour se comparer à Moïse, lequel, disait-il, avait comme lui promis de la part de Dieu, aux Israélites, de les conduire dans une terre heureuse, et qui vit périr la première génération dans les déserts.

[1] Chap. L. B.

CHAPITRE LVI.

De Saladin.

Après ces malheureuses expéditions les chrétiens de l'Asie furent plus divisés que jamais entre eux. La même fureur régnait chez les musulmans. Le prétexte de la religion n'avait plus de part aux affaires politiques. Il arriva même, vers l'an 1166, qu'Amauri, roi de Jérusalem, se ligua avec le soudan d'Égypte contre les Turcs; mais à peine le roi de Jérusalem avait-il signé ce traité qu'il le viola. Les chrétiens possédaient encore Jérusalem, et disputaient quelques territoires de la Syrie aux Turcs et aux Tartares. Tandis que l'Europe était épuisée pour cette guerre, tandis qu'Andronic Comnène montait sur le trône chancelant de Constantinople par le meurtre de son neveu, et que Frédéric Barberousse et les papes tenaient l'Italie en armes, (1182) la nature produisit un de ces accidents qui devraient faire rentrer les hommes en eux-mêmes, et leur montrer le peu qu'ils sont, et le peu qu'ils se disputent. Un tremblement de terre, plus étendu que celui qui s'est fait sentir en 1755, renversa la plupart des villes de Syrie et de ce petit état de Jérusalem; la terre engloutit en cent endroits les animaux et les hommes. On prêcha aux Turcs que Dieu punissait les chrétiens; on prêcha aux chrétiens que Dieu se déclarait contre les Turcs; et on continua de se battre sur les débris de la Syrie.

Au milieu de tant de ruines s'élevait le grand Salaheddin, qu'on nommait en Europe Saladin [1]. C'était un Persan d'origine, du petit pays des Curdes, nation toujours guerrière et toujours libre. Il fut un de ces capitaines qui s'emparaient des terres des califes ; et aucun ne fut aussi puissant que lui. Il conquit en peu de temps l'Égypte, la Syrie, l'Arabie, la Perse, et la Mésopotamie. Saladin, maître de tant de pays, songea bientôt à conquérir le royaume de Jérusalem. De violentes factions déchiraient ce petit état, et hâtaient sa ruine. Gui de Lusignan, couronné roi, mais à qui on disputait la couronne, rassembla dans la Galilée tous ces chrétiens divisés que le péril réunissait, et marcha contre Saladin; l'évêque de Ptolémaïs portant la chape par-dessus sa cuirasse, et tenant entre ses bras une croix qu'on persuada aux chrétiens être la même qui avait été l'instrument de la mort de Jésus-Christ. Cependant tous les chrétiens furent tués ou pris. Le roi captif, qui ne s'attendait qu'à la mort, fut étonné d'être traité par Saladin comme aujourd'hui les prisonniers de guerre le sont par les généraux les plus humains.

Saladin présenta de sa main à Lusignan une coupe de liqueur rafraîchie dans la neige. Le roi, après avoir bu, voulut donner la coupe à un de ses capitaines, nommé Renaud de Châtillon. C'était une coutume inviolable établie chez les musulmans, et qui se conserve encore chez quelques Arabes, de ne point faire mourir les prisonniers auxquels ils avaient donné à

---

[1] La *Biographie universelle* dit que Saladin était d'origine curde et naquit à Tekrit sur le Tigre, en 532 de l'hégire (1137). B.

boire et à manger : ce droit de l'ancienne hospitalité était sacré pour Saladin. Il ne souffrit pas que Renaud de Châtillon bût après le roi. Ce capitaine avait violé plusieurs fois sa promesse : le vainqueur avait juré de le punir; et, montrant qu'il savait se venger comme pardonner, il abattit d'un coup de sabre la tête de ce perfide. (1187) Arrivé aux portes de Jérusalem, qui ne pouvait plus se défendre, il accorda à la reine, femme de Lusignan, une capitulation qu'elle n'espérait pas; il lui permit de se retirer où elle voudrait. Il n'exigea aucune rançon des Grecs qui demeuraient dans la ville. Lorsqu'il fit son entrée dans Jérusalem, plusieurs femmes vinrent se jeter à ses pieds en lui redemandant, les unes leurs maris, les autres leurs enfants ou leurs pères qui étaient dans les fers; il les leur rendit avec une générosité qui n'avait pas encore eu d'exemple dans cette partie du monde. Saladin fit laver avec de l'eau-rose, par les mains même des chrétiens, la mosquée qui avait été changée en église; il y plaça une chaire magnifique, à laquelle Noradin, soudan d'Alep, avait travaillé lui-même, et fit graver sur la porte ces paroles : « Le roi Saladin, serviteur
« de Dieu, mit cette inscription après que Dieu eut
« pris Jérusalem par ses mains. »

Il établit des écoles musulmanes; mais, malgré son attachement à sa religion, il rendit aux chrétiens orientaux l'église qu'on appelle du *Saint-Sépulcre*, quoiqu'il ne soit point du tout vraisemblable que Jésus ait été enterré en cet endroit. Il faut ajouter que Saladin, au bout d'un an, rendit la liberté à Gui de Lusignan, en lui fesant jurer qu'il ne porterait jamais les armes contre son libérateur. Lusignan ne tint pas sa parole.

Pendant que l'Asie Mineure avait été le théâtre du zèle, de la gloire, des crimes et des malheurs de tant de milliers de croisés, la fureur d'annoncer la religion les armes à la main s'était répandue dans le fond du Nord.

Nous avons vu [1] il n'y a qu'un moment Charlemagne convertir l'Allemagne septentrionale avec le fer et le feu; nous avons vu ensuite [2] les Danois idolâtres faire trembler l'Europe, conquérir la Normandie, sans tenter jamais de faire recevoir l'idolâtrie chez les vaincus. A peine le christianisme fut affermi dans le Danemarck, dans la Saxe, et dans la Scandinavie, qu'on y prêcha une croisade contre les païens du Nord qu'on appelait Sclaves ou Slaves, et qui ont donné le nom à ce pays qui touche à la Hongrie, et qu'on appelle Sclavonie. Les chrétiens s'armèrent contre eux depuis Brême jusqu'au fond de la Scandinavie. Plus de cent mille croisés portèrent la destruction chez ces peuples : on tua beaucoup de monde; on ne convertit personne. On peut encore ajouter la perte de ces cent mille hommes aux seize cent mille que le fanatisme de ces temps-là coûtait à l'Europe.

Cependant il ne restait aux chrétiens d'Asie qu'Antioche, Tripoli, Joppé, et la ville de Tyr. Saladin possédait tout le reste, soit par lui-même, soit par son gendre, le sultan d'Iconium ou de Cogni.

Au bruit des victoires de Saladin toute l'Europe

---

[1] Chap. xv. B.
[2] Chap. xxv. B.

fut troublée. Le pape Clément III remua la France, l'Allemagne, l'Angleterre. Philippe-Auguste, qui régnait alors en France, et le vieux Henri II, roi d'Angleterre, suspendirent leurs différents, et mirent toute leur rivalité à marcher à l'envi au secours de l'Asie; ils ordonnèrent, chacun dans leurs états, que tous ceux qui ne se croiseraient point paieraient le dixième de leurs revenus et de leurs biens-meubles pour les frais de l'armement. C'est ce qu'on appelle *la dîme saladine*; taxe qui servait de trophée à la gloire du conquérant.

Cet empereur Frédéric Barberousse, si fameux par les persécutions qu'il essuya des papes et qu'il leur fit souffrir, se croisa presque au même temps. Il semblait être chez les chrétiens d'Asie ce que Saladin était chez les Turcs; politique, grand capitaine, éprouvé par la fortune; il conduisait une armée de cent cinquante mille combattants. Il prit le premier la précaution d'ordonner qu'on ne reçût aucun croisé qui n'eût au moins cinquante écus, afin que chacun pût, par son industrie, prévenir les horribles disettes qui avaient contribué à faire périr les armées précédentes.

Il lui fallut d'abord combattre les Grecs. La cour de Constantinople, fatiguée d'être continuellement menacée par les Latins, fit enfin une alliance avec Saladin. Cette alliance révolta l'Europe; mais il est évident qu'elle était indispensable : on ne s'allie point avec un ennemi naturel sans nécessité. Nos alliances d'aujourd'hui avec les Turcs, moins nécessaires peut-être, ne causent pas tant de murmures. Frédéric s'ouvrit un passage dans la Thrace les armes à la main contre l'empereur Isaac l'Ange : et, victorieux des Grecs, il gagna deux batailles contre le sultan de Cogni; mais s'étant baigné tout en sueur dans les eaux d'une rivière qu'on croit être le Cydnus, il en mourut, et ses victoires furent inutiles. Elles avaient coûté cher, sans doute, puisque son fils le duc de Souabe ne put rassembler de ces cent cinquante mille hommes que sept à huit mille tout au plus. Il les conduisit à Antioche, et joignit ces débris à ceux du roi de Jérusalem, Gui de Lusignan, qui voulait encore attaquer son vainqueur Saladin, malgré la foi des serments et malgré l'inégalité des armes.

Après plusieurs combats, dont aucun ne fut décisif, ce fils de Frédéric Barberousse, qui eût pu être empereur d'Occident, perdit la vie près de Ptolémaïs. Ceux qui ont écrit qu'il mourut martyr de la chasteté, et qu'il eût pu réchapper par l'usage des femmes, sont à-la-fois des panégyristes bien hardis et des physiciens peu instruits. On a eu la sottise d'en dire autant depuis du roi de France Louis VIII.

L'Asie Mineure était un gouffre où l'Europe venait se précipiter. Non seulement cette armée immense de l'empereur Frédéric était perdue; mais des flottes d'Anglais, de Français, d'Italiens, d'Allemands, précédant encore l'arrivée de Philippe-Auguste et de Richard-Cœur-de-Lion, avaient amené de nouveaux croisés et de nouvelles victimes.

Le roi de France et le roi d'Angleterre arrivèrent enfin en Syrie devant Ptolémaïs. Presque tous les chrétiens de l'Orient s'étaient rassemblés pour assiéger cette ville. Saladin était embarrassé vers l'Euphrate dans une guerre civile. Quand les deux rois eurent joint leurs forces à celles des chrétiens d'Orient, on compta plus de trois cent mille combattants.

(1190) Ptolémaïs, à la vérité, fut prise ; mais la discorde, qui devait nécessairement diviser deux rivaux de gloire et d'intérêt, tels que Philippe et Richard, fit plus de mal que ces trois cent mille hommes ne firent d'exploits heureux. Philippe, fatigué de ces divisions, et plus encore de la supériorité et de l'ascendant que prenait en tout Richard son vassal, retourna dans sa patrie, qu'il n'eût pas dû quitter peut-être, mais qu'il eût dû revoir avec plus de gloire.

Richard, demeuré maître du champ d'honneur, mais non de cette multitude de croisés, plus divisés entre eux que ne l'avaient été les deux rois, déploya vainement le courage le plus héroïque. Saladin, qui revenait vainqueur de la Mésopotamie, livra bataille aux croisés près de Césarée. Richard eut la gloire de désarmer Saladin : ce fut presque tout ce qu'il gagna dans cette expédition mémorable.

Les fatigues, les maladies, les petits combats, les querelles continuelles, ruinèrent cette grande armée ; et Richard s'en retourna avec plus de gloire, à la vérité, que Philippe-Auguste, mais d'une manière bien moins prudente. Il partit avec un seul vaisseau ; et ce vaisseau ayant fait naufrage sur les côtes de Venise, il traversa, déguisé et mal accompagné, la moitié de l'Allemagne. Il avait offensé en Syrie, par ses hauteurs, un duc d'Autriche, et il eut l'imprudence de passer par ses terres. (1193) Ce duc d'Autriche le chargea de chaînes, et le livra au barbare et lâche empereur Henri VI, qui le garda en prison comme un ennemi qu'il aurait pris en guerre, et qui exigea de lui, dit-on, cent mille marcs d'argent pour sa rançon. Mais cent mille marcs d'argent fin feraient aujourd'hui (en 1778) environ cinq millions et demi; et alors l'Angleterre n'était pas en état de payer cette somme : c'était probablement cent mille marques *(marcas)* qui revenaient à cent mille écus. Nous en avons parlé au chapitre XLIX.

Saladin, qui avait fait un traité avec Richard, par lequel il laissait aux chrétiens le rivage de la mer depuis Tyr jusqu'à Joppé, garda fidèlement sa parole. (1195) Il mourut trois ans après[1] à Damas, admiré des chrétiens même. Il avait fait porter dans sa dernière maladie, au lieu du drapeau qu'on élevait devant sa porte, le drap qui devait l'ensevelir; et celui qui tenait cet étendard de la mort criait à haute voix : « Voilà tout ce que Saladin, vainqueur de l'Orient, « remporte de ses conquêtes. » On dit qu'il laissa par son testament des distributions égales d'aumônes aux pauvres mahométans, juifs et chrétiens; voulant faire entendre par cette disposition, que tous les hommes sont frères, et que pour les secourir il ne faut pas s'informer de ce qu'ils croient, mais de ce qu'ils souffrent. Peu de nos princes chrétiens ont eu cette magnificence ; et peu de ces chroniqueurs dont l'Europe est surchargée ont su lui rendre justice.

L'ardeur des croisades ne s'amortissait pas, et les

---

[1] La *Biographie universelle* dit que la paix se fit pour trois ans et quelques mois en août 1192, et que Saladin mourut le 4 mars suivant. B.

guerres de Philippe-Auguste contre l'Angleterre et contre l'Allemagne n'empêchèrent pas qu'un grand nombre de seigneurs français ne se croisât encore. Le principal moteur de cette entreprise fut un prince flamand, ainsi que Godefroi de Bouillon, chef de la première : c'était Baudouin, comte de Flandre. Quatre mille chevaliers, neuf mille écuyers, et vingt mille hommes de pied, composèrent cette croisade nouvelle, qu'on peut appeler la cinquième.

Venise devenait de jour en jour une république redoutable qui appuyait son commerce par la guerre. Il fallut s'adresser à elle préférablement à tous les rois de l'Europe. Elle s'était mise en état d'équiper des flottes, que les rois d'Angleterre, d'Allemagne, de France, ne pouvaient alors fournir. Ces républicains industrieux gagnèrent à cette croisade de l'argent et des terres. Premièrement, ils se firent payer quatre-vingt-cinq mille écus d'or, pour transporter seulement l'armée dans le trajet (1202). Secondement, ils se servirent de cette armée même, à laquelle ils joignirent cinquante galères, pour faire d'abord des conquêtes en Dalmatie.

Le pape Innocent III les excommunia, soit pour la forme, soit qu'il craignît déjà leur grandeur. Ces croisés excommuniés n'en prirent pas moins Zara et son territoire, qui accrut les forces de Venise en Dalmatie.

Cette croisade fut différente de toutes les autres, en ce qu'elle trouva Constantinople divisée, et que les précédentes avaient eu en tête des empereurs affermis. Les Vénitiens, le comte de Flandre, le marquis de Montferrat joint à eux, enfin les principaux chefs, toujours politiques quand la multitude est effrénée, virent que le temps était venu d'exécuter l'ancien projet contre l'empire des Grecs. Ainsi les chrétiens dirigèrent leur croisade contre le premier prince de la chrétienté.

CHAPITRE LVII.

Les croisés envahissent Constantinople. Malheurs de cette ville et des empereurs grecs. Croisade en Égypte. Aventure singulière de saint François d'Assise. Disgrace des chrétiens.

L'empire de Constantinople, qui avait toujours le titre d'empire romain, possédait encore la Thrace, la Grèce entière, les îles, l'Épire, et étendait sa domination en Europe jusqu'à Belgrade et jusqu'à la Valachie. Il disputait les restes de l'Asie Mineure aux Arabes, aux Turcs, et aux croisés. On cultiva toujours les sciences et les beaux-arts dans la ville impériale. Il y eut une suite d'historiens non interrompue jusqu'au temps où Mahomet II s'en rendit maître. Les historiens étaient ou des empereurs, ou des princes, ou des hommes d'état, et n'en écrivaient pas mieux : ils ne parlent que de dévotion ; ils déguisent tous les faits ; ils ne cherchent qu'un vain arrangement de paroles ; ils n'ont de l'ancienne Grèce que la loquacité : la controverse était l'étude de la cour. L'empereur Manuel, au douzième siècle, disputa long-temps avec ses évêques sur ces paroles, *Mon père est plus grand que moi*[1], pendant qu'il avait à craindre les croisés et les Turcs. Il y avait un catéchisme grec, dans lequel on anathématisait avec exécration ce verset si connu de l'*Alcoran*, où il est dit que *Dieu est un être infini, qui n'a point été engendré, et qui n'a engendré personne*. Manuel voulut qu'on ôtât du catéchisme cet anathème. Ces disputes signalèrent son règne, et l'affaiblirent. Mais remarquez que dans cette dispute Manuel ménageait les musulmans. Il ne voulait pas que dans le catéchisme grec on insultât un peuple victorieux, qui n'admettait qu'un Dieu incommunicable, et que notre Trinité révoltait.

(1185) Alexis Manuel, son fils, qui épousa une fille du roi de France Louis-le-Jeune, fut détrôné par Andronic, un de ses parents. Cet Andronic le fut à son tour par un officier du palais, nommé Isaac l'Ange. On traîna l'empereur Andronic dans les rues, on lui coupa une main, on lui creva les yeux, on lui versa de l'eau bouillante sur le corps, et il expira dans les plus cruels supplices.

Isaac l'Ange, qui avait puni un usurpateur avec tant d'atrocité, fut lui-même dépouillé par son propre frère Alexis l'Ange, qui lui fit crever les yeux (1195). Cet Alexis l'Ange prit le nom de Comnène, quoiqu'il ne fût pas de la famille impériale des Comnène; et ce fut lui qui fut la cause de la prise de Constantinople par les croisés.

Le fils d'Isaac l'Ange alla implorer le secours du pape, et surtout des Vénitiens, contre la barbarie de son oncle. Pour s'assurer de leur secours il renonça

---

[1] Saint Jean, XIV, 28. B.

à l'Église grecque, et embrassa le culte de l'Église latine. Les Vénitiens et quelques princes croisés, comme Baudouin, comte de Flandre, Boniface, marquis de Montferrat, lui donnèrent leur dangereux secours. De tels auxiliaires furent également odieux à tous les partis. Ils campaient hors de la ville, toujours pleine de tumulte. Le jeune Alexis, détesté des Grecs pour avoir introduit les Latins, fut immolé bientôt à une nouvelle faction. Un de ses parents, surnommé *Mirziflos*, l'étrangla de ses mains, et prit les brodequins rouges, qui étaient la marque de l'empire.

(1204). Les croisés, qui avaient alors le prétexte de venger leurs créatures, profitèrent des séditions qui désolaient la ville pour la ravager. Ils y entrèrent presque sans résistance; et ayant tué tout ce qui se présenta, ils s'abandonnèrent à tous les excès de la fureur et de l'avarice. Nicétas assure que le seul butin des seigneurs de France fut évalué deux cent mille livres d'argent en poids. Les églises furent pillées; et ce qui marque assez le caractère de la nation, qui n'a jamais changé, les Français dansèrent avec des femmes dans le sanctuaire de l'église de Sainte-Sophie, tandis qu'une des prostituées qui suivaient l'armée de Baudouin chantait des chansons de sa profession dans la chaire patriarcale. Les Grecs avaient souvent prié la sainte Vierge en assassinant leurs princes; les Français buvaient, chantaient, caressaient des filles dans la cathédrale en la pillant : chaque nation a son caractère [1].

---

[1] « On jeta les reliques dans des lieux immondes ; on répandit par terre

Ce fut pour la première fois que la ville de Constantinople fut prise et saccagée par des étrangers, et elle le fut par des chrétiens qui avaient fait vœu de ne combattre que les infidèles.

On ne voit pas que ce feu grégeois tant vanté par les historiens ait fait le moindre effet. S'il était tel qu'on le dit, il eût toujours donné sur terre et sur mer une victoire assurée. Si c'était quelque chose de semblable à nos phosphores, l'eau pouvait, à la vérité, le conserver, mais il n'aurait point eu d'action dans

« le corps et le sang de notre Seigneur; on employa les vases sacrés à des « usages profanes... Une femme insolente vint danser *dans le sanctuaire*, et « s'asseoir dans les siéges des prêtres. » (Fleuri, année 1204.)

Le pape Innocent III, si connu par la violence de sa conduite et sa cruauté envers les Albigeois, reprocha aux croisés d'avoir « exposé à l'in-« solence des valets non seulement les femmes mariées et les veuves, mais « les filles et les religieuses. » (*Idem*, année 1205.)

Comme de savants critiques ont prétendu que M. de Voltaire avait altéré l'histoire, nous avons cru devoir placer ici le passage de Fleuri, tiré de Nicétas, auteur contemporain, dont nous rapporterons les expressions, d'après la traduction latine de Jérôme Wolff.

« Quid... referam... reliquiarum sanctorum martyrum in loca fœda abjec-« tionem! Quod vero auditu horrendum est, id tum erat cernere ut divinus « sanguis et corpus Christi humi effunderetur, et abjiceretur. Qui autem « pretiosas eorum capsulas capiebant... ipsas confractas pro patinis et poculis « usurpabant...

« Muli et jumenta sellis instrata usque ad templi adyta introducebantur, « quorum nonnulla, cum ob splendidum et lubricum solum pedibus insis-« tere nequirent, prolapsa confodiebantur, ut effusis cruore et stercore « sacrum pavimentum inquinaretur. Imo et muliercula quædam, cooperta « peccatis, Christo insultans et in patriarchæ solio consedens, fractum can-« ticum cecinit, et sæpe in orbem rotata saltavit... Abominationem et de-« solationem in loco sancto vidimus meretricios sermones rotundo ore pro-« ferentem.

« Uno consensu omnia summa scelera et piacula omnibus ex æquo studio « erant... in angiportis, in triviis, in templis, querelæ, fletus... virorum ge-« mitus, mulierum ejulatus, lacerationes, stupra. » K.

l'eau. Enfin, malgré ce secret, les Turcs avaient enlevé presque toute l'Asie Mineure aux Grecs, et les Latins leur arrachèrent le reste.

Le plus puissant des croisés, Baudouin, comte de Flandre, se fit élire empereur. Ils étaient quatre prétendants. On mit quatre grands calices de l'église de Sophie pleins de vin devant eux; celui qui était destiné à l'élu était seul consacré. Baudouin le but, prit les brodequins rouges, et fut reconnu. Ce nouvel usurpateur condamna l'autre usurpateur, Mirziflos[a], à être précipité du haut d'une colonne. Les autres croisés partagèrent l'empire. Les Vénitiens se donnèrent le Péloponèse, l'île de Candie et plusieurs villes des côtes de Phrygie qui n'avaient point subi le joug des Turcs. Le marquis de Montferrat prit la Thessalie. Ainsi Baudouin n'eut guère pour lui que la Thrace et la Mœsie. A l'égard du pape, il y gagna, du moins pour un temps, l'Église d'Orient. Cette conquête eût pu avec le temps valoir un royaume : Constantinople était autre chose que Jérusalem.

Ainsi le seul fruit des chrétiens dans leurs barbares croisades fut d'exterminer d'autres chrétiens. Ces croisés, qui ruinaient l'empire, auraient pu, bien plus aisément que tous leurs prédécesseurs, chasser les Turcs de l'Asie. Les états de Saladin étaient déchirés. Mais de tant de chevaliers qui avaient fait vœu d'aller secourir Jérusalem, il ne passa en Syrie que le petit nombre de ceux qui ne purent avoir part aux

---

[a] Les Français, alors très grossiers, l'appellent Mursufle, ainsi que d'Auguste ils ont fait août; de *pavo*, paon; de *viginti*, vingt; de *canis*, chien; de *lupus*, loup, etc.

dépouilles des Grecs. De ce petit nombre fut Simon de Montfort, qui, ayant en vain cherché un état en Grèce et en Syrie, se mit ensuite à la tête d'une croisade contre les Albigeois, pour usurper avec la croix quelque chose sur les chrétiens ses frères.

Il restait beaucoup de princes de la famille impériale des Comnène, qui ne perdirent point courage dans la destruction de leur empire. Un d'eux, qui portait aussi le nom d'Alexis, se réfugia avec quelques vaisseaux vers la Colchide; et là, entre la mer Noire et le mont Caucase, forma un petit état qu'on appela *l'empire de Trébisonde :* tant on abusait de ce mot d'*empire*.

Théodore Lascaris reprit Nicée, et s'établit dans la Bithynie, en se servant à propos des Arabes contre les Turcs. Il se donna aussi le titre d'empereur, et fit élire un patriarche de sa communion. D'autres Grecs, unis avec les Turcs mêmes, appelèrent à leur secours leurs anciens ennemis les Bulgares contre le nouvel empereur Baudouin de Flandre, qui jouit à peine de sa conquête (1205). Vaincu par eux près d'Andrinople, on lui coupa les bras et les jambes, et il expira en proie aux bêtes féroces.

Les sources de ces émigrations devaient tarir alors; mais les esprits des hommes étaient en mouvement. Les confesseurs ordonnaient aux pénitents d'aller à la Terre-Sainte. Les fausses nouvelles qui en venaient tous les jours donnaient de fausses espérances.

Un moine breton, nommé Elsoin, conduisit en Syrie, vers l'an 1204, une multitude de Bretons. La veuve d'un roi de Hongrie se croisa avec quelques femmes, croyant qu'on ne pouvait gagner le ciel que par ce voyage. Cette maladie épidémique passa jusqu'aux enfants. Il y en eut des milliers qui, conduits par des maîtres d'école et des moines, quittèrent les maisons de leurs parents, sur la foi de ces paroles : *Seigneur, tu as tiré ta gloire des enfants.* Leurs conducteurs en vendirent une partie aux musulmans ; le reste périt de misère.

L'état d'Antioche était ce que les chrétiens avaient conservé de plus considérable en Syrie. Le royaume de Jérusalem n'existait plus que dans Ptolémaïs. Cependant il était établi dans l'Occident qu'il fallait un roi de Jérusalem. Un Émeri de Lusignan, roi titulaire, étant mort vers l'an 1205, l'évêque de Ptolémaïs proposa d'aller demander en France un roi de Judée. Philippe-Auguste nomma un cadet de la maison de Brienne en Champagne, qui avait à peine un patrimoine. On voit par le choix du roi quel était le royaume.

Ce roi titulaire, ses chevaliers, les Bretons qui avaient passé la mer, plusieurs princes allemands, un duc d'Autriche, André, roi de Hongrie, suivi d'assez belles troupes, les templiers, les hospitaliers, les évêques de Munster et d'Utrecht ; tout cela pouvait encore faire une armée de conquérants, si elle avait eu un chef ; mais c'est ce qui manqua toujours.

Le roi de Hongrie s'étant retiré, un comte de Hollande entreprit ce que tant de rois et de princes n'avaient pu faire. Les chrétiens semblaient toucher au temps de se relever ; leurs espérances s'accrurent par l'arrivée d'une foule de chevaliers qu'un légat du pape leur amena. Un archevêque de Bordeaux, les évêques de Paris, d'Angers, d'Autun, de Beauvais, accompagnèrent le légat avec des troupes considérables. Quatre mille Anglais, autant d'Italiens, vinrent sous diverses bannières. Enfin Jean de Brienne, qui était arrivé à Ptolémaïs presque seul, se trouve à la tête de près de cent mille combattants.

Saphadin, frère du fameux Saladin, qui avait joint depuis peu l'Égypte à ses autres états, venait de démolir les restes des murailles de Jérusalem, qui n'était plus qu'un bourg ruiné; mais comme Saphadin paraissait mal affermi dans l'Égypte, les croisés crurent pouvoir s'en emparer.

De Ptolémaïs le trajet est court aux embouchures du Nil. Les vaisseaux qui avaient apporté tant de chrétiens, les portèrent en trois jours vers l'ancienne Péluse.

Près des ruines de Péluse est élevée Damiette sur une chaussée qui la défend des inondations du Nil. (1218) Les croisés commencèrent le siége pendant la dernière maladie de Saphadin, et le continuèrent après sa mort. Mélédin, l'aîné de ses fils, régnait alors en Égypte, et passait pour aimer les lois, les sciences, et le repos plus que la guerre. Corradin, sultan de Damas, à qui la Syrie était tombée en partage, vint le secourir contre les chrétiens. Le siége, qui dura deux ans, fut mémorable en Europe, en Asie, et en Afrique.

Saint François d'Assise, qui établissait alors son ordre, passa lui-même au camp des assiégeants; et s'étant imaginé qu'il pourrait aisément convertir le sultan Mélédin, il s'avança avec son compagnon, frère Illuminé, vers le camp des Égyptiens. On les prit, on les conduisit au sultan. François le prêcha en italien. Il proposa à Mélédin de faire allumer un grand feu dans lequel ses imans d'un côté, François et Illuminé de l'autre, se jetteraient pour faire voir quelle était la religion véritable. Mélédin, à qui un interprète expliquait cette proposition singulière, répondit en riant que ses prêtres n'étaient pas hommes à se jeter au feu pour leur foi : alors François proposa de s'y jeter tout seul. Mélédin lui dit que s'il acceptait une telle offre il paraîtrait douter de sa religion. Ensuite il renvoya François avec bonté, voyant bien qu'il ne pouvait être un homme dangereux.

Telle est la force de l'enthousiasme, que François n'ayant pu réussir à se jeter dans un bûcher en Égypte, et à rendre le soudan chrétien, voulut tenter cette aventure à Maroc. Il s'embarqua d'abord pour l'Espagne; mais étant tombé malade, il obtint de frère Gille, et de quatre autres de ses compagnons, qu'ils allassent convertir les Maroquins. Frère Gille et les quatre moines font voile vers Tétuan, arrivent à Maroc, et prêchent en italien dans une charrette. Le miramolin, ayant pitié d'eux, les fit rembarquer pour l'Espagne; ils revinrent une seconde fois, on les renvoya encore. Ils revinrent une troisième ; l'empereur, poussé à bout, les condamna à la mort dans son divan, et leur trancha lui-même la tête (1218) : c'est un usage superstitieux autant que barbare que les empereurs de Maroc soient les premiers bourreaux de leur pays. Les miramolins se disaient descendus de Mahomet.

Les premiers qui furent condamnés à mort, sous leur empire, demandèrent de mourir de la main du maître, dans l'espérance d'une expiation plus pure. Cet abominable usage s'est si bien conservé, que le fameux empereur de Maroc, Mulei Ismaël, a exécuté de sa main près de dix mille hommes dans sa longue vie.

Cette mort de cinq compagnons de François d'Assise est encore célébrée tous les ans à Coïmbre, par une procession aussi singulière que leur aventure. On prétendit que les corps de ces franciscains revinrent en Europe après leur mort, et s'arrêtèrent à Coïmbre dans l'église de Sainte-Croix. Les jeunes gens, les femmes, et les filles, vont tous les ans, la nuit de l'arrivée de ces martyrs, de l'église de Sainte-Croix à celle des cordeliers. Les garçons ne sont couverts que d'un petit caleçon qui ne descend qu'au haut des cuisses ; les femmes et les filles ont un jupon non moins court. La marche est longue, et on s'arrête souvent.

(1220) Damiette cependant fut prise, et semblait ouvrir le chemin à la conquête de l'Égypte ; mais Pélage Albano, bénédictin espagnol, légat du pape, et cardinal, fut cause de sa perte. Le légat prétendait que le pape étant chef de toutes les croisades, celui qui le représentait en était incontestablement le général ; que le roi de Jérusalem, n'étant roi que par la permission du pape, devait obéir en tout au légat. Ces divisions consumèrent du temps. Il fallut écrire à Rome : le pape ordonna au roi de retourner au camp, et le roi y retourna pour servir sous le bénédictin. Ce général engagea l'armée entre deux bras du Nil, précisément au temps que ce fleuve, qui nourrit et qui défend l'Égypte, commençait à se déborder. Le sultan, par des écluses, inonda le camp des chrétiens. (1221) D'un côté il brûla leurs vaisseaux; de l'autre côté le Nil croissait et menaçait d'engloutir l'armée du légat. Elle se trouvait dans l'état où l'on peint les Égyptiens de Pharaon, quand ils virent la mer prête à retomber sur eux.

Les contemporains conviennent que dans cette extrémité on traita avec le sultan. Il se fit rendre Damiette; il renvoya l'armée en Phénicie, après avoir fait jurer que de huit ans on ne lui ferait la guerre; et il garda le roi Jean de Brienne en otage.

Les chrétiens n'avaient plus d'espérance que dans l'empereur Frédéric II. Jean de Brienne, sorti d'otage, lui donna sa fille et les droits au royaume de Jérusalem pour dot.

L'empereur Frédéric II concevait très bien l'inutilité des croisades; mais il fallait ménager les esprits des peuples, et éluder les coups du pape. Il me semble que la conduite qu'il tint est un modèle de saine politique. Il négocie à-la-fois avec le pape et avec le sultan Mélédin. Son traité étant signé entre le sultan et lui, il part pour la Palestine, mais avec un cortége plutôt qu'avec une armée. A peine est-il arrivé qu'il rend public le traité par lequel on lui cède Jérusalem, Nazareth, et quelques villages. Il fait répandre dans l'Europe que sans verser une goutte de sang il a repris les saints lieux. On lui reproche d'avoir laissé, par le traité, une mosquée dans Jérusalem. Le patriarche de cette ville le traitait d'athée; ailleurs il était regardé comme un prince qui savait régner.

Il faut avouer, quand on lit l'histoire de ces temps, que ceux qui ont imaginé des romans n'ont guère pu aller par leur imagination au-delà de ce que fournit ici la vérité. C'est peu que nous ayons vu, quelques années auparavant, un comte de Flandre qui, ayant fait vœu d'aller à la Terre-Sainte, se saisit en chemin de l'empire de Constantinople; c'est peu que Jean de Brienne, cadet de Champagne, devenu roi de Jérusalem, ait été sur le point de subjuguer l'Égypte. Ce même Jean de Brienne, n'ayant plus d'états, marche presque seul au secours de Constantinople : il arrive pendant un interrègne, et on l'élit empereur (1224). Son successeur, Baudouin II, dernier empereur latin de Constantinople, toujours pressé par les Grecs, courait, une bulle du pape à la main, implorer en vain le secours de tous les princes de l'Europe; tous les princes étaient alors hors de chez eux : les empereurs d'Occident couraient à la Terre-Sainte; les papes étaient presque toujours en France, et les rois prêts à partir pour la Palestine.

Thibaud-de-Champagne, roi de Navarre, si célèbre par l'amour qu'on lui suppose pour la reine Blanche, et par ses chansons, fut aussi un de ceux qui s'embarquèrent alors pour la Palestine (1240). Il revint la même année, et c'était être heureux. Environ soixante et dix chevaliers français, qui voulurent se signaler avec lui, furent tous pris et menés au Grand-Caire, au neveu de Mélédin, nommé Mélecsala, qui, ayant hérité des états et des vertus de son oncle, les traita humainement, et les laissa enfin retourner dans leur patrie pour une rançon modique.

En ce temps le territoire de Jérusalem n'appartint plus ni aux Syriens, ni aux Égyptiens, ni aux chrétiens, ni aux musulmans. Une révolution qui n'avait point d'exemple donnait une nouvelle face à la plus grande partie de l'Asie. Gengis et ses Tartares avaient franchi le Caucase, le Taurus, l'Immaüs. Les peuples qui fuyaient devant eux, comme des bêtes féroces chassées de leurs repaires par d'autres animaux plus terribles, fondaient à leur tour sur les terres abandonnées.

(1244) Les habitants du Chorasan, qu'on nomma Corasmins, poussés par les Tartares, se précipitèrent sur la Syrie, ainsi que les Goths, au quatrième siècle, chassés, à ce qu'on dit, par des Scythes, étaient tombés sur l'empire romain. Ces Corasmins idolâtres égorgèrent ce qui restait à Jérusalem de Turcs, de chrétiens, et de Juifs. Les chrétiens qui restaient dans Antioche, dans Tyr, dans Sidon, et sur ces côtes de la Syrie, suspendirent quelque temps leurs querelles particulières pour résister à ces nouveaux brigands.

Ces chrétiens étaient alors ligués avec le soudan de Damas. Les templiers, les chevaliers de Saint-Jean, les chevaliers teutoniques, étaient des défenseurs toujours armés. L'Europe fournissait sans cesse quelques volontaires. Enfin ce qu'on put ramasser combattit les Corasmins. La défaite des croisés fut entière. Ce n'était pas là le terme de leurs malheurs; de nouveaux

Turcs vinrent ravager ces côtes de Syrie après les Corasmins, et exterminèrent presque tout ce qui restait de chevaliers. Mais ces torrents passagers laissèrent toujours aux chrétiens les villes de la côte.

Les Latins, renfermés dans leurs villes maritimes, se virent alors sans secours; et leurs querelles augmentaient leurs malheurs. Les princes d'Antioche n'étaient occupés qu'à faire la guerre à quelques chrétiens d'Arménie. Les factions des Vénitiens, des Génois, et des Pisans, se disputaient la ville de Ptolémaïs. Les templiers et les chevaliers de Saint-Jean se disputaient tout. L'Europe refroidie n'envoyait presque plus de ces pèlerins armés. Les espérances des chrétiens d'Orient s'éteignaient, quand saint Louis entreprit la dernière croisade.

CHAPITRE LVIII.

De saint Louis. Son gouvernement, sa croisade, nombre de ses vaisseaux, ses dépenses, sa vertu, son imprudence, ses malheurs.

Louis IX paraissait un prince destiné à réformer l'Europe, si elle avait pu l'être; à rendre la France triomphante et policée, et à être en tout le modèle des hommes. Sa piété, qui était celle d'un anachorète, ne lui ôta aucune vertu de roi. Une sage économie ne déroba rien à sa libéralité. Il sut accorder une politique profonde avec une justice exacte; et peut-être est-il le seul souverain qui mérite cette louange: prudent et ferme dans le conseil, intrépide dans les combats sans être emporté, compatissant comme s'il n'avait jamais été que malheureux. Il n'est pas donné à l'homme de porter plus loin la vertu.

Il avait, conjointement avec la régente sa mère, qui savait régner, réprimé l'abus de la juridiction trop étendue des ecclésiastiques. Ils voulaient que les officiers de justice saisissent les biens de quiconque était excommunié, sans examiner si l'excommunication était juste ou injuste. Le roi, distinguant très sagement les lois civiles auxquelles tout doit être soumis, et les lois de l'Église dont l'empire doit ne s'étendre que sur les consciences, ne laissa pas plier les lois du royaume sous cet abus des excommunications. Ayant, dès le commencement de son administration, contenu les prétentions des évêques et des laïques dans leurs bornes, il avait réprimé les factions de la Bretagne; il avait gardé une neutralité prudente entre les emportements de Grégoire IX et les vengeances de l'empereur Frédéric II.

Son domaine, déjà fort grand, s'était accru de plusieurs terres qu'il avait achetées. Les rois de France avaient alors pour revenus leurs biens propres, et non ceux des peuples. Leur grandeur dépendait d'une économie bien entendue, comme celle d'un seigneur particulier.

Cette administration l'avait mis en état de lever de fortes armées contre le roi d'Angleterre Henri III, et contre des vassaux de France unis avec l'Angleterre. Henri III, moins riche, moins obéi de ses Anglais, n'eut ni d'aussi bonnes troupes, ni d'aussitôt prêtes. Louis le battit deux fois, et surtout à la journée de Taillebourg en Poitou. Le roi anglais s'enfuit devant lui. Cette guerre fut suivie d'une paix utile (1241). Les vassaux de France, rentrés dans leur devoir, n'en sortirent plus. Le roi n'oublia pas même d'obliger l'Anglais à payer cinq mille livres sterling pour les frais de la campagne.

Quand on songe qu'il n'avait pas vingt-quatre ans lorsqu'il se conduisit ainsi, et que son caractère était fort au-dessus de sa fortune, on voit ce qu'il eût fait s'il fût demeuré dans sa patrie; et on gémit que la France ait été si malheureuse par ses vertus mêmes, qui devaient faire le bonheur du monde.

L'an 1244, Louis, attaqué d'une maladie violente, crut, dit-on, dans une léthargie, entendre une voix qui lui ordonnait de prendre la croix contre les infidèles. A peine put-il parler, qu'il fit vœu de se croiser. La reine sa mère, la reine sa femme, son conseil, tout ce qui l'approchait, sentit le danger de ce vœu funeste. L'évêque de Paris même lui en représenta les dangereuses conséquences; mais Louis regardait ce vœu comme un lien sacré qu'il n'était pas permis aux hommes de dénouer. Il prépara pendant quatre années cette expédition. (1248) Enfin, laissant à sa mère le gouvernement du royaume, il part avec sa femme et ses trois frères que suivent aussi leurs épouses; presque toute la chevalerie de France l'accompagne. Il y eut dans l'armée près de trois mille chevaliers bannerets. Une partie de la flotte immense qui portait tant de princes et de soldats, part de Marseille, l'autre d'Aigues-Mortes, qui n'est plus un port aujourd'hui.

La plupart des gros vaisseaux ronds qui transportèrent les troupes furent construits dans les ports de France. Ils étaient au nombre de dix-huit cents. Un roi de France ne pourrait aujourd'hui faire un pareil armement, parceque les bois sont incomparablement plus rares, tous les frais plus grands à proportion, et que l'artillerie nécessaire rend la dépense plus forte, et l'armement beaucoup plus difficile.

On voit, par les comptes de saint Louis, combien ces croisades appauvrissaient la France. Il donnait au seigneur de Valeri huit mille livres pour trente chevaliers, ce qui revenait à près de cent quarante-six mille livres numéraires de nos jours [1]. Le connétable avait pour quinze chevaliers trois mille livres. L'archevêque de Reims et l'évêque de Langres recevaient chacun quatre mille livres pour quinze chevaliers que chacun d'eux conduisait. Cent soixante et deux chevaliers mangeaient aux tables du roi. Ces dépenses et les préparatifs étaient immenses.

Si la fureur des croisades et la religion des serments avaient permis à la vertu de Louis d'écouter la raison, non seulement il eût vu le mal qu'il fesait à son pays, mais l'injustice extrême de cet armement qui lui paraissait si juste.

Le projet n'eût-il été que d'aller mettre les Fran-

---

[1] Ou 169,000 livres, si l'on entend la livre numéraire d'or : elle était alors à la livre numéraire d'argent à peu près dans le rapport de 21 à 18. Cette différence entre l'évaluation des livres numéraires en or ou en argent, vient de ce que le rapport entre les valeurs des deux métaux n'était pas le même qu'aujourd'hui ; celle de l'or était plus faible. Par la même raison, il faut augmenter (voyez la note vers la fin du chapitre LI) d'environ un septième les 540,000 livres léguées par Louis VIII à sa femme, s'il a entendu des livres numéraires d'or. K.

çais en possession du misérable terrain de Jérusalem, ils n'y avaient aucun droit. Mais on marchait contre le vieux et sage Mélecsala, soudan d'Égypte, qui certainement n'avait rien à démêler avec le roi de France. Mélecsala était musulman; c'était là le seul prétexte de lui faire la guerre. Mais il n'y avait pas plus de raison à ravager l'Égypte parcequ'elle suivait les dogmes de Mahomet, qu'il n'y en aurait aujourd'hui à porter la guerre à la Chine parceque la Chine est attachée à la morale de Confucius.

Louis mouilla dans l'île de Chypre : le roi de cette île se joint à lui; on aborde en Égypte. Le soudan d'Égypte ne possédait point Jérusalem. La Palestine alors était ravagée par les Corasmins : le sultan de Syrie leur abandonnait ce malheureux pays; et le calife de Bagdad, toujours reconnu et toujours sans pouvoir, ne se mêlait plus de ces guerres. Il restait encore aux chrétiens Ptolémaïs, Tyr, Antioche, Tripoli. Leurs divisions les exposaient continuellement à être écrasés par les sultans turcs et par les Corasmins.

Dans ces circonstances il est difficile de voir pourquoi le roi de France choisissait l'Égypte pour le théâtre de sa guerre. Le vieux Mélecsala, malade, demanda la paix; on la refusa. Louis, renforcé par de nouveaux secours arrivés de France, était suivi de soixante mille combattants, obéi, aimé, ayant en tête des ennemis déjà vaincus, un soudan qui touchait à sa fin. Qui n'eût cru que l'Égypte et bientôt la Syrie seraient domptées ? Cependant la moitié de cette armée florissante périt de maladie; l'autre moitié est vaincue près de la Massoure. Saint Louis voit tuer son frère Robert d'Artois (1250); il est pris avec ses deux autres frères, le comte d'Anjou et le comte de Poitiers. Ce n'était plus alors Mélecsala qui régnait en Égypte, c'était son fils Almoadan. Ce nouveau soudan avait certainement de la grandeur d'ame; car le roi Louis lui ayant offert pour sa rançon et pour celle des prisonniers un million de besants d'or, Almoadan lui en remit la cinquième partie.

Ce soudan fut massacré par les Mamelucs, dont son père avait établi la milice. Le gouvernement, partagé alors, semblait devoir être funeste aux chrétiens. Cependant le conseil égyptien continua de traiter avec le roi. Le sire de Joinville rapporte que les émirs même proposèrent, dans une de leurs assemblées, de choisir Louis pour leur soudan.

Joinville était prisonnier avec le roi. Ce que raconte un homme de son caractère a du poids sans doute : mais qu'on fasse réflexion combien dans un camp, dans une maison, on est mal informé des faits particuliers qui se passent dans un camp voisin, dans une maison prochaine; combien il est hors de vraisemblance que des musulmans songent à se donner pour roi un chrétien ennemi, qui ne connaît ni leur langue, ni leurs mœurs, qui déteste leur religion, et qui ne peut être regardé par eux que comme un chef de brigands étrangers, on verra que Joinville n'a rapporté qu'un discours populaire. Dire fidèlement ce qu'on a entendu dire, c'est souvent rapporter de bonne foi des choses au moins suspectes. Mais nous n'avons point la véritable histoire de Joinville; ce n'est qu'une traduction infidèle, qu'on fit du temps de François Ier, d'un écrit qu'on n'entendrait aujourd'hui que très difficilement.

Je ne saurais guère encore concilier ce que les historiens disent de la manière dont les musulmans traitèrent les prisonniers. Ils racontent qu'on les fesait sortir un à un d'une enceinte où ils étaient renfermés, qu'on leur demandait s'ils voulaient renier Jésus-Christ, et qu'on coupait la tête à ceux qui persistaient dans le christianisme.

D'un autre côté ils attestent qu'un vieil émir fit demander, par interprète, aux captifs s'ils croyaient en Jésus-Christ; et les captifs ayant dit qu'ils croyaient en lui : « Consolez-vous, dit l'émir; puisqu'il est mort « pour vous, et qu'il a su ressusciter, il saura bien « vous sauver. »

Ces deux récits semblent un peu contradictoires; et ce qui est plus contradictoire encore, c'est que ces émirs fissent tuer des captifs dont ils espéraient une rançon.

Au reste, ces émirs s'en tinrent aux huit cent mille besants auxquels leur soudan avait bien voulu se restreindre pour la rançon des captifs; et lorsqu'en vertu du traité, les troupes françaises qui étaient dans Damiette rendirent cette ville, on ne voit point que les vainqueurs fissent le moindre outrage aux femmes. On laissa partir la reine et ses belles-sœurs avec respect. Ce n'est pas que tous les soldats musulmans fussent modérés; le vulgaire en tout pays est féroce : il y eut sans doute beaucoup de violences commises, des captifs maltraités et tués; mais enfin j'avoue que je suis étonné que le soldat mahométan n'ait pas exterminé un plus grand nombre de ces étrangers qui, des ports de l'Europe, étaient venus sans aucune raison ravager les terres de l'Égypte.

Saint Louis, délivré de captivité, se retire en Palestine, et y demeure près de quatre ans avec les débris de ses vaisseaux et de son armée. Il va visiter Nazareth au lieu de retourner en France, et enfin ne revient dans sa patrie qu'après la mort de la reine Blanche, sa mère; mais il y rentre pour former une croisade nouvelle.

Son séjour à Paris lui procurait continuellement des avantages et de la gloire. Il reçut un honneur qu'on ne peut rendre qu'à un roi vertueux. Le roi d'Angleterre, Henri III, et ses barons, le choisirent pour arbitre de leurs querelles. Il prononça l'arrêt en souverain; et si cet arrêt, qui favorisait Henri III, ne put apaiser les troubles de l'Angleterre, il fit voir au moins à l'Europe quel respect les hommes ont malgré eux pour la vertu. Son frère, le comte d'Anjou, dut à la réputation de Louis, et au bon ordre de son royaume, l'honneur d'être choisi par le pape pour roi de Sicile, honneur qu'il ne méritait pas par lui-même.

Louis cependant augmentait ses domaines de l'acquisition de Namur, de Péronne, d'Avranches, de Mortagne, du Perche; il pouvait ôter aux rois d'Angleterre tout ce qu'ils possédaient en France. Les querelles de Henri III et de ses barons lui facilitaient les moyens; mais il préféra la justice à l'usurpation. Il les laissa jouir de la Guienne, du Périgord, du Limousin; mais il les fit renoncer pour jamais à la Touraine, au Poitou, à la Normandie, réunis à la couronne par Philippe-Auguste : ainsi la paix fut affermie avec sa réputation.

Il établit le premier la justice de ressort; et les sujets opprimés par les sentences arbitraires des juges des baronnies commencèrent à pouvoir porter leurs plaintes à quatre grands bailliages royaux, créés pour les écouter. Sous lui, des lettrés commencèrent à être admis aux séances de ces parlements dans lesquels des chevaliers, qui rarement savaient lire, décidaient de la fortune des citoyens. Il joignit à la piété d'un religieux la fermeté éclairée d'un roi, en réprimant les entreprises de la cour de Rome par cette fameuse pragmatique qui conserve les anciens droits de l'Église, nommés libertés de l'Église gallicane, s'il est vrai que cette pragmatique soit de lui.

Enfin treize ans de sa présence réparaient en France tout ce que son absence avait ruiné; mais sa passion pour les croisades l'entraînait. Les papes l'encourageaient. Clément IV lui accordait une décime sur le clergé pour trois ans. Il part enfin une seconde fois, et à peu près avec les mêmes forces. Son frère, Charles d'Anjou, que le pape avait fait roi de Sicile, doit le suivre. Mais ce n'est plus ni du côté de la Palestine, ni du côté de l'Égypte, qu'il tourne sa dévotion et ses armes. Il fait cingler sa flotte vers Tunis.

Les chrétiens de Syrie n'étaient plus la race de ces premiers Francs établis dans Antioche et dans Tyr; c'était une génération mêlée de Syriens, d'Arméniens, et d'Européans. On les appelait *Poulains*, et ces restes sans vigueur étaient pour la plupart soumis aux Égyptiens. Les chrétiens n'avaient plus de villes fortes que Tyr et Ptolémaïs.

Les religieux templiers et hospitaliers, qu'on peut en quelque sens comparer à la milice des mamelucs, se fesaient entre eux, dans ces villes mêmes, une guerre si cruelle, que dans un combat de ces moines militaires il ne resta aucun templier en vie.

Quel rapport y avait-il entre cette situation de quelques métis sur les côtes de Syrie et le voyage de saint Louis à Tunis? Son frère, Charles d'Anjou, roi de Naples et de Sicile, ambitieux, cruel, intéressé, fesait servir la simplicité héroïque de Louis à ses desseins. Il prétendait que le roi de Tunis lui devait quelques années de tribut; il voulait se rendre maître de ces pays; et saint Louis espérait, disent tous les historiens (je ne sais sur quel fondement), convertir le roi de Tunis. Étrange manière de gagner ce mahométan au christianisme! On fait une descente à main armée dans ses états, vers les ruines de Carthage.

Mais bientôt le roi est assiégé lui-même dans son camp par les Maures réunis; les mêmes maladies que l'intempérance de ses sujets transplantés et le changement de climat avaient attirées dans son camp en Égypte, désolèrent son camp de Carthage. Un de ses fils, né à Damiette pendant la captivité, mourut de cette espèce de contagion devant Tunis. Enfin le roi en fut attaqué; il se fit étendre sur la cendre (1270), et expira à l'âge de cinquante-cinq ans, avec la piété d'un religieux et le courage d'un grand homme. Ce n'est pas un des moindres exemples des jeux de la fortune, que les ruines de Carthage aient vu mourir un roi chrétien, qui venait combattre des musulmans dans un pays où Didon avait apporté les dieux des Syriens. A peine est-il mort que son frère le roi de Sicile arrive. On fait la paix avec les Maures, et les débris des chrétiens sont ramenés en Europe.

On ne peut guère compter moins de cent mille personnes sacrifiées dans les deux expéditions de saint Louis. Joignez les cent cinquante mille qui suivirent Frédéric Barberousse, les trois cent mille de la croisade de Philippe-Auguste et de Richard, deux cent mille au moins au temps de Jean de Brienne; comptez les cent soixante mille croisés qui avaient déjà passé en Asie, et n'oubliez pas ce qui périt dans l'expédition de Constantinople, et dans les guerres qui suivirent cette révolution, sans parler de la croisade du Nord et de celle contre les Albigeois, on trouvera que l'Orient fut le tombeau de plus de deux millions d'Européans.

Plusieurs pays en furent dépeuplés et appauvris. Le sire de Joinville dit expressément qu'il ne voulut pas accompagner Louis à sa seconde croisade, parcequ'il ne le pouvait, et que la première avait ruiné toute sa seigneurie.

La rançon de saint Louis avait coûté huit cent mille besants; c'était environ neuf millions de la monnaie qui court actuellement (en 1778). Si des deux millions d'hommes qui moururent dans le Levant, chacun emporta seulement cent francs, c'est-à-dire un peu plus de cent sous du temps; c'est encore deux cent millions de livres qu'il en coûta. Les Génois, les Pisans, et surtout les Vénitiens, s'y enrichirent; mais la France, l'Angleterre, l'Allemagne, furent épuisées.

On dit que les rois de France gagnèrent à ces croisades, parceque saint Louis augmenta ses domaines, en achetant quelques terres des seigneurs ruinés. Mais il ne les accrut que pendant ses treize années de séjour, par son économie.

Le seul bien que ces entreprises procurèrent, ce fut la liberté que plusieurs bourgades achetèrent de leurs seigneurs. Le gouvernement municipal s'accrut un peu des ruines des possesseurs des fiefs. Peu-à-peu ces communautés, pouvant travailler et commercer pour leur propre avantage, exercèrent les arts et le commerce que l'esclavage éteignait.

Cependant ce peu de chrétiens métis, cantonnés sur les côtes de Syrie, fut bientôt exterminé ou réduit en servitude. Ptolémaïs, leur principal asile, et qui n'était en effet qu'une retraite de bandits, fameux par leurs crimes, ne put résister aux forces du soudan d'Égypte Mélecséraph. Il la prit en 1291 : Tyr et Sidon se rendirent à lui. Enfin, vers la fin du treizième siècle, il n'y avait plus dans l'Asie aucune trace apparente de ces émigrations des chrétiens.

CHAPITRE LIX.

Suite de la prise de Constantinople par les croisés. Ce qu'était alors l'empire grec.

Ce gouvernement féodal de France avait produit, comme on l'a vu, bien des conquérants. Un pair de

France, duc de Normandie, avait subjugué l'Angleterre; de simples gentilshommes, la Sicile; et parmi les croisés, des seigneurs de France avaient eu pour quelque temps Antioche et Jérusalem; enfin, Baudouin, pair de France et comte de Flandre, avait pris Constantinople. Nous avons vu les mahométans d'Asie céder Nicée aux empereurs grecs fugitifs. Ces mahométans mêmes s'alliaient avec les Grecs contre les Francs et les Latins, leurs communs ennemis; et pendant ces temps-là, les irruptions des Tartares dans l'Asie et dans l'Europe empêchaient les musulmans d'opprimer ces Grecs. Les Francs, maîtres de Constantinople, élisaient leurs empereurs; les papes les confirmaient.

(1216) Pierre de Courtenai, comte d'Auxerre, de la maison de France, ayant été élu, fut couronné et sacré dans Rome par le pape Honorius III. Les papes se flattaient alors de donner les empires d'Orient et d'Occident. On a vu [1] ce que c'était que leurs droits sur l'Occident, et combien de sang coûta cette prétention. A l'égard de l'Orient, il ne s'agissait guère que de Constantinople, d'une partie de la Thrace et de la Thessalie. Cependant le patriarche latin, tout soumis qu'il était au pape, prétendait qu'il n'appartenait qu'à lui de couronner ses maîtres, tandis que le patriarche grec, siégeant tantôt à Nicée, tantôt à Andrinople, anathématisait et l'empereur latin, et le patriarche de cette communion, et le pape même. C'était si peu de chose que cet empire latin de Constantinople, que Pierre de Courtenai, en revenant de Rome, ne put

[1] Chap. xxxii. B.

éviter de tomber entre les mains des Grecs; et après sa mort ses successeurs n'eurent précisément que la ville de Constantinople et son territoire. Des Français possédaient l'Achaïe; les Vénitiens avaient la Morée.

Constantinople, autrefois si riche, était devenue si pauvre, que Baudouin II (j'ai peine à le nommer empereur) mit en gage pour quelque argent, entre les mains des Vénitiens, la couronne d'épines de Jésus-Christ, ses langes, sa robe, sa serviette, son éponge, et beaucoup de morceaux de la vraie croix. Saint Louis retira ces gages des mains des Vénitiens, et les plaça dans la Sainte-Chapelle de Paris, avec d'autres reliques, qui sont des témoignages de piété plutôt que de la connaissance de l'antiquité.

On vit ce Baudouin II venir en 1245 au concile de Lyon, dans lequel le pape Innocent IV excommunia si solennellement Frédéric II. Il y implora vainement le secours d'une croisade, et ne retourna dans Constantinople que pour la voir enfin retomber au pouvoir des Grecs, ses légitimes possesseurs. Michel Paléologue, empereur et tuteur du jeune empereur Lascaris, reprit la ville par une intelligence secrète. Baudouin s'enfuit ensuite en France (1261), où il vécut de l'argent que lui valut la vente de son marquisat de Namur qu'il fit au roi saint Louis. Ainsi finit cet empire des croisés.

Les Grecs rapportèrent leurs mœurs dans leur empire. L'usage recommença de crever les yeux. Michel Paléologue se signala d'abord en privant son pupille de la vue et de la liberté. On se servait auparavant d'une lame de métal ardente : Michel employa le vinaigre bouillant, et l'habitude s'en conserva; car la mode entre jusque dans les crimes.

Paléologue ne manqua pas de se faire absoudre solennellement de cette cruauté par son patriarche et par ses évêques, qui répandaient des larmes de joie, dit-on, à cette pieuse cérémonie. Paléologue se frappait la poitrine, demandait pardon à Dieu, et se gardait bien de délivrer de prison son pupille et son empereur.

Quand je dis que la superstition rentra dans Constantinople avec les Grecs, je n'en veux pour preuve que ce qui arriva en 1284. Tout l'empire était divisé entre deux patriarches. L'empereur ordonna que chaque parti présenterait à Dieu un mémoire de ses raisons dans Sainte-Sophie, qu'on jetterait les deux mémoires dans un brasier bénit, et qu'ainsi la volonté de Dieu se déclarerait. Mais la volonté céleste ne se déclara qu'en laissant brûler les deux papiers, et abandonna les Grecs à leurs querelles ecclésiastiques.

L'empire d'Orient reprit cependant un peu la vie. La Grèce lui était jointe avant les croisades; mais il avait perdu presque toute l'Asie Mineure et la Syrie. La Grèce en fut séparée après les croisades; mais un peu de l'Asie Mineure restait, et il s'étendait encore en Europe jusqu'à Belgrade.

Tout le reste de cet empire était possédé par des nations nouvelles. L'Égypte était devenue la proie de la milice des mamelucs, composée d'abord d'esclaves, et ensuite de conquérants. C'étaient des soldats ramassés des côtes septentrionales de la mer Noire; et cette nouvelle forme de brigandage s'était établie du temps de la captivité de saint Louis.

Le califat touchait à sa fin dans ce treizième siècle, tandis que l'empire de Constantin penchait vers la sienne. Vingt usurpateurs nouveaux déchiraient de tous côtés la monarchie fondée par Mahomet, en se soumettant à sa religion; et enfin ces califes de Babylone, nommés les califes Abassides, furent entièrement détruits par la famille de Gengis.

Il y eut ainsi, dans les douzième et treizième siècles, une suite de dévastations non interrompue dans tout l'hémisphère. Les nations se précipitèrent les unes sur les autres par des émigrations prodigieuses, qui ont établi peu-à-peu de grands empires. Car tandis que les croisés fondaient sur la Syrie, les Turcs minaient les Arabes; et les Tartares parurent enfin, qui tombèrent sur les Turcs, sur les Arabes, sur les Indiens, sur les Chinois. Ces Tartares, conduits par Gengis et par ses fils, changèrent la face de toute la Grande-Asie, tandis que l'Asie Mineure et la Syrie étaient le tombeau des Francs et des Sarrasins.

CHAPITRE LX.

De l'Orient, et de Gengis-kan.

Au-delà de la Perse, vers le Gion et l'Oxus, il s'était formé un nouvel empire des débris du califat. Nous l'appelons *Carisme* ou *Kouaresme*, du nom corrompu de ses conquérants. Sultan Mohammed y régnait à la fin du douzième siècle et au commencement du treizième, quand la grande invasion des Tartares vint engloutir tant de vastes états. Mohammed le Carismin régnait du fond de l'Irac, qui est l'ancienne Médie, jusqu'au-delà de la Sogdiane, et fort avant dans le pays des Tartares. Il avait encore ajouté à ses états une partie de l'Inde, et se voyait un des plus grands souverains du monde, mais reconnaissant toujours le calife qu'il dépouillait, et auquel il ne restait que Bagdad.

Par-delà le Taurus et le Caucase, à l'orient de la mer Caspienne, et du Volga jusqu'à la Chine, et au nord jusqu'à la zone glaciale, s'étendent ces immenses pays des anciens Scythes, qui se nommèrent depuis *Tatars*, du nom de *Tatar-kan*, l'un de leurs plus grands princes, et que nous appelons Tartares. Ces pays paraissent peuplés de temps immémorial, sans qu'on y ait presque jamais bâti de villes. La nature a donné à ces peuples, comme aux Arabes Bédouins, un goût pour la liberté et pour la vie errante qui leur a fait toujours regarder les villes comme les prisons où les rois, disent-ils, tiennent leurs esclaves.

Leurs courses continuelles, leur vie nécessairement frugale, peu de repos goûté en passant sous une tente, ou sur un chariot, ou sur la terre, en firent des générations d'hommes robustes, endurcis à la fatigue, qui, comme des bêtes féroces trop multipliées, se jetèrent loin de leurs tanières; tantôt vers les Palus-Méotides, lorsqu'ils chassèrent, au cinquième siècle, les habitants de ces contrées qui se précipitèrent sur l'empire romain; tantôt à l'orient et au midi, vers l'Arménie et la Perse; tantôt du côté de la Chine et jusqu'aux Indes : ainsi ce vaste réservoir d'hommes ignorants et belliqueux a vomi ces inondations dans presque tout notre hémisphère; et les peuples qui habitent aujourd'hui ces déserts, privés de toute connaissance, savent seulement que leurs pères ont conquis le monde.

Chaque horde ou tribu avait son chef, et plusieurs chefs se réunissaient sous un kan. Les tribus voisines du Dalaï-lama l'adoraient; et cette adoration consistait principalement en un léger tribut : les autres, pour tout culte, sacrifiaient à Dieu quelques animaux une fois l'an. Il n'est point dit qu'ils aient jamais immolé d'hommes à la divinité, ni qu'ils aient cru un être malfesant et puissant tel que le diable. Les besoins et les occupations d'une vie vagabonde les garantissaient aussi de beaucoup de superstitions nées de l'oisiveté : ils n'avaient que les défauts de la brutalité attachée à une vie dure et sauvage; et ces défauts mêmes en firent des conquérants.

Tout ce que je puis recueillir de certain sur l'origine de la grande révolution que firent ces Tartares aux douzième et treizième siècles, c'est que vers l'orient de la Chine les hordes des Monguls, ou Mogols, possesseurs des meilleures mines de fer, fabriquèrent ce métal avec lequel on se rend maître de ceux qui possèdent tout le reste. Cal-kan, ou Gassar-kan, aïeul de Gengis-kan, se trouvant à la tête de ces tribus, plus aguerries et mieux armées que les autres, força plusieurs de ses voisins à devenir ses vassaux, et fonda une espèce de monarchie, telle qu'elle peut subsister parmi des peuples errants et impatients du joug. Son fils, que les historiens européans appellent Pisouca, affermit cette domination naissante; et enfin Gengis l'étendit dans la plus grande partie de la terre connue.

Il y avait un puissant état entre ces terres et celles de la Chine; cet empire était celui d'un kan dont les aïeux avaient renoncé à la vie vagabonde des Tartares pour bâtir des villes à l'exemple des Chinois: il fut même connu en Europe; c'est à lui qu'on donna d'abord le nom de Prêtre-Jean. Des critiques ont voulu prouver que le mot propre est Prête-Jean, quoique assurément il n'y eût aucune raison de l'appeler ni Prête ni Prêtre.

Ce qu'il y a de vrai, c'est que la réputation de sa capitale, qui fesait du bruit dans l'Asie, avait excité la cupidité des marchands d'Arménie; ces marchands étaient de l'ancienne communion de Nestorius. Quelques uns de leurs religieux se mirent en chemin avec eux; et pour se rendre recommandables aux princes chrétiens qui fesaient alors la guerre en Syrie, ils écrivirent qu'ils avaient converti ce grand kan, le plus puissant des Tartares, qu'ils lui avaient donné le nom de Jean, qu'il avait même voulu recevoir le sacerdoce. Voilà la fable qui rendit le Prêtre-Jean si fameux dans nos anciennes chroniques des croisades. On alla ensuite chercher le Prêtre-Jean en Éthiopie, et on donna ce nom à ce prince nègre, qui est moitié chrétien schismatique et moitié juif. Cependant le Prêtre-Jean tartare succomba dans une grande bataille sous les armes de Gengis. Le vainqueur s'empara de ses états, et se fit élire souverain de tous les kans tartares, sous le nom de Gengis-kan, qui signifie roi des rois, ou grand kan. Il portait auparavant le nom de Témugin. Il paraît que les kans tartares étaient en usage d'assembler des diètes vers le printemps : ces diètes s'appelaient *Cour-ilté*. Eh! qui sait si ces assemblées et nos cours plénières, aux mois de mars et de mai, n'ont pas une origine commune?

Gengis publia dans cette assemblée qu'il fallait ne croire qu'un Dieu, et ne persécuter personne pour sa religion : preuve certaine que ses vassaux n'avaient pas tous la même créance. La discipline militaire fut rigoureusement établie : des dizeniers, des centeniers, des capitaines de mille hommes, des chefs de dix mille sous des généraux, furent tous astreints à des devoirs journaliers; et tous ceux qui n'allaient point à la guerre furent obligés de travailler un jour de la semaine pour le service du grand kan. L'adultère fut défendu d'autant plus sévèrement que la polygamie était permise. Il n'y eut qu'un canton tartare dans lequel il fut permis aux habitants de demeurer dans l'usage de prostituer les femmes à leurs hôtes. Le sortilége fut expressément défendu sous peine de mort. On a vu[1] que Charlemagne ne le punit que par des amendes. Mais il en résulte que les Germains, les Francs, et les Tartares, croyaient également au pouvoir des magiciens. Gengis fit jouer, dans cette grande assemblée de princes barbares, un ressort qu'on voit souvent employé dans l'histoire du monde. Un prophète prédit à Gengis-kan qu'il serait le maître de

---

[1] Chap. xvii. B.

l'univers : les vassaux du grand kan s'encouragèrent à remplir la prédiction.

L'auteur chinois qui a écrit les conquêtes de Gengis, et que le P. Gaubil a traduit, assure que ces Tartares n'avaient aucune connaissance de l'art d'écrire. Cet art avait toujours été ignoré des provinces d'Archangel jusqu'au-delà de la grande muraille, ainsi qu'il le fut des Celtes, des Bretons, des Germains, des Scandinaviens, et de tous les peuples de l'Afrique au-delà du mont Atlas. L'usage de transmettre à la postérité toutes les articulations de la langue et toutes les idées de l'esprit, est un des grands raffinements de la société perfectionnée, qui ne fut connu que chez quelques nations très policées ; et encore ne fut-il jamais d'un usage universel chez ces nations. Les lois des Tartares étaient promulguées de bouche, sans aucun signe représentatif qui en perpétuât la mémoire. Ce fut ainsi que Gengis porta une loi nouvelle, qui devait faire des héros de ses soldats. Il ordonna la peine de mort contre ceux qui, dans le combat, appelés au secours de leurs camarades, fuiraient au lieu de les secourir. (1214) Bientôt maître de tous les pays qui sont entre le fleuve Volga et la muraille de la Chine, il attaqua enfin cet ancien empire qu'on appelait alors le Catai. Il prit Cambalu, capitale du Catai septentrional. C'est la même ville que nous nommons aujourd'hui Pékin. Maître de la moitié de la Chine, il soumit jusqu'au fond de la Corée.

L'imagination des hommes oisifs, qui s'épuise en fictions romanesques, n'oserait pas imaginer qu'un prince partît du fond de la Corée, qui est l'extrémité orientale de notre globe, pour porter la guerre en Perse et aux Indes. C'est ce qu'exécuta Gengis.

Le calife de Bagdad, nommé Nasser, l'appela imprudemment à son secours. Les califes alors étaient, comme nous l'avons vu [1], ce qu'avaient été les rois fainéants de France sous la tyrannie des maires du palais : les Turcs étaient les maires des califes.

Ce sultan Mohammed, de la race des Carismins, dont nous venons de parler, était maître de presque toute la Perse; l'Arménie, toujours faible, lui payait tribut. Le calife Nasser, que ce Mohammed voulait enfin dépouiller de l'ombre de dignité qui lui restait, attira Gengis dans la Perse.

Le conquérant tartare avait alors soixante ans : il paraît qu'il savait régner comme vaincre; sa vie est un des témoignages qu'il n'y a point de grand conquérant qui ne soit grand politique. Un conquérant est un homme dont la tête se sert, avec une habileté heureuse, du bras d'autrui. Gengis gouvernait si adroitement la partie de la Chine conquise, qu'elle ne se révolta point pendant son absence; et il savait si bien régner dans sa famille, que ses quatre fils, qu'il fit ses quatre lieutenants-généraux, mirent presque toujours leur jalousie à le bien servir, et furent les instruments de ses victoires.

Nos combats, en Europe, paraissent de légères escarmouches en comparaison de ces batailles qui ont ensanglanté quelquefois l'Asie. Le sultan Mohammed marche contre Gengis avec quatre cent mille combattants, au-delà du fleuve Jaxarte, près de la ville

[1] Chap. LIII, B.

d'Otrar; et dans les plaines immenses qui sont par-delà cette ville, au quarante-deuxième degré de latitude, il rencontre l'armée tartare de sept cent mille [a] hommes, commandée par Gengis et par ses quatre fils : les mahométans furent défaits, et Otrar prise. On se servit du bélier dans le siége : il semble que cette machine de guerre soit une invention naturelle de presque tous les peuples, comme l'arc et les flèches.

De ces pays, qui sont vers la Transoxane, le vainqueur s'avance à Bocara, ville célèbre dans toute l'Asie par son grand commerce, ses manufactures d'étoffes, surtout par les sciences que les sultans turcs avaient apprises des Arabes, et qui florissaient dans Bocara et dans Samarcande. Si même on en croit le kan Abulcazi, de qui nous tenons l'histoire des Tartares, *Bocar* signifie *savant* en langue tartare-mongule; et c'est de cette étymologie, dont il ne reste aujourd'hui nulle trace, que vint le nom de Bocara. Le Tartare, après l'avoir rançonnée, la réduisit en cendres, ainsi que Persépolis avait été brûlée par Alexandre; mais les Orientaux qui ont écrit l'histoire de Gengis, disent qu'il voulut venger ses ambassadeurs que le sultan avait fait tuer avant cette guerre. S'il peut y avoir quelque excuse pour Gengis, il n'y en a point pour Alexandre.

Toutes ces contrées à l'orient et au midi de la mer Caspienne furent soumises; et le sultan Mohammed, fugitif de province en province, traînant après lui ses trésors et son infortune, mourut abandonné des siens.

[a] Il faut toujours beaucoup rabattre de ces calculs.

Enfin le conquérant pénétra jusqu'au fleuve de l'Inde ; et tandis qu'une de ses armées soumettait l'Indoustan, une autre, sous un de ses fils, subjugua toutes les provinces qui sont au midi et à l'occident de la mer Caspienne, le Corassan, l'Irak, le Shirvan, l'Aran ; elle passa les portes de fer, près desquelles la ville de Derbent fut bâtie, dit-on, par Alexandre. C'est l'unique passage de ce côté de la Haute-Asie, à travers les montagnes escarpées et inaccessibles du Caucase ; de là, marchant le long du Volga vers Moscou, cette armée, partout victorieuse, ravagea la Russie. C'était prendre ou tuer des bestiaux et des esclaves. Chargée de ce butin, elle repassa le Volga, et retourna vers Gengis par le nord-est de la mer Caspienne. Aucun voyageur n'avait fait, dit-on, le tour de cette mer ; et ces troupes furent les premières qui entreprirent une telle course par des pays incultes, impraticables à d'autres hommes qu'à des Tartares, auxquels il ne fallait ni tentes, ni provisions, ni bagages, et qui se nourrissaient de la chair de leurs chevaux morts de vieillesse, comme de celle des autres animaux.

Ainsi donc la moitié de la Chine, et la moitié de l'Indoustan, presque toute la Perse jusqu'à l'Euphrate, les frontières de la Russie, Casan, Astracan, toute la Grande-Tartarie, furent subjuguées par Gengis en près de dix-huit années. Il est certain que cette partie du Thibet, où règne le grand lama, était enclavée dans son empire, et que le pontife ne fut point inquiété par Gengis, qui avait beaucoup d'adorateurs de cette idole humaine dans ses armées. Tous les conquérants ont toujours épargné les chefs des religions, et parceque ces chefs les ont flattés, et parceque la soumission du pontife entraîne celle du peuple.

En revenant des Indes par la Perse et par l'ancienne Sogdiane, il s'arrêta dans la ville de Toncat, au nord-est du fleuve Jaxarte, comme au centre de son vaste empire. Ses fils, victorieux de tous côtés, ses généraux, et tous les princes tributaires, lui apportèrent les trésors de l'Asie. Il en fit des largesses à ses soldats, qui ne connurent que par lui cette espèce d'abondance. C'est de là que les Russes trouvent souvent aujourd'hui des ornements d'argent et d'or, et des monuments de luxe enterrés dans les pays sauvages de la Tartarie : c'est tout ce qui reste à présent de tant de déprédations.

Il tint dans les plaines de Toncat une cour plénière triomphale, aussi magnifique qu'avait été guerrière celle qui autrefois lui prépara tant de triomphes. On y vit un mélange de barbarie tartare et de luxe asiatique. Tous les kans et leurs vassaux, compagnons de ses victoires, étaient sur ces anciens chariots scythes dont l'usage subsiste encore jusque chez les Tartares de la Crimée; mais ces chars étaient couverts des étoffes précieuses, de l'or, et des pierreries de tant de peuples vaincus. Un des fils de Gengis lui fit, dans cette diète, un présent de cent mille chevaux. Ce fut dans ces états généraux de l'Asie qu'il reçut les adorations de plus de cinq cents ambassadeurs des pays conquis; de là il courut remettre sous le joug un grand pays qu'on nommait Tangut, vers les frontières de la Chine. Il voulait, âgé d'environ soixante et dix ans, aller achever la conquête de ce grand royaume de la

Chine, l'objet le plus chéri de son ambition; mais enfin une maladie mortelle le saisit dans son camp sur la route de cet empire, à quelques lieues de la grande muraille (1226).

Jamais ni avant ni après lui aucun homme n'a subjugué plus de peuples. Il avait conquis plus de dix-huit cents lieues de l'orient au couchant, et plus de mille du septentrion au midi. Mais dans ses conquêtes il ne fit que détruire; et si on excepte Bocara et deux ou trois autres villes dont il permit qu'on réparât les ruines, son empire, de la frontière de Russie jusqu'à celle de la Chine, fut une dévastation. La Chine fut moins saccagée, parcequ'après la prise de Pékin, ce qu'il envahit ne résista pas. Il partagea avant sa mort ses états à ses quatre fils, et chacun d'eux fut un des plus puissants rois de la terre.

On assure qu'on égorgea beaucoup d'hommes sur son tombeau, et qu'on en a usé ainsi à la mort de ses successeurs qui ont régné dans la Tartarie. C'est une ancienne coutume des princes scythes, qu'on a trouvée établie depuis peu chez les Nègres de Congo; coutume digne de ce que la terre a porté de plus barbare. On prétend que c'était un point d'honneur, chez les domestiques des kans tartares, de mourir avec leurs maîtres, et qu'ils se disputaient l'honneur d'être enterrés avec eux. Si ce fanatisme était commun, si la mort était si peu de chose pour ces peuples, ils étaient faits pour subjuguer les autres nations. Les Tartares, dont l'admiration redoubla pour Gengis quand ils ne le virent plus, imaginèrent qu'il n'était point né comme les autres hommes, mais que sa mère l'avait conçu par le seul secours de l'influence céleste : comme si la rapidité de ses conquêtes n'était pas un assez grand prodige ! S'il fallait donner à de tels hommes un être surnaturel pour père, il faudrait supposer que c'est un être malfesant.

Les Grecs, et avant eux les Asiatiques, avaient souvent appelé fils des dieux leurs défenseurs et leurs législateurs, et même les ravisseurs conquérants. L'apothéose, dans tous les temps d'ignorance, a été prodiguée à quiconque instruisit, ou servit, ou écrasa, le genre humain.

Les enfants de ce conquérant étendirent encore la domination qu'avait laissée leur père. Octaï, et bientôt après Koublaï-kan, fils d'Octaï, achevèrent la conquête de la Chine. C'est ce Koublaï que vit Marc Paolo, vers l'an 1260, lorsque avec son frère et son oncle il pénétra dans ces pays dont le nom même était alors ignoré, et qu'il appelle le Catai. L'Europe, chez qui ce Marc Paolo est fameux pour avoir voyagé dans les états soumis par Gengis et ses enfants, ne connut long-temps ni ces états ni leurs vainqueurs.

A la vérité le pape Innocent IV envoya quelques franciscains dans la Tartarie (1246). Ces moines, qui se qualifiaient ambassadeurs, virent peu de chose, furent traités avec le plus grand mépris, et ne servirent à rien.

On était si peu instruit de ce qui se passait dans cette vaste partie du monde, qu'un fourbe, nommé David, fit accroire à saint Louis, en Syrie, qu'il venait auprès de lui de la part du grand kan de Tartarie qui s'était fait chrétien (1258). Saint Louis envoya le moine Rubruquis dans ces pays pour s'informer de ce qui en pouvait être. Il paraît, par la relation de Rubruquis, qu'il fut introduit devant le petit-fils de Gengis, qui régnait à la Chine. Mais quelles lumières pouvait-on tirer d'un moine qui ne fit que voyager chez des peuples dont il ignorait les langues, et qui n'était pas à portée de bien voir ce qu'il voyait? Il ne rapporta de son voyage que beaucoup de fausses notions et quelques vérités indifférentes.

Ainsi donc, au même temps que les princes et les barons chrétiens baignaient de sang le royaume de Naples, la Grèce, la Syrie, et l'Égypte, l'Asie était saccagée par les Tartares; presque tout notre hémisphère souffrait à-la-fois.

Les moines qui voyagèrent en Tartarie, dans le treizième siècle, ont écrit que Gengis et ses enfants gouvernaient despotiquement leurs Tartares. Mais peut-on croire que des conquérants, armés pour partager le butin avec leur chef, des hommes robustes, nés libres, des hommes errants, couchant l'hiver sur la neige, et l'été sur la rosée, se soient laissé traiter par des conducteurs élus en plein champ, comme les chevaux qui leur servaient de monture et de pâture? Ce n'est pas là l'instinct des peuples du Nord : les Alains, les Huns, les Gépides, les Turcs, les Goths, les Francs, furent tous les compagnons, et non les esclaves de leurs barbares chefs. Le despotisme ne vient qu'à la longue; il se forme du combat de l'esprit de domination contre l'esprit d'indépendance. Le chef a toujours plus de moyens d'écraser que ses compagnons de résister; et enfin l'argent rend absolu.

(1243) Le moine Plan-Carpin, envoyé par le pape Innocent IV dans Caracorum, alors capitale de la Tartarie, témoin de l'inauguration d'un fils du grand kan Octaï, rapporte que les principaux Tartares firent asseoir ce kan sur une pièce de feutre, et lui dirent : « Honore les grands, sois juste et bienfesant envers « tous ; sinon, tu seras si misérable que tu n'auras pas « même le feutre sur lequel tu es assis. » Ces paroles ne sont pas d'un courtisan esclave.

Gengis usa du droit qu'ont eu toujours tous les princes de l'Orient, droit semblable à celui de tous les pères de famille dans la loi romaine, de choisir leurs héritiers, et de faire partage entre leurs enfants, sans avoir égard à l'aînesse. Il déclara grand kan des Tartares son troisième fils Octaï, dont la postérité régna dans le nord de la Chine jusque vers le milieu du quatorzième siècle. La force des armes y avait introduit les Tartares ; les querelles de religion les en chassèrent. Les prêtres lamas voulurent exterminer les bonzes ; ceux-ci soulevèrent les peuples. Les princes du sang chinois profitèrent de cette discorde ecclésiastique, et chassèrent enfin leurs dominateurs, que l'abondance et le repos avaient amollis.

Un autre fils de Gengis, nommé Touchi, eut le Turquestan, la Bactriane, le royaume d'Astracan, et le pays des Usbecs. Le fils de ce Touchi alla ravager la Pologne, la Dalmatie, la Hongrie, les environs de Constantinople (1234, 1235). Il s'appelait Batou-kan. Les princes de la Tartarie Crimée descendent de lui de mâle en mâle ; et les kans usbecs, qui habitent aujourd'hui la vraie Tartarie, vers le nord et l'orient de la mer Caspienne, rapportent aussi leur origine à cette source. Ils sont maîtres de la Bactriane septentrionale; mais ils ne mènent dans ces beaux pays qu'une vie vagabonde, et désolent la terre qu'ils habitent.

Tuti, ou Tuli, autre fils de Gengis, eut la Perse du vivant de son père. Le fils de ce Tuti, nommé Houlacou, passa l'Euphrate, que Gengis n'avait point passé; il détruisit pour jamais dans Bagdad l'empire des califes, et se rendit maître d'une partie de l'Asie Mineure ou Natolie, tandis que les maîtres naturels de cette belle partie de l'empire de Constantinople étaient chassés de leur capitale par les chrétiens croisés.

Un quatrième fils, nommé Zangataï, eut la Transoxane, Candahar, l'Inde septentrionale, Cachemire, le Thibet; et tous les descendants de ces quatre monarques conservèrent quelque temps, par les armes, leurs monarchies établies par le brigandage.

Si on compare ces vastes et soudaines déprédations avec ce qui se passe de nos jours dans notre Europe, on verra une énorme différence. Nos capitaines, qui entendent l'art de la guerre infiniment mieux que les Gengis et tant d'autres conquérants; nos armées, dont un détachement aurait dissipé avec quelques canons toutes ces hordes de Huns, d'Alains et de Scythes, peuvent à peine aujourd'hui prendre quelques villes dans leurs expéditions les plus brillantes. C'est qu'alors il n'y avait nul art, et que la force décidait du sort du monde.

Gengis et ses fils, allant de conquête en conquête, crurent qu'ils subjugueraient toute la terre habitable; c'est dans ce dessein que d'un côté Koublaï, maître de la Chine, envoya une armée de cent mille hommes sur mille bateaux, appelés *jonques*, pour conquérir le Japon, et que Batou-kan pénétra aux frontières de l'Italie. Le pape Célestin IV lui envoya quatre religieux, seuls ambassadeurs qui pussent accepter une telle commission. Frère Asselin rapporte qu'il ne put parler qu'à un des capitaines tartares, qui lui donna cette lettre pour le pape.

« Si tu veux demeurer sur terre, viens nous rendre
« hommage. Si tu n'obéis pas, nous savons ce qui en
« arrivera. Envoie-nous de nouveaux députés pour
« nous dire si tu veux être notre vassal ou notre en-
« nemi. »

On a blâmé Charlemagne d'avoir divisé ses états; on doit en louer Gengis. Les états de Charlemagne se touchaient, avaient à peu près les mêmes lois, étaient sous la même religion, et pouvaient se gouverner par un seul homme; ceux de Gengis, beaucoup plus vastes, entrecoupés de déserts, partagés en religions différentes, ne pouvaient obéir long-temps au même sceptre.

Cependant cette vaste puissance des Tartares-Mogols, fondée vers l'an 1220, s'affaiblit de tous côtés; jusqu'à ce que Tamerlan, plus d'un siècle après, établit une monarchie universelle dans l'Asie, monarchie qui se partagea encore.

La dynastie de Gengis régna long-temps à la Chine, sous le nom d'Iven. Il est à croire que la science de l'astronomie, qui avait rendu les Chinois si célèbres, déchut beaucoup dans cette révolution; car on ne voit, en ce temps-là, que des mahométans astronomes à la Chine; et ils ont presque toujours été en possession de régler le calendrier jusqu'à l'arrivée des Jésuites. C'est peut-être la raison de la médiocrité où sont restés les Chinois[a].

Voilà tout ce qu'il vous convient de savoir des Tartares dans ces temps reculés. Il n'y a là ni droit civil, ni droit canon, ni division entre le trône et l'autel, et entre des tribunaux de judicature, ni conciles, ni universités, ni rien de ce qui a perfectionné ou surchargé la société parmi nous. Les Tartares partirent de leurs déserts vers l'an 1212, et eurent conquis la moitié de l'hémisphère vers l'an 1236; c'est là toute leur histoire.

Tournons maintenant vers l'occident, et voyons ce qui se passait, au treizième siècle, en Europe.

CHAPITRE LXI.

De Charles d'Anjou, roi des Deux-Siciles. De Mainfroi, de Conradin, et des Vêpres siciliennes.

Pendant que la grande révolution des Tartares avait son cours, que les fils et les petits-fils de Gengis se partageaient la plus grande partie du monde, que les croisades continuaient, et que saint Louis préparait malheureusement la dernière, l'illustre maison impériale de Souabe finit d'une manière inouïe jusqu'a-

---

[a] Ceux qui ont prétendu que les grands monuments de tous les arts, dans la Chine, sont de l'invention des Tartares, se sont étrangement trompés : comment ont-ils pu supposer que des barbares toujours errants, dont le chef, Gengis, ne savait ni lire ni écrire, fussent plus instruits que la nation la plus policée et la plus ancienne de la terre?

lors; ce qui restait de son sang coula sur un échafaud.

L'empereur Frédéric II avait été à-la-fois empereur des papes, leur vassal, et leur ennemi. Il leur rendait hommage lige pour le royaume de Naples et de Sicile (1254). Son fils Conrad IV se mit en possession de ce royaume. Je ne vois point d'auteur qui n'assure que ce Conrad fut empoisonné par son frère Manfredi ou Mainfroi, bâtard de Frédéric; mais je n'en vois aucun qui en apporte la plus légère preuve.

Ce même empereur Conrad IV avait été accusé d'avoir empoisonné son frère Henri : vous verrez que dans tous les temps les soupçons de poison sont plus communs que le poison même.

Cet hommage lige qu'on rendait à la cour romaine pour les royaumes de Naples et de Sicile, fut une des sources des calamités de ces provinces, de celles de la maison impériale de Souabe, et de celles de la maison d'Anjou, qui, après avoir dépouillé les héritiers légitimes, périt elle-même misérablement. Cet hommage fut d'abord, comme vous l'avez vu [1], une simple cérémonie pieuse et adroite des conquérants normands, qui mirent, comme tant d'autres princes, leurs états sous la protection de l'Église, pour arrêter, s'il était possible, par l'excommunication, ceux qui voudraient leur ravir ce qu'ils avaient usurpé. Les papes tournèrent bientôt en hommage cette oblation; et n'étant pas souverains de Rome, ils étaient suzerains des Deux-Siciles.

L'empereur Frédéric II laissa Naples et Sicile dans

[1] Chap. XL. B.

l'état le plus florissant : de sages lois établies, des villes bâties, Naples embellie, les sciences et les arts en honneur, furent ses monuments. Ce royaume devait appartenir à l'empereur Conrad son fils ; on ne sait si Manfredi, que nous nommons Mainfroi, était fils légitime ou bâtard de Frédéric II ; l'empereur semble le regarder dans son testament comme son fils légitime : il lui donne Tarente et plusieurs autres principautés en souveraineté ; il l'institue régent du royaume pendant l'absence de Conrad, et le déclare son successeur, en cas que Conrad et Henri viennent à mourir sans enfants : jusque-là tout paraît paisible. Mais les Italiens n'obéissaient jamais que malgré eux au sang germanique ; les papes détestaient la maison de Souabe, et voulaient la chasser d'Italie ; les partis Guelfe et Gibelin subsistaient dans toute leur force d'un bout de l'Italie à l'autre.

Le fameux pape Innocent IV, qui avait déposé à Lyon l'empereur Frédéric II, c'est-à-dire qui avait osé le déclarer déposé, prétendait bien que les enfants d'un excommunié ne pouvaient succéder à leur père.

Innocent se hâta donc de quitter Lyon, pour aller sur les frontières de Naples exhorter les barons à ne point obéir à Manfredi, que nous nommons Mainfroi. Cet évêque ne combattait qu'avec les armes de l'opinion ; mais vous avez vu combien ces armes étaient dangereuses. Mainfroi se défia de ses barons, dévots, factieux, et ennemis du sang de Souabe. Il y avait encore des Sarrasins dans la Pouille. L'empereur Frédéric II, son père, avait toujours eu une garde composée de ces mahométans ; la ville de Lucéran, ou

Nocera, était remplie de ces Arabes; on l'appelait *Lucera de' pagani*, la ville des païens. Les mahométans ne méritaient pas à beaucoup près ce nom que les Italiens leur donnaient. Jamais peuple ne fut plus éloigné de ce que nous appelons improprement *le paganisme*, et ne fut plus fortement attaché sans aucun mélange à l'unité de Dieu. Mais ce terme de *païens* avait rendu odieux Frédéric II, qui avait employé les Arabes dans ses armées; il rendit Manfredi plus odieux encore. Manfredi cependant, aidé de ses mahométans, étouffa la révolte, et contint tout le royaume, excepté la ville de Naples, qui reconnut le pape Innocent pour son unique maître. Ce pape prétendait que les Deux-Siciles lui étaient dévolues, et lui appartenaient de droit, en vertu des paroles qu'il avait prononcées en déposant Frédéric II et sa race, au concile de Lyon. L'empereur Conrad IV arrive alors pour défendre son héritage; il prend d'assaut sa ville de Naples : le pape s'enfuit à Gênes, sa patrie; et là il ne prend d'autre parti que d'offrir le royaume au prince Richard, frère du roi d'Angleterre, Henri III, prince qui n'était pas en état d'armer deux vaisseaux, et qui remercia le saint-père de son dangereux présent.

(1254) Les dissensions inévitables entre Conrad, roi allemand, et Manfredi, italien, servirent mieux la cour romaine que ne firent la politique et les malédictions du pape. Conrad mourut, et on prétend, comme je vous l'ai dit[1], qu'il mourut empoisonné. La cour papale accrédita ce soupçon. Conrad laissait sa couronne de Naples à un enfant de dix ans; c'est cet

---

[1] Chap. XLIX. B.

infortuné Conradin que nous verrons périr d'une fin si tragique. Conradin était en Allemagne : Manfredi était ambitieux ; il fit courir le bruit que Conradin était mort, et se fit prêter serment comme à un régent, si Conradin était en vie, et comme à un roi, si ce fils de l'empereur n'était plus. Innocent avait toujours pour lui dans le royaume la faction des Guelfes, ce parti ennemi de la maison impériale, et il avait encore pour lui ses excommunications : il se déclara lui-même roi des Deux-Siciles, et donna des investitures. Voilà donc enfin les papes rois de ce pays conquis par des gentilshommes de Normandie. (1253 et 1254) Mais cette royauté ne fut que passagère : le pape eut une armée, mais il ne savait pas la commander ; il mit un légat à la tête : Manfredi, avec ses mahométans et quelques barons peu scrupuleux défit entièrement le légat et l'armée pontificale.

Ce fut dans ces circonstances que le pape Innocent, ne pouvant prendre pour lui le royaume de Naples, se tourna enfin vers le comte d'Anjou, frère de saint Louis, (1254) et lui offrit une couronne dont il n'avait nul droit de disposer, et à laquelle le comte d'Anjou n'avait nul droit de prétendre. Mais le pape mourut dès le commencement de cette négociation : c'est à quoi aboutissent tous les projets de l'ambition qui tourmentent si horriblement la vie.

Rinaldo de Signi, Alexandre IV, succéda à la place d'Innocent IV et à tous ses desseins. Il ne put réussir avec le frère du roi de France, saint Louis ; ce roi malheureusement venait d'épuiser la France par sa croisade et par sa rançon en Égypte, et il dépensait le peu qui lui restait à rebâtir en Palestine les murailles de quelques villes sur la côte, villes bientôt perdues pour les chrétiens.

Le pape Alexandre IV commence par citer par-devant lui Manfredi ; il en était en droit par les lois des fiefs, puisque ce prince était son vassal. Mais ce droit ne pouvant être que celui du plus fort, il n'y avait pas d'apparence qu'un vassal armé comparût devant son seigneur. Alexandre était à Naples, dont ses intrigues lui avaient ouvert les portes : il négocia avec son vassal qui était dans la Pouille. Manfredi pria le saint-père de lui envoyer un cardinal pour traiter avec lui. La cour du pape décida, « id non convenire sanctæ « sedis honori, ut cardinales isto modo mittantur »; qu'il ne convenait pas à l'honneur du saint-siége d'envoyer ainsi des cardinaux.

La guerre civile continua donc : le pape publia une croisade contre Mainfroi, comme on en avait publié contre les musulmans, les empereurs, et les Albigeois. Il y a bien loin de Naples en Angleterre ; cependant cette croisade y fut prêchée ; un nonce y alla lever des décimes (1255) : ce nonce releva de son vœu le roi Henri III, qui avait fait serment d'aller faire la guerre en Palestine, et lui fit faire un autre vœu de fournir de l'argent et des troupes au pape dans sa guerre contre Manfredi.

Matthieu Pâris rapporte que le nonce leva cinquante mille livres sterling en Angleterre. A voir les Anglais d'aujourd'hui, on ne croirait pas que leurs ancêtres aient pu être si imbéciles. La cour papale, pour extorquer cet argent, flattait le roi de la couronne de Naples pour le prince Edmond, son fils ; mais dans le même temps elle négociait avec Charles d'Anjou, toujours prête à donner les Deux-Siciles à qui les voudrait payer le plus chèrement. Toutes ces négociations échouèrent pour lors; le pape dissipa l'argent qu'il avait levé en Angleterre pour sa croisade, et ne la fit point; Manfredi régna, et Alexandre IV mourut sans réussir à rien qu'à extorquer de l'argent de l'Angleterre (1260).

Un savetier, devenu pape sous le nom d'Urbain IV, continua ce que ses prédécesseurs avaient commencé. Ce savetier était de Troyes en Champagne ; son prédécesseur avait fait prêcher une croisade en Angleterre contre les Deux-Siciles; celui-ci en fit prêcher une en France : il prodigua des indulgences plénières; mais il ne put avoir que peu d'argent, et quelques soldats, qu'un comte de Flandre, gendre de Charles d'Anjou, conduisit en Italie. Charles accepta enfin la couronne de Naples et de Sicile : le roi saint Louis y consentit; mais Urbain IV mourut sans avoir pu voir les commencements de cette révolution (1264).

Voilà trois papes qui consument leur vie à persécuter en vain Manfredi. Un Languedocien (Clément IV), sujet de Charles d'Anjou, termina ce que les autres avaient entrepris, et eut l'honneur d'avoir son maître pour son vassal. Ce comte d'Anjou, Charles, possédait déjà la Provence par son mariage, et une partie du Languedoc ; mais ce qui augmentait sa puissance, c'était d'avoir soumis la ville de Marseille. Il avait encore une dignité qu'un homme habile pouvait faire valoir, c'était celle de sénateur unique de Rome; car les Romains défendaient toujours leur liberté contre les papes; ils avaient depuis cent ans créé cette dignité de sénateur unique, qui fesait revivre les droits des anciens tribuns. (1265) Le sénateur était à la tête du gouvernement municipal, et les papes, qui donnaient si libéralement des couronnes, ne pouvaient mettre un impôt sur les Romains; ils étaient ce qu'un électeur est dans la ville de Cologne. Clément ne donna l'investiture à son ancien maître qu'à condition qu'il renoncerait à cette dignité au bout de trois ans, qu'il paierait trois mille onces d'or au saint-siége, chaque année, pour la mouvance du royaume de Naples, et que, si jamais le paiement était différé plus de deux mois, il serait excommunié. Charles souscrivit aisément à ces conditions et à toutes les autres. Le pape lui accorda la levée d'une décime sur les biens ecclésiastiques de France. Il part avec de l'argent et des troupes, se fait couronner à Rome, livre bataille à Mainfroi dans les plaines de Bénévent, et est assez heureux pour que Mainfroi soit tué en combattant (1266). Il usa durement de la victoire, et parut aussi cruel que son frère saint Louis était humain. Le légat empêcha qu'on ne donnât la sépulture à Mainfroi. Les rois ne se vengent que des vivants; l'Église se vengeait des vivants et des morts.

Cependant le jeune Conradin, véritable héritier du royaume de Naples, était en Allemagne pendant cet interrègne qui la désolait, et pendant qu'on lui ravissait le royaume de Naples; ses partisans l'excitent à venir défendre son héritage. Il n'avait encore que quinze ans; son courage était au-dessus de son âge;

il se met, avec le duc d'Autriche, son parent, à la tête d'une armée, et vient soutenir ses droits (1268). Les Romains étaient pour lui. Conradin excommunié est reçu à Rome aux acclamations de tout le peuple, dans le temps même que le pape n'osait approcher de sa capitale.

On peut dire que de toutes les guerres de ce siècle, la plus juste était celle que fesait Conradin; elle fut la plus infortunée. Le pape fit prêcher la croisade contre lui, ainsi que contre les Turcs. Ce prince est défait et pris dans la Pouille, avec son parent Frédéric, duc d'Autriche. Charles d'Anjou, qui devait honorer leur courage, les fit condamner par des jurisconsultes : la sentence portait qu'ils méritaient la mort *pour avoir pris les armes contre l'Église*. Ces deux princes furent exécutés publiquement à Naples par la main du bourreau.

Les historiens contemporains les plus accrédités, les plus fidèles, les Guichardin et les De Thou de ces temps-là, rapportent que Charles d'Anjou consulta le pape Clément IV, autrefois son chancelier en Provence, et alors son protecteur, et que ce prêtre lui répondit en style d'oracle : *vita Corradini, mors Caroli; mors Corradini, vita Caroli.* Cependant les valets en robe de Charles passèrent dix mois entiers à se déterminer sur cet assassinat qu'ils devaient commettre avec le glaive de la justice. La sentence ne fut portée qu'après la mort de Clément IV [a].

On ne peut assez s'étonner que Louis IX, canonisé

---

[a] Voyez les *Annales de l'Empire*, sur la maison de Souabe (années 1267-68).

depuis, n'ait fait aucun reproche à son frère d'une action si barbare, si honteuse, et si peu politique, lui que des Égyptiens avaient épargné si généreusement dans des circonstances bien moins favorables. Il devait condamner plus qu'un autre la férocité réfléchie de Charles son frère.

Le vainqueur, si indigne de l'être, au lieu de ménager les Napolitains, les irrita par des oppressions; ses Provençaux et lui furent en horreur.

C'est une opinion générale, qu'un gentilhomme de Sicile, nommé Jean de Procida, déguisé en cordelier, trama cette fameuse conspiration par laquelle tous les Français devaient être égorgés à la même heure, le jour de Pâques, au son de la cloche de vêpres. Il est sûr que ce Jean de Procida avait en Sicile préparé tous les esprits à une révolution, qu'il avait passé à Constantinople et en Aragon, et que le roi d'Aragon, Pierre, gendre de Mainfroi, s'était ligué avec l'empereur grec contre Charles d'Anjou : mais il n'est guère vraisemblable qu'on eût tramé précisément la conspiration des *vêpres siciliennes*. Si le complot avait été formé, c'était dans le royaume de Naples qu'il fallait principalement l'exécuter; et cependant aucun Français n'y fut tué. Malespina raconte qu'un Provençal, nommé Droguet[a], violait une femme dans Palerme le lendemain de Pâques[1], dans le temps que le peuple allait à vêpres; la femme cria, le peuple accourut, on

---

[a] Pour excuser Droguet; on prétend qu'il se contenta de trousser cette dame dans la rue : j'y consens.

[1] Dans les *Annales de l'Empire,* année 1282, Voltaire dit, *le troisième jour de Pâques.* B.

tua le Provençal (1282). Ce premier mouvement d'une vengeance particulière anima la haine générale. Les Siciliens, excités par Jean de Procida et par leur fureur, s'écrièrent qu'il fallait massacrer les ennemis. On fit main-basse à Palerme sur tout ce qu'on trouva de Provençaux : la même rage qui était dans tous les cœurs produisit ensuite le même massacre dans le reste de l'île; on dit qu'on éventrait les femmes grosses pour en arracher les enfants à demi formés, et que les religieux mêmes massacraient leurs pénitentes provençales : il n'y eut, dit-on, qu'un gentilhomme, nommé *Des Porcellets*, qui échappa. Cependant il est certain que le gouverneur de Messine, avec sa garnison, se retira de l'île dans le royaume de Naples[1].

Le sang de Conradin fut ainsi vengé, mais sur d'autres que sur celui qui l'avait répandu. Les vêpres siciliennes attirèrent encore de nouveaux malheurs à ces peuples qui, nés dans le climat le plus fortuné de la terre, n'en étaient que plus méchants et plus misérables. Il est temps de voir quels nouveaux désastres furent produits dans ce même siècle par l'abus des croisades, et par celui de la religion.

---

[1] Cette opinion est fondée sur une tradition très reculée. Porcellet, disent d'anciens écrivains, fut sauvé seul du massacre de Palerme, à cause de sa grande *prud'homie et vertu*. On prétend qu'un autre Porcellet sauva Richard-Cœur-de-Lion enveloppé par les Sarrasins, en attirant leurs coups sur lui-même. Après sa mort, les Sarrasins trempèrent des linges dans son sang, par une superstition digne de ces temps de valeur et de férocité. Cette famille subsiste encore, mais

Une pauvreté noble est tout ce qui *lui* reste.
Zaïre, I, 4.   K.

CHAPITRE LXII.

De la croisade contre les Languedociens.

Les querelles sanglantes de l'empire et du sacerdoce, les richesses des monastères, l'abus que tant d'évêques avaient fait de leur puissance temporelle, devaient tôt ou tard révolter les esprits et leur inspirer une secrète indépendance. Arnaud de Brescia avait osé exciter les peuples jusque dans Rome à secouer le joug. On raisonna beaucoup en Europe sur la religion, dès le temps de Charlemagne. Il est très certain que les Francs et les Germains ne connaissaient alors ni images, ni reliques, ni transsubstantiation. Il se trouva ensuite des hommes qui ne voulurent de loi que l'Évangile, et qui prêchèrent à peu près les mêmes dogmes que tiennent aujourd'hui les protestants. On les nommait Vaudois, parcequ'il y en avait beaucoup dans les vallées du Piémont; Albigeois, à cause de la ville d'Albi; bons hommes, par la régularité dont ils se piquaient; enfin manichéens, du nom qu'on donnait alors en général aux hérétiques. On fut étonné, vers la fin du douzième siècle, que le Languedoc en parût tout rempli.

Dès l'an 1198, le pape Innocent III délégua deux simples moines de Cîteaux pour juger les hérétiques. « Nous mandons, dit-il, aux princes, aux comtes, et
« à tous les seigneurs de votre province, de les assister
« puissamment contre les hérétiques, par la puissance

« qu'ils ont reçue pour la punition des méchants; en
« sorte qu'après que frère Rainier aura prononcé l'ex-
« communication contre eux, les seigneurs confis-
« quent leurs biens, les bannissent de leurs terres, et
« les punissent plus sévèrement s'ils osent y résister.
« Or nous avons donné pouvoir à frère Rainier d'y
« contraindre les seigneurs par excommunication et
« par interdit sur leurs biens, etc. » Ce fut le premier
fondement de l'inquisition.

Un abbé de Cîteaux fut nommé ensuite avec d'autres moines pour aller faire à Toulouse ce que l'évêque devait y faire. Ce procédé indigna le comte de Foix et tous les princes du pays, déjà séduits par les réformateurs, et irrités contre la cour de Rome.

La secte était en grande partie composée d'une bourgeoisie réduite à l'indigence par le long esclavage dont on sortait à peine, et encore par les croisades. L'abbé de Cîteaux paraissait avec l'équipage d'un prince. Il voulut en vain parler en apôtre; le peuple lui criait: *Quittez le luxe ou le sermon.* Un Espagnol, évêque d'Osma, très homme de bien, qui était alors à Toulouse, conseilla aux inquisiteurs de renoncer à leurs équipages somptueux, de marcher à pied, de vivre austèrement, et d'imiter les Albigeois pour les convertir. Saint Dominique, qui avait accompagné cet évêque, donna l'exemple avec lui de cette vie apostolique, et parut alors souhaiter qu'on n'employât jamais d'autres armes contre les erreurs (1207). Mais Pierre de Castelnau, l'un des inquisiteurs, fut accusé de se servir des armes qui lui étaient propres, en soulevant secrètement quelques seigneurs voisins contre le comte de Toulouse, et en suscitant une guerre civile. Cet inquisiteur fut assassiné. Le soupçon tomba sur le comte de Toulouse.

Le pape Innocent III ne balança pas à délier les sujets du comte de Toulouse de leur serment de fidélité. C'est ainsi qu'on traitait les descendants de Raimond de Toulouse, qui avait le premier servi la chrétienté dans les croisades.

Le comte, qui savait ce que pouvait quelquefois une bulle, se soumit à la satisfaction qu'on exigea de lui (1209). Un des légats du pape, nommé Milon, lui commande de le venir trouver à Valence, de lui livrer sept châteaux qu'il possédait en Provence, de se croiser lui-même contre les Albigeois ses sujets, de faire amende honorable. Le comte obéit à tout : il parut devant le légat, nu jusqu'à la ceinture, nu-pieds, nu-jambes, revêtu d'un simple caleçon, à la porte de l'église de Saint-Gilles ; là un diacre lui mit une corde au cou, et un autre diacre le fouetta, tandis que le légat tenait un bout de la corde ; après quoi on fit prosterner le prince à la porte de cette église pendant le dîner du légat.

On voyait d'un côté le duc de Bourgogne, le comte de Nevers, Simon, comte de Montfort, les évêques de Sens, d'Autun, de Nevers, de Clermont, de Lisieux, de Bayeux, à la tête de leurs troupes, et le malheureux comte de Toulouse au milieu d'eux, comme leur otage ; de l'autre côté, des peuples animés par le fanatisme de la persuasion. La ville de Béziers voulut tenir contre les croisés : on égorgea tous les habitants réfugiés dans une église ; la ville fut réduite en cendres. Les citoyens de Carcassonne, effrayés de cet exemple, implorèrent la miséricorde des croisés : on leur laissa la vie. On leur permit de sortir presque nus de leur ville, et on s'empara de tous leurs biens.

On donnait au comte Simon de Montfort le nom de Machabée. Il se rendit maître d'une grande partie du pays, s'assurant des châteaux des seigneurs suspects, attaquant ceux qui ne se mettaient pas entre ses mains, poursuivant les hérétiques qui osaient se défendre. Les écrivains ecclésiastiques racontent eux-mêmes que Simon de Montfort ayant allumé un bûcher pour ces malheureux, il y en eut cent quarante qui coururent, en chantant des psaumes, se précipiter dans les flammes. Le jésuite Daniel, en parlant de ces infortunés dans son *Histoire de France*, les appelle *infames et détestables*. Il est bien évident que des hommes qui volaient ainsi au martyre n'avaient point des mœurs infames. Il n'y a sans doute de détestable que la barbarie avec laquelle on les traita, et il n'y a d'infame que les paroles de Daniel [1]. On peut seu-

---

[1] Dans le temps de la destruction des jésuites, on eut en France une légère velléité de perfectionner l'éducation. On imagina donc d'établir une chaire d'histoire à Toulouse. L'abbé Audra, qui en fut chargé, se servit de l'*Essai sur les mœurs et l'esprit des nations*, dont il eut soin de retrancher les faits qui pouvaient rendre la tyrannie du clergé trop odieuse; mais il conserva les principes de raison et d'humanité qu'il croyait utiles. Le bas-clergé de Toulouse jeta de grands cris. L'archevêque intimidé se crut obligé de se joindre aux persécuteurs de l'abbé Audra. Le clergé de France avait dressé, vers le même temps (en 1770), un avertissement aux fidèles contre l'incrédulité. C'était un ouvrage très curieux, où l'on établissait qu'il n'y avait rien de plus agréable que d'avoir beaucoup de foi, et que les prêtres avaient rendu un grand service aux hommes en leur prenant leur argent, parcequ'un homme misérable qui meurt sur un fumier, avec l'espérance d'aller au ciel, est le plus heureux du monde. On y citait avec complai-

lement déplorer l'aveuglement de ces malheureux, qui croyaient que Dieu les récompenserait, parceque des moines les fesaient brûler.

L'esprit de justice et de raison, qui s'est introduit depuis dans le droit public de l'Europe, a fait voir enfin qu'il n'y avait rien de plus injuste que la guerre contre les Albigeois. On n'attaquait point des peuples rebelles à leur prince; c'était le prince même qu'on attaquait pour le forcer à détruire ses peuples. Que dirait-on aujourd'hui si quelques évêques venaient assiéger l'électeur de Saxe ou l'électeur Palatin, sous

---

sance non seulement Tertullien, qui, comme on sait, est mort hérétique et fou, mais je ne sais quelles rapsodies d'un rhéteur nommé Lactance, dont on fesait un père de l'Église. Ce Lactance, à la vérité, avait écrit qu'on ne peut rien savoir en physique; mais en même temps il ne doutait pas que le vent ne fécondât les cavales, et il expliquait par là le mystère de l'incarnation. D'ailleurs il s'était rendu l'apologiste des assassinats par lesquels la race abominable de Constantin reconnut les bienfaits de la famille de Dioclétien. En adressant cet ouvrage aux fidèles de son diocèse, l'archevêque de Toulouse insista sur le scandale qu'avait donné le malheureux professeur d'histoire. Aussitôt les pénitents, les dévots, le bas-clergé, qui avaient eu, quelques années auparavant, la consolation de faire rouer l'innocent Calas, se mirent à crier *haro* sur l'abbé Audra. Il ne put résister à tant d'indignités. Il tomba malade et mourut. Cette mort fut un des grands chagrins que M. de Voltaire ait essuyés. Elle lui arrachait encore des larmes peu de jours avant sa mort. Depuis ce temps on enseigne aux Toulousains l'histoire de Daniel; ils y apprennent que leurs ancêtres étaient infames et détestables; et il est défendu, sous peine d'un mandement, de leur dire que c'est aux dépouilles des comtes de Toulouse et des malheureux Albigeois que le clergé du Languedoc doit ses richesses, et son crédit, qui n'est appuyé que sur ses richesses. K. — Voyez, dans la *Correspondance*, les lettres de Voltaire des 3 mars et 23 novembre 1770, et celle de d'Alembert du 21 décembre 1770. L'abbé Audra avait fait imprimer son abrégé de Voltaire, sous le titre de : *Histoire générale à l'usage des colléges, depuis Charlemagne jusqu'à nos jours*, tome 1er, Toulouse, 1770, in-12. Il n'a paru que ce volume. B.

prétexte que les sujets de ces princes ont impunément d'autres cérémonies que les sujets de ces évêques ?

En dépeuplant le Languedoc, on dépouillait le comte de Toulouse. Il ne s'était défendu que par les négociations. (1210) Il alla trouver encore dans Saint-Gilles les légats, les abbés, qui étaient à la tête de cette croisade ; il pleura devant eux : on lui répondit que ses larmes venaient de fureur. Le légat lui laissa le choix ou de céder à Simon de Montfort tout ce que ce comte avait usurpé, ou d'être excommunié. Le comte de Toulouse eut du moins le courage de choisir l'excommunication : il se réfugia chez Pierre II, roi d'Aragon, son beau-frère, qui prit sa défense, et qui avait presque autant à se plaindre du chef des croisés que le comte de Toulouse.

Cependant l'ardeur de gagner des indulgences et des richesses multipliait les croisés. Les évêques de Paris, de Lisieux, de Bayeux, accourent au siége de Lavaur : on y fit prisonniers quatre-vingts chevaliers avec le seigneur de cette ville, que l'on condamna tous à être pendus ; mais les fourches patibulaires étant rompues, on abandonna ces captifs aux croisés, qui les massacrèrent (1211). On jeta dans un puits la sœur du seigneur de Lavaur, et on brûla autour du puits trois cents habitants qui ne voulurent pas renoncer à leurs opinions.

Le prince Louis, qui fut depuis le roi Louis VIII, se joignit à la vérité aux croisés pour avoir part aux dépouilles ; mais Simon de Montfort écarta bientôt un compagnon qui eût été son maître.

C'était l'intérêt des papes de donner ces pays à

Montfort; et le projet en était si bien formé, que le roi d'Aragon ne put jamais, par sa médiation, obtenir la moindre grace. Il paraît qu'il n'arma que quand il ne put s'en dispenser.

(1213) La bataille qu'il livra aux croisés auprès de Toulouse, dans laquelle il fut tué, passa pour une des plus extraordinaires de ce monde. Une foule d'écrivains répète que Simon de Montfort, avec huit cents hommes de cheval seulement, et mille fantassins, attaqua l'armée du roi d'Aragon et du comte de Toulouse, qui fesaient le siége de Muret; ils disent que le roi d'Aragon avait cent mille combattants, et que jamais il n'y eut une déroute plus complète; ils disent que Simon de Montfort, l'évêque de Toulouse, et l'évêque de Comminge, divisèrent leur armée en trois corps, en l'honneur de la sainte Trinité.

Mais quand on a cent mille ennemis en tête, va-t-on les attaquer avec dix-huit cents hommes en pleine campagne, et divise-t-on une si petite troupe en trois corps? C'est un miracle, disent quelques écrivains; mais les gens de guerre, qui lisent de telles aventures, les appellent des absurdités.

Plusieurs historiens assurent que saint Dominique était à la tête des troupes, un crucifix de fer à la main, encourageant les croisés au carnage. Ce n'était pas là la place d'un saint; et il faut avouer que si Dominique était confesseur, le comte de Toulouse était martyr.

Après cette victoire le pape tint un concile général à Rome. Le comte de Toulouse vint y demander grace. Je ne puis découvrir sur quel fondement il espérait qu'on lui rendrait ses états; il fut trop heureux de ne pas perdre sa liberté. Le concile même porta la miséricorde jusqu'à statuer qu'il jouirait d'une pension de quatre cents marcs ou marques d'argent. Si ce sont des marcs, c'est à peu près vingt-deux mille francs de nos jours; si ce sont des marques, c'est environ douze cents francs: le dernier est plus probable, attendu que moins on lui donnait d'argent, plus il en restait pour l'Église.

Quand Innocent III fut mort, Raimond de Toulouse ne fut pas mieux traité (1218). Il fut assiégé dans sa capitale par Simon de Montfort: mais ce conquérant y trouva le terme de ses succès et de sa vie; un coup de pierre écrasa cet homme, qui, en fesant tant de mal, avait acquis tant de renommée.

Il avait un fils à qui le pape donna tous les droits du père; mais le pape ne put lui donner le même crédit. La croisade contre le Languedoc ne fut plus que languissante. Le fils du vieux Raimond, qui avait succédé à son père, était excommunié comme lui. Alors le roi de France, Louis VIII, se fit céder, par le jeune Montfort, tous ces pays que Montfort ne pouvait garder; mais la mort arrêta Louis VIII au milieu de ses conquêtes.

Le règne de saint Louis, neuvième du nom, commença malheureusement par cette horrible croisade contre des chrétiens ses vassaux. Ce n'était point par des croisades que ce monarque était destiné à se couvrir de gloire. La reine Blanche de Castille, sa mère, femme dévouée au pape, Espagnole, frémissant au nom d'hérétique, et tutrice d'un pupille à qui les dépouilles des opprimés devaient revenir, prêta le peu qu'elle avait de forces à un frère de Montfort, pour achever de saccager le Languedoc : le jeune Raimond se défendit. (1227) On fit une guerre semblable à celle que nous avons vue dans les Cévennes. Les prêtres ne pardonnaient jamais aux Languedociens, et ceux-ci n'épargnaient point les prêtres (1228). Tout prisonnier fut mis à mort pendant deux années, toute place rendue fut réduite en cendres.

Enfin la régente Blanche, qui avait d'autres ennemis, et le jeune Raimond, las des massacres, et épuisé de pertes, firent la paix à Paris. Un cardinal de Saint-Ange fut l'arbitre de cette paix; et voici les lois qu'il donna, et qui furent exécutées.

Le comte de Toulouse devait payer dix mille marcs ou marques aux églises de Languedoc, entre les mains d'un receveur dudit cardinal; deux mille aux moines de Cîteaux, immensément riches; cinq cents aux moines de Clervaux, plus riches encore, et quinze cents à d'autres abbayes; il devait aller faire pendant cinq ans la guerre aux Sarrasins et aux Turcs, qui assurément n'avaient pas fait la guerre à Raimond; il abandonnait au roi, sans nulle récompense, tous ses états en-deçà du Rhône; car ce qu'il possédait en-delà était terre de l'empire. Il signa son dépouillement, moyennant quoi il fut reconnu par le cardinal Saint-Ange et par un légat, non seulement pour être bon catholique, mais pour l'avoir toujours été. On le conduisit, seulement pour la forme, en chemise et nu-pieds, devant l'autel de l'église de Notre-Dame de Paris : là il demanda pardon à la Vierge; apparemment qu'au fond de son cœur il demandait pardon d'avoir signé un si infame traité.

Rome ne s'oublia pas dans le partage des dépouilles. Raimond-le-Jeune, pour obtenir le pardon de ses péchés, céda au pape à perpétuité le comtat Venaissin, qui est en-delà du Rhône. Cette cession était nulle par toutes les lois de l'empire; le comtat était un fief impérial, et il n'était pas permis de donner son fief à l'Église, sans le consentement de l'empereur et des états. Mais où sont les possessions qu'on ne se soit appropriées que par les lois? Aussi, bientôt après cette extorsion, l'empereur Frédéric II rendit au comte de Toulouse ce petit pays d'Avignon, que le pape lui avait ravi; il fit justice comme souverain, et surtout comme souverain outragé. Mais lorsque ensuite saint Louis et son fils, Philippe-le-Hardi, se furent mis en possession des états des comtes de Toulouse, Philippe remit aux papes le comtat Venaissin, qu'ils ont toujours conservé par la libéralité des rois de France. La ville et le territoire d'Avignon n'y furent point compris; elle passa dans la branche de France d'Anjou qui régnait à Naples, et y resta jusqu'au temps où la malheureuse reine Jeanne de Naples fut obligée enfin de céder Avignon pour quatre-vingt mille florins, qui ne lui furent jamais payés. Tels sont en général les titres des possessions; tel a été notre droit public.

Ces croisades contre le Languedoc durèrent vingt années. La seule envie de s'emparer du bien d'autrui les fit naître, et produisit en même temps l'inquisition (1204). Ce nouveau fléau, inconnu auparavant chez toutes les religions du monde, reçut la première forme sous le pape Innocent III ; elle fut établie en France dès l'année 1229, sous saint Louis. Un concile à Toulouse commença dans cette année par défendre aux chrétiens laïques de lire l'ancien et le nouveau Testaments. C'était insulter au genre humain que d'oser lui dire : Nous voulons que vous ayez une croyance, et nous ne voulons pas que vous lisiez le livre sur lequel cette croyance est fondée.

Dans ce concile on fit brûler les ouvrages d'Aristote, c'est-à-dire deux ou trois exemplaires qu'on avait apportés de Constantinople dans les premières croisades, livres que personne n'entendait, et sur lesquels on s'imaginait que l'hérésie des Languedociens était fondée. Des conciles suivants ont mis Aristote presque à côté des pères de l'Église. C'est ainsi que vous verrez dans ce vaste tableau des démences humaines, les sentiments des théologiens, les superstitions des peuples, le fanatisme, variés sans cesse, mais toujours constants à plonger la terre dans l'abrutissement et la calamité, jusqu'au temps où quelques académies, quelques sociétés éclairées, ont fait rougir nos contemporains de tant de siècles de barbarie.

(1237) Mais ce fut bien pis quand le roi eut la faiblesse de permettre qu'il y eût dans son royaume un grand inquisiteur nommé par le pape. Ce fut le cordelier Robert qui exerça ce pouvoir nouveau, d'abord dans Toulouse, et ensuite dans d'autres provinces.

Si ce Robert n'eût été qu'un fanatique, il y aurait du moins dans son ministère une apparence de zèle qui eût excusé ses fureurs aux yeux des simples; mais c'était un apostat qui conduisait avec lui une femme perdue ; et pour mettre le comble à l'horreur de son ministère, cette femme était elle-même hérétique : c'est ce que rapportent Matthieu Pâris et Mousk, et ce qui est prouvé dans le *Spicilegium* de Luc d'Acheri.

Le roi saint Louis eut le malheur de lui permettre d'exercer ses fonctions d'inquisiteur à Paris, en Champagne, en Bourgogne, et en Flandre. Il fit accroire au roi qu'il y avait une secte nouvelle qui infectait secrètement ces provinces. Ce monstre fit brûler, sur ce prétexte, quiconque étant sans crédit, et étant suspect, ne voulut pas se racheter de ses persécutions. Le peuple, souvent bon juge de ceux qui en imposent aux rois, ne l'appelait que Robert-le-B....[a]. Il fut enfin reconnu : ses iniquités et ses infamies furent publiques ; mais ce qui vous indignera, c'est qu'il ne fut condamné qu'à une prison perpétuelle ; et ce qui pourrait encore vous indigner, c'est que le jésuite Daniel ne parle point de cet homme dans son *Histoire de France*.

C'est donc ainsi que l'inquisition commença en Europe : elle ne méritait pas un autre berceau. Vous sentez assez que c'est le dernier degré d'une barbarie brutale et absurde de maintenir, par des délateurs et des bourreaux, la religion d'un Dieu que des bourreaux firent périr. Cela est presque aussi contradictoire que d'attirer à soi les trésors des peuples et des rois au nom de ce même Dieu qui naquit et qui vécut dans la pauvreté. Vous verrez dans un chapitre à part

---

[a] On commençait alors à donner ce nom indifféremment aux sodomites et aux hérétiques.

ce qu'a été l'inquisition en Espagne et ailleurs, et jusqu'à quel excès la barbarie et la rapacité de quelques hommes ont abusé de la simplicité des autres.

CHAPITRE LXIII.

État de l'Europe au treizième siècle.

Nous avons vu que les croisades épuisèrent l'Europe d'hommes et d'argent, et ne la civilisèrent pas. L'Allemagne fut dans une entière anarchie depuis la mort de Frédéric II. Tous les seigneurs s'emparèrent à l'envi des revenus publics attachés à l'empire; de sorte que quand Rodolphe de Habsbourg fut élu (1273), on ne lui accorda que des soldats, avec lesquels il conquit l'Autriche sur Ottocare, qui l'avait enlevée à la maison de Bavière.

C'est pendant l'interrègne qui précéda l'élection de Rodolphe, que le Danemarck, la Pologne, la Hongrie, s'affranchissent entièrement des légères redevances qu'elles payaient aux empereurs, quand ceux-ci étaient les plus forts.

Mais c'est aussi dans ce temps-là que plusieurs villes établissent leur gouvernement municipal qui dure encore. Elles s'allient entre elles pour se défendre des invasions des seigneurs. Les villes anséatiques, comme Lubeck, Cologne, Brunswick, Dantzick, auxquelles quatre-vingts autres se joignent avec le temps, forment une république commerçante dispersée dans plusieurs états différents. Les Austrègues s'établissent : ce sont des arbitres de convention entre les seigneurs, comme entre les villes; ils tiennent lieu des tribunaux et des lois, qui manquaient en Allemagne.

L'Italie se forme sur un plan nouveau avant Rodolphe de Habsbourg, et sous son règne beaucoup de villes deviennent libres. Il leur confirma cette liberté à prix d'argent. Il paraissait alors que l'Italie pouvait être pour jamais détachée de l'Allemagne.

Tous les seigneurs allemands, pour être plus puissants, s'étaient accordés à vouloir un empereur qui fût faible. Les quatre princes et les trois archevêques, qui peu-à-peu s'attribuèrent à eux seuls le droit d'élection, n'avaient choisi, de concert avec quelques autres princes, Rodolphe de Habsbourg pour empereur que parcequ'il était sans états considérables : c'était un seigneur suisse, qui s'était fait redouter comme un de ces chefs que les Italiens appelaient *Condottieri*; il avait été le champion de l'abbé de Saint-Gall contre l'évêque de Bâle, dans une petite guerre pour quelques tonneaux de vin; il avait secouru la ville de Strasbourg. Sa fortune était si peu proportionnée à son courage, qu'il fut quelque temps grand-maître d'hôtel de ce même Ottocare, roi de Bohême, qui depuis, pressé de lui rendre hommage, répondit « qu'il ne lui devait rien, et qu'il lui avait payé ses gages. » Les princes d'Allemagne ne prévoyaient pas alors que ce même Rodolphe serait le fondateur d'une maison long-temps la plus florissante de l'Europe, et qui a été quelquefois sur le point d'avoir dans l'empire la même puissance que Charlemagne. Cette puissance fut long-temps à se former; et surtout à la fin de ce treizième siècle, et au commencement du quatorzième, l'empire n'avait sur l'Europe aucune influence.

La France eût été heureuse sous un souverain tel que saint Louis, sans ce funeste préjugé des croisades, qui causa ses malheurs, et qui le fit mourir sur les sables d'Afrique. On voit, par le grand nombre de vaisseaux équipés pour ses expéditions fatales, que la France eût pu avoir aisément une grande marine commerçante. Les statuts de saint Louis pour le commerce, une nouvelle police établie par lui dans Paris, sa pragmatique-sanction qui assura la discipline de l'Église gallicane, ses quatre grands bailliages auxquels ressortissaient les jugements de ses vassaux, et qui sont l'origine du parlement de Paris, ses réglements et sa fidélité sur les monnaies, tout fait voir que la France aurait pu alors être florissante.

Quant à l'Angleterre, elle fut, sous Édouard Ier, aussi heureuse que les mœurs du temps pouvaient le permettre. Le pays de Galles lui fut réuni; elle subjugua l'Écosse, qui reçut un roi de la main d'Édouard. Les Anglais à la vérité n'avaient plus la Normandie ni l'Anjou, mais ils possédaient toute la Guienne. Si Édouard Ier n'eut qu'une petite guerre passagère avec la France, il le faut attribuer aux embarras qu'il eut toujours chez lui, soit quand il soumit l'Écosse, soit quand il la perdit à la fin de son règne.

Nous donnerons un article particulier et plus étendu à l'Espagne, que nous avons laissée depuis longtemps en proie aux Sarrasins. Il reste ici à dire un mot de Rome.

La papauté fut, vers le treizième siècle, dans le même état où elle était depuis si long-temps. Les papes mal affermis dans Rome, n'ayant qu'une autorité chancelante en Italie, et à peine maîtres de quelques places dans le patrimoine de Saint-Pierre et dans l'Ombrie, donnaient toujours des royaumes, et jugeaient les rois.

En 1289 le pape Nicolas jugea solennellement à Rome les démêlés du roi de Portugal et de son clergé. Nous avons vu [1] qu'en 1283 le pape Martin IV déposa le roi d'Aragon, et donna ses états au roi de France, qui ne put mettre la bulle du pape à exécution. Boniface VIII donna la Sardaigne et la Corse à un autre roi d'Aragon, Jacques, surnommé *le Juste*.

Vers l'an 1300, lorsque la succession au royaume d'Écosse était contestée, le pape Boniface VIII ne manqua pas d'écrire au roi Édouard : « Vous devez savoir « que c'est à nous à donner un roi à l'Écosse, qui a « toujours de plein droit appartenu et appartient « encore à l'Église romaine : que si vous y prétendez « avoir quelque droit, envoyez-nous vos procureurs, « et nous vous rendrons justice ; car nous réservons « cette affaire à nous. »

Lorsque vers la fin du treizième siècle quelques princes déposèrent Adolphe de Nassau, successeur du premier prince de la maison d'Autriche, fils de Rodolphe, ils supposèrent une bulle du pape pour

---

[1] Dès l'édition de 1756 Voltaire emploie cette expression. Cependant il n'a pas encore parlé de la déposition du roi d'Aragon par le pape Martin IV. Il n'en est pas mention non plus dans les *Annales de l'Empire*, publiées en 1753. Voyez, au reste, ci-après la fin du chapitre LXIV. B.

déposer Nassau. Ils attribuaient au pape leur propre pouvoir. Ce même Boniface, apprenant l'élection d'Albert, écrit aux électeurs (1298) : « Nous vous or-
« donnons de dénoncer qu'Albert, qui se dit roi des
« Romains, comparaisse devant nous pour se purger
« du crime de lèse-majesté et de l'excommunication
« encourue. »

On sait qu'Albert d'Autriche, au lieu de comparaître, vainquit Nassau, le tua dans la bataille auprès de Spire, et que Boniface, après lui avoir prodigué les excommunications, lui prodigua les bénédictions quand ce pape eut besoin de lui contre Philippe-le-Bel (1303) : alors il supplée, par la plénitude de sa puissance, à l'irrégularité de l'élection d'Albert ; il lui donne dans sa bulle le royaume de France, *qui de droit appartenait*, dit-il, *aux empereurs.* C'est ainsi que l'intérêt change ses démarches, et emploie à ses fins le sacré et le profane[a].

D'autres têtes couronnées se soumettaient à la juridiction papale. Marie, femme de Charles-le-Boiteux, roi de Naples, qui prétendait au royaume de Hongrie, fit plaider sa cause devant le pape et ses cardinaux, et le pape lui adjugea le royaume par défaut. Il ne manquait à la sentence qu'une armée.

L'an 1329, Christophe, roi de Danemarck, ayant été déposé par la noblesse et par le clergé, Magnus, roi de Suède, demande au pape la Scanie et d'autres terres. « Le royaume de Danemarck, dit-il dans sa
« lettre, ne dépend, comme vous le savez, très saint-
« père, que de l'Église romaine, à laquelle il paie tri-

[a] Voyez le chapitre LXV, *du roi Philippe-le-Bel.*

« but, et non de l'empire. » Le pontife que ce roi de Suède implorait, et dont il reconnaissait la juridiction temporelle sur tous les rois de la terre, était Jacques Fournier, Benoît XII, résidant à Avignon : mais le nom est inutile; il ne s'agit que de faire voir que tout prince qui voulait usurper ou recouvrer un domaine s'adressait au pape comme à son maître. Benoît prit le parti du roi de Danemarck, et répondit « qu'il « ne ferait justice de ce monarque que quand il l'au- « rait cité à comparaître devant lui, selon les anciens « usages. »

La France, comme nous le verrons[1], n'avait pas pour Boniface VIII une pareille déférence. Au reste, il est assez connu que ce pontife institua le jubilé, et ajouta une seconde couronne à celle du bonnet pontifical, pour signifier les deux puissances. Jean XXII les surmonta depuis d'une troisième; mais Jean ne fit point porter devant lui les deux épées nues, que fesait porter Boniface en donnant des indulgences.

On passa, dans ce treizième siècle, de l'ignorance sauvage à l'ignorance scolastique. Albert, surnommé *le Grand*, enseignait les principes du chaud, du froid, du sec, et de l'humide; il enseignait aussi la politique suivant *les règles de l'astrologie et de l'influence des astres*, et la morale suivant *la logique d'Aristote*.

Souvent les institutions les plus sages ne furent dues qu'à l'aveuglement et à la faiblesse. Il n'y a guère dans l'Église de cérémonie plus noble, plus pompeuse, plus capable d'inspirer la piété aux peuples, que la fête du saint-sacrement. L'antiquité n'en eut

---

[1] Chap. LXV. B.

guère dont l'appareil fût plus auguste. Cependant, qui fut la cause de cet établissement? une religieuse de Liége, nommée Moncornillon, qui s'imaginait voir toutes les nuits un trou à la lune (1264): elle eut ensuite une révélation qui lui apprit que la lune signifiait l'Église, et le trou une fête qui manquait. Un moine, nommé Jean, composa avec elle l'office du saint-sacrement; la fête s'en établit à Liége, et Urbain IV l'adopta pour toute l'Église [1].

Au douzième siècle, les moines noirs et les blancs formaient deux grandes factions qui partageaient les villes, à peu près comme les factions bleues et vertes partagèrent les esprits dans l'empire romain. Ensuite, lorsqu'au treizième siècle les mendiants eurent du crédit, les blancs et les noirs se réunirent contre ces nouveaux venus, jusqu'à ce qu'enfin la moitié de l'Europe s'est élevée contre eux tous. Les

[1]. Cette solennité fut long-temps en France une source de troubles. La populace catholique forçait à coups de pierres et de bâtons les protestants à tendre leurs maisons, à se mettre à genoux dans les rues. Le cardinal de Lorraine, les Guises, employèrent souvent ce moyen pour faire rompre les édits de pacification. Le gouvernement a fini par ériger en loi cette fantaisie de la populace; ce qui est arrivé plus souvent qu'on ne croit dans d'autres circonstances et chez d'autres nations. Pendant plus d'un siècle, il n'y a pas eu d'année où cette fête n'ait amené quelques émeutes ou quelques procès. A présent elle n'a plus d'autre effet que d'embarrasser les rues, et de nourrir dans le peuple le fanatisme et la superstition. En Flandre et à Aix en Provence, la procession est accompagnée de mascarades et de bouffonneries dignes de l'ancienne fête des fous. A Paris, il n'y a rien de curieux que des évolutions d'encensoirs assez plaisantes, et quelques enfants de la petite bourgeoisie qui courent les rues masqués en saints Jeans, en Madeleines, etc. Un des crimes qui ont conduit le chevalier de La Barre sur l'échafaud, en 1766, était d'avoir passé, un jour de pluie, le chapeau sur la tête, à quelques pas d'une de ces processions. K. — Voyez, dans les *Mélanges*, année 1766, la *Relation de la mort de La Barre*. B.

études des scolastiques étaient alors et sont demeurées, presque jusqu'à nos jours, des systèmes d'absurdités, tels que, si on les imputait aux peuples de la Taprobane, nous croirions qu'on les calomnie. On agitait « si Dieu peut produire la nature universelle
« des choses, et la conserver sans qu'il y ait des
« choses; si Dieu peut être dans un prédicat, s'il peut
« communiquer la faculté de créer, rendre ce qui est
« fait non fait, changer une femme en fille; si chaque
« personne divine peut prendre la nature qu'elle veut;
« si Dieu peut être scarabée et citrouille; si le père
« produit son fils par l'intellect ou la volonté, ou par
« l'essence, ou par l'attribut, naturellement ou libre-
« ment? » Et les docteurs qui résolvaient ces questions s'appelaient le grand, le subtil, l'angélique, l'irréfragable, le solennel, l'illuminé, l'universel, le profond.

CHAPITRE LXIV.

De l'Espagne aux douzième et treizième siècles.

Quand le Cid eut chassé les musulmans de Tolède et de Valence, à la fin du onzième siècle, l'Espagne se trouvait partagée entre plusieurs dominations. Le royaume de Castille comprenait les deux Castilles, Léon, la Galice, et Valence. Le royaume d'Aragon était alors réuni à la Navarre. L'Andalousie, une partie de la Murcie, Grenade, appartenaient aux Maures.

Il y avait des comtes de Barcelone qui fesaient hommage aux rois d'Aragon. Le tiers du Portugal était aux chrétiens.

Ce tiers du Portugal, que possédaient les chrétiens, n'était qu'un comté. Le fils d'un duc de Bourgogne, descendant de Hugues Capet, qu'on nomme le comte Henri, venait de s'en emparer au commencement du douzième siècle.

Une croisade aurait plus facilement chassé les musulmans de l'Espagne que de la Syrie; mais il est très vraisemblable que les princes chrétiens d'Espagne ne voulurent point de ce secours dangereux, et qu'ils aimèrent mieux déchirer eux-mêmes leur patrie, et la disputer aux Maures, que la voir envahie par des croisés.

(1114) Alfonse, surnommé le Batailleur, roi d'Aragon et de Navarre, prit sur les Maures Saragosse, qui devint la capitale d'Aragon, et qui ne retourna plus au pouvoir des musulmans.

(1137) Le fils du comte Henri, que je nomme Alfonse de Portugal, pour le distinguer de tant d'autres rois de ce nom, ravit aux Maures Lisbonne, le meilleur port de l'Europe, et le reste du Portugal, mais non les Algarves. (1139) Il gagna plusieurs batailles, et se fit enfin roi de Portugal.

Cet événement est très important. Les rois de Castille alors se disaient encore empereurs des Espagnes. Alfonse, comte d'une partie du Portugal, était leur vassal quand il était peu puissant; mais, dès qu'il se trouve maître par les armes d'une province considérable, il se fait souverain indépendant. Le roi de Castille lui fit la guerre comme à un vassal rebelle; mais le nouveau roi de Portugal soumit sa couronne au saint-siége, comme les Normands s'étaient rendus vassaux de Rome pour le royaume de Naples. Eugène III confère, donne la dignité de roi à Alfonse et à sa postérité, à la charge d'un tribut annuel de deux livres d'or (1147). Le pape Alexandre III confirme ensuite la donation moyennant la même redevance. Ces papes donnaient donc en effet les royaumes. Les états de Portugal assemblés à Lamego, sous Alfonse, pour établir les lois de ce royaume naissant, commencèrent par lire la bulle d'Eugène III, qui donnait la couronne à Alfonse : ils la regardaient donc comme le premier droit de leur indépendance; c'est donc encore une nouvelle preuve de l'usage et des préjugés de ces siècles. Aucun nouveau prince n'osait se dire souverain, et ne pouvait être reconnu des autres princes sans la permission du pape; et le fondement de toute l'histoire du moyen âge est toujours que les papes se croient seigneurs suzerains de tous les états, sans en excepter aucun, en vertu de ce qu'ils prétendent avoir succédé seuls à Jésus-Christ : et les empereurs allemands, de leur côté, feignaient de penser, et laissaient dire à leur chancellerie, que les royaumes de l'Europe n'étaient que des démembrements de leur empire, parcequ'ils prétendaient avoir succédé aux Césars. Cependant les Espagnols s'occupaient de droits plus réels.

Encore quelques efforts, et les musulmans étaient chassés de ce continent; mais il fallait de l'union, et les chrétiens d'Espagne se fesaient presque toujours la guerre. Tantôt la Castille et l'Aragon étaient en armes l'une contre l'autre, tantôt la Navarre combattait l'Aragon : quelquefois ces trois provinces se fesaient la guerre à-la-fois ; et dans chacun de ces royaumes il y avait souvent une guerre intestine. Il y eut de suite trois rois d'Aragon qui joignirent à cet état la plus grande partie de la Navarre, dont les musulmans occupaient le reste. Alfonse-le-Batailleur, qui mourut en 1134, fut le dernier de ces rois. On peut juger de l'esprit du temps, et du mauvais gouvernement, par le testament de ce roi qui laissa ses royaumes aux chevaliers du Temple et à ceux de Jérusalem. C'était ordonner des guerres civiles par sa dernière volonté. Heureusement ces chevaliers ne se mirent pas en état de soutenir le testament. Les états d'Aragon, toujours libres, élurent pour leur roi don Ramire, frère du roi dernier mort, quoique moine depuis quarante ans, et évêque depuis quelques années. On l'appela le prêtre-roi, et le pape Innocent II lui donna une dispense pour se marier.

(1134) La Navarre, dans ces secousses, fut divisée de l'Aragon, et redevint un royaume particulier qui passa depuis, par des mariages, aux comtes de Champagne, appartint à Philippe-le-Bel et à la maison de France, ensuite tomba dans celles de Foix et d'Albret, et est absorbé aujourd'hui dans la monarchie d'Espagne.

(1158) Pendant ces divisions les Maures se soutinrent : ils reprirent Valence. Leurs incursions donnèrent naissance à l'ordre de Calatrava. Des moines de Cîteaux, assez puissants pour fournir aux frais de la défense de la ville de Calatrava, armèrent leurs frères convers avec plusieurs écuyers, qui combattirent en portant le scapulaire. Bientôt après se forma cet ordre, qui n'est plus aujourd'hui ni religieux ni militaire, dans lequel on peut se marier une fois, et qui ne consiste que dans la jouissance de plusieurs commanderies en Espagne.

Les querelles des chrétiens durèrent toujours, et les mahométans en profitèrent quelquefois. Vers l'an 1197, un roi de Navarre, nommé don Sanche, persécuté par les Castillans et les Aragonais, fut obligé d'aller en Afrique implorer le secours du miramolin de l'empire de Maroc; mais ce qui devait faire une révolution n'en fit point.

Lorsque autrefois l'Espagne entière était réunie sous le roi don Rodrigue, prince peut-être incontinent, mais brave, elle fut subjuguée en moins de deux années; et maintenant qu'elle était divisée entre tant de dominations jalouses, ni les miramolins d'Afrique, ni le roi maure d'Andalousie, ne pouvaient faire des conquêtes. C'est que les Espagnols étaient plus aguerris, que le pays était hérissé de forteresses, qu'on se réunissait dans les plus grands dangers, et que les Maures n'étaient pas plus sages que les chrétiens.

(1200) Enfin toutes les nations chrétiennes de l'Espagne se réunirent pour résister aux forces de l'Afrique, qui tombaient sur eux.

Le miramolin Mahomed-ben-Joseph avait passé la mer avec près de cent mille combattants, au rapport des historiens, qui ont presque tous exagéré; on doit toujours rabattre beaucoup du nombre des soldats qu'ils mettent en campagne, et de ceux qu'ils tuent, et des trésors qu'ils étalent, et des prodiges qu'ils racontent. Enfin ce miramolin, fortifié encore des Maures d'Andalousie, s'assurait de conquérir l'Espagne. Le bruit de ce grand armement avait réveillé quelques chevaliers français. Les rois de Castille, d'Aragon, de Navarre, se réunirent par le danger. Le Portugal fournit des troupes. (1212) Ces deux grandes armées se rencontrèrent dans les défilés de la Montagne Noire[a], sur les confins de l'Andalousie et de la province de Tolède. L'archevêque de Tolède était à côté du roi de Castille, Alfonse-le-Noble, et portait la croix à la tête des troupes: le miramolin tenait un sabre dans une main, et *l'Alcoran* dans l'autre. Les chrétiens vainquirent; et cette journée se célèbre encore tous les ans à Tolède le 16 juillet : mais la victoire fut plus illustre qu'utile. Les Maures d'Andalousie furent fortifiés des débris de l'armée d'Afrique, et celle des chrétiens se dissipa bientôt.

Presque tous les chevaliers retournaient chez eux, dans ce temps-là, après une bataille. On savait se battre, mais on ne savait pas faire la guerre; et les Maures savaient encore moins cet art que les Espagnols. Ni chrétiens ni musulmans n'avaient de troupes continuellement rassemblées sous le drapeau.

L'Espagne, occupée de ses propres afflictions pendant cinq cents ans, ne commença d'avoir part à celles de l'Europe que dans le temps des Albigeois. Nous

---

[a] La Sierra Morena.

avons vu[1] comment le roi d'Aragon, Pierre II, fut obligé de secourir ses vassaux du Languedoc et du pays de Foix, qu'on opprimait sous prétexte de religion, et comment il mourut en combattant Montfort, le ravisseur de son fils et le conquérant du Languedoc. Sa veuve, Marie de Montpellier, qui était retirée à Rome, plaida la cause de ce fils, qui régna depuis sous le nom de Jacques Ier, devant le pape Innocent III, et le supplia d'user de son autorité pour le faire remettre en liberté. Il y avait des moments bien honorables pour la cour de Rome. (1214) Le pape ordonna à Simon de Montfort de rendre cet enfant aux Aragonais, et Montfort le rendit. Si les papes avaient toujours usé ainsi de leur autorité, ils eussent été les législateurs de l'Europe.

Ce même roi Jacques est le premier des rois d'Aragon à qui les états aient prêté serment de fidélité ; c'est lui qui prit sur les Maures l'île de Majorque ; (1238) c'est lui qui les chassa du beau royaume de Valence, pays favorisé de la nature, où elle forme des hommes robustes, et leur donne tout ce qui peut flatter leurs sens. Je ne sais comment tant d'historiens peuvent dire que la ville de Valence n'avait que mille pas de circuit, et qu'il en sortit plus de cinquante mille mahométans : comment une si petite ville pouvait-elle contenir tant de monde ?

Ce temps semblait marqué pour la gloire de l'Espagne et pour l'expulsion des Maures. Le roi de Castille et de Léon, Ferdinand III, leur enlevait la célèbre ville de Cordoue, résidence de leurs premiers rois,

---

[1] Chap. LXII, page 248. B.

ville fort supérieure à Valence, dans laquelle ils avaient fait bâtir une superbe mosquée et tant de beaux palais.

Ce Ferdinand, troisième du nom, asservit encore les musulmans de Murcie. C'est un petit pays, mais fertile, et dans lequel les Maures recueillaient beaucoup de soie, dont ils fabriquaient de belles étoffes. (1248) Enfin, après seize mois de siége, il se rendit maître de Séville, la plus opulente ville des Maures, qui ne retourna plus à leur domination. Sa mort mit fin à ses succès (1252). Si l'apothéose est due à ceux qui ont délivré leur patrie, l'Espagne révère avec autant de raison Ferdinand que la France invoque saint Louis. Il fit de sages lois comme ce roi de France; il établit comme lui de nouvelles juridictions; c'est à lui qu'on attribue le conseil royal de Castille, qui subsista toujours depuis lui.

(1252) Il eut pour ministre un Ximénès, archevêque de Tolède; nom heureux pour l'Espagne, mais qui n'avait rien de commun avec cet autre Ximénès, qui, dans le temps suivant, a été régent de Castille.

La Castille et l'Aragon étaient alors des puissances: mais il ne faut pas croire que leurs souverains fussent absolus; aucun ne l'était en Europe. Les seigneurs, en Espagne plus qu'ailleurs, resserraient l'autorité du roi dans des limites étroites. Les Aragonais se souviennent encore aujourd'hui de la formule de l'inauguration de leurs rois: le grand justicier du royaume prononçait ces paroles au nom des états: *Nos que valemos tanto como vos, y que podemos mas que vos, os hazemos nuestro rey y señor, con tal que guardeis nuestros fueros; si no, no.* « Nous qui sommes autant « que vous, et qui pouvons plus que vous, nous vous « fesons notre roi, à condition que vous garderez nos « lois; sinon, non. »

Le grand justicier prétendait que ce n'était pas une vaine cérémonie, et qu'il avait le droit d'accuser le roi devant les états, et de présider au jugement : je ne vois point pourtant d'exemple qu'on ait usé de ce privilége.

La Castille n'avait guère moins de droits, et les états mettaient des bornes au pouvoir souverain. Enfin on doit juger que dans des pays où il y avait tant de seigneurs, il était aussi difficile aux rois de dompter leurs sujets que de chasser les Maures.

Alfonse X, surnommé l'Astronome ou le Sage, fils de saint Ferdinand, en fit l'épreuve. On a dit de lui qu'en étudiant le ciel il avait perdu la terre. Cette pensée triviale serait juste si Alfonse avait négligé ses affaires pour l'étude; mais c'est ce qu'il ne fit jamais. Le même fonds d'esprit qui en avait fait un grand philosophe en fit un très bon roi. Plusieurs auteurs l'accusent encore d'athéisme, pour avoir dit «que s'il « avait été du conseil de Dieu, il lui aurait donné de « bons avis sur le mouvement des astres. » Ces auteurs ne font pas attention que cette plaisanterie de ce sage prince tombait uniquement sur le système de Ptolémée, dont il sentait l'insuffisance et les contrariétés. Il fut le rival des Arabes dans les sciences; et l'université de Salamanque, établie en cette ville par son père, n'eut aucun personnage qui l'égalât. Ses tables alfonsines font encore aujourd'hui sa gloire, et la honte des princes qui se font un mérite d'être ignorants ; mais aussi il faut avouer qu'elles furent dressées par des Arabes.

Les difficultés dans lesquelles son règne fut embarrassé n'étaient pas, sans doute, un effet des sciences qui rendirent Alfonse illustre, mais une suite des dépenses excessives de son père. Ainsi que saint Louis avait épuisé la France par ses voyages, saint Ferdinand avait ruiné pour un temps la Castille par ses acquisitions mêmes, qui avaient coûté plus qu'elles ne valurent d'abord.

Après la mort de saint Ferdinand, il fallut que son fils résistât à la Navarre et à l'Aragon jaloux.

Cependant tous ces embarras, qui occupaient ce roi philosophe, n'empêchèrent pas que les princes de l'empire ne le demandassent pour empereur ; et s'il ne le fut pas, si Rodolphe de Habsbourg fut enfin élu à sa place, il ne faut, ce me semble, l'attribuer qu'à la distance qui séparait la Castille de l'Allemagne. Alfonse montra du moins qu'il méritait l'empire par la manière dont il gouverna la Castille. Son recueil de lois, qu'on appelle *las Partidas*, y est encore un des fondements de la jurisprudence : il dit dans ces lois, « que le despote arrache l'arbre, et que le sage mo- « narque l'ébranche. »

(1283) Ce prince vit, dans sa vieillesse, son fils don Sanche III se révolter contre lui ; mais le crime du fils ne fait pas, je crois, la honte du père. Ce don Sanche était né d'un second mariage, et prétendit, du vivant de son père, se faire déclarer son héritier à l'exclusion des petits-fils du premier lit. Une assemblée de factieux, sous le nom d'états, lui déféra même la couronne. Cet attentat est une nouvelle preuve de ce que j'ai souvent dit, qu'en Europe il n'y avait point de lois, et que presque tout se décidait suivant l'occurrence des temps et le caprice des hommes.

Alfonse-le-Sage fut réduit à la douloureuse nécessité de se liguer avec les mahométans contre un fils et des chrétiens rebelles. Ce n'était pas la première alliance des chrétiens avec les musulmans contre d'autres chrétiens, mais c'était certainement la plus juste.

Le miramolin de Maroc, appelé par le roi Alfonse X, passa la mer : l'Africain et le Castillan se virent à Zara, sur les confins de Grenade. L'histoire doit perpétuer à jamais la conduite et le discours du miramolin; il céda la place d'honneur au roi de Castille. « Je « vous traite ainsi, dit-il, parceque vous êtes malheu- « reux, et je ne m'unis avec vous que pour venger la « cause commune de tous les rois et de tous les pères. » Alfonse combattit[1] son fils, et le vainquit (1283); ce qui prouve encore combien il était digne de régner : mais il mourut après sa victoire.

Le roi de Maroc fut obligé de passer dans ses états: don Sanche, fils dénaturé d'Alfonse et usurpateur du trône de ses neveux, régna, et même régna heureusement.

La domination portugaise comprenait alors les Algarves, arrachées enfin aux Maures. Ce mot *Algarves*

---

[1] L'éditeur des *OEuvres de Voltaire* en douze volumes in-8° propose de mettre : *Alfonse combattit son fils, le vainquit* et lui pardonna, *ce qui prouve*, etc. Aucune des éditions que j'ai vues ne porte cette leçon. B.

signifie en arabe *pays fertile*. N'oublions pas encore qu'Alfonse-le-Sage avait beaucoup aidé le Portugal dans cette conquête. Tout cela, ce me semble, prouve invinciblement qu'Alfonse n'eut jamais à se repentir d'avoir cultivé les sciences, comme le veulent insinuer des historiens qui, pour se donner la réputation équivoque de politiques, affectent de mépriser des arts qu'ils devraient honorer.

Alfonse-le-Philosophe avait oublié si peu le temporel, qu'il s'était fait donner par le pape Grégoire X le tiers de certaines dîmes du clergé de Léon et de Castille, droit qu'il a transmis à ses successeurs.

Sa maison fut troublée, mais elle s'affermit toujours contre les Maures. (1303) Son petit-fils, Ferdinand IV, leur enleva alors Gibraltar, qui n'était pas si difficile à conquérir qu'aujourd'hui.

On appelle ce Ferdinand IV, Ferdinand-l'Ajourné, parceque dans un accès de colère il fit, dit-on, jeter du haut d'un rocher deux seigneurs qui, avant d'être précipités, l'ajournèrent à comparaître devant Dieu dans trente jours, et qu'il mourut au bout de ce terme. Il serait à souhaiter que ce conte fût véritable, ou du moins cru tel par ceux qui pensent pouvoir tout faire impunément. Il fut père de ce fameux Pierre-le-Cruel dont nous verrons les excessives sévérités; prince implacable, et punissant cruellement les hommes, sans qu'il fût ajourné au tribunal de Dieu.

L'Aragon, de son côté, se fortifia, comme nous l'avons vu, et accrut sa puissance par l'acquisition de la Sicile.

Les papes prétendaient pouvoir disposer du royaume

d'Aragon pour deux raisons : premièrement, parcequ'ils le regardaient comme un fief de l'Église romaine ; secondement, parceque Pierre III, surnommé *le Grand,* auquel on reprochait les vêpres siciliennes, était excommunié, non pour avoir eu part au massacre, mais pour avoir pris la Sicile, que le pape ne voulait pas lui donner. Son royaume d'Aragon fut donc transféré par sentence du pape à Charles de Valois, petit-fils de saint Louis ; mais la bulle ne put être mise à exécution : la maison d'Aragon demeura florissante ; et bientôt après les papes, qui avaient voulu la perdre, l'enrichirent encore. (1294) Boniface VIII donna la Sardaigne et la Corse au roi d'Aragon, Jacques IV, dit *le Juste,* pour l'ôter aux Génois et aux Pisans qui se disputaient ces îles : nouvelle preuve de l'imbécile grossièreté de ces temps barbares.

Alors la Castille et la France étaient unies, parcequ'elles étaient ennemies de l'Aragon : les Castillans et les Français étaient alliés de royaume à royaume, de peuple à peuple, et d'homme à homme.

Ce qui se passait alors en France du temps de Philippe-le-Bel, au commencement du quatorzième siècle, doit attirer nos regards.

CHAPITRE LXV.

Du roi de France Philippe-le-Bel, et de Boniface VIII.

Le temps de Philippe-le-Bel, qui commença son règne en 1285, fut une grande époque en France, par l'admission du tiers-état aux assemblées de la nation, par l'institution des tribunaux suprêmes nommés parlements [a], par la première érection d'une nouvelle pairie, faite en faveur du duc de Bretagne, par l'abolition des duels en matière civile, par la loi des apanages restreints aux seuls héritiers mâles. Nous nous arrêterons à présent à deux autres objets, aux querelles de Philippe-le-Bel avec le pape Boniface VIII, et à l'extinction de l'ordre des templiers.

Nous avons déjà vu que Boniface VIII, de la maison des Cajetans, était un homme semblable à Grégoire VII, plus savant encore que lui dans le droit canon, non moins ardent à soumettre les puissances à l'Église, et toutes les Églises au saint-siége. Les factions *gibeline* et *guelfe* divisaient plus que jamais l'Italie. Les gibelins étaient originairement les partisans des empereurs; et l'empire alors n'étant qu'un vain nom, les gibelins se servaient toujours de ce nom pour se fortifier et pour s'agrandir. Boniface fut long-temps *gibelin* quand il fut particulier, et on peut bien juger qu'il fut *guelfe* quand il devint pape. On rapporte qu'un premier jour de carême, donnant les cendres à un archevêque de Gênes, il les lui jeta au nez, en lui disant : *Souviens-toi que tu es gibelin*. La maison des Colonnes, premiers barons romains, qui possédait des villes au milieu du patrimoine de Saint-Pierre, était de la faction *gibeline*. Leur intérêt contre les papes était le même que celui des seigneurs allemands contre l'empereur, et des Français contre le

---

[a] Voyez les chapitres concernant les états généraux et les tribunaux de parlement (chap. LXXVI, LXXXIII, LXXXV).

roi de France : le pouvoir des seigneurs de fiefs s'opposait partout au pouvoir souverain.

Les autres barons voisins de Rome avaient le même esprit; ils s'unissaient avec les rois de Sicile, et avec les gibelins des villes d'Italie : il ne faut pas s'étonner si le pape les persécuta et en fut persécuté; presque tous ces seigneurs avaient à-la-fois des diplômes de *vicaires du saint-siége*, et de *vicaires de l'empire*; source nécessaire de guerres civiles, que le respect de la religion ne put jamais tarir, et que les hauteurs de Boniface VIII ne firent qu'accroître.

Ces violences n'ont pu finir que par les violences encore plus grandes d'Alexandre VI, environ deux siècles après. Le pontificat, du temps de Boniface VIII, n'était plus maître de tout le pays qu'avait possédé Innocent III, de la mer Adriatique au port d'Ostie : il en prétendait le domaine suprême; il possédait quelques villes en propre; c'était une puissance des plus médiocres. Le grand revenu des papes consistait dans ce que l'Église universelle leur fournissait, dans les décimes qu'ils recueillaient souvent du clergé, dans les dispenses, dans les taxes.

Une telle situation devait porter Boniface à ménager une puissance qui pouvait le priver d'une partie de ces revenus, et fortifier contre lui les gibelins. Aussi, dans le commencement même de ses démêlés avec le roi de France, il fit venir en Italie Charles de Valois, frère de Philippe, qui arriva avec quelque gendarmerie : il lui fit épouser la petite-fille de Baudouin, second empereur de Constantinople dépossédé, et nomma solennellement Valois empereur d'Orient;

de sorte qu'en deux années il donna l'empire d'Orient, celui d'Occident, et la France; car nous avons déjà remarqué ¹ que ce pape, réconcilié avec Albert d'Autriche, lui fit un don de la France (1303). Il n'y eut de ces présents que celui de l'empire d'Allemagne qui fut reçu, parcequ'Albert le possédait en effet.

Le pape, avant sa réconciliation avec l'empereur, avait donné à Charles de Valois un autre titre, celui de *vicaire de l'empire* en Italie, et principalement en Toscane. Il pensait, puisqu'il nommait les maîtres, devoir, à plus forte raison, nommer les vicaires: aussi Charles de Valois, pour lui plaire, persécuta violemment le parti gibelin à Florence. C'est pourtant précisément dans le temps que Valois lui rend ce service qu'il outrage et qu'il pousse à bout le roi de France son frère. Rien ne prouve mieux que la passion et l'animosité l'emportent souvent sur l'intérêt même.

Philippe-le-Bel, qui voulait dépenser beaucoup d'argent, et qui en avait peu, prétendait que le clergé, comme l'ordre le plus riche de l'état, devait contribuer aux besoins de la France sans la permission de Rome. Le pape voulait avoir l'argent d'une décime accordée sous le prétexte d'un secours pour la Terre-Sainte, qui n'était plus secourable, et qui était sous le pouvoir d'un descendant de Gengis. (1301 et 1302) Le roi prenait cet argent pour faire, en Guienne, la guerre qu'il eut contre le roi d'Angleterre Édouard. Ce fut le premier sujet de la querelle. L'entreprise d'un évêque de la ville de Pamiers aigrit ensuite les esprits. Cet homme avait cabalé contre le roi dans son

---

¹ Chap. LXIII, page 259. B.

pays, qui ressortissait alors de la couronne, et le pape aussitôt le fit son légat à la cour de Philippe. Ce sujet, revêtu d'une dignité qui, selon la cour romaine, le rendait égal au roi même, vint à Paris braver son souverain, et le menacer de mettre son royaume en interdit : un séculier qui se fût conduit ainsi aurait été puni de mort ; il fallut user de grandes précautions pour s'assurer seulement de la personne de l'évêque, encore fallut-il le remettre entre les mains de son métropolitain, l'archevêque de Narbonne.

Vous avez déjà observé que depuis la mort de Charlemagne on ne vit aucun pontife de Rome qui n'eût des disputes ou épineuses ou violentes avec les empereurs et les rois ; vous verrez durer jusqu'au siècle de Louis XIV ces querelles, qui sont la suite nécessaire de la forme de gouvernement la plus absurde à laquelle les hommes se soient jamais soumis. Cette absurdité consistait à dépendre chez soi d'un étranger : en effet souffrir qu'un étranger donne chez vous des fiefs ; ne pouvoir recevoir de subsides des possesseurs de ces fiefs qu'avec la permission de cet étranger, et sans partager avec lui ; être continuellement exposé à voir fermer par son ordre les temples que vous avez construits et dotés ; convenir qu'une partie de vos sujets doit aller plaider à trois cents lieues de vos états : c'est là une petite partie des chaînes que les souverains de l'Europe s'imposèrent insensiblement, et sans presque le savoir. Il est clair que si aujourd'hui on venait pour la première fois proposer au conseil d'un souverain de se soumettre à de pareils usages, celui qui oserait en faire la proposition serait regardé comme le plus insensé des hommes. Le fardeau, d'abord léger, s'était appesanti par degrés : on sentait bien qu'il fallait le diminuer; mais on n'était ni assez sage, ni assez instruit, ni assez ferme, pour s'en défaire entièrement.

(1302 et suiv.) Déjà, dans une bulle long-temps fameuse, l'évêque de Rome, Boniface VIII, avait décidé « qu'aucun clerc ne doit rien payer au roi son « maître sans permission expresse du souverain pon- « tife. » Philippe, roi de France, n'osa pas d'abord faire brûler cette bulle; il se contenta de défendre la sortie de l'argent hors du royaume, sans nommer Rome. On négocia; le pape, pour gagner du temps, canonisa saint Louis; et les moines concluaient que si un homme disposait du ciel, il pouvait disposer de l'argent de la terre.

Le roi plaida devant l'archevêque de Narbonne, contre l'évêque de Pamiers, par la bouche de son chancelier Pierre Flotte, à Senlis; et ce chancelier alla lui-même à Rome rendre compte au pape du procès. Les rois de Cappadoce et de Bithynie en usaient à peu près de même avec la république romaine; mais, ce qu'ils n'eussent pas fait, Pierre Flotte parla au pontife de Rome comme le ministre d'un souverain réel à un souverain imaginaire; il lui dit très expressément « que le royaume de France était de ce « monde, et que celui du pape n'en était pas. »

Le pape fut assez hardi pour s'en offenser : il écrit au roi un bref dans lequel on trouve ces paroles : « Sachez que vous nous êtes soumis dans le temporel « comme dans le spirituel. » Un historien judicieux et instruit remarque très à propos que ce bref était conservé à Paris dans un ancien manuscrit de la bibliothèque de Saint-Germain-des-Prés, et que l'on a déchiré le feuillet, en laissant subsister un sommaire qui l'indique, et un extrait qui le rappelle.

Philippe répondit : « A Boniface, prétendu pape, « peu ou point de salut; que votre très grande fatuité « sache que nous ne sommes soumis à personne pour « le temporel. » Le même historien observe que cette même réponse du roi est conservée au Vatican : ainsi les Romains modernes ont eu plus de soin de conserver les choses curieuses que les bénédictins de Paris. L'authenticité de ces lettres a été vainement contestée; je ne crois pas qu'elles aient jamais été revêtues des formes ordinaires, et présentées en cérémonie; mais elles furent certainement écrites.

Le pontife lança bulles sur bulles, qui toutes déclarent que le pape est le maître des royaumes, que si le roi de France ne lui obéit pas, il sera excommunié, et son royaume en interdit, c'est-à-dire qu'il ne sera plus permis de faire les exercices du christianisme, ni de baptiser les enfants, ni d'enterrer les morts. Il semble que ce soit le comble des contradictions de l'esprit humain, qu'un évêque chrétien, qui prétend que tous les chrétiens sont ses sujets, veuille empêcher ces prétendus sujets d'être chrétiens, et qu'il se prive ainsi tout d'un coup lui-même de ce qu'il croit son propre bien. Mais vous sentez assez que le pape comptait sur l'imbécillité des hommes; il espérait que les Français seraient assez lâches pour sacrifier leur roi à la crainte d'être privés des sacrements. Il se trompa : (1303) on brûla sa bulle; la France s'éleva contre le pape, sans rompre avec la papauté. Le roi convoqua les états. Était-il donc nécessaire de les assembler pour décider que Boniface VIII n'était pas roi de France ?

Le cardinal Le Moine, Français de naissance, qui n'avait plus d'autre patrie que Rome, vint à Paris pour négocier; et, s'il ne pouvait réussir, pour excommunier le royaume. Ce nouveau légat avait ordre de mener à Rome le confesseur du roi, qui était dominicain, afin qu'il y rendît compte de sa conduite et de celle de Philippe. Tout ce que l'esprit humain peut inventer pour élever la puissance du pape était épuisé; les évêques soumis à lui; de nouveaux ordres de religieux relevant immédiatement du saint-siége, portant partout son étendard; un roi qui confesse ses plus secrètes pensées, ou du moins qui passe pour les confesser à un de ses moines; et enfin ce confesseur sommé par le pape, son maître, d'aller rendre compte à Rome de la conscience du roi son pénitent. Cependant Philippe ne plia point; il fait saisir le temporel de tous les prélats absents : les états généraux appellent au futur concile et au futur pape. Ce remède même tenait un peu de la faiblesse; car appeler au pape, c'est reconnaître son autorité : et quel besoin les hommes ont-ils d'un concile et d'un pape pour savoir que chaque gouvernement est indépendant, et qu'on ne doit obéir qu'aux lois de sa patrie ?

Alors le pape ôte à tous les corps ecclésiastiques de France le droit des élections, aux universités les grades, le droit d'enseigner, comme s'il révoquait une grace qu'il eût donnée : ces armes étaient faibles, il voulut y joindre celles de l'empire d'Allemagne.

Vous avez vu les papes donner l'empire, le Portugal, la Hongrie, la Danemarck, l'Angleterre, l'Aragon, la Sicile, presque tous les royaumes ; celui de France n'avait pas encore été transféré par une bulle. Boniface enfin le mit dans le rang des autres états, et en fit un don à l'empereur Albert d'Autriche, ci-devant excommunié par lui, et maintenant son cher fils, et le soutien de l'Église. Remarquez les mots de sa bulle (1303) : « Nous vous donnons par la pléni-« tude de notre puissance... le royaume de France, qui « appartient de droit aux empereurs d'Occident. » Boniface et son dataire ne songeaient pas que, si la France appartenait de droit aux empereurs, la plénitude de la puissance papale était fort inutile. Il y avait pourtant un reste de raison dans cette démence ; on flattait la prétention de l'empire sur tous les états occidentaux ; car vous verrez toujours que les jurisconsultes allemands croyaient ou feignaient de croire que le peuple de Rome s'étant donné avec son évêque à Charlemagne, tout l'Occident devait appartenir à ses successeurs, et que tous les autres états n'étaient qu'un démembrement de l'empire.

Si Albert d'Autriche avait eu deux cent mille hommes et deux cents millions, il est clair qu'il eût profité des bontés de Boniface ; mais étant pauvre, et à peine affermi, il abandonna le pape au ridicule de sa donation.

Le roi de France eut toute la liberté de traiter le pape en prince ennemi : il se joignit à la maison des

Colonnes, qui ne faisait pas plus de cas que lui des excommunications, et qui quelquefois réprimait dans Rome même cette autorité souvent redoutable ailleurs. Guillaume de Nogaret passe en Italie sous des prétextes plausibles, lève secrètement quelques cavaliers, donne rendez-vous à Sciarra Colonna. On surprend le pape dans Anagni, ville de son domaine, où il était né; on crie: «Meure le pape, et vivent les «Français!» Le pontife ne perdit point courage : il revêtit la chape, mit sa tiare en tête; et, portant les clefs dans une main et la croix dans l'autre, il se présenta avec majesté devant Colonna et Nogaret. Il est fort douteux que Colonna ait eu la brutalité de le frapper : les contemporains disent qu'il lui criait : « Tyran, renonce à la papauté que tu déshonores, « comme tu as fait renoncer Célestin!» Boniface répondit fièrement : «Je suis pape, et je mourrai pape.» Les Français pillèrent sa maison et ses trésors. Mais après ces violences, qui tenaient plus du brigandage que de la justice d'un grand roi, les habitants d'Anagni, ayant reconnu le petit nombre des Français, furent honteux d'avoir laissé leur compatriote et leur pontife dans les mains des étrangers : ils les chassèrent (1303). Boniface alla à Rome, méditant sa vengeance; mais il mourut en arrivant. C'est ainsi qu'ont été traités en Italie presque tous les papes qui voulurent être trop puissants : vous les voyez toujours donnant des royaumes, et persécutés chez eux.

Philippe-le-Bel poursuivit son ennemi jusque dans le tombeau : il voulut faire condamner sa mémoire dans un concile; il exigea de Clément V, né son sujet, et qui siégeait dans Avignon, que le procès contre le pape son prédécesseur fût commencé dans les formes. On l'accusait d'avoir engagé le pape Célestin V, son prédécesseur, à renoncer à la chaire pontificale; d'avoir obtenu sa place par des voies illégitimes, et enfin d'avoir fait mourir Célestin en prison. Ce dernier fait n'était que trop véritable. Un de ses domestiques, nommé Maffredo, et treize autres témoins, déposaient qu'il avait insulté plus d'une fois à la religion qui le rendait si puissant, en disant, « Ah! que de « biens nous a faits cette fable du Christ! » qu'il niait en conséquence les mystères de la Trinité, de l'incarnation, de la transsubstantiation : ces dépositions se trouvent encore dans les enquêtes juridiques qu'on a recueillies. Le grand nombre de témoins fortifie ordinairement une accusation, mais ici il l'affaiblit : il n'y a point du tout d'apparence qu'un souverain pontife ait proféré devant treize témoins ce qu'on dit rarement à un seul. Le roi voulait qu'on exhumât le pape, et qu'on fît brûler ses os par le bourreau : il osait flétrir ainsi la chaire pontificale, et ne sut pas se soustraire à son obéissance. Clément V fut assez sage pour faire évanouir dans les délais une entreprise trop flétrissante pour l'Église.

La conclusion de toute cette affaire fut que, loin de faire le procès à la mémoire de Boniface VIII, le roi consentit à recevoir seulement la main-levée de l'excommunication portée par ce Boniface contre lui et son royaume. Il souffrit même que Nogaret, qui l'avait servi, qui n'avait agi qu'en son nom, qui l'avait vengé de Boniface, fût condamné par le successeur de ce pape à passer sa vie en Palestine. Tout le grand éclat de Philippe-le-Bel ne se termina qu'à sa honte. Jamais vous ne verrez, dans ce grand tableau du monde, un roi de France l'emporter à la longue sur un pape. Ils feront ensemble des marchés; mais Rome y gagnera toujours quelque chose; il en coûtera toujours de l'argent à la France. Vous ne verrez que les parlements du royaume combattre avec inflexibilité les souplesses de la cour de Rome; et très souvent la politique ou la faiblesse du cabinet, la nécessité des conjonctures, les intrigues des moines, rendront la fermeté des parlements inutile; et cette faiblesse durera jusqu'à ce qu'un roi daigne dire résolument : Je veux briser mes fers et ceux de ma nation.

(1306) Philippe-le-Bel, pour se dépiquer, chassa tous les Juifs du royaume, s'empara de leur argent, et leur défendit d'y revenir, sous peine de la vie. Ce ne fut point le parlement qui rendit cet arrêt; ce fut par un ordre secret, donné dans son conseil privé, que Philippe punit l'usure juive par une injustice. Les peuples se crurent vengés, et le roi fut riche.

Quelque temps après, un événement, qui eut encore sa source dans cet esprit vindicatif de Philippe-le-Bel, étonna l'Europe et l'Asie.

CHAPITRE LXVI.

Du supplice des templiers, et de l'extinction de cet ordre.

Parmi les contradictions qui entrent dans le gouvernement de ce monde, ce n'en est pas une petite que cette institution de moines armés qui font vœu de vivre à-la-fois en anachorètes et en soldats.

On accusait les templiers de réunir tout ce qu'on reprochait à ces deux professions, les débauches et la cruauté du guerrier, et l'insatiable passion d'acquérir, qu'on impute à ces grands ordres qui ont fait vœu de pauvreté.

Tandis qu'ils goûtaient le fruit de leurs travaux, ainsi que les chevaliers hospitaliers de Saint-Jean, l'ordre teutonique, formé comme eux dans la Palestine, s'emparait au treizième siècle de la Prusse, de la Livonie, de la Courlande, de la Samogitie. Ces chevaliers teutons étaient accusés de réduire les ecclésiastiques comme les païens à l'esclavage, de piller leurs biens, d'usurper les droits des évêques, d'exercer un brigandage horrible; mais on ne fait point le procès à des conquérants. Les templiers excitèrent l'envie, parcequ'ils vivaient chez leurs compatriotes avec tout l'orgueil que donne l'opulence, et dans les plaisirs effrénés que prennent des gens de guerre qui ne sont point retenus par le frein du mariage.

(1306) La rigueur des impôts, et la malversation du conseil du roi Philippe-le-Bel dans les monnaies, excita une sédition dans Paris. Les templiers, qui avaient en garde le trésor du roi, furent accusés d'avoir eu part à la mutinerie; et on a vu déjà [1] que Philippe-le-Bel était implacable dans ses vengeances.

Les premiers accusateurs de cet ordre furent un bourgeois de Béziers, nommé Squin de Florian, et Noffodei, Florentin, templier apostat, détenus tous

---

[1] Chap. LXV, page 283. B.

deux en prison pour leurs crimes. Ils demandèrent à être conduits devant le roi, à qui seul ils voulaient révéler des choses importantes. S'ils n'avaient pas su quelle était l'indignation du roi contre les templiers, auraient-ils espéré leur grace en les accusant? Ils furent écoutés. Le roi, sur leur déposition, ordonne à tous les baillis du royaume, à tous les officiers, de prendre main-forte (1309); leur envoie un ordre cacheté, avec défense, sous peine de la vie, de l'ouvrir avant le 13 octobre. Ce jour venu, chacun ouvre son ordre : il portait de mettre en prison tous les templiers. Tous sont arrêtés. Le roi aussitôt fait saisir en son nom les biens des chevaliers jusqu'à ce qu'on en dispose.

Il paraît évident que leur perte était résolue très long-temps avant cet éclat. L'accusation et l'emprisonnement sont de 1309 [1]; mais on a retrouvé des lettres de Philippe-le-Bel au comte de Flandre, datées de Melun, 1306, par lesquelles il le priait de se joindre à lui pour extirper les templiers.

Il fallait juger ce prodigieux nombre d'accusés. Le pape Clément V, créature de Philippe, et qui demeurait alors à Poitiers, se joint à lui après quelques disputes sur le droit que l'Église avait d'exterminer ces religieux, et le droit du roi de punir des sujets. Le pape interrogea lui-même soixante et douze chevaliers. Des inquisiteurs, des commissaires délégués, procèdent partout contre les autres. Les bulles sont envoyées chez tous les potentats de l'Europe pour les

---

[1] L'accusation et l'emprisonnement sont de 1307 ; les arrêts sont de 1309. Voyez Voltaire lui-même, *Histoire du Parlement*, chap. iv. B.

exciter à imiter la France. On s'y conforme en Castille, en Aragon, en Sicile, en Angleterre; mais ce ne fut qu'en France qu'on fit périr ces malheureux. Deux cent et un témoins les accusèrent de renier Jésus-Christ en entrant dans l'ordre, de cracher sur la croix, d'adorer une tête dorée montée sur quatre pieds. Le novice baisait le profès qui le recevait, à la bouche, au nombril, et à des parties qui paraissaient peu destinées à cet usage. Il jurait de s'abandonner à ses confrères. Voilà, disent les informations conservées jusqu'à nos jours, ce qu'avouèrent soixante et douze templiers au pape même, et cent quarante-un de ces accusés à frère Guillaume, cordelier, inquisiteur dans Paris, en présence de témoins. On ajoute que le grand-maître de l'ordre même, et le grand-maître de Chypre, les maîtres de France, de Poitou, de Vienne, de Normandie, firent les mêmes aveux à trois cardinaux délégués par le pape.

(1312) Ce qui est indubitable, c'est qu'on fit subir les tortures les plus cruelles à plus de cent chevaliers, qu'on en brûla vifs cinquante-neuf en un jour, près de l'abbaye Saint-Antoine de Paris; que le grand-maître Jacques de Molai, et Gui, frère du dauphin d'Auvergne, deux des principaux seigneurs de l'Europe, l'un par sa dignité, l'autre par sa naissance, furent aussi jetés vifs dans les flammes, non loin de l'endroit où est à présent la statue équestre du roi Henri IV.

Ces supplices, dans lesquels on fait mourir tant de citoyens d'ailleurs respectables, cette foule de témoins contre eux, ces aveux de plusieurs accusés mêmes, semblent des preuves de leur crime et de la justice de leur perte.

Mais aussi que de raisons en leur faveur! Premièrement, de tous ces témoins qui déposent contre les templiers, la plupart n'articulent que de vagues accusations. Secondement, très peu disent que les templiers reniaient Jésus-Christ. Qu'auraient-ils en effet gagné en maudissant une religion qui les nourrissait, et pour laquelle ils combattaient? Troisièmement, que plusieurs d'entre eux, témoins et complices des débauches des princes et des ecclésiastiques de ce temps-là, eussent marqué quelquefois du mépris pour les abus d'une religion tant déshonorée en Asie et en Europe; qu'ils en eussent parlé dans des moments de liberté, comme on disait que Boniface VIII en parlait; c'est un emportement de jeunes gens dont certainement l'ordre n'est point comptable. Quatrièmement, cette tête dorée qu'on prétendait qu'ils adoraient, et qu'on gardait à Marseille, devait leur être représentée: on ne se mit seulement pas en peine de la chercher; et il faut avouer qu'une telle accusation se détruit d'elle-même. Cinquièmement, la manière infame dont on leur reprochait d'être reçus dans l'ordre ne peut avoir passé en loi parmi eux. C'est mal connaître les hommes de croire qu'il y ait des sociétés qui se soutiennent par les mauvaises mœurs, et qui fassent une loi de l'impudicité: on veut toujours rendre sa société respectable à qui veut y entrer. Je ne doute nullement que plusieurs jeunes templiers ne s'abandonnassent à des excès qui de tout temps ont été le partage de la jeunesse ; et ce sont de ces vices passagers qu'il vaut beaucoup mieux ignorer que punir. Sixièmement, si tant de témoins ont déposé contre les templiers, il y eut aussi beaucoup de témoignages étrangers en faveur de l'ordre. Septièmement, si les accusés, vaincus par les tourments, qui font dire le mensonge comme la vérité, ont confessé tant de crimes, peut-être ces aveux sont-ils autant à la honte des juges qu'à celle des chevaliers ; on leur promettait leur grace pour extorquer leur confession. Huitièmement, les cinquante-neuf qu'on brûla vifs prirent Dieu à témoin de leur innocence, et ne voulurent point la vie qu'on leur offrait à condition de s'avouer coupables. Quelle plus grande preuve non seulement d'innocence, mais d'honneur ? Neuvièmement, soixante et quatorze templiers non accusés entreprirent de défendre l'ordre, et ne furent point écoutés. Dixièmement, lorsqu'on lut au grand-maître sa confession rédigée devant les trois cardinaux, ce vieux guerrier, qui ne savait ni lire ni écrire, s'écria qu'on l'avait trompé; que l'on avait écrit une autre déposition que la sienne ; que les cardinaux ministres de cette perfidie méritaient qu'on les punît comme les Turcs punissent les faussaires, en leur fendant le corps et la tête en deux. Onzièmement, on eût accordé la vie à ce grand-maître, et à Gui, frère du dauphin d'Auvergne, s'ils avaient voulu se reconnaître coupables publiquement ; et on ne les brûla que parcequ'appelés en présence du peuple sur un échafaud pour avouer les crimes de l'ordre, ils jurèrent que l'ordre était innocent. Cette déclaration, qui indigna le roi, leur attira leur supplice, et ils moururent en invoquant en vain la vengeance céleste contre leurs persécuteurs.

Cependant, en conséquence de la bulle du pape et de leurs grands biens, on poursuivit les templiers dans toute l'Europe ; mais en Allemagne ils surent empêcher qu'on ne saisît leurs personnes. Ils soutinrent en Aragon des siéges dans leurs châteaux. Enfin le pape abolit l'ordre de sa seule autorité dans un consistoire secret, pendant le concile de Vienne : partagea qui put leurs dépouilles. Les rois de Castille et d'Aragon s'emparèrent d'une partie de leurs biens, et en firent part aux chevaliers de Calatrava ; on donna les terres de l'ordre en France, en Italie, en Angleterre, en Allemagne, aux hospitaliers, nommés alors chevaliers de Rhodes, parcequ'ils venaient de prendre cette île sur les Turcs, et l'avaient su garder avec un courage qui méritait au moins les dépouilles des chevaliers du Temple pour leur récompense.

Denys, roi de Portugal, institua en leur place l'ordre des chevaliers du Christ, ordre qui devait combattre les Maures, mais qui, étant devenu depuis un vain honneur, a cessé même d'être honneur à force d'être prodigué.

Philippe-le-Bel se fit donner deux cent mille livres, et Louis Hutin son fils prit encore soixante mille livres sur les biens des templiers. J'ignore ce qui revint au pape ; mais je vois évidemment que les frais des cardinaux, des inquisiteurs délégués pour faire ce procès épouvantable, montèrent à des sommes immenses. Je m'étais peut-être trompé, quand je lus avec vous la lettre circulaire de Philippe-le-Bel, par laquelle il ordonne à ses sujets de restituer les meubles et immeubles des templiers aux commissaires du pape. Cette ordonnance de Philippe est rapportée par Pierre Du Pui. Nous crûmes que le pape avait profité de cette prétendue restitution; car à qui restitue-t-on, sinon à ceux qu'on regarde comme propriétaires? Or, dans ce temps, on pensait que les papes étaient les maîtres des biens de l'Église : cependant je n'ai jamais pu découvrir ce que le pape recueillit de cette dépouille. Il est avéré qu'en Provence le pape partagea les biens meubles des templiers avec le souverain. On joignait à la bassesse de s'emparer du bien des proscrits la honte de se déshonorer pour peu de chose : mais y avait-il alors de l'honneur?

Il faut considérer un événement qui se passait dans le même temps, qui fait plus d'honneur à la nature humaine, et qui a fondé une république invincible.

CHAPITRE LXVII.

De la Suisse, et de sa révolution au commencement du quatorzième siècle.

De tous les pays de l'Europe, celui qui avait le plus conservé la simplicité et la pauvreté des premiers âges était la Suisse. Si elle n'était pas devenue libre, elle n'aurait point de place dans l'histoire du monde; elle serait confondue avec tant de provinces plus fertiles et plus opulentes qui suivent le sort des royaumes où elles sont enclavées : on ne s'attire l'attention que quand on est quelque chose par soi-même. Un ciel triste, un terrain pierreux et ingrat, des montagnes, des précipices, c'est là tout ce que la nature a fait pour les trois quarts de cette contrée. Cependant on se disputait la souveraineté de ces rochers avec la même fureur qu'on s'égorgeait pour avoir le royaume de Naples, ou l'Asie Mineure.

Dans ces dix-huit ans d'anarchie où l'Allemagne fut sans empereur, des seigneurs de châteaux et des prélats combattaient à qui aurait une petite portion de la Suisse. Leurs petites villes voulaient être libres comme les villes d'Italie, sous la protection de l'empire.

Quand Rodolphe fut empereur, quelques seigneurs de châteaux accusèrent juridiquement les cantons de Schwitz, d'Uri, et d'Underwald, de s'être soustraits à leur domination féodale. Rodolphe, qui avait autrefois combattu ces petits tyrans, jugea en faveur des citoyens.

Albert d'Autriche, son fils, étant parvenu à l'empire, voulut faire de la Suisse une principauté pour un de ses enfants. Une partie des terres du pays était de son domaine, comme Lucerne, Zurich, et Glaris. Des gouverneurs sévères furent envoyés, qui abusèrent de leur pouvoir.

Les fondateurs de la liberté helvétienne se nommaient Melchtal, Stauffacher, et Walther Furst. La difficulté de prononcer des noms si respectables nuit à leur célébrité. Ces trois paysans furent les premiers conjurés ; chacun d'eux en attira trois autres. Ces neuf gagnèrent les trois cantons de Schwitz, d'Uri, et d'Underwald.

Tous les historiens prétendent que, tandis que cette conspiration se tramait, un gouverneur d'Uri, nommé Gessler, s'avisa d'un genre de tyrannie ridicule et horrible (1307). Il fit mettre, dit-on, un de ses bonnets au haut d'une perche dans la place, et ordonna qu'on saluât le bonnet sous peine de la vie. Un des conjurés, nommé Guillaume Tell, ne salua point le bonnet. Le gouverneur le condamna à être pendu, et ne lui donna sa grace qu'à condition que le coupable, qui passait pour archer très adroit, abattrait d'un coup de flèche une pomme placée sur la tête de son fils[a]. Le père tremblant tira, et fut assez heureux pour abattre la pomme. Gessler, apercevant une seconde flèche sous l'habit de Tell, demanda ce qu'il en prétendait faire. « Elle t'était destinée, dit le Suisse, « si j'avais blessé mon fils. » Il faut convenir que l'histoire de la pomme est bien suspecte. Il semble qu'on ait cru devoir orner d'une fable le berceau de la liberté helvétique; mais on tient pour constant que Tell, ayant été mis aux fers, tua ensuite le gouverneur d'un coup de flèche; que ce fut le signal des conjurés, que les peuples démolirent les forteresses.

L'empereur Albert d'Autriche, qui voulait punir ces hommes libres, fut prévenu par la mort. Le duc d'Autriche, Léopold, assembla contre eux vingt mille hommes. Les Suisses se conduisirent comme les Lacédémoniens aux Thermopyles (1315). Ils attendirent, au nombre de quatre ou cinq cents, la plus grande

[a] On prétend que ce conte est tiré d'une ancienne légende danoise.

partie de l'armée autrichienne au pas [1] de Morgarten. Plus heureux que les Lacédémoniens, ils mirent en fuite leurs ennemis en roulant sur eux des pierres. Les autres corps de l'armée ennemie furent battus en même temps par un aussi petit nombre de Suisses.

Cette victoire ayant été gagnée dans le canton de Schwitz, les deux autres cantons donnèrent ce nom à leur alliance, laquelle devenant plus générale, fait encore souvenir, par ce seul nom, de la victoire qui leur acquit la liberté.

Petit à petit les autres cantons entrèrent dans l'alliance. Berne, qui est en Suisse ce qu'Amsterdam est en Hollande, ne se ligua qu'en 1352; et ce ne fut qu'en 1513 que le petit pays d'Appenzel se joignit aux autres cantons, et acheva le nombre de treize.

Jamais peuple n'a plus long-temps ni mieux combattu pour sa liberté que les Suisses; ils l'ont gagnée par plus de soixante combats contre les Autrichiens; et il est à croire qu'ils la conserveront long-temps. Tout pays qui n'a pas une grande étendue, qui n'a pas trop de richesses, et où les lois sont douces, doit être libre. Le nouveau gouvernement en Suisse a fait changer de face à la nature; un terrain aride, négligé sous des maîtres trop durs, a été enfin cultivé; la vigne a été plantée sur des rochers; des bruyères défrichées et labourées par des mains libres sont devenues fertiles.

L'égalité, partage naturel des hommes, subsiste encore en Suisse autant qu'il est possible. Vous n'en-

---

[1] C'est le texte des éditions de 1756, 1761, 1769 (in-4°), 1775, et de celles de Kehl. Quelques éditions portent *bas*. B.

tendez pas par ce mot cette égalité absurde et impossible par laquelle le serviteur et le maître, le manœuvre et le magistrat, le plaideur et le juge, seraient confondus ensemble; mais cette égalité par laquelle le citoyen ne dépend que des lois, et qui maintient la liberté des faibles contre l'ambition du plus fort. Ce pays enfin aurait mérité d'être appelé heureux, si la religion n'avait dans la suite divisé ses citoyens que l'amour du bien public réunissait, et si, en vendant leur courage à des princes plus riches qu'eux, ils eussent toujours conservé l'incorruptibilité qui les distingue.

Chaque nation a eu des temps où les esprits s'emportent au-delà de leur caractère naturel; ces temps ont été moins fréquents chez les Suisses qu'ailleurs : la simplicité, la frugalité, la modestie, conservatrices de la liberté, ont toujours été leur partage; jamais ils n'ont entretenu d'armée pour défendre leurs frontières ou pour entrer chez leurs voisins; point de citadelles qui servent contre les ennemis ou contre les citoyens; point d'impôt sur les peuples: ils n'ont à payer ni le luxe ni les armées d'un maître; leurs montagnes font leurs remparts, et tout citoyen y est soldat pour défendre la patrie. Il y a bien peu de républiques dans le monde; et encore doivent-elles leur liberté à leurs rochers ou à la mer qui les défend. Les hommes sont très rarement dignes de se gouverner eux-mêmes.

CHAPITRE LXVIII.

Suite de l'état où étaient l'empire, l'Italie, et la papauté, au quatorzième siècle.

Nous avons entamé le quatorzième siècle. Nous pouvons remarquer que depuis six cents ans Rome faible et malheureuse est toujours le principal objet de l'Europe ; elle domine par la religion, tandis qu'elle est dans l'avilissement et dans l'anarchie ; et malgré tant d'abaissement et tant de désordres, ni les empereurs ne peuvent y établir le trône des Césars, ni les pontifes s'y rendre absolus. Voilà depuis Frédéric II quatre empereurs de suite qui oublient entièrement l'Italie : Conrad IV, Rodolphe Ier, Adolphe de Nassau, Albert d'Autriche. Aussi c'est alors que toutes les villes d'Italie rentrent dans leurs droits naturels, et lèvent l'étendard de la liberté : Gênes et Pise sont les émules de Venise ; Florence devient une république illustre ; Bologne ne reconnaît alors ni empereurs ni papes : le gouvernement municipal prévaut partout, et surtout dans Rome. (1312) Clément V, qu'on appela le *pape gascon*, aima mieux transférer le saint-siége hors d'Italie, et jouir en France des contributions payées alors par tous les fidèles, que disputer inutilement des châteaux et des villes auprès de Rome. La cour de Rome fut établie sur les frontières de France par ce pape ; et c'est ce que les Romains appellent encore aujourd'hui le temps de la captivité de

Babylone. Clément allait de Lyon à Vienne en Dauphiné, à Avignon, menant publiquement avec lui la comtesse de Périgord, et tirant ce qu'il pouvait d'argent de la piété des fidèles : c'est celui que vous avez vu détruire le corps redoutable des templiers.

Comment les Italiens, dans ces conjonctures, ne firent-ils pas, loin des empereurs et des papes, ce qu'ont fait les Allemands, qui sous les yeux mêmes des empereurs ont établi, de siècle en siècle, leur association au pouvoir suprême, et leur indépendance? Il n'y avait plus en Italie ni empereurs ni papes : qui forgea donc de nouvelles chaînes à ce beau pays? la division. Les factions *guelfe* et *gibeline*, nées des querelles du sacerdoce et de l'empire, subsistaient toujours comme un feu qui se nourrissait par de nouveaux embrasements; la discorde était partout. L'Italie ne fesait point un corps, l'Allemagne en fesait toujours un. Enfin le premier empereur entreprenant qui aurait voulu repasser les monts pouvait renouveler les droits et les prétentions des Charlemagne et des Othon. C'est ce qui arriva enfin à Henri VII, de la maison de Luxembourg : il descend en Italie avec une armée d'Allemands; il vient se faire reconnaître (1311). Le parti guelfe regarde son voyage comme une nouvelle irruption de barbares; mais le parti gibelin le favorise : il soumet les villes de Lombardie; c'est une nouvelle conquête : il marche à Rome pour y recevoir la couronne impériale.

Rome, qui ne voulait ni d'empereur ni de pape, et qui ne put secouer tout-à-fait le joug de l'un et de l'autre, ferma ses portes en vain (1313). Les Ursins et le frère de Robert, roi de Naples, ne purent empêcher que l'empereur n'entrât l'épée à la main, secondé du parti des Colonnes: on se battit long-temps dans les rues, et un évêque de Liége fut tué à côté de l'empereur. Il y eut beaucoup de sang répandu pour cette cérémonie du couronnement, que trois cardinaux firent enfin au lieu du pape. Il ne faut pas oublier que Henri VII protesta par-devant notaire que le serment par lui prêté à son sacre n'était point un serment de fidélité. Les papes osaient donc prétendre que l'empereur était leur vassal.

Maître de Rome, il y établit un gouverneur: il ordonna que toutes les villes, que tous les princes d'Italie lui payassent un tribut annuel; il comprit même dans cet ordre le royaume de Naples, séparé alors de celui de Sicile, et cita le roi de Naples à comparaître. Ainsi l'empereur réclame son droit sur Naples: le pape en était suzerain; l'empereur se disait suzerain du pape, et le pape se croyait suzerain de l'empereur.

(1313) Henri VII allait soutenir sa prétention sur Naples par les armes, quand il mourut empoisonné, à ce qu'on prétend: un dominicain mêla, dit-on, du poison dans le vin consacré.

Les empereurs communiaient alors sous les deux espèces, en qualité de chanoines de Saint-Jean-de-Latran. Ils pouvaient faire l'office de diacres à la messe du pape, et les rois de France y auraient été sous-diacres.

On n'a point de preuves juridiques que Henri VII ait péri par cet empoisonnement sacrilége: frère Bernard

Politien de Montepulciano en fut accusé; et les dominicains obtinrent, trente ans après, du fils de Henri VII, Jean, roi de Bohême, des lettres qui les déclaraient innocents. Il est triste d'avoir eu besoin de ces lettres.

De même qu'alors peu d'ordre régnait dans les élections des papes, celles des empereurs étaient très mal ordonnées. Les hommes n'avaient point encore su prévenir les schismes par de sages lois.

Louis de Bavière et Frédéric-le-Beau, duc d'Autriche, furent élus à-la-fois au milieu des plus funestes troubles. Il n'y avait que la guerre qui pût décider ce qu'une diète réglée d'électeurs aurait dû juger: un combat, dans lequel l'Autrichien fut vaincu et pris (1322), donna la couronne au Bavarois.

On avait alors pour pape Jean XXII, élu à Lyon en 1315. Lyon se regardait encore comme une ville libre; mais l'évêque en voulait toujours être le maître, et les rois de France n'avaient encore pu soumettre l'évêque. Philippe-le-Long, à peine roi de France, avait assemblé les cardinaux dans cette ville libre; et, après leur avoir juré qu'il ne leur ferait aucune violence, il les avait enfermés tous, et ne les avait relâchés qu'après la nomination de Jean XXII.

Ce pape est encore un grand exemple de ce que peut le simple mérite dans l'Église; car il faut sans doute en avoir beaucoup pour parvenir de la profession de savetier au rang dans lequel on se fait baiser les pieds.

Il est au nombre de ces pontifes qui eurent d'autant plus de hauteur dans l'esprit, que leur origine était plus basse aux yeux des hommes. Nous avons déjà remarqué[1] que la cour pontificale ne subsistait que des rétributions fournies par les chrétiens : ce fonds était plus considérable que les terres de la comtesse Mathilde. Quand je parle du mérite de Jean XXII, ce n'est pas de celui du désintéressement : ce pontife exigeait plus ardemment qu'aucun de ses prédécesseurs, non seulement le denier de saint Pierre, que l'Angleterre payait très irrégulièrement, mais les tributs de Suède, de Danemarck, de Norvège, et de Pologne ; il demandait si souvent et si violemment, qu'il obtenait toujours quelque argent : ce qui lui en valut davantage, ce fut la taxe apostolique des péchés ; il évalua le meurtre, la sodomie, la bestialité ; et les hommes assez méchants pour commettre ces péchés furent assez sots pour les payer. Mais être à Lyon, et n'avoir que peu de crédit en Italie, ce n'était pas être pape.

Pendant qu'il siégeait à Lyon, et que Louis de Bavière s'établissait en Allemagne, l'Italie se perdait et pour l'empereur et pour lui. Les Visconti commençaient à s'établir à Milan ; l'empereur Louis, ne pouvant les abaisser, feignait de les protéger, et leur laissait le titre de ses lieutenants : ils étaient gibelins ; comme tels ils s'emparaient d'une partie de ces terres de la comtesse Mathilde, éternel sujet de discorde. Jean les fit déclarer hérétiques par l'inquisition : il était en France, il pouvait sans rien risquer donner une de ces bulles qui ôtent et qui donnent les empires. Il déposa Louis de Bavière en idée par une de ces bulles,

[1] Page 297.

le privant, dit-il, *de tous ses biens meubles et immeubles.*

(1327) L'empereur ainsi déposé se hâta de marcher vers l'Italie, où celui qui le déposait n'osait paraître : il vint à Rome, séjour toujours passager des empereurs, accompagné de Castracani, tyran de Lucques, ce héros de Machiavel.

Ludovico Monaldesco, natif d'Orviette, qui, à l'âge de cent quinze ans, écrivit des mémoires de son temps, dit qu'il se ressouvient très bien de cette entrée de l'empereur Louis de Bavière (1328). « Le peuple chan-« tait, dit-il, Vive Dieu et l'empereur ! nous sommes « délivrés de la guerre, de la famine, et du pape. » Ce trait ne vaut la peine d'être cité que parcequ'il est d'un homme qui écrivait à l'âge de cent quinze années.

Louis de Bavière convoqua dans Rome une assemblée générale semblable à ces anciens parlements de Charlemagne et de ses enfants : ce parlement se tint dans la place de Saint-Pierre; des princes d'Allemagne et d'Italie, des députés des villes, des évêques, des abbés, des religieux, y assistèrent en foule. L'empereur, assis sur un trône au haut des degrés de l'église, la couronne en tête et un sceptre d'or à la main, fit crier trois fois par un moine augustin : « Y a-t-il quel-« qu'un qui veuille défendre la cause du prêtre de Ca-« hors qui se nomme le pape Jean ? » (1328) Personne n'ayant comparu, Louis prononça la sentence, par laquelle il privait le pape de tout bénéfice, et le livrait au bras séculier pour être brûlé comme hérétique. Condamner ainsi à la mort un souverain pontife était le dernier excès où pût monter la querelle du sacerdoce et de l'empire.

Quelques jours après, l'empereur, avec le même appareil, créa pape un cordelier napolitain, l'investit par l'anneau, lui mit lui-même la chape, et le fit asseoir sous le dais à ses côtés; mais il se garda bien de déférer à l'usage de baiser les pieds du pontife.

Parmi tous les moines, dont je parlerai à part, les franciscains fesaient alors le plus de bruit. Quelques uns d'eux avaient prétendu que la perfection consistait à porter un capuchon plus pointu et un habit plus serré; ils ajoutaient à cette réforme l'opinion que leur boire et leur manger ne leur appartenaient pas en propre. Le pape avait condamné ces propositions; la condamnation avait révolté les réformateurs : enfin, la querelle s'étant échauffée, les inquisiteurs de Marseille avaient fait brûler quatre de ces malheureux moines (1318).

Le cordelier fait pape par l'empereur était de leur parti; voilà pourquoi Jean XXII était hérétique. Ce pape était destiné à être accusé d'hérésie; car quelque temps après, ayant prêché que les saints ne jouiraient de la vision béatifique qu'après le jugement dernier, et qu'en attendant ils avaient une vision imparfaite, ces deux visions partagèrent l'Église, et enfin Jean se rétracta.

Cependant ce grand appareil de Louis de Bavière à Rome n'eut pas plus de suite que les efforts des autres Césars allemands : les troubles d'Allemagne les rappelaient toujours, et l'Italie leur échappait.

Louis de Bavière, au fond peu puissant, ne put empêcher à son retour que son pontife ne fût pris par le parti de Jean XXII, et ne fût conduit dans Avignon, où il fut enfermé. Enfin telle était alors la différence d'un empereur et d'un pape, que Louis de Bavière, tout sage qu'il était, mourut pauvre dans son pays (1344), et que le pape, éloigné de Rome, et tirant peu de secours de l'Italie, laissa en mourant, dans Avignon, la valeur de vingt-cinq millions de florins d'or, si on en croit Villani, auteur contemporain. Il est clair que Villani exagère ; quand on réduirait cette somme au tiers, ce serait encore beaucoup : aussi la papauté n'avait jamais tant valu à personne ; mais aussi jamais pontife ne vendit tant de bénéfices, et si chèrement.

Il s'était attribué la réserve de toutes les prébendes, de presque tous les évêchés, et le revenu de tous les bénéfices vacants ; il avait trouvé, par l'art des réserves, celui de prévenir presque toutes les élections et de donner tous les bénéfices. Bien plus, jamais il ne nommait un évêque qu'il n'en déplaçât sept ou huit : chaque promotion en attirait d'autres, et toutes valaient de l'argent. Les taxes pour les dispenses et pour les péchés furent inventées et rédigées de son temps : le livre de ses taxes a été imprimé plusieurs fois depuis le seizième siècle, et a mis au jour des infamies plus ridicules et plus odieuses tout ensemble que tout ce qu'on raconte de l'insolente fourberie des prêtres de l'antiquité[a].

Les papes ses successeurs restèrent jusqu'en 1371 dans Avignon. Cette ville ne leur appartenait pas, elle était aux comtes de Provence ; mais les papes s'en

---

[a] Voyez le *Dictionnaire philosophique*, article Taxe.

étaient rendus insensiblement les maîtres usufruitiers, tandis que les rois de Naples, comtes de Provence, disputaient le royaume de Naples.

(1348) La malheureuse reine Jeanne, dont nous allons parler, se crut heureuse de céder Avignon au pape Clément VI pour quatre-vingt mille florins d'or qu'il ne paya jamais. La cour des papes y était tranquille; elle répandait l'abondance dans la Provence et le Dauphiné, et oubliait le séjour orageux de Rome.

Je ne vois presque aucun temps, depuis Charlemagne, dans lequel les Romains n'aient rappelé leurs anciennes idées de grandeur et de liberté: ils choisissaient, comme on a vu[1], tantôt plusieurs sénateurs, tantôt un seul, ou un patrice, ou un gouverneur, ou un consul, quelquefois un tribun. Quand ils virent que le pape achetait Avignon, ils songèrent encore à faire renaître la république : ils revêtirent du tribunat un simple citoyen, nommé Nicolas Rienzi, et vulgairement Cola, homme né fanatique et devenu ambitieux, capable par conséquent de grandes choses; il les entreprit, et donna des espérances à Rome : c'est de lui que parle Pétrarque dans la plus belle de ses odes ou *canzoni*; il dépeint Rome, échevelée et les yeux mouillés de larmes, implorant le secours de Rienzi :

« Con gli occhi di dolor bagnati e molli
« Ti chier' mercè da tutti sette i colli. »

Ce tribun s'intitulait «sévère et clément libérateur « de Rome, zélateur de l'Italie, amateur de l'uni- « vers » : il déclara que tous les peuples de l'Italie

---

[1] Chap. XXX et LXI.

étaient libres et citoyens romains. Mais ces convulsions d'une liberté depuis si long-temps mourante ne furent pas plus efficaces que les prétentions des empereurs sur Rome : ce tribunat passa plus vite que le sénat et le consulat en vain rétablis. Rienzi ayant commencé comme les Gracques, finit comme eux; il fut assassiné par la faction des familles patriciennes.

Rome devait dépérir par l'absence de la cour des papes, par les troubles de l'Italie, par la stérilité de son territoire, et par le transport de ses manufactures à Gênes, à Pise, à Venise, à Florence. Les pélerinages seuls la soutenaient alors : le grand jubilé surtout, institué par Boniface VIII de siècle en siècle, mais établi de cinquante en cinquante ans par Clément VI, attirait à Rome une si prodigieuse foule, qu'en 1350 on y compta deux cent mille pélerins. Rome, sans empereur et sans pape, est toujours faible, et la première ville du monde chrétien.

CHAPITRE LXIX.

De Jeanne, reine de Naples.

Nous avons dit que le siége papal acquit Avignon de Jeanne d'Anjou et de Provence. On ne vend ses états que quand on est malheureux. Les infortunes et la mort de cette reine entrent dans tous les événements de ce temps-là, et surtout dans le grand schisme d'Occident, que nous aurons bientôt sous les yeux.

Naples et Sicile étaient toujours gouvernées par

des étrangers : Naples, par la maison de France; l'île de Sicile, par celle d'Aragon. Robert, qui mourut en 1343, avait rendu son royaume de Naples florissant : son neveu, Louis d'Anjou, avait été élu roi de Hongrie. La maison de France étendait ses branches de tous côtés; mais ces branches ne furent unies ni avec la souche commune ni entre elles; toutes devinrent malheureuses. Le roi de Naples, Robert, avait, avant de mourir, marié sa petite-fille Jeanne, son héritière, à André, frère du roi de Hongrie. Ce mariage, qui semblait devoir cimenter le bonheur de cette maison, en fit les infortunes : André prétendait régner de son chef; Jeanne, toute jeune qu'elle était, voulut qu'il ne fût que le mari de la reine. Un moine franciscain, nommé frère Robert, qui gouvernait André, alluma la haine et la discorde entre les deux époux : une cour de Napolitains auprès de la reine, une autre auprès d'André, composée de Hongrois, regardés comme des barbares par les naturels du pays, augmentaient l'antipathie. Louis, prince de Tarente, prince du sang, qui bientôt après épousa la reine, d'autres princes du sang, les favoris de cette princesse, la fameuse Catanoise, sa domestique, si attachée à elle, résolvent la mort d'André : (1346) on l'étrangle dans la ville d'Averse, dans l'antichambre de sa femme, et presque sous ses yeux; on le jette par les fenêtres; on laisse trois jours le corps sans sépulture. La reine épouse, au bout de l'an, le prince de Tarente, accusé par la voix publique. Que de raisons pour la croire coupable! Ceux qui la justifient allèguent qu'elle eut quatre maris, et qu'une reine qui se soumet toujours au joug du mariage ne doit pas être accusée des crimes que l'amour fait commettre. Mais l'amour seul inspire-t-il les attentats? Jeanne consentit au meurtre de son époux par faiblesse, et elle eut trois maris ensuite par une autre faiblesse plus pardonnable et plus ordinaire, celle de ne pouvoir régner seule.

Louis de Hongrie, frère d'André, écrivit à Jeanne qu'il vengerait la mort de son frère sur elle et sur ses complices : il marcha vers Naples par Venise et par Rome, et fit accuser Jeanne juridiquement à Rome devant ce tribun, Cola Rienzi, qui, dans sa puissance passagère et ridicule, vit pourtant des rois à son tribunal, comme les anciens Romains. Rienzi n'osa rien décider, et en cela seul il montra de la prudence.

Cependant le roi Louis avança vers Naples, fesant porter devant lui un étendard noir sur lequel on avait peint un roi étranglé. Il fait couper la tête à un prince du sang, Charles de Durazzo, complice du meurtre (1347); il poursuit la reine Jeanne, qui fuit avec son nouvel époux dans ses états de Provence. Mais, ce qui est bien étrange, on a prétendu que l'ambition n'eut point de part à la vengeance de Louis. Il pouvait s'emparer du royaume, et il ne le fit pas. On trouve rarement de tels exemples. Ce prince avait, dit-on, une vertu austère qui le fit élire depuis roi de Pologne. Nous parlerons de lui quand nous traiterons particulièrement de la Hongrie.

Jeanne, coupable et punie avant l'âge de vingt ans d'un crime qui attira sur ses peuples autant de calamités que sur elle, abandonnée à-la-fois des Napolitains et des Provençaux, va trouver le pape Clément VI dans Avignon, dont elle était souveraine; elle lui abandonne sa ville et son territoire pour quatre-vingt mille florins d'or qu'elle ne reçut point. Pendant qu'on négocie ce sacrifice (1348), elle plaide elle-même sa cause devant le consistoire : et le consistoire la déclare innocente. Clément VI, pour faire sortir de Naples le roi de Hongrie, stipule que Jeanne lui paiera trois cent mille florins. Louis répond qu'il n'est pas venu pour vendre le sang de son frère, qu'il l'a vengé en partie, et qu'il part satisfait. L'esprit de chevalerie qui régnait alors n'a produit jamais ni plus de dureté ni plus de générosité.

La reine, chassée par son beau-frère, et rétablie par la faveur du pape, perdit son second mari (1376), et jouit seule du gouvernement quelques années. Elle épousa un prince d'Aragon qui mourut bientôt après; enfin, à l'âge de quarante-six ans, elle se remarie avec un cadet de la maison de Brunswick, nommé Othon : c'était choisir plutôt un mari qui pût lui plaire qu'un prince qui la pût défendre. Son héritier naturel était un autre Charles de Durazzo, son cousin, seul reste alors de la première maison de France Anjou à Naples; ces princes se nommaient ainsi, parceque la ville de Durazzo, conquise par eux sur les Grecs, et enlevée ensuite par les Vénitiens, avait été leur apanage : elle reconnut ce Durazzo pour son héritier, elle l'adopta même. Cette adoption et le grand schisme d'Occident hâtèrent la mort malheureuse de la reine.

Déjà éclataient les suites sanglantes de ce schisme, dont nous parlerons bientôt. Brigano[1], qui prit le

---

[1] Les auteurs de l'*Art de vérifier les dates*, la *Biographie universelle* et

nom d'Urbain VI, et le comte de Genève qui s'appela Clément VII, se disputèrent la tiare avec fureur; ils partageaient l'Europe. Jeanne prit le parti de Clément, qui résidait dans Avignon. Durazzo ne voulant pas attendre la mort naturelle de sa mère adoptive pour régner, s'engagea avec Brigano-Urbain.

(1380) Ce pape couronne Durazzo dans Rome, à condition que son neveu Brigano aura la principauté de Capoue : il excommunie, il dépose la reine Jeanne ; et pour mieux assurer la principauté de Capoue à sa famille, il donne tous les biens de l'Église aux principales maisons napolitaines.

Le pape marche avec Durazzo vers Naples. L'or et l'argent des églises fut employé à lever une armée. La reine ne peut être secourue, ni par le pape Clément qu'elle a reconnu, ni par le mari qu'elle a choisi ; à peine a-t-elle des troupes : elle appelle contre l'ingrat Durazzo un frère de Charles V, roi de France, aussi du nom d'Anjou ; elle l'adopte à la place de Durazzo.

Ce nouvel héritier de Jeanne, Louis d'Anjou, arrive trop tard pour défendre sa bienfaitrice, et pour disputer le royaume qu'on lui donne.

Le choix que la reine a fait de lui aliène encore ses sujets : on craint de nouveaux étrangers. Le pape et Charles Durazzo avancent. Othon de Brunswick rassemble à la hâte quelques troupes ; il est défait et prisonnier.

Durazzo entre dans Naples ; six galères que la reine avait fait venir de son comté de Provence, et qui

---

Voltaire lui-même, dans sa liste chronologique en tête des *Annales de l'Empire*, donnent Priguano pour le nom de famille d'Urbain VI. B.

mouillaient sous le château de l'OEuf, lui furent un secours inutile : tout se fesait trop tard; la fuite n'était plus praticable. Elle tombe dans les mains de l'usurpateur. Ce prince, pour colorer sa barbarie, se déclara le vengeur de la mort d'André. Il consulta Louis de Hongrie, qui, toujours inflexible, lui manda qu'il fallait faire périr la reine de la même mort qu'elle avait donnée à son premier mari [1]. Durazzo la fit étouffer entre deux matelas (1382). On voit partout des crimes punis par d'autres crimes. Quelles horreurs dans la famille de saint Louis !

La postérité, toujours juste quand elle est éclairée, a plaint cette reine, parceque le meurtre de son premier mari fut plutôt l'effet de sa faiblesse que de sa méchanceté, vu qu'elle n'avait que dix-huit ans quand elle consentit à cet attentat; et que depuis ce temps on ne lui reprocha ni débauche, ni cruauté, ni injustice. Mais ce sont les peuples qu'il faut plaindre; ils furent les victimes de ces troubles. Louis, duc d'Anjou, enleva les trésors du roi Charles V son frère, et appauvrit la France pour aller tenter inutilement de venger la mort de Jeanne, et pour recueillir son héritage. Il mourut bientôt dans la Pouille, sans succès et sans gloire, sans parti et sans argent.

Le royaume de Naples, qui avait commencé à sortir de la barbarie sous le roi Robert, y fut replongé par tous ces malheurs que le grand schisme aggravait encore. Avant de considérer ce grand schisme d'Occident que l'empereur Sigismond éteignit, représentons-nous quelle forme prit l'empire.

[1] Voyez chap. cxix. B.

CHAPITRE LXX.

De l'empereur Charles IV. De la bulle d'or. Du retour du saint-siége d'Avignon à Rome. De sainte Catherine de Sienne, etc.

L'empire allemand (car dans les dissensions qui accompagnèrent les dernières années de Louis de Bavière, il n'était plus d'empire romain) prit enfin une forme un peu plus stable sous Charles IV de Luxembourg, roi de Bohême, petit-fils de Henri VII. (1356) Il fit à Nuremberg cette fameuse constitution qu'on appelle bulle d'or, à cause du sceau d'or qu'on nommait *bulla* dans la basse latinité : on voit aisément par là pourquoi les édits des papes sont appelés bulles. Le style de cette charte se ressent bien de l'esprit du temps. Le jurisconsulte Barthole, l'un de ces compilateurs d'opinions qui tiennent encore lieu de lois, rédigea cette bulle. Il commence par une apostrophe à l'orgueil, à Satan, à la colère, à la luxure ; on y dit que le nombre des sept électeurs est nécessaire pour s'opposer aux sept péchés mortels. On y parle de la chute des anges, du paradis terrestre, de Pompée et de César ; on assure que l'Allemagne est fondée sur les trois vertus théologales, comme sur la Trinité.

Cette loi de l'empire fut faite en présence et du consentement de tous les princes, évêques, abbés, et même des députés des villes impériales, qui pour la première fois assistèrent à ces assemblées de la nation teutonique. Ces droits des villes, ces effets naturels de la liberté, avaient commencé à renaître en Italie, en Angleterre, en France, et en Allemagne. On sait que les électeurs furent alors fixés au nombre de sept. Les archevêques de Mayence, de Cologne, et de Trèves, en possession depuis long-temps d'élire des empereurs, ne souffrirent pas que d'autres évêques, quoique aussi puissants, partageassent cet honneur. Mais pourquoi le duché de Bavière ne fut-il pas mis au rang des électorats ? et pourquoi la Bohême, qui originairement était un état séparé de l'Allemagne, et qui, par la bulle d'or, n'a point d'entrée aux délibérations de l'empire, a-t-elle pourtant droit de suffrage dans l'élection ? On en voit la raison : Charles IV était roi de Bohême, et Louis de Bavière avait été son ennemi.

On dit dans cette bulle, composée par Barthole, que les sept électeurs étaient déjà établis; ils l'étaient donc, mais depuis fort peu de temps; tous les témoignages antérieurs du treizième siècle et du douzième font voir que jusqu'au temps de Frédéric II les seigneurs et les prélats possédant les fiefs élisaient l'empereur; et ce vers d'Hoved en est une preuve manifeste :

« Eligit unanimis cleri procerumque voluntas. »

La volonté unanime des seigneurs et du clergé fait les empereurs.

Mais comme les principaux officiers de la maison étaient des princes puissants; comme ces officiers déclaraient celui que la pluralité avait élu; enfin, comme ces officiers étaient au nombre de sept, ils s'attribuèrent, à la mort de Frédéric II, le droit de nommer leur maître; et ce fut la seule origine des sept électeurs.

Auparavant, un maître-d'hôtel, un écuyer, un échanson, étaient des principaux domestiques d'un homme; et avec le temps ils s'étaient érigés en maîtres-d'hôtel de l'empire romain, en échansons de l'empire romain. C'est ainsi qu'en France celui qui fournissait le vin du roi s'appela grand bouteillier de France; son panetier, son échanson, devinrent grands panetiers, grands échansons de France, quoique assurément ces officiers ne servissent ni pain, ni vin, ni viande, à l'empire et à la France. L'Europe fut inondée de ces dignités héréditaires de maréchaux, de grands veneurs, de chambellans d'une province. Il n'y eut pas jusqu'à la grande maîtrise des gueux de Champagne qui ne fût une prérogative de famille.

Au reste, la dignité impériale, qui par elle-même ne donnait alors aucune puissance réelle, ne reçut jamais plus de cet éclat qui impose aux peuples, que dans la cérémonie de la promulgation de la bulle d'or. Les trois électeurs ecclésiastiques, tous trois archichanceliers, y parurent avec les sceaux de l'empire. Mayence portait ceux d'Allemagne; Cologne, ceux d'Italie; Trèves, ceux des Gaules. Cependant l'empire n'avait dans les Gaules que la vaine mouvance des restes du royaume d'Arles, de la Provence, du Dauphiné, bientôt après confondus dans le vaste royaume de France. La Savoie, qui était à la maison de Maurienne, relevait de l'empire; la Franche-Comté, sous la protection impériale, était indépendante, et appartenait à la branche de Bourgogne de la maison de France.

L'empereur était nommé dans la bulle le chef du monde, *caput orbis*. Le dauphin de France, fils du malheureux Jean de France, assistait à cette cérémonie, et le cardinal d'Albe prit la place au-dessus de lui : tant il est vrai qu'alors on regardait l'Europe comme un corps à deux têtes; et ces deux têtes étaient l'empereur et le pape; les autres princes n'étaient regardés aux diètes de l'empire et aux conclaves que comme des membres qui devaient être des vassaux. Mais observez combien ces usages ont changé; les électeurs alors cédaient aux cardinaux : ils ont depuis mieux senti le prix de leur dignité; nos chanceliers ont long-temps pris le pas sur ceux qui avaient osé précéder le dauphin de France. Jugez après cela s'il est quelque chose de fixe en Europe.

On a vu ce que l'empereur possédait en Italie [1] : il n'était en Allemagne que souverain de ses états héréditaires; cependant il parle dans sa bulle en roi despotique, il y fait tout *de sa certaine science et pleine puissance;* mots insoutenables à la liberté germanique, qui ne sont plus soufferts dans les diètes impériales, où l'empereur s'exprime ainsi : « Nous sommes « demeurés d'accord avec les états, et les états avec « nous. »

Pour donner quelque idée du faste qui accompagna la cérémonie de la bulle d'or, il suffira de savoir que le duc de Luxembourg et de Brabant, neveu de l'empereur, lui servait à boire; que le duc de Saxe, comme grand-maréchal, parut avec une mesure d'argent pleine d'avoine; que l'électeur de Brandebourg donna

[1] Voyez chap. LXI, page 232. B.

à laver à l'empereur et à l'impératrice; et que le comte palatin posa les plats d'or sur la table, en présence de tous les grands de l'empire.

On eût pris Charles IV pour le roi des rois. Jamais Constantin, le plus fastueux des empereurs, n'avait étalé des dehors plus éblouissants; cependant Charles IV, tout empereur romain qu'il affectait d'être, avait fait serment au pape Clément VI (1346), avant d'être élu, que s'il allait jamais se faire couronner à Rome, il n'y coucherait pas seulement une nuit, et qu'il ne rentrerait jamais en Italie sans la permission du saint-père; et il y a encore une lettre de lui au cardinal Colombier, doyen du sacré collége, datée de l'an 1355, dans laquelle il appelle ce doyen *Votre Majesté*.

Aussi laissa-t-il à la maison de Visconti l'usurpation de Milan et de la Lombardie; aux Vénitiens, Padoue, autrefois la souveraine de Venise, mais qui alors était sa sujette, ainsi que Vicence et Vérone. Il fut couronné roi d'Arles dans la ville de ce nom; mais c'était à condition qu'il n'y resterait pas plus que dans Rome. Tant de changements dans les usages et dans les droits, cette opiniâtreté à se conserver un titre avec si peu de pouvoir, forment l'histoire du bas-empire. Les papes l'érigèrent en appelant Charlemagne et ensuite les Othon dans la faible Italie; les papes le détruisirent ensuite autant qu'ils le purent. Ce corps qui s'appelait et qui s'appelle encore le saint empire romain, n'était en aucune manière ni saint, ni romain, ni empire.

Les électeurs dont les droits avaient été affermis

par la bulle d'or de Charles IV, les firent bientôt valoir contre son propre fils, l'empereur Venceslas, roi de Bohême.

La France et l'Allemagne furent affligées à-la-fois d'un fléau sans exemple; le roi de France et l'empereur avaient perdu presque en même temps l'usage de la raison : d'un côté Charles VI, par le dérangement de ses organes, causait celui de la France; de l'autre, Venceslas, abruti par les débauches de la table, laissait l'empire dans l'anarchie. Charles VI ne fut point déposé; ses parents désolèrent la France en son nom: mais les barons de Bohême enfermèrent Venceslas (1393), qui se sauva un jour tout nu de la prison (1400); et les électeurs en Allemagne le déposèrent juridiquement par une sentence publique : la sentence porte seulement qu'il est déposé comme *négligent, inutile, dissipateur, et indigne.*

On dit que quand on lui annonça sa déposition, il écrivit aux villes impériales d'Allemagne qu'il n'exigeait d'elles d'autres preuves de leur fidélité que quelques tonneaux de leur meilleur vin.

L'état déplorable de l'Allemagne semblait laisser le champ libre aux papes en Italie; mais les républiques et les principautés qui s'étaient élevées avaient eu le temps de s'affermir. Depuis Clément V, Rome était étrangère aux papes : le Limousin Grégoire XI, qui enfin transféra le saint-siége à Rome, ne savait pas un mot d'italien.

(1376) Ce pape avait de grands démêlés avec la république de Florence, qui établissait alors son pouvoir en Italie : Florence s'était liguée avec Bologne.

Grégoire, qui par l'ancienne concession de Mathilde se prétendait seigneur immédiat de Bologne, ne se borna pas à se venger par des censures; il épuisa ses trésors pour payer les condottieri, qui louaient alors des troupes à qui voulait les acheter. Les Florentins voulurent s'accommoder et mettre les papes dans leurs intérêts; ils crurent qu'il leur importait que le pontife résidât à Rome: il fallut donc persuader Grégoire de quitter Avignon. On ne peut concevoir comment, dans des temps où les esprits étaient si éclairés sur leurs intérêts, on employait des ressorts qui paraissent aujourd'hui si ridicules. On députa au pape sainte Catherine de Sienne, non seulement femme à révélations, mais qui prétendait avoir épousé Jésus-Christ solennellement, et avoir reçu de lui à son mariage un anneau et un diamant. Pierre de Capoue son confesseur, qui a écrit sa vie, avait vu la plupart de ses miracles. « J'ai été témoin, dit-il, qu'elle fut un « jour transformée en homme, avec une petite barbe « au menton; et cette figure en laquelle elle fut subi-« tement changée était celle de Jésus-Christ même. » Telle était l'ambassadrice que les Florentins députèrent. On employait d'un autre côté les révélations de sainte Brigite, née en Suède, mais établie à Rome, et à laquelle un ange dicta plusieurs lettres pour le pontife. Ces deux saintes, divisées sur tout le reste, se réunirent pour ramener le pape à Rome. Brigite était la sainte des cordeliers, et la Vierge lui révélait qu'elle était née immaculée; mais Catherine était la sainte des dominicains, et la Vierge lui révélait qu'elle était née dans le péché. Tous les papes n'ont pas été des hommes de génie. Grégoire était-il simple? fut-il ému par des machines proportionnées à son entendement? se conduisit-il par politique ou par faiblesse? Il céda enfin, et le saint-siége fut transféré d'Avignon à Rome au bout de soixante-douze ans; mais ce ne fut que pour plonger l'Europe dans de nouvelles dissensions.

CHAPITRE LXXI.

Grand schisme d'Occident.

Le saint-siége ne possédait alors que le patrimoine de Saint-Pierre en Toscane, la campagne de Rome, le pays de Viterbe et d'Orviette, la Sabine, le duché de Spolette, Bénévent, une petite partie de la Marche d'Ancône : toutes les contrées réunies depuis à son domaine étaient à des seigneurs vicaires de l'empire ou du siége papal. Les cardinaux s'étaient mis depuis 1138 en possession d'exclure le peuple et le clergé de l'élection des pontifes, et depuis 1216 il fallait avoir les deux tiers des voix[1] pour être canoniquement élu. Il n'y avait à Rome, au temps dont je parle, que seize cardinaux, onze français, un espagnol, et quatre italiens : le peuple romain, malgré

---

[1] L'auteur de l'*Essai historique sur la puissance temporelle des papes* dit que ce fut Nicolas II (pape de 1059 à 1061) qui créa le collége électoral des cardinaux; mais il fait honneur de cette création à Hildebrand, depuis Grégoire VII. Ce fut Alexandre III (pape de 1159 à 1181) qui régla que l'élection serait consommée par la réunion des deux tiers des suffrages sur le même candidat. B.

son goût pour la liberté, malgré son aversion pour ses maîtres, voulait un pape qui résidât à Rome, parcequ'il haïssait beaucoup plus les ultramontains que les papes, et surtout parceque la présence d'un pontife attirait à Rome des richesses. Les Romains menacèrent les cardinaux de les exterminer, s'ils leur donnaient un pontife étranger. (1378) Les électeurs épouvantés nommèrent pour pape Brigano, évêque de Bari, Napolitain, qui prit le nom d'Urbain, et dont nous avons fait mention [1] en parlant de la reine Jeanne. C'était un homme impétueux et farouche, et par cela même peu propre à une telle place. A peine fut-il intrônisé qu'il déclara, dans un consistoire, qu'il ferait justice des rois de France et d'Angleterre, qui troublaient, disait-il, la chrétienté par leurs querelles : ces rois étaient Charles-le-Sage et Édouard III. Le cardinal de La Grange, non moins impétueux que le pape, le menaçant de la main, lui dit *qu'il avait menti;* et ces trois paroles plongèrent l'Europe dans une discorde de quarante années.

La plupart des cardinaux, les Italiens même, choqués de l'humeur féroce d'un homme si peu fait pour gouverner, se retirèrent dans le royaume de Naples. Là ils déclarent que l'élection du pape, faite avec violence, est nulle de plein droit; ils procèdent unanimement à l'élection d'un nouveau pontife. Les cardinaux français eurent alors la satisfaction assez rare de tromper les cardinaux italiens : on promit la tiare à chaque Italien en particulier, et ensuite on élut Robert, fils d'Amédée, comte de Genève, qui prit le

---

[1] Chap. LXIX, page 309, où le nom est rectifié. B.

nom de Clément VII. Alors l'Europe se partagea : l'empereur Charles IV, l'Angleterre, la Flandre, et la Hongrie, reconnurent Urbain, à qui Rome et l'Italie obéissaient; la France, l'Écosse, la Savoie, la Lorraine, furent pour Clément. Tous les ordres religieux se divisèrent, tous les docteurs écrivirent, toutes les universités donnèrent des décrets. Les deux papes se traitaient mutuellement d'usurpateurs et d'*Antechrists;* ils s'excommuniaient réciproquement. Mais ce qui devint réellement funeste (1379), on se battit avec la double fureur d'une guerre civile et d'une guerre de religion. Des troupes gasconnes et bretonnes, levées par le neveu de Clément, marchent en Italie, surprennent Rome; ils y tuent, dans leur première furie, tout ce qu'ils rencontrent; mais bientôt le peuple romain, se ralliant contre eux, les extermine dans ses murs, et on y égorge tout ce qu'on trouve de prêtres français. Peu de temps après, une armée du pape Clément, levée dans le royaume de Naples, se présente à quelques lieues de Rome devant les troupes d'Urbain.

Chacune des armées portait les clefs de saint Pierre sur ses drapeaux. Les Clémentins furent vaincus. Il ne s'agissait pas seulement de l'intérêt de ces deux pontifes : Urbain, vainqueur, qui destinait une partie du royaume de Naples à son neveu, en déposséda la reine Jeanne, protectrice de Clément, laquelle régnait depuis long-temps dans Naples avec des succès divers, et une gloire souillée.

Nous avons vu[1] cette reine assassinée par son cou-

[1] Chap. LXIX. B.

sin, Charles de Durazzo, avec qui Urbain voulait partager le royaume de Naples. Cet usurpateur, devenu possesseur tranquille, n'eut garde de tenir ce qu'il avait promis à un pape qui n'était pas assez puissant pour l'y contraindre.

Urbain, plus ardent que politique, eut l'imprudence d'aller trouver son vassal sans être le plus fort. L'ancien cérémonial obligeait le roi de baiser les pieds du pape et de tenir la bride de son cheval : Durazzo ne fit qu'une de ces deux fonctions; il prit la bride, mais ce fut pour conduire lui-même le pape en prison. Urbain fut gardé quelque temps prisonnier à Naples, négociant continuellement avec son vassal, et traité tantôt avec respect, tantôt avec mépris. Le pape s'enfuit de sa prison, et se retira dans la petite ville de Nocera. Là il assembla bientôt les débris de sa cour. Ses cardinaux et quelques évêques, lassés de son humeur farouche, et plus encore de ses infortunes, prirent dans Nocera des mesures pour le quitter, et pour élire à Rome un pape plus digne de l'être. Urbain, informé de leur dessein, les fit tous appliquer en sa présence à la torture. Bientôt obligé de s'enfuir de Naples et de se retirer dans la ville de Gênes, qui lui envoya quelques galères, il traîna à sa suite ces cardinaux et ces évêques estropiés et enchaînés. Un des évêques, demi-mort de la question qu'il avait soufferte, ne pouvant gagner le rivage assez tôt au gré du pape, il le fit égorger sur le chemin. Arrivé à Gênes, il se délivra par divers supplices de cinq de ces cardinaux prisonniers. Les Caligula et les Néron avaient fait des actions à peu près semblables; mais ils furent punis, et Urbain mourut paisiblement à Rome. Sa créature et son persécuteur, Charles de Durazzo, fut plus malheureux; car étant allé en Hongrie pour envahir la couronne, qui ne lui appartenait point, il y fut assassiné (1389).

Après la mort d'Urbain, cette guerre civile paraissait devoir s'éteindre; mais les Romains étaient bien loin de reconnaître Clément. Le schisme se perpétua des deux côtés. Les cardinaux urbanistes élurent Perin Tomasel; et ce Perin Tomasel étant mort, ils prirent le cardinal Meliorati. Les Clémentins firent succéder à Clément, mort en 1394, Pierre Luna, Aragonais. Jamais pape n'eut moins de pouvoir à Rome que Meliorati, et Pierre Luna ne fut bientôt dans Avignon qu'un fantôme. Les Romains, qui voulurent encore rétablir leur gouvernement municipal, chassèrent Meliorati, après bien du sang répandu, quoiqu'ils le reconnussent pour pape; et les Français, qui avaient reconnu Pierre Luna, l'assiégèrent dans Avignon même, et l'y retinrent prisonnier.

Cependant, tous ces misérables se disaient hautement « les vicaires de Dieu et les maîtres des rois »; ils trouvaient des prêtres qui les servaient à genoux, comme des vendeurs d'orviétan trouvent des *Gilles*.

Les états-généraux de France avaient pris dans ces temps funestes une résolution si sensée, qu'il est surprenant que toutes les autres nations ne l'imitassent pas. Ils ne reconnurent aucun pape: chaque diocèse se gouverna par son évêque; on ne paya point d'annates, on ne reconnut ni réserves ni exemptions. Rome alors dut craindre que cette administration, qui dura quelques années, ne subsistât toujours. Mais ces lueurs de raison ne jetèrent pas un éclat durable; le clergé, les moines, avaient tellement gravé dans les têtes des princes et des peuples l'idée qu'il fallait un pape, que la terre fut long-temps troublée pour savoir quel ambitieux obtiendrait par l'intrigue le droit d'ouvrir les portes du ciel.

Luna, avant son élection, avait promis de se démettre pour le bien de la paix, et n'en voulait rien faire. Un noble vénitien, nommé Corrario, qu'on élut à Rome, fit le même serment, qu'il ne garda pas mieux. Les cardinaux de l'un et de l'autre parti, fatigués des querelles générales et particulières que la dispute de la tiare traînait après elle, convinrent enfin d'assembler à Pise un concile général. Vingt-quatre cardinaux, vingt-six archevêques, cent quatre-vingt-douze évêques, deux cent quatre-vingt-neuf abbés, les députés de toutes les universités, ceux des chapitres de cent deux métropoles, trois cents docteurs de théologie, le grand-maître de Malte et les ambassadeurs de tous les rois assistèrent à cette assemblée. On y créa un nouveau pape, nommé Pierre Philargi, Alexandre V. Le fruit de ce grand concile fut d'avoir trois papes, ou antipapes, au lieu de deux. L'empereur Robert ne voulut point reconnaître ce concile; et tout fut plus brouillé qu'auparavant.

On ne peut s'empêcher de plaindre le sort de Rome. On lui donnait un évêque et un prince malgré elle : des troupes françaises, sous le commandement de Tannegui du Châtel, vinrent encore la ravager pour lui faire accepter son troisième pape. Le Vénitien Corrario porta sa tiare à Gaïete, sous la protection du fils de Charles de Durazzo, que nous nommons Lancelot, qui régnait alors à Naples; et Pierre Luna transféra son siége à Perpignan. Rome fut saccagée, mais sans fruit, pour le troisième pape; il mourut en chemin, et la politique qui régnait alors fut cause qu'on le crut empoisonné.

Les cardinaux du concile de Pise, qui l'avaient élu, s'étant rendus maîtres de Rome, mirent à sa place Balthazar Cozza, Napolitain. C'était un homme de guerre; il avait été corsaire, et s'était signalé dans les troubles que la querelle de Charles de Durazzo et de la maison d'Anjou excitait encore; depuis, légat en Allemagne, il s'y était enrichi en vendant des indulgences; il avait ensuite acheté assez cher le chapeau de cardinal, et n'avait point acheté moins chèrement sa concubine Catherine, qu'il avait enlevée à son mari. Dans les conjonctures où était Rome, il lui fallait peut-être un tel pape: elle avait plus besoin d'un soldat que d'un théologien.

Depuis Urbain VI, les papes rivaux négociaient, excommuniaient, et bornaient leur politique à tirer quelque argent. Celui-ci fit la guerre. Il était reconnu de la France et de la plus grande partie de l'Europe sous le nom de Jean XXIII. Le pape de Perpignan n'était pas à craindre; celui de Gaïete l'était, parceque le roi de Naples le protégeait. Jean XXIII assemble des troupes, publie une croisade contre Lancelot, roi de Naples, arme le prince Louis d'Anjou, auquel il donne l'investiture de Naples. On se bat auprès du Garillan: le parti du pape est victorieux; mais la reconnaissance n'étant pas une vertu de souverain, et la raison d'état étant plus forte que tout le reste, le pape ôte l'investiture à son bienfaiteur et à son vengeur, Louis d'Anjou. Il reconnaît Lancelot son ennemi pour roi, à condition qu'on lui livrera le Vénitien Corrario.

Lancelot, qui ne voulait pas que Jean XXIII fût trop puissant, laissa échapper le pape Corrario. Ce pontife errant se retira dans le château de Rimini, chez Malatesta, l'un des petits tyrans d'Italie. C'est là que, ne subsistant que des aumônes de ce seigneur, et n'étant reconnu que du duc de Bavière, il excommuniait tous les rois, et parlait en maître de la terre.

Le corsaire Jean XXIII, seul pape de droit, puisqu'il avait été créé, reconnu à Rome par les cardinaux du concile de Pise, et qu'il avait succédé au pontife élu par le même concile, était encore le seul pape en effet; mais comme il avait trahi son bienfaiteur Louis d'Anjou, le roi de Naples, Lancelot, dont il était le bienfaiteur, le trahit de même.

Lancelot victorieux voulut régner à Rome. Il surprit cette malheureuse ville; Jean XXIII eut à peine le temps de se sauver. Il fut heureux qu'il y eût alors en Italie des villes libres. Se mettre, comme Corrario, entre les mains d'un des tyrans, c'était se rendre esclave; il se jeta entre les bras des Florentins, qui combattirent à-la-fois contre Lancelot pour leur liberté et pour le pape.

Lancelot allait prévaloir; le pape se voyait assiégé dans Bologne. Il eut recours alors à l'empereur Sigismond, qui était descendu en Italie pour conclure un traité avec les Vénitiens. Sigismond, comme empereur, devait s'agrandir par l'abaissement des papes, et était l'ennemi naturel de Lancelot, tyran de l'Italie. Jean XXIII propose à l'empereur une ligue et un concile : la ligue, pour chasser l'ennemi commun; le concile, pour affermir son droit au pontificat. Ce concile était même devenu nécessaire; celui de Pise l'avait indiqué au bout de trois ans. Sigismond et Jean XXIII le convoquent dans la petite ville de Constance; mais Lancelot opposait ses armes victorieuses à toutes ces négociations. Il n'y avait qu'un coup extraordinaire qui en pût délivrer le pape et l'empereur. (1414) Lancelot mourut à l'âge de trente ans, dans des douleurs aiguës et subites; et l'usage du poison passait alors pour fréquent.

Jean XXIII, défait de son ennemi, n'avait plus que l'empereur et le concile à craindre. Il eût voulu éloigner ce sénat de l'Europe, qui peut juger les pontifes. La convocation était annoncée, l'empereur la pressait; et tous ceux qui avaient droit d'y assister se hâtaient d'y venir jouir du titre d'arbitres de la chrétienté.

CHAPITRE LXXII.

Concile de Constance.

Sur le bord occidental du lac de Constance, la ville de ce nom fut bâtie, dit-on, par Constantin. Sigismond la choisit pour être le théâtre où cette scène devait se passer. Jamais assemblée n'avait été plus nombreuse que celle de Pise : le concile de Constance le fut davantage.

Outre la foule de prélats et de docteurs, il y eut cent vingt-huit grands vassaux de l'empire; l'empereur y fut presque toujours présent. Les électeurs de Mayence, de Saxe, du Palatinat, de Brandebourg, les ducs de Bavière, d'Autriche, et de Silésie, y assistèrent; vingt-sept ambassadeurs y représentèrent leurs souverains : chacun y disputa de luxe et de magnificence; on en peut juger par le nombre de cinquante orfèvres qui vinrent s'y établir avec leurs ouvriers pendant la tenue du concile; on y compta cinq cents joueurs d'instruments, qu'on appelait alors ménétriers, et sept cent dix-huit courtisanes, sous la protection du magistrat. Il fallut bâtir des cabanes de bois pour loger tous ces esclaves du luxe et de l'incontinence, que les seigneurs, et, dit-on, les pères du concile traînaient après eux. On ne rougissait point de cette coutume; elle était autorisée dans tous les états, comme elle le fut autrefois chez presque tous les peuples de l'antiquité. Au reste, l'Église de France donnait à chaque archevêque député au concile dix francs par jour (qui reviennent environ à soixante-dix de nos livres), huit à un évêque, cinq à un abbé, et trois à un docteur.

Avant de voir ce qui se passa dans ces états de la chrétienté, je dois vous rappeler, en peu de mots, quels étaient alors les principaux princes de l'Europe, et en quel état étaient leurs dominations.

Sigismond joignait le royaume de Hongrie à la dignité d'empereur : il avait été malheureux contre le fameux Bajazet, sultan des Turcs; la Hongrie épuisée, et l'Allemagne divisée, étaient menacées du joug mahométan. Il avait encore eu plus à souffrir de ses sujets que des Turcs; les Hongrois l'avaient mis en prison, et avaient offert la couronne à Lancelot, roi de Naples. Échappé de sa prison, il s'était rétabli en Hongrie, et enfin avait été choisi pour chef de l'empire.

En France, le malheureux Charles VI, tombé en frénésie, avait le nom de roi : ses parents, occupés à déchirer la France, en étaient moins attentifs au concile; mais ils avaient intérêt que l'empereur ne parût pas le maître de l'Europe.

Ferdinand régnait en Aragon, et s'intéressait pour son pape Pierre Luna.

Jean II, roi de Castille, n'avait aucune influence dans les affaires de l'Europe; mais il suivait encore le parti de Luna. La Navarre s'était aussi rangée sous son obédience.

Henri V, roi d'Angleterre, occupé, comme nous le verrons, de la conquête de la France, souhaitait que le pontificat, déchiré et avili, ne pût jamais ni rançonner l'Angleterre, ni se mêler des droits des couronnes; et il avait assez d'esprit pour desirer que le nom de pape fût aboli pour jamais.

Rome, délivrée des troupes françaises, maîtresses pourtant encore du château Saint-Ange, et retournée sous l'obéissance de Jean XXIII, n'aimait point son pape, et craignait l'empereur.

Les villes d'Italie divisées ne mettaient presque point de poids dans la balance; Venise, qui aspirait à la domination de l'Italie, profitait de ses troubles et de ceux de l'Église.

Le duc de Bavière, pour jouer un rôle, protégeait le pape Corrario réfugié à Rimini; et Frédéric, duc d'Autriche, ennemi secret de l'empereur, ne songeait qu'à le traverser.

Sigismond se rendit maître du concile, en mettant des soldats autour de Constance pour la sûreté des pères. Le pape corsaire, Jean XXIII, eût bien mieux fait de retourner à Rome, où il pouvait être le maître, que de s'aller mettre entre les mains d'un empereur qui pouvait le perdre. Il se ligua avec le duc d'Autriche, l'archevêque de Mayence, et le duc de Bourgogne; et ce fut ce qui le perdit. L'empereur devint son ennemi. Tout pape légitime qu'il était, on exigea de lui qu'il cédât la tiare, aussi bien que Luna et Corrario : il le promit solennellement, et s'en repentit le moment d'après. Il se trouvait prisonnier au milieu du concile même auquel il présidait (1415). Il n'avait plus de ressource que dans la fuite. L'empereur le fesait observer de près. Le duc d'Autriche ne trouva pas de meilleur moyen, pour favoriser l'évasion du pape, que de donner au concile le spectacle d'un tournoi. Le pape, au milieu du tumulte de la fête, s'enfuit, déguisé en postillon. Le duc d'Autriche part un moment après lui. Tous deux se retirent dans une partie de la Suisse, qui appartenait encore à la maison autrichienne. Le pape devait être protégé par le duc de Bourgogne, puissant par ses états et par l'autorité qu'il avait en France. Un nouveau schisme allait recommencer. Les chefs d'ordre attachés au pape se retiraient déjà de Constance; et le concile, par le sort des événements, pouvait devenir une assemblée de rebelles. Sigismond, malheureux en tant d'occasions, réussit en celle-ci. Il avait des troupes prêtes; il se saisit des terres du duc d'Autriche en Alsace, dans le Tyrol, en Suisse. Ce prince, retourné au concile, y demande à genoux sa grace à l'empereur; il lui promet, en joignant les mains, de ne rien entreprendre jamais contre sa volonté; il lui remet tous ses états, pour que l'empereur en dispose en cas d'infidélité. L'empereur tendit enfin la main au duc d'Autriche, et lui pardonna, à condition qu'il lui livrerait la personne du pape.

Le pontife fugitif est saisi dans Fribourg en Brisgaw, et transféré dans un château voisin. Cependant le concile instruit son procès.

On l'accuse d'avoir vendu les bénéfices et des reliques, d'avoir empoisonné le pape son prédécesseur, d'avoir fait massacrer plusieurs personnes: l'impiété la plus licencieuse, la débauche la plus outrée, la sodomie, le blasphème, lui furent imputés; mais on supprima cinquante articles du procès-verbal, trop injurieux au pontificat; enfin, en présence de l'empereur, on lut la sentence de déposition. Cette sentence porte « que le concile se réserve le droit de punir le « pape pour ses crimes, suivant la justice ou la miséri- « corde » (29 mai 1415).

Jean XXIII, qui avait eu tant de courage quand il s'était battu autrefois sur mer et sur terre, n'eut que de la résignation quand on lui vint lire son arrêt dans sa prison. L'empereur le garda trois ans prisonnier dans Manheim, avec une rigueur qui attira plus de compassion sur ce pontife, que ses crimes n'avaient excité de haine contre lui.

On avait déposé le vrai pape. On voulut avoir les renonciations de ceux qui prétendaient l'être. Corrario envoya la sienne, mais le fier Espagnol Luna ne voulut jamais plier. Sa déposition dans le concile n'était pas une affaire; mais c'en était une de choisir un pape. Les cardinaux réclamaient le droit d'élection; et le concile, représentant la chrétienté, voulait jouir de ce droit. Il fallait donner un chef à l'Église, et un souverain à Rome : il était juste que les cardinaux, qui sont le conseil du prince de Rome, et les pères du concile, qui avec eux représentent l'Église, jouissent tous du droit de suffrage. Trente députés du concile, joints aux cardinaux, (1417) élurent d'une commune voix Othon Colonne, de cette même maison de Colonne excommuniée par Boniface VIII jusqu'à la cinquième génération. Ce pape, qui changea son beau nom contre celui de Martin, avait les qualités d'un prince et les vertus d'un évêque.

Jamais pontife ne fut inauguré plus pompeusement. Il marcha vers l'église, monté sur un cheval blanc dont l'empereur et l'électeur palatin à pied tenaient les rênes; une foule de princes et un concile entier fermaient la marche. On le couronna de la triple couronne que les papes portaient depuis environ deux siècles.

Les pères du concile ne s'étaient pas d'abord assemblés pour détrôner un pontife; mais leur principal objet avait paru être de réformer toute l'Église :

c'était surtout le but du fameux Gerson, et des autres députés de l'université de Paris.

On avait crié pendant deux ans dans le concile contre les annates, les exemptions, les réserves, les impôts des papes sur le clergé au profit de la cour de Rome, contre tous les vices dont l'Église était inondée. Quelle fut la réforme tant attendue? Le pape Martin déclara, 1° qu'il ne fallait pas donner d'exemptions sans connaissance de cause; 2° qu'on examinerait les bénéfices réunis; 3° qu'on devait disposer selon le droit public des revenus des églises vacantes; 4° il défendit inutilement la simonie; 5° il voulut que ceux qui auraient des bénéfices fussent tonsurés; 6° il défendit qu'on dît la messe en habit séculier. Ce sont là les lois qui furent promulguées par l'assemblée la plus solennelle du monde. Le concile déclara qu'il était au-dessus du pape; cette vérité était bien claire, puisqu'il lui fesait son procès : mais un concile passe, la papauté reste, et l'autorité lui demeure.

Gerson eut même beaucoup de peine à obtenir la condamnation de ces propositions, qu'il y a des cas où l'assassinat est une action vertueuse, beaucoup plus méritoire *dans un chevalier que dans un écuyer, et beaucoup plus dans un prince que dans un chevalier.* Cette doctrine de l'assassinat avait été soutenue par un nommé Jean Petit, docteur de l'université de Paris, à l'occasion du meurtre du duc d'Orléans, propre frère du roi. Le concile éluda long-temps la requête de Gerson. Enfin il fallut condamner cette doctrine du meurtre; mais ce fut sans nommer le cordelier

Jean Petit, ni Jean de Rocha, aussi cordelier, son apologiste [1].

Voilà l'idée que j'ai cru devoir vous donner de tous les objets politiques qui occupèrent le concile de Constance. Les bûchers que le zèle de la religion alluma sont d'une autre espèce.

CHAPITRE LXXIII.

De Jean Hus, et de Jérôme de Prague.

Tout ce que nous avons vu dans ce tableau de l'histoire générale montre dans quelle ignorance avaient croupi les peuples de l'Occident. Les nations soumises aux Romains étaient devenues barbares dans le déchirement de l'empire, et les autres l'avaient toujours été. Lire et écrire était une science bien peu commune avant Frédéric II; et le fameux bénéfice de clergie, par lequel un criminel condamné à mort obtenait sa grace en cas qu'il sût lire, est la plus grande preuve de l'abrutissement de ces temps. Plus les hommes étaient grossiers, plus la science, et surtout la science de la religion, avait donné sur eux au clergé et aux religieux cette autorité naturelle que la supériorité des lumières donne aux maîtres sur les disciples. De cette autorité naquit la puissance; il n'y

---

[1] Jean Hus, moins coupable, fut brûlé vif; mais Jean Hus avait attaqué les prétentions des prêtres, et les deux cordeliers n'avaient attaqué que les droits des hommes. K.

eut point d'évêque en Allemagne et dans le Nord qui ne fût souverain; nul en Espagne, en France, en Angleterre, qui n'eût ou ne disputât les droits régaliens. Presque tout abbé devint prince; et les papes, quoique persécutés, étaient les rois de tous ces souverains. Les vices attachés à l'opulence, et les désastres qui suivent l'ambition, ramenèrent enfin la plupart des évêques et des abbés à l'ignorance des laïques. Les universités de Bologne, de Paris, d'Oxford, fondées vers le treizième siècle, cultivèrent cette science qu'un clergé trop riche abandonnait.

Les docteurs de ces universités, qui n'étaient que docteurs, éclatèrent bientôt contre les scandales du reste du clergé; et l'envie de se signaler les porta à examiner des mystères qui, pour le bien de la paix, devaient être toujours derrière un voile.

Celui qui déchira le voile avec le plus d'emportement fut Jean Wiclef, docteur de l'université d'Oxford; il prêcha, il écrivit, tandis qu'Urbain V et Clément désolaient l'Église par leur schisme, et publiaient des croisades l'un contre l'autre; il prétendit qu'on devait faire pour toujours ce que la France avait fait un temps, ne reconnaître jamais de pape. Cette idée fut embrassée par beaucoup de seigneurs indignés dès long-temps de voir l'Angleterre traitée comme une province de Rome; mais elle fut combattue par tous ceux qui partageaient le fruit de cette soumission.

Wiclef fut moins protégé dans sa théologie que dans sa politique: il renouvela les anciens sentiments proscrits dans Bérenger; il soutint qu'il ne faut rien croire d'impossible et de contradictoire, qu'un accident ne peut subsister sans sujet, qu'un même corps ne peut être à-la-fois, tout entier, en cent mille endroits; que ces idées monstrueuses étaient capables de détruire le christianisme dans l'esprit de quiconque a conservé une étincelle de raison; qu'en un mot le pain et le vin de l'eucharistie demeurent du pain et du vin. Il voulut détruire la confession introduite dans l'Occident, les indulgences par lesquelles on vendait la justice de Dieu, la hiérarchie éloignée de sa simplicité primitive. Ce que les Vaudois enseignaient alors en secret, il l'enseignait en public; et, à peu de chose près, sa doctrine était celle des protestants qui parurent plus d'un siècle après lui, et de plus d'une société établie long-temps auparavant.

Sa doctrine fut réprimée par l'université d'Oxford, par les évêques et le clergé, mais non étouffée. Ses manuscrits, quoique mal digérés et obscurs, se répandirent par la seule curiosité qu'inspiraient le sujet de la querelle et la hardiesse de l'auteur, de qui les mœurs irrépréhensibles donnaient du poids à ses opinions. Ces ouvrages pénétrèrent en Bohême, pays naguère barbare, qui de l'ignorance la plus grossière commençait à passer à cette autre espèce d'ignorance qu'on appelait alors *érudition*.

L'empereur Charles IV, législateur de l'Allemagne et de la Bohême, avait fondé une université dans Prague, sur le modèle de celle de Paris. Déjà on y comptait, à ce qu'on dit, près de vingt mille étudiants au commencement du quinzième siècle. Les Allemands avaient trois voix dans les délibérations de l'académie, et les Bohémiens une seule. Jean Hus, né en Bohême, devenu bachelier de cette académie, et confesseur de la reine Sophie de Bavière, femme de Venceslas, obtint de cette reine que ses compatriotes, au contraire, eussent trois voix, et les Allemands une seule. Les Allemands irrités se retirèrent; et ce furent autant d'ennemis irréconciliables que se fit Jean Hus. Il reçut dans ce temps-là quelques ouvrages de Wiclef; il en rejeta constamment la doctrine, mais il en adopta tout ce que la bile de cet Anglais avait répandu contre les scandales des papes et des évêques, contre celui des excommunications lancées avec tant de légèreté et de fureur; enfin contre toute puissance ecclésiastique, que Wiclef regardait comme une usurpation. Par là il se fit de bien plus grands ennemis; mais aussi il se concilia beaucoup de protecteurs, et surtout la reine qu'il dirigeait. On l'accusa devant le pape Jean XXIII, et on le cita à comparaître vers l'an 1411. Il ne comparut point. On assembla cependant le concile de Constance, qui devait juger les papes et les opinions des hommes; il y fut cité (1414). L'empereur lui-même écrivit en Bohême qu'on le fît partir pour venir rendre compte de sa doctrine.

Jean Hus, plein de confiance, alla au concile, où ni lui ni le pape n'auraient dû aller. Il y arriva, accompagné de quelques gentilshommes bohémiens et de plusieurs de ses disciples; et, ce qui est très essentiel, il ne s'y rendit que muni d'un sauf-conduit de l'empereur, daté du 18 octobre 1414, sauf-conduit le plus favorable et le plus ample qu'on puisse jamais donner, et par lequel l'empereur le prenait sous sa sauve-garde *pour son voyage, son séjour, et son retour.* A peine fut-il arrivé qu'on l'emprisonna; et on instruisit son procès en même temps que celui du pape. Il s'enfuit comme ce pontife, et fut arrêté comme lui; l'un et l'autre furent gardés quelque temps dans la même prison [1].

(1415) Enfin il comparut plusieurs fois, chargé de chaînes. On l'interrogea sur quelques passages de ses écrits. Il faut l'avouer, il n'y a personne qu'on ne puisse perdre en interprétant ses paroles : quel docteur, quel écrivain est en sûreté de sa vie, si on condamne au bûcher quiconque dit « qu'il n'y a qu'une « église catholique qui renferme dans son sein tous « les prédestinés; qu'un réprouvé n'est pas de cette « église; que les seigneurs temporels doivent obliger « les prêtres à observer la loi; qu'un mauvais pape « n'est pas le vicaire de Jésus-Christ? »

Voilà quelles étaient les propositions de Jean Hus. Il les expliqua toutes d'une manière qui pouvait ob-

---

[1] Dans un ouvrage intitulé *Dictionnaire des Hérésies*, par un professeur de morale au collége royal (l'abbé Pluquet), on a fait l'apologie de Sigismond; il est certain cependant que son sauf-conduit fut violé par les pères du concile, que lui-même s'en plaignit, mais qu'il n'eut le courage ni de remplir ce qu'il devait à un de ses sujets arrêté contre la foi publique, ni de venger l'outrage fait à sa personne et à tous les souverains. De longs malheurs furent la punition de sa faiblesse, car il ne fut que faible; les pères du concile furent seuls fourbes et barbares. Une chose assez remarquable, c'est que, dans le dix-huitième siècle, la première chaire de morale qui ait été fondée en France ait eu pour premier professeur un homme qui a fait l'apologie de la conduite de Sigismond et du concile de Constance. Que dirions-nous des Turcs s'ils s'avisaient de créer une chaire de géométrie, et qu'ils la donnassent à un homme qui aurait eu le malheur de trouver la quadrature du cercle? K.

tenir sa grace; mais on les entendait de la manière qu'il fallait pour le condamner. Un père du concile lui dit : « Si vous ne croyez pas l'universel *à parte* « *reï*, vous ne croyez pas la présence réelle. » Quel raisonnement, et de quoi dépendait alors la vie des hommes ! Un autre lui dit : « Si le sacré concile pro- « nonçait que vous êtes borgne, en vain seriez-vous « pourvu de deux bons yeux, il faudrait vous con- « fesser borgne. »

Jean Hus n'adoptait aucune des propositions de Wiclef, qui séparent aujourd'hui les protestants de l'Église romaine; cependant il fut condamné à expirer dans les flammes. En cherchant la cause d'une telle atrocité, je n'ai jamais pu en trouver d'autre que cet esprit d'opiniâtreté qu'on puise dans les écoles. Les pères du concile voulaient absolument que Jean Hus se rétractât; et Jean Hus, persuadé qu'il avait raison, ne voulait point avouer qu'il s'était trompé. L'empereur, touché de compassion, lui dit : « Que vous coûte- « t-il d'abjurer des erreurs qui vous sont faussement « attribuées? Je suis prêt d'abjurer à l'instant toutes « sortes d'erreurs, s'ensuit-il que je les aie tenues? » Jean Hus fut inflexible. Il fit voir la différence entre abjurer des erreurs en général, et se rétracter d'une erreur. Il aima mieux être brûlé que de convenir qu'il avait eu tort.

Le concile fut aussi inflexible que lui : mais l'opiniâtreté de courir à la mort avait quelque chose d'héroïque; celle de l'y condamner était bien cruelle. L'empereur, malgré la foi du sauf-conduit, ordonna à l'électeur palatin de le faire traîner au supplice. Il fut brûlé vif, en présence de l'électeur même, et loua Dieu jusqu'à ce que la flamme étouffât sa voix [1].

Quelques mois après, le concile exerça encore la même sévérité contre Hiéronyme, disciple et ami de Jean Hus, que nous appelons Jérôme de Prague. C'était un homme bien supérieur à Jean Hus en esprit et en éloquence. Il avait d'abord souscrit à la condamnation de la doctrine de son maître; mais ayant appris avec quelle grandeur d'ame Jean Hus était mort, il eut honte de vivre. Il se rétracta publiquement, et fut envoyé au bûcher. Poggio, Florentin, secrétaire de Jean XXIII, et l'un des premiers restaurateurs des lettres, présent à ses interrogatoires et à son supplice, dit qu'il n'avait jamais rien entendu qui approchât autant de l'éloquence des Grecs et des Romains que les discours de Jérôme à ses juges. « Il parla, dit-il, « comme Socrate, et marcha au bûcher avec autant « d'allégresse que Socrate avait bu la coupe de ciguë. »

Puisque Poggio a fait cette comparaison, qu'il me soit permis d'ajouter que Socrate fut en effet condamné comme Jean Hus et Jérôme de Prague, pour s'être attiré l'inimitié des sophistes et des prêtres de son temps : mais quelle différence entre les mœurs d'Athènes et celles du concile de Constance; entre la coupe d'un poison doux, qui loin de tout appareil horrible et infame laissa expirer tranquillement un citoyen au milieu de ses amis; et le supplice épouvantable du feu, dans lequel des prêtres, ministres de clémence et de paix, jetaient d'autres prêtres, trop

---

[1] Voyez *Annales de l'Empire*, année 1415. B.

opiniâtres sans doute, mais d'une vie pure et d'un courage admirable [1] !

Puis-je encore observer que dans ce concile un homme accusé de tous les crimes ne perdit que des honneurs ; et que deux hommes accusés d'avoir fait de faux arguments furent livrés aux flammes ?

Tel fut ce fameux concile de Constance, qui dura depuis le premier novembre 1413 jusqu'au 20 mai 1418.

Ni l'empereur ni les pères du concile n'avaient prévu les suites du supplice de Jean Hus et d'Hiéronyme. Il sortit de leur cendre une guerre civile. Les Bohémiens crurent leur nation outragée ; ils imputèrent la mort de leurs compatriotes à la vengeance des Allemands retirés de l'université de Prague. Ils reprochèrent à l'empereur la violation du droit des gens. Enfin, peu de temps après (1419), quand Sigismond voulut succéder en Bohême à Venceslas son frère, il trouva, tout empereur, tout roi de Hongrie qu'il était, que le bûcher de deux citoyens lui fermait le chemin du trône de Prague. Les vengeurs de Jean Hus étaient au nombre de quarante mille. C'étaient des animaux

---

[1] La mort de Socrate est le seul exemple qu'offre l'antiquité d'un homme condamné à mort pour ses opinions ; mais le peuple d'Athènes se repentit peu de temps après ; les accusateurs de Socrate furent punis ; on rendit des honneurs à sa mémoire. L'assassinat juridique de Jean Hus, au contraire, a été suivi de dix mille assassinats semblables, dont aucun n'a été ni puni, ni réparé même par un repentir inutile. Les grands crimes, les usages barbares que nous reprochons aux anciens, tenaient à cette férocité qui est l'abus de la force. Les usages barbares des nations modernes sont nés, au contraire, de la superstition, c'est-à-dire de la peur et de la sottise. K.

sauvages que la sévérité du concile avait effarouchés et déchaînés.

Les prêtres qu'ils rencontraient payaient de leur sang la cruauté des pères de Constance. Jean, surnommé Ziska, qui veut dire *borgne*, chef barbare de ces barbares, battit Sigismond plus d'une fois. Ce Jean Ziska, ayant perdu dans une bataille l'œil qui lui restait, marchait encore à la tête de ses troupes, donnait ses conseils aux généraux, et assistait aux victoires. Il ordonna qu'après sa mort on fît un tambour de sa peau; on lui obéit[1] : ce reste de lui-même fut encore long-temps fatal à Sigismond, qui put à peine en seize années réduire la Bohême avec les forces de l'Allemagne et la terreur des croisades. Ce fut pour avoir violé son sauf-conduit qu'il essuya ces seize années de désolation.

CHAPITRE LXXIV.

De l'état de l'Europe vers le temps du concile de Constance. De l'Italie.

En réfléchissant sur ce concile même, tenu sous les yeux d'un empereur, de tant de princes et de tant d'ambassadeurs, sur la déposition du souverain pontife, sur celle de Venceslas, on voit que l'Europe catholique était en effet une immense et tumultueuse

---

[1] Voyez, dans la *Correspondance*, la lettre de Voltaire du 16 novembre 1743, et celle du roi de Prusse du 4 décembre même année. B.

république, dont les chefs étaient le pape et l'empereur, et dont les membres désunis sont des royaumes, des provinces, des villes libres, sous vingt gouvernements différents. Il n'y avait aucune affaire dans laquelle l'empereur et le pape n'entrassent. Toutes les parties de la chrétienté se correspondaient même au milieu des discordes : l'Europe était en grand ce qu'avait été la Grèce, à la politesse près.

Rome et Rhodes étaient deux villes communes à tous les chrétiens du rite latin, et ils avaient un commun ennemi dans le sultan des Turcs. Les deux chefs du monde catholique, l'empereur et le pape, n'avaient précisément qu'une grandeur d'opinion, nulle puissance réelle. Si Sigismond n'avait pas eu la Bohême et la Hongrie, dont il tirait encore très peu de chose, le titre d'empereur n'eût été pour lui qu'onéreux. Les domaines de l'empire étaient tous aliénés; les princes et les villes d'Allemagne ne payaient point de redevance. Le corps germanique était aussi libre, mais non si bien réglé qu'il l'a été par la paix de Vestphalie. Le titre de roi d'Italie était aussi vain que celui de roi d'Allemagne; l'empereur ne possédait pas une ville au-delà des Alpes.

C'est toujours le même problème à résoudre, comment l'Italie n'a pas affermi sa liberté, et n'a pas fermé pour jamais l'entrée aux étrangers. Elle y travailla toujours, et dut se flatter alors d'y parvenir : elle était florissante. La maison de Savoie s'agrandissait sans être encore puissante : les souverains de ce pays, feudataires de l'empire, étaient des comtes. Sigismond, qui donnait au moins des titres, les fit ducs en 1416 : aujourd'hui ils sont rois indépendants, malgré le titre de feudataires. Les Viscontis possédaient tout le Milanais ; et ce pays devint depuis encore plus considérable sous les Sforces.

Les Florentins industrieux étaient recommandables par la liberté, le génie, et le commerce. On ne voit que de petits états jusqu'aux frontières du royaume de Naples, qui tous aspirent à la liberté. Ce système de l'Italie dure depuis la mort de Frédéric II jusqu'aux temps des papes Alexandre VI et Jules II, ce qui fait une période d'environ trois cents années ; mais ces trois cents années se sont passées en factions, en jalousies, en petites entreprises d'une ville sur une autre, et de tyrans qui s'emparaient de ces villes. C'est l'image de l'ancienne Grèce, mais image barbare ; on cultivait les arts, et on conspirait ; mais on ne savait pas combattre comme aux Thermopyles et à Marathon.

Voyez dans Machiavel l'histoire de *Castracani*, tyran de Lucques et de Pistoie, du temps de l'empereur Louis de Bavière : de pareils desseins, heureux ou malheureux, sont l'histoire de toute l'Italie. Lisez la vie d'*Ezzelino da Romano*, tyran de Padoue, très naïvement et très bien écrite par Pietro Gerardo, son contemporain : cet écrivain affirme que le tyran fit périr plus de douze mille citoyens de Padoue au treizième siècle. Le légat qui le combattit en fit mourir autant de Vicence, de Vérone, et de Ferrare. Ezzelin fut enfin fait prisonnier, et toute sa famille mourut dans les plus affreux supplices. Une famille de citoyens de Vérone, nommée Scala, que nous appelons

L'Escale, s'empara du gouvernement sur la fin du treizième siècle, et y régna cent années; cette famille soumit, vers l'an 1330, Padoue, Vicence, Trévise, Parme, Brescia, et d'autres territoires; mais au quinzième siècle il ne resta pas la plus légère trace de cette puissance. Les Viscontis, les Sforces, ducs de Milan, ont passé plus tard et sans retour. De tous les seigneurs qui partageaient la Romagne, l'Ombrie, l'Émilie, il ne reste aujourd'hui que deux ou trois familles devenues sujettes du pape.

Si vous recherchez les annales des villes d'Italie, vous n'en trouverez pas une dans laquelle il n'y ait eu des conspirations conduites avec autant d'art que celle de Catilina. On ne pouvait dans de si petits états ni s'élever ni se défendre avec des armées : les assassinats, les empoisonnements y suppléèrent souvent. Une émeute du peuple fesait un prince, une autre émeute le fesait tomber : c'est ainsi que Mantoue, par exemple, passa de tyrans en tyrans jusqu'à la maison de Gonzague, qui s'y établit en 1328.

Venise seule a toujours conservé sa liberté, qu'elle doit à la mer qui l'environne, et à la prudence de son gouvernement. Gênes, sa rivale, lui fit la guerre, et triompha d'elle sur la fin du quatorzième siècle; mais Gênes ensuite déclina de jour en jour, et Venise s'éleva toujours jusqu'au temps de Louis XII et de l'empereur Maximilien, où nous la verrons intimider l'Italie, et donner de la jalousie à toutes les puissances qui conspirent pour la détruire. Parmi tous ces gouvernements, celui de Venise était le seul réglé, stable, et uniforme : il n'avait qu'un vice radical, qui n'en était pas un aux yeux du sénat; c'est qu'il manquait un contre-poids à la puissance patricienne, et un encouragement aux plébéiens. Le mérite ne put jamais, dans Venise, élever un simple citoyen, comme dans l'ancienne Rome. La beauté du gouvernement d'Angleterre, depuis que la chambre des communes a part à la législation, consiste dans ce contre-poids et dans ce chemin toujours ouvert aux honneurs pour quiconque en est digne[1].

Pise, qui n'est aujourd'hui qu'une ville dépeuplée, dépendante de la Toscane, était aux treizième et quatorzième siècles une république célèbre, et mettait en mer des flottes aussi considérables que Gênes.

Parme et Plaisance appartenaient aux Viscontis: les papes, réconciliés avec eux, leur en donnèrent l'investiture, parceque les Viscontis ne voulurent pas alors la demander aux empereurs, dont la puissance s'anéantissait en Italie. La maison d'Est, qui avait produit cette fameuse comtesse Mathilde, bienfaitrice du saint-siége, possédait Ferrare et Modène. Elle tenait Ferrare de l'empereur Othon III, et cependant le saint-siége prétendait des droits sur Ferrare, et en donnait quelquefois l'investiture, ainsi que de plusieurs états de la Romagne; source intarissable de confusion et de trouble.

Il arriva que pendant la transmigration du saint-siége des bords du Tibre à ceux du Rhône, il y eut deux puissances imaginaires en Italie, les empereurs et les papes, dont toutes les autres recevaient des di-

---

[1] Ici l'édition de Kehl renvoie à une note sur l'article GOUVERNEMENT ANGLAIS, dans le *Dict. philosophique* : cette note ne s'y trouve point. B.

plômes pour légitimer leurs usurpations ; et quand la chaire pontificale fut rétablie dans Rome, elle y fut sans pouvoir réel, et les empereurs furent oubliés jusqu'à Maximilien Ier. Nul étranger ne possédait alors de terrain en Italie : on ne pouvait plus appeler étrangères la maison d'Anjou établie à Naples en 1266, et celle d'Aragon, souveraine de Sicile depuis 1287. Ainsi l'Italie, riche, remplie de villes florissantes, féconde en hommes de génie, pouvait se mettre en état de ne recevoir jamais la loi d'aucune nation. Elle avait même un avantage sur l'Allemagne, c'est qu'aucun évêque, excepté le pape, ne s'était fait souverain, et que tous ces différents états, gouvernés par des séculiers, en devaient être plus propres à la guerre.

Si les divisions dont naît quelquefois la liberté publique troublaient l'Italie, elles n'éclataient pas moins en Allemagne, où les seigneurs ont tous des prétentions à la charge les uns des autres ; mais, comme vous l'avez déjà remarqué, l'Italie ne fit jamais un corps, et l'Allemagne en fit un. Le flegme germanique a conservé jusqu'ici la constitution de l'état saine et entière ; l'Italie, moins grande que l'Allemagne, n'a jamais pu seulement se former une constitution ; et à force d'esprit et de finesse elle s'est trouvée partagée en plusieurs états affaiblis, subjugués, et ensanglantés par des nations étrangères.

Naples et Sicile, qui avaient formé une puissance formidable sous les conquérants normands, n'étaient plus, depuis les vêpres siciliennes, que deux états jaloux l'un de l'autre, qui se nuisaient mutuellement. Les faiblesses de Jeanne Ire ruinèrent Naples et la

Provence, dont elle était souveraine; les faiblesses plus honteuses encore de Jeanne II achevèrent la ruine. Cette reine, la dernière de la race que le frère de saint Louis avait transplantée en Italie, fut sans aucun crédit, ainsi que son royaume, tout le temps qu'elle régna. Elle était sœur de ce Lancelot qui avait fait trembler Rome dans le temps de l'anarchie qui précéda le concile de Constance : mais Jeanne II fut bien loin d'être redoutable. Des intrigues d'amour et de cour firent la honte et le malheur de ses états. Jacques de Bourbon, son second mari, essuya ses infidélités, et quand il voulut s'en plaindre on le mit en prison; il fut trop heureux de s'échapper, et d'aller cacher sa douleur, et ce qu'on appelait sa honte, dans un couvent de cordeliers à Besançon.

Cette Jeanne II, ou Jeannette, fut, sans le prévoir, la cause de deux grands événements. Le premier fut l'élévation des Sforces au duché de Milan; le second, la guerre portée par Charles VIII et par Louis XII en Italie. L'élévation des Sforces est un de ces jeux de la fortune qui font voir que la terre n'appartient qu'à ceux qui peuvent s'en emparer. Un paysan nommé Jacomuzio, qui se fit soldat, et qui changea son nom en celui de Sforza, devint le favori de la reine, connétable de Naples, gonfalonier de l'Église, et acquit assez de richesses pour laisser à un de ses bâtards de quoi conquérir le duché de Milan.

Le second événement, si funeste à l'Italie et à la France, fut causé par des adoptions. On a déjà vu Jeanne Ire adopter Louis Ier, de la seconde branche d'Anjou, frère du roi de France Charles V : ces adoptions étaient un reste des anciennes lois romaines ; elles donnaient le droit de succéder, et le prince adopté tenait lieu de fils ; mais le consentement des barons y était nécessaire. Jeanne II adopta d'abord Alfonse V d'Aragon, surnommé par les Espagnols le Sage et le Magnanime : ce sage et magnanime prince ne fut pas plus tôt reconnu l'héritier de Jeanne qu'il la dépouilla de toute autorité, la mit en prison, et voulut lui ôter la vie. François Sforce, le fils de cet illustre villageois Jacomuzio, signala ses premières armes, et mérita la grandeur où il monta depuis, en délivrant la bienfaitrice de son père. La reine alors adopta un Louis d'Anjou, petit-fils de celui qui avait été si vainement adopté par Jeanne Ire. Ce prince étant mort (1435), elle institua pour son héritier René d'Anjou, frère du décédé : cette double adoption fut long-temps un double flambeau de discorde entre la France et l'Espagne. Ce René d'Anjou, appelé pour régner dans Naples par une mère adoptive, et en Lorraine par sa femme, fut également malheureux en Lorraine et à Naples. On l'intitule *roi de Naples, de Sicile, de Jérusalem, d'Aragon, de Valence, de Majorque, duc de Lorraine et de Bar :* il ne fut rien de tout cela. C'est une source de la confusion qui rend nos histoires modernes souvent désagréables, et peut-être ridicules, que cette multiplicité de titres inutiles fondés sur des prétentions qui n'ont point eu d'effet. L'histoire de l'Europe est devenue un immense procès verbal de contrats de mariage, de généalogies, et de titres disputés, qui répandent partout autant d'obscurité que de sécheresse, et qui étouffent les grands événements, la connaissance des lois et celle des mœurs, objets plus dignes d'attention.

CHAPITRE LXXV.

De la France et de l'Angleterre du temps de Philippe de Valois, d'Édouard II et d'Édouard III. Déposition du roi Édouard II par le parlement. Édouard III, vainqueur de la France. Examen de la loi salique. De l'artillerie, etc.

L'Angleterre reprit sa force sous Édouard Ier, vers la fin du treizième siècle. Édouard, successeur de Henri III son père, fut obligé à la vérité de renoncer à la Normandie, à l'Anjou, à la Touraine, patrimoines de ses ancêtres; mais il conserva la Guienne; (1283) il s'empara du pays de Galles; il sut contenir l'humeur des Anglais, et les animer. Il fit fleurir leur commerce autant qu'on le pouvait alors. (1291) La maison d'Écosse étant éteinte, il eut la gloire d'être choisi pour arbitre entre les prétendants. Il obligea d'abord le parlement d'Écosse à reconnaître que la couronne de ce pays relevait de celle d'Angleterre; ensuite il nomma pour roi Baliol, qu'il fit son vassal: Édouard prit enfin pour lui ce royaume d'Écosse, et le conquit après plusieurs batailles; mais il ne put le garder. Ce fut alors que commença cette antipathie entre les Anglais et les Écossais, qui aujourd'hui, malgré la réunion des deux peuples, n'est pas encore tout-à-fait éteinte.

Sous ce prince on commençait à s'apercevoir que les Anglais ne seraient pas long-temps tributaires de Rome; on se servait de prétextes pour mal payer, et on éludait une autorité qu'on n'osait attaquer de front.

Le parlement d'Angleterre prit, vers l'an 1300, une nouvelle forme, telle qu'elle est à peu près de nos jours. Le titre de barons et de pairs ne fut affecté qu'à ceux qui entraient dans la chambre haute. La chambre des communes commença à régler les subsides, parceque le peuple seul les payait. Édouard Ier donna du poids à la chambre des communes, pour pouvoir balancer le pouvoir des barons. Ce prince, assez ferme et assez habile pour les ménager et ne les point craindre, forma cette espèce de gouvernement qui rassemble tous les avantages de la royauté, de l'aristocratie et de la démocratie, mais qui a aussi les inconvénients de toutes les trois, et qui ne peut subsister que sous un roi sage. Son fils ne le fut pas, et l'Angleterre fut déchirée.

Édouard Ier mourut lorsqu'il allait conquérir l'Écosse, trois fois subjuguée et trois fois soulevée : son fils, âgé de vingt-trois ans, à la tête d'une nombreuse armée, abandonna les projets du père pour se livrer à des plaisirs qui paraissaient plus indignes d'un roi en Angleterre qu'ailleurs. Ses favoris irritèrent la nation, et surtout l'épouse du roi, Isabelle, fille de Philippe-le-Bel, femme galante et impérieuse, jalouse de son mari qu'elle trahissait. Ce ne fut plus dans l'administration publique que fureur, confusion et faiblesse. (1312) Une partie du parlement fait trancher la tête à un favori du monarque, nommé Gaveston :

les Écossais profitent de ces troubles; ils battent les Anglais; et Robert Bruce, devenu roi d'Écosse, la rétablit par la faiblesse de l'Angleterre.

(1316) On ne peut se conduire avec plus d'imprudence, et par conséquent avec plus de malheur qu'Édouard II : il souffre que sa femme Isabelle, irritée contre lui, passe en France avec son fils, qui fut depuis l'heureux et le célèbre Édouard III.

Charles-le-Bel, frère d'Isabelle, régnait en France : il suivait cette politique de tous les rois, de semer la discorde chez ses voisins : il encouragea sa sœur Isabelle à lever l'étendard contre son mari.

Ainsi donc, sous prétexte qu'un jeune favori, nommé Spencer, gouvernait indignement le roi d'Angleterre, sa femme se prépare à faire la guerre. Elle marie son fils à la fille du comte de Hainaut et de Hollande; elle engage ce comte à lui donner des troupes; elle repasse enfin en Angleterre, et se joint à main armée aux ennemis de son époux : son amant, Mortimer, était avec elle à la tête de ses troupes, tandis que le roi fuyait avec son favori Spencer.

(1326) La reine fait pendre à Bristol le père du favori, âgé de quatre-vingt-dix ans : cette cruauté, qui ne respecta point l'extrême vieillesse, est un exemple unique; elle punit ensuite du même supplice, dans Herford, le favori lui-même, tombé dans ses mains : mais elle exerça dans ce supplice une vengeance que la bienséance de notre siècle ne permettrait pas; elle fit mettre dans l'arrêt qu'on arracherait au jeune Spencer les parties dont il avait fait un coupable usage avec le monarque. L'arrêt fut exécuté à la potence :

elle ne craignit point de voir l'exécution. Froissard ne fait point difficulté d'appeler ces parties par leur nom propre. Ainsi cette cour rassemblait à-la-fois toutes les dissolutions des temps les plus efféminés, et toutes les barbaries des temps les plus sauvages.

Enfin le roi, abandonné, fugitif dans son royaume, est pris, conduit à Londres, insulté par le peuple, enfermé dans la tour, jugé par le parlement, et déposé par un jugement solennel. Un nommé Trussel lui signifia sa déposition en ces mots rédigés dans les actes publics : « Moi, Guillaume Trussel, procureur « du parlement et de la nation, je vous déclare en leur « nom et en leur autorité que je renonce, que je ré- « voque et rétracte l'hommage à vous fait, et que je « vous prive de la puissance royale. » On donna la couronne à son fils, âgé de quatorze ans, et la régence à la mère assistée d'un conseil : une pension d'environ soixante mille livres de notre monnaie fut assignée au roi pour vivre.

(1327) Édouard II survécut à peine une année à sa disgrace : on ne trouva sur son corps aucune marque de mort violente. Il passa pour constant qu'on lui avait enfoncé un fer brûlant dans les entrailles à travers un tuyau de corne.

Le fils punit bientôt la mère. Édouard III, mineur encore, mais impatient et capable de régner, saisit un jour aux yeux de sa mère son amant Mortimer, comte de La Marche (1331). Le parlement juge ce favori sans l'entendre, comme les Spencer l'avaient été. Il périt par le supplice de la potence, non pour avoir déshonoré le lit de son roi, l'avoir détrôné et l'avoir fait assassiner, mais pour les concussions, les malversations dont sont toujours accusés ceux qui gouvernent. La reine, enfermée dans le château de Risin avec cinq cents livres sterling de pension, différemment malheureuse, pleura dans la solitude ses infortunes plus que ses faiblesses et ses barbaries.

(1332) Édouard III, maître, et bientôt maître absolu, commence par conquérir l'Écosse; mais alors une nouvelle scène s'ouvrait en France. L'Europe en suspens ne savait si Édouard aurait ce royaume par les droits du sang ou par ceux des armes.

La France, qui ne comprenait ni la Provence, ni le Dauphiné, ni la Franche-Comté, était pourtant un royaume puissant; mais son roi ne l'était pas encore. De grands états, tels que la Bourgogne, l'Artois, la Flandre, la Bretagne, la Guienne, relevant de la couronne, fesaient toujours l'inquiétude du prince beaucoup plus que sa grandeur.

Les domaines de Philippe-le-Bel, avec les impôts sur ses sujets immédiats, avaient monté à cent soixante mille livres de poids. Quand Philippe-le-Bel fit la guerre aux Flamands (1302), et que presque tous les vassaux de la France contribuèrent à cette guerre, on fit payer le cinquième des revenus à tous les séculiers que leur état dispensait de faire la campagne. Les peuples étaient malheureux, et la famille royale l'était davantage.

Rien n'est plus connu que l'opprobre dont les trois enfants de Philippe-le-Bel se couvrirent à-la-fois, en accusant leurs femmes d'adultère en plein parlement; toutes trois furent condamnées à être renfermées.

Louis Hutin, l'aîné, fit périr la sienne, Marguerite de Bourgogne, par le cordeau. Les amants de ces princesses furent condamnés à un nouveau genre de supplice ; on les écorcha vifs. Quels temps ! et nous nous plaignons encore du nôtre !

(1316) Après la mort de Louis Hutin, qui avait joint la Navarre à la France comme son père, la question de la loi salique émut tous les esprits. Ce roi ne laissait qu'une fille : on n'avait encore jamais examiné en France si les filles devaient hériter de la couronne ; les lois ne s'étaient jamais faites que selon le besoin présent. Les anciennes lois saliques étaient ignorées ; l'usage en tenait lieu, et cet usage variait toujours en France. Le parlement, sous Philippe-le-Bel, avait adjugé l'Artois à une fille, au préjudice du plus prochain mâle ; la succession de la Champagne avait tantôt été donnée aux filles, et tantôt elle leur avait été ravie : Philippe-le-Bel n'eut la Champagne que par sa femme, qui en avait exclu les princes. On voit par là que le droit changeait comme la fortune, et qu'il s'en fallait beaucoup que ce fût une loi fondamentale de l'état d'exclure une fille du trône de son père.

Dire, comme tant d'auteurs, que « la couronne de « France est si noble qu'elle ne peut admettre de « femmes », c'est une grande puérilité. Dire avec Mézerai que « l'imbécillité du sexe ne permet pas aux « femmes de régner », c'est être doublement injuste : la régence de la reine Blanche, et le règne glorieux de tant de femmes, dans presque tous les pays de l'Europe, réfutent assez la grossièreté de Mézerai.

D'ailleurs l'article de cette ancienne loi, qui ôte toute hérédité aux filles en terre salique, semble ne la leur ravir que parceque tout seigneur salien était obligé de se trouver en armes aux assemblées de la nation : or une reine n'est point obligée de porter les armes, la nation les porte pour elle. Ainsi on peut dire que la loi salique, d'ailleurs si peu connue, regardait les autres fiefs, et non la couronne. C'était si peu une loi pour les rois, qu'elle ne se trouve que sous le titre *de allodiis*, des alleuds. Si c'est une loi des anciens Saliens, elle a donc été faite avant qu'il y eût des rois de France; elle ne regardait donc point ces rois[a].

De plus, il est indubitable que plusieurs fiefs n'étaient point soumis à cette loi; à plus forte raison pouvait-on alléguer que la couronne n'y devait pas être assujettie.

On a toujours voulu fortifier ses opinions, quelles qu'elles fussent, par l'autorité des livres sacrés : les partisans de la loi salique ont cité ce passage *que les lis ne travaillent ni ne filent*[1]; et de là ils ont conclu que les filles, qui doivent filer, ne doivent pas régner dans le royaume des lis. Cependant les lis ne travaillent point, et un prince doit travailler; les léopards d'Angleterre et les tours de Castille ne filent pas plus que les lis de France, et les filles peuvent régner en Castille et en Angleterre. De plus, les armoiries des rois de France ne ressemblèrent jamais à des lis; c'est évidemment le bout d'une hallebarde,

---

[a] Voyez l'article LOI SALIQUE, dans le *Dictionnaire philosophique*.
[1] *Lilia... neque laborant neque nent.* (Matth. VI, 28.) B.

telles qu'elles sont décrites dans les mauvais vers de Guillaume le Breton :

« Cuspidis in medio uncum emittit acutum. »

L'écu de France est un fer pointu au milieu de la hallebarde.

Toutes les raisons contre la loi salique furent opiniâtrément soutenues par le duc de Bourgogne, oncle de la princesse fille de Hutin, et par plusieurs princesses du sang. Louis Hutin avait deux frères, qui en peu de temps lui succédèrent, comme on sait, l'un après l'autre; l'aîné, Philippe-le-Long, et Charles-le-Bel, le cadet. Charles alors, ne croyant pas qu'il touchait à la couronne, combattit la loi salique par jalousie contre son frère.

Philippe-le-Long ne manqua pas de faire déclarer dans une assemblée de quelques barons, de prélats et de bourgeois de Paris, que les filles devaient être exclues de la couronne de France; mais si le parti opposé avait prévalu, on eût bientôt fait une loi fondamentale toute contraire.

Philippe-le-Long, qui n'est guère connu que pour avoir interdit l'entrée du parlement aux évêques, étant mort après un règne fort court, ne laissa encore que des filles. La loi salique fut confirmée alors une seconde fois. Charles-le-Bel, qui s'y était opposé, prit incontestablement la couronne, et exclut les filles de son frère.

Charles-le-Bel, en mourant, laissa encore le même procès à décider. Sa femme était grosse; il fallait un régent au royaume : Édouard III prétendit la régence en qualité de petit-fils de Philippe-le-Bel par sa mère, et Philippe de Valois s'en saisit en qualité de premier prince du sang. Cette régence lui fut solennellement déférée ; et la reine douairière ayant accouché d'une fille, il prit la couronne du consentement de la nation. La loi salique qui exclut les filles du trône était donc dans les mœurs ; elle était fondamentale par une ancienne convention universelle. Il n'y en a point d'autre. Les hommes les font et les abolissent. Qui peut douter que si jamais il ne restait du sang de la maison de France qu'une princesse digne de régner, la nation ne pût et ne dût lui décerner la couronne ?

Non seulement les filles étaient exclues, mais le représentant d'une fille l'était aussi : on prétendait que le roi Édouard ne pouvait avoir par sa mère un droit que sa mère n'avait pas. Une raison plus forte encore fesait préférer un prince du sang à un étranger, à un prince né dans une nation naturellement ennemie de la France. Les peuples donnèrent alors à Philippe de Valois le nom de *Fortuné*. Il put y joindre quelque temps celui de *victorieux* et de *juste* ; car le comte de Flandre son vassal ayant maltraité ses sujets, et les sujets s'étant soulevés, il marcha au secours de ce prince ; et ayant tout pacifié, il dit au comte de Flandre : « Ne vous attirez plus tant de ré-
« voltes par une mauvaise conduite. »

On pouvait le nommer *fortuné* encore, lorsqu'il reçut dans Amiens l'hommage solennel que lui vint rendre Édouard III. Mais bientôt cet hommage fut suivi de la guerre : Édouard disputa la couronne à celui dont il s'était déclaré le vassal.

Un brasseur de bière de la ville de Gand fut le grand moteur de cette guerre fameuse, et celui qui détermina Édouard à prendre le titre de roi de France. Ce brasseur, nommé Jacques d'Artevelt, était un de ces citoyens que les souverains doivent perdre ou ménager : le prodigieux crédit qu'il avait le rendit nécessaire à Édouard ; mais il ne voulut employer ce crédit en faveur du roi anglais qu'à condition qu'Édouard prendrait le titre de roi de France, afin de rendre les deux rois irréconciliables. Le roi d'Angleterre et le brasseur signèrent le traité à Gand, long-temps après avoir commencé les hostilités contre la France. L'empereur Louis de Bavière se ligua avec le roi d'Angleterre avec plus d'appareil que le brasseur, mais avec moins d'utilité pour Édouard.

Remarquez avec une grande attention le préjugé qui régna si long-temps dans la république allemande, revêtue du titre d'empire romain. Cet empereur Louis, qui possédait seulement la Bavière (1338), investit le roi Édouard III, dans Cologne, de la dignité de vicaire de l'empire, en présence de presque tous les princes et de tous les chevaliers allemands et anglais ; là il prononce que le roi de France est déloyal et perfide, qu'il a forfait la protection de l'empire, déclarant tacitement par cet acte Philippe de Valois et Édouard ses vassaux.

L'Anglais s'aperçut bientôt que le titre de vicaire était aussi vain par lui-même que celui d'empereur quand l'Allemagne ne le secondait pas ; et il conçut un tel dégoût pour l'anarchie allemande, que depuis, lorsqu'on lui offrit l'empire, il ne daigna pas l'accepter.

Cette guerre commença par montrer quelle supériorité la nation anglaise pouvait un jour avoir sur mer. Il fallait d'abord qu'Édouard III tentât de débarquer en France avec une grande armée, et que Philippe l'en empêchât : l'un et l'autre équipèrent en très peu de temps chacun une flotte de plus de cent vaisseaux; ces navires n'étaient que de grosses barques; Édouard n'était pas, comme le roi de France, assez riche pour les construire à ses dépens : des cent vaisseaux anglais, vingt lui appartenaient, le reste était fourni par toutes les villes maritimes d'Angleterre. Le pays était si peu riche en espèces, que le prince de Galles n'avait que vingt schellings par jour pour sa paie; l'évêque de Derham, un des amiraux de la flotte, n'en avait que six, et les barons quatre. Les plus pauvres vainquirent les plus riches, comme il arrive presque toujours. Les batailles navales étaient alors plus meurtrières qu'aujourd'hui : on ne se servait pas du canon, qui fait tant de bruit; mais on tuait beaucoup plus de monde : les vaisseaux s'abordaient par la proue; on en abaissait de part et d'autre des ponts-levis, et on se battait comme en terre ferme. (1340) Les amiraux de Philippe de Valois perdirent soixante-dix vaisseaux, et près de vingt mille combattants. Ce fut là le prélude de la gloire d'Édouard, et du célèbre Prince Noir, son fils, qui gagnèrent en personne cette bataille mémorable.

Je vous épargne ici les détails des guerres, qui se

ressemblent presque toutes; mais, insistant toujours sur ce qui caractérise les mœurs du temps, j'observerai qu'Édouard défia Philippe de Valois à un combat singulier : le roi de France le refusa, disant qu'un souverain ne s'abaissait pas à se battre contre son vassal.

(1341) Cependant un nouvel événement semblait renverser encore la loi salique. La Bretagne, fief de France, venait d'être adjugée par la cour des pairs à Charles de Blois, qui avait épousé la fille du dernier duc; et le comte de Montfort, oncle de ce duc, avait été exclu. Les lois et les intérêts étaient autant de contradictions. Le roi de France, qui semblait devoir soutenir la loi salique dans la cause du comte de Montfort, héritier mâle de la Bretagne, prenait le parti de Charles de Blois, qui tirait son droit des femmes; et le roi d'Angleterre, qui devait maintenir le droit des femmes, dans Charles de Blois, se déclarait pour le comte de Montfort.

La guerre recommence à cette occasion entre la France et l'Angleterre. On surprend d'abord Montfort dans Nantes, et on l'amène prisonnier à Paris dans la tour du Louvre. Sa femme, fille du comte de Flandre, était une de ces héroïnes singulières qui ont paru rarement dans le monde, et sur lesquelles on a sans doute imaginé les fables des Amazones. Elle se montra, l'épée à la main, le casque en tête, aux troupes de son mari, portant son fils entre ses bras; elle soutint le siége de Hennebon, fit des sorties, combattit sur la brèche, et enfin, à l'aide de la flotte anglaise qui vint à son secours, elle fit lever le siége.

(Auguste 1346) Cependant la faction anglaise et le parti français se battirent long-temps en Guienne, en Bretagne, en Normandie : enfin, près de la rivière de Somme, se donne cette sanglante bataille de Créci entre Édouard et Philippe de Valois. Édouard avait auprès de lui son fils le prince de Galles, qu'on nommait le Prince Noir, à cause de sa cuirasse brune et de l'aigrette noire de son casque. Ce jeune prince eut presque tout l'honneur de cette journée. Plusieurs historiens ont attribué la défaite des Français à quelques petites pièces de canon dont les Anglais étaient munis : il y avait dix ou douze années que l'artillerie commençait à être en usage.

Cette invention des Chinois fut-elle apportée en Europe par les Arabes, qui trafiquaient sur les mers des Indes? il n'y a pas d'apparence : c'est un bénédictin allemand, nommé Berthold Schvartz, qui trouva ce secret fatal. Il y avait long-temps qu'on y touchait. Un autre bénédictin anglais, Roger Bacon, avait long-temps auparavant parlé des grandes explosions que le salpêtre enfermé pouvait produire[1]. Mais pourquoi le roi de France n'avait-il pas de canons dans son armée, aussi bien que le roi d'Angleterre? et si l'Anglais eut cette supériorité, pourquoi tous nos historiens rejettent-ils la perte de la bataille sur les arbalétriers génois que Philippe avait à sa solde? La pluie mouilla,

---

[1] Roger Bacon était cordelier et non bénédictin : Voltaire rapporte le texte de cet auteur dans la note *b* de sa satire intitulée *La Tactique* (année 1773) : il y nie l'emploi du canon à Créci : voyez aussi la vIII[e] des *Remarques pour servir de supplément à l'Essai sur les Mœurs* (dans les *Mélanges*, année 1763), et le *Dict. philosophique*, au mot R. BACON. B.

dit-on, la corde de leurs arcs ; mais cette pluie ne mouilla pas moins les cordes des Anglais. Ce que les historiens auraient peut-être mieux fait d'observer, c'est qu'un roi de France qui avait des archers de Gênes, au lieu de discipliner sa nation, et qui n'avait point de canon quand son ennemi en avait, ne méritait pas de vaincre.

Il est bien étrange que cet usage de la poudre ayant dû changer absolument l'art de la guerre, on ne voie point l'époque de ce changement. Une nation qui aurait su se procurer une bonne artillerie était sûre de l'emporter sur toutes les autres : c'était de tous les arts le plus funeste, mais celui qu'il fallut le plus perfectionner. Cependant, jusqu'au temps de Charles VIII, il reste dans son enfance : tant les anciens usages prévalent, tant la lenteur arrête l'industrie humaine. On ne se servit d'artillerie aux siéges des places que sous le roi de France Charles V ; et les lances firent toujours le sort de la bataille dans presque toutes les actions, jusqu'aux derniers temps de Henri IV.

On prétend qu'à la journée de Créci, les Anglais n'avaient que deux mille cinq cents hommes de gendarmerie et trente mille fantassins, et que les Français avaient quarante mille fantassins et près de trois mille gendarmes[1]. Ceux qui diminuent la perte des

---

[1] Ce texte est celui de l'édition de Dresde, 1754 ; dans deux éditions de 1753 que j'ai sous les yeux il y a : « On prétend qu'à la journée de Créci « les Anglais n'avaient que deux mille cinq cents hommes de gendarmerie et « trente mille fantassins ; et que les Français avaient quarante mille fantassins « et près de trente mille gendarmes. » Les éditions de 1756, 1761, 1769 (in-4°), 1775 et de Kehl portent : « On prétend qu'à la journée de Créci les « Anglais n'avaient que deux mille cinq cents hommes de gendarmerie et

Français disent qu'elle ne monta qu'à vingt mille hommes : le comte Louis de Blois, qui était l'une des causes apparentes de la guerre, y fut tué ; et le lendemain les troupes des communes du royaume furent encore défaites. Édouard, après deux victoires remportées en deux jours, prit Calais, qui resta aux Anglais deux cent dix années.

On dit que pendant ce siége Philippe de Valois ne pouvant attaquer les lignes des assiégeants, et désespéré de n'être que le témoin de ses pertes, proposa au roi Édouard de vider cette grande querelle par un combat de six contre six. Édouard, ne voulant pas remettre à un combat incertain la prise certaine de Calais, refusa ce duel, comme Philippe de Valois l'avait d'abord refusé. Jamais les princes n'ont terminé eux seuls leurs différents ; c'est toujours le sang des nations qui a coulé.

Ce qu'on a le plus remarqué dans ce fameux siége qui donna à l'Angleterre la clef de la France, et ce qui était peut-être le moins mémorable, c'est qu'Édouard exigea, par la capitulation, que six bourgeois vinssent lui demander pardon à moitié nus et la corde au cou : c'était ainsi qu'on en usait avec des sujets rebelles. Édouard était intéressé à faire sentir qu'il se regardait comme roi de France. Des historiens et des poëtes [1] se sont efforcés de célébrer les six bour-

« quarante mille fantassins, et que les Français avaient quarante mille fan-
« tassins et près de trois mille gendarmes. » L'*errata* de l'édition de Kehl dit qu'au lieu de *près de trois mille gendarmes*, il faut lire : *environ vingt mille*. B.

[1] Les historiens et les poëtes dont parle Voltaire sont Villaret (voyez son *Histoire de France*, tome VIII, publiée en 1760), et de Belloy dont la tragédie du *Siége de Calais* fut jouée en 1765 (voyez dans la *Correspondance*

geois qui vinrent demander pardon, comme des Codrus qui se dévouaient pour la patrie; mais il est faux qu'Édouard demandât ces pauvres gens pour les faire pendre. La capitulation portait « que six bourgeois, « pieds nus et tête nue, viendraient hart au col lui « apporter les clefs de la ville, et que d'iceux le roi « d'Angleterre et de France en ferait à sa volonté. »

Certainement Édouard n'avait nul dessein de faire serrer la corde que les six Calaisiens avaient au cou, puisqu'il fit présent à chacun de six écus d'or et d'une robe. Celui qui avait si généreusement nourri toutes les bouches inutiles chassées de Calais par le commandant Jean de Vienne; celui qui pardonna si généreusement au traître Aimeri de Pavie, nommé par lui gouverneur de Calais, convaincu d'avoir vendu la place aux Français; celui qui, étant venu lui-même battre les Français venus pour la prendre, au lieu de faire trancher la tête à Charni et à Ribaumont, coupables d'avoir fait ce marché pendant une trêve, leur donna à souper après les avoir pris de sa main, et leur fit les plus nobles présents; enfin, celui qui traita avec tant de grandeur et de politesse son malheureux captif, le roi de France Jean, n'était pas un barbare. L'idée de réparer les désastres de la France par la grandeur d'ame de six habitants de Calais, et de mettre au théâtre d'assez mauvaises raisons en assez mau-

---

les lettres du mois de mars 1765). Au reste, le texte, tel qu'on le lit ici, est posthume. En 1761, l'auteur disait seulement : *Nos historiens s'extasient sur la générosité, sur la grandeur d'ame de six habitants qui se dévouèrent à la mort. Mais au fond ils devaient bien se douter que si Édouard III voulait qu'ils eussent la corde au cou, ce n'était pas pour la faire serrer. Il les traita très humainement.* R.

vais vers en faveur de la loi salique, est d'un énorme ridicule.

Cette guerre, qui se fesait à-la-fois en Guienne, en Bretagne, en Normandie, en Picardie, épuisait la France et l'Angleterre d'hommes et d'argent. Ce n'était pourtant pas alors le temps de se détruire pour l'intérêt de l'ambition : il eût fallu se réunir contre un fléau d'une autre espèce. (1347 et 1348) Une peste mortelle, qui avait fait le tour du monde, et qui avait dépeuplé l'Asie et l'Afrique, vint alors ravager l'Europe, et particulièrement la France et l'Angleterre.

Elle enleva, dit-on, la quatrième partie des hommes : c'est une des causes qui ont fait que dans nos climats le genre humain ne s'est point multiplié dans la proportion où l'on croit qu'il devait l'être.

Mézerai a dit après d'autres que cette peste vint de la Chine, et qu'il était sorti de la terre une exhalaison enflammée en globes de feu, laquelle en crevant répandit son infection sur l'hémisphère. C'est donner une origine trop fabuleuse à un malheur trop certain. Premièrement, on ne voit pas que jamais un tel météore ait donné la peste; secondement, les annales chinoises ne parlent d'aucune maladie contagieuse que vers l'an 1504. La peste, proprement dite, est une maladie attachée au climat du milieu de l'Afrique, comme la petite vérole à l'Arabie, et comme le venin qui empoisonne la source de la vie est originaire chez les Caraïbes. Chaque climat a son poison dans ce malheureux globe, où la nature a mêlé un peu de bien avec beaucoup de mal. Cette peste du quatorzième siècle était semblable à celles qui dépeuplèrent la terre sous Justinien, et du temps d'Hippocrate. C'était dans la violence de ce fléau qu'Édouard et Philippe avaient combattu pour régner sur des mourants.

Après l'enchaînement de tant de calamités, après que les éléments et les fureurs des hommes ont ainsi conspiré pour désoler la terre, on s'étonne que l'Europe soit aujourd'hui si florissante. La seule ressource du genre humain était dans des villes que les grands souverains méprisaient. Le commerce et l'industrie de ces villes a réparé sourdement le mal que les princes fesaient avec tant de fracas. L'Angleterre, sous Édouard III, se dédommagea avec usure des trésors que lui coûtèrent les entreprises de son monarque: elle vendit ses laines; Bruges les mit en œuvre. Les Flamands s'exerçaient aux manufactures; les villes anséatiques formaient une république utile au monde; et les arts se soutenaient toujours dans les villes libres et commerçantes d'Italie. Ces arts ne demandent qu'à s'étendre et à croître; et après les grands orages ils se transplantent comme d'eux-mêmes dans les pays dévastés qui en ont besoin.

(1350) Philippe de Valois mourut dans ces circonstances, bien éloigné de porter au tombeau le beau titre de *fortuné*. Cependant il venait de réunir le Dauphiné à la France. Le dernier prince de ce pays, ayant perdu ses enfants, lassé des guerres qu'il avait soutenues contre la Savoie, donna le Dauphiné au roi de France, et se fit dominicain à Paris (1349). Cette province s'appelait Dauphiné, parcequ'un de ses souverains avait mis un dauphin dans ses armoiries. Elle fesait partie du royaume d'Arles, domaine de l'empire. Le roi de France devenait, par cette acquisition, feudataire de l'empereur Charles IV. Il est certain que les empereurs ont toujours réclamé leurs droits sur cette province jusqu'à Maximilien Ier. Les publicistes allemands prétendent encore qu'elle doit être une mouvance de l'empire. Les souverains du Dauphiné pensent autrement. Rien n'est plus vain que ces recherches; il vaudrait autant faire valoir les droits des empereurs sur l'Égypte, parcequ'Auguste en était le maître.

Philippe de Valois ajouta encore à son domaine le Roussillon et la Cerdagne, en prêtant de l'argent au roi de Majorque, de la maison d'Aragon, qui lui donna ces provinces en nantissement; provinces que Charles VIII rendit depuis sans être remboursé. Il acquit aussi Montpellier, qui est demeuré à la France. Il est surprenant que dans un règne si malheureux il ait pu acheter ces provinces, et payer encore beaucoup pour le Dauphiné. L'impôt du sel, qu'on appela sa *loi salique*, le haussement des tailles, les infidélités sur les monnaies, le mirent en état de faire ces acquisitions. L'état fut augmenté, mais il fut appauvri; et si ce roi eut d'abord le nom de *fortuné*, le peuple ne put jamais prétendre à ce titre. Mais sous Jean, son fils, on regretta encore le temps de Philippe de Valois.

Ce qu'il y eut de plus intéressant pour les peuples sous ce règne fut l'appel comme d'abus que le parlement introduisit peu-à-peu par les soins de l'avocat-général, Pierre Cugnières. Le clergé s'en plaignit hautement, et le roi se contenta de conniver à cet usage, et de ne pas s'opposer à un remède qui soutenait son autorité et les lois de l'état. Cet appel comme d'abus, interjeté aux parlements du royaume, est une plainte contre les sentences ou injustes ou incompétentes que peuvent rendre les tribunaux ecclésiastiques, une dénonciation des entreprises qui ruinent la juridiction royale, une opposition aux bulles de Rome qui peuvent être contraires aux droits du roi et du royaume[a].

Ce remède, ou plutôt ce palliatif, n'était qu'une faible imitation de la fameuse loi *Præmunire*, publiée sous Édouard III par le parlement d'Angleterre; loi par laquelle quiconque portait à des cours ecclésiastiques des causes dont la connaissance appartenait aux tribunaux royaux, était mis en prison. Les Anglais, dans tout ce qui concerne les libertés de l'état, ont donné plus d'une fois l'exemple.

CHAPITRE LXXVI.

De la France sous le roi Jean. Célèbre tenue des états-généraux. Bataille de Poitiers. Captivité de Jean. Ruine de la France. Chevalerie, etc.

Le règne de Jean est encore plus malheureux que celui de Philippe. (1350) Jean, qu'on a surnommé *le Bon*, commence par faire assassiner son connétable le comte d'Eu. (1354) Quelque temps après, le roi de Navarre, son cousin et son gendre, fait assassiner le nouveau connétable don La Cerda, prince de la maison d'Espagne. Ce roi de Navarre, Charles, petit-fils

---

[a] Voyez l'article Abus, dans le *Dictionnaire philosophique*.

de Louis Hutin, et roi de Navarre par sa mère, prince du sang du côté de son père; fut, ainsi que le roi Jean, un des fléaux de la France, et mérita bien le nom de Charles-le-Mauvais.

(1355) Le roi, ayant été forcé de lui pardonner en plein parlement, vient l'arrêter lui-même pour de moindres crimes, et, sans aucune forme de procès, fait trancher la tête à quatre seigneurs de ses amis. Des exécutions si cruelles étaient la suite d'un gouvernement faible. Il produisait des cabales, et ces cabales attiraient des vengeances atroces que suivait le repentir.

Jean, dès le commencement de son règne, avait augmenté l'altération de la monnaie, déjà altérée du temps de son père, et avait menacé de mort les officiers chargés de ce secret. Cet abus était l'effet et la preuve d'un temps très malheureux. Les calamités et les abus produisent enfin les lois. La France fut quelque temps gouvernée comme l'Angleterre.

Les rois convoquaient les états-généraux substitués aux anciens parlements de la nation. Ces états-généraux étaient entièrement semblables aux parlements anglais, composés des nobles, des évêques, et des députés des villes; et ce qu'on appelait le nouveau parlement sédentaire à Paris était à peu près ce que la cour du banc du roi était à Londres.

Le chancelier était le second officier de la couronne dans les deux états; il portait, en Angleterre, la parole pour le roi dans les états-généraux d'Angleterre, et avait inspection sur la cour du banc. Il en était de même en France; et ce qui achève de montrer qu'on se conduisait alors à Paris et à Londres sur les mêmes principes[1], c'est que les états-généraux de 1355 proposèrent et firent signer au roi Jean de France presque les mêmes réglements, presque la même charte qu'avait signée Jean d'Angleterre. Les subsides, la nature des subsides, leur durée, le prix des espèces, tout fut réglé par l'assemblée. Le roi s'engagea à ne plus forcer les sujets de fournir des vivres à sa maison, à ne se servir de leurs voitures et de leurs lits qu'en payant, à ne jamais changer la monnaie, etc.

Ces états-généraux de 1355, les plus mémorables qu'on ait jamais tenus, sont ceux dont nos histoires parlent le moins. Daniel dit seulement qu'ils furent tenus dans la salle du nouveau parlement; il devait ajouter que le parlement, qui n'était point alors perpétuel, n'eut point entrée dans cette grande assemblée. En effet le prévôt des marchands de Paris, comme député-né de la première ville du royaume, porta la parole au nom du tiers-état. Mais un point essentiel de l'histoire, qu'on a passé sous silence, c'est que les états imposèrent un subside d'environ cent quatre-vingt-dix mille marcs d'argent pour payer trente mille gendarmes; ce sont dix millions quatre cent mille livres d'aujourd'hui; ces trente mille gendarmes composaient au moins une armée de quatre-vingt mille hommes, à laquelle on devait joindre les communes du royaume; et au bout de l'année on devait établir encore un nouveau subside pour l'entretien de la même armée. Enfin, ce qu'il faut observer, c'est que cette espèce de

---

[1] Voyez chap. XXXVIII et L. B.

grande charte ne fut qu'un réglement passager, au lieu que celle des Anglais fut une loi perpétuelle. Cela prouve que le caractère des Anglais est plus constant et plus ferme que celui des Français.

Mais le Prince Noir, avec une armée redoutable, quoique petite, s'avançait jusqu'à Poitiers, et ravageait ces terres qui étaient autrefois du domaine de sa maison. (Septembre 1356) Le roi Jean accourut à la tête de près de soixante mille hommes. Personne n'ignore qu'il pouvait, en temporisant, prendre toute l'armée anglaise par famine.

Si le Prince Noir avait fait une grande faute de s'être engagé si avant, le roi Jean en fit une plus grande de l'attaquer. Cette bataille de Maupertuis ou de Poitiers ressembla beaucoup à celle que Philippe de Valois avait perdue. Il y eut de l'ordre dans la petite armée du Prince Noir ; il n'y eut que de la bravoure chez les Français : mais la bravoure des Anglais et des Gascons qui servaient sous le prince de Galles l'emporta. Il n'est point dit qu'on eût fait usage du canon dans aucune des deux armées. Ce silence peut faire douter qu'on s'en soit servi à Créci ; ou bien il fait voir que l'artillerie ayant fait peu d'effet dans la bataille de Créci, on en avait discontinué l'usage ; ou il montre combien les hommes négligeaient des avantages nouveaux pour les coutumes anciennes ; ou enfin il accuse la négligence des historiens contemporains. Les principaux chevaliers de France périrent ; et cela prouve que l'armure n'était pas alors si pesante et si complète qu'autrefois : le reste s'enfuit. Le roi, blessé au visage, fut fait prisonnier avec un de ses fils. C'est une particularité digne d'attention que ce monarque se rendit à un de ses sujets qu'il avait banni, et qui servait chez ses ennemis. La même chose arriva depuis à François Ier. Le Prince Noir mena ses deux prisonniers à Bordeaux, et ensuite à Londres. On sait avec quelle politesse, avec quel respect il traita le roi captif, et comme il augmenta sa gloire par sa modestie. Il entra dans Londres sur un petit cheval noir, marchant à la gauche de son prisonnier monté sur un cheval remarquable par sa beauté et par son harnois; nouvelle manière d'augmenter la pompe du triomphe.

La prison du roi fut dans Paris le signal d'une guerre civile. Chacun pense alors à se faire un parti. On ne voit que factions sous prétexte de réformes. Charles, dauphin de France, qui fut depuis le sage roi Charles V, n'est déclaré régent du royaume que pour le voir presque révolté contre lui.

Paris commençait à être une ville redoutable; il y avait cinquante mille hommes capables de porter les armes. On invente alors l'usage des chaînes dans les rues, et on les fait servir de retranchement contre les séditieux. Le dauphin Charles est obligé de rappeler le roi de Navarre, que le roi son père avait fait emprisonner. C'était déchaîner son ennemi. (1357) Le roi de Navarre arrive à Paris pour attiser le feu de la discorde. Marcel, prévôt des marchands de Paris, entre au Louvre suivi des séditieux. Il fait massacrer Robert de Clermont, maréchal de France, et le maréchal de Champagne, aux yeux du dauphin. Cependant les paysans s'attroupent de tous côtés; et dans cette confusion ils se jettent sur tous les gentilshommes qu'ils rencontrent; ils les traitent comme des esclaves révoltés, qui ont entre leurs mains des maîtres trop durs et trop farouches. Ils se vengent par mille supplices de leur bassesse et de leurs misères. Ils portent leur fureur jusqu'à faire rôtir un seigneur dans son château, et à contraindre sa femme et ses filles de manger la chair de leur époux et de leur père.

Dans ces convulsions de l'état, Charles de Navarre aspire à la couronne; le dauphin et lui se font une guerre qui ne finit que par une paix simulée. La France est ainsi bouleversée pendant quatre ans depuis la bataille de Poitiers. Comment Édouard et le prince de Galles ne profitaient-ils pas de leur victoire et des malheurs des vaincus? Il semble que les Anglais redoutassent la grandeur de leurs maîtres; ils leur fournissaient peu de secours; et Édouard traitait de la rançon de son prisonnier, tandis que le Prince Noir acceptait une trêve.

Il paraît que de tous côtés on fesait des fautes: mais on ne peut comprendre comment tous nos historiens ont eu la simplicité d'assurer que le roi Édouard III, étant venu pour recueillir le fruit des deux victoires de Créci et de Poitiers, s'étant avancé jusqu'à quelques lieues de Paris, fut saisi tout-à-coup d'une si sainte frayeur, à cause d'une grande pluie, qu'il se jeta à genoux, et qu'il fit vœu à la sainte Vierge d'accorder la paix (1360). Rarement la pluie a décidé de la volonté des vainqueurs et du destin des états; et si Édouard III fit un vœu à la sainte Vierge, ce vœu était assez avantageux pour lui. Il exige, pour la rançon du roi de France, le Poitou, la Saintonge, l'Agénois, le Périgord, le Limousin, le Querci, l'Angoumois, le Rouergue, et tout ce qu'il a pris autour de Calais; le tout en souveraineté, sans hommage. Je m'étonne qu'il ne demandât pas la Normandie et l'Anjou, son ancien patrimoine : il voulut encore trois millions d'écus d'or.

(1360) Édouard cédait par ce traité à Jean le titre de roi de France, et ses droits sur la Normandie, la Touraine et l'Anjou. Il est vrai que les anciens domaines du roi d'Angleterre en France étaient beaucoup plus considérables que ce qu'on donnait à Édouard par cette paix; cependant ce qu'on cédait était un quart de la France. Jean sortit enfin de la tour de Londres après quatre ans, en donnant en otage son frère et deux de ses fils. Une des plus grandes difficultés était de payer la rançon : il fallait donner comptant six cent mille écus d'or pour le premier paiement. La France s'épuisa, et ne put fournir la somme : on fut obligé de rappeler les Juifs, et de leur vendre le droit de vivre et de commercer. Le roi même fut réduit à payer ce qu'il achetait pour sa maison en une monnaie de cuir, qui avait au milieu un petit clou d'argent; sa pauvreté et ses malheurs le privèrent de toute autorité, et le royaume de toute police.

Les soldats licenciés, et les paysans devenus guerriers, s'attroupèrent partout, mais principalement par-delà la Loire. Un de leurs chefs se fit nommer *l'ami de Dieu, et l'ennemi de tout le monde;* un nommé Jean de Gouge, bourgeois de Sens, se fit reconnaître roi par ces brigands, et fit presque autant de mal par ses ravages que le véritable roi en avait produit par ses malheurs. Enfin ce qui n'est pas moins étrange, c'est que le roi, dans cette désolation générale, alla renouveler dans Avignon, où étaient les papes, les anciens projets des croisades.

Un roi de Chypre était venu solliciter cette entreprise contre les Turcs, répandus déjà dans l'Europe. Apparemment le roi Jean ne songeait qu'à quitter sa patrie; mais au lieu d'aller faire ce voyage chimérique contre les Turcs, n'ayant pas de quoi payer le reste de sa rançon aux Anglais, il retourna se mettre en otage à Londres, à la place de son frère et de ses enfants; il y mourut, et sa rançon ne fut pas payée. On disait, pour comble d'humiliation, qu'il n'était retourné en Angleterre que pour y voir une femme dont il était amoureux à l'âge de cinquante-six ans.

La Bretagne, qui avait été la cause de cette guerre, fut abandonnée à son sort : le comte Charles de Blois et le comte de Montfort se disputèrent cette province. Montfort, sorti de la prison de Paris, et Blois, sorti de celle de Londres, décidèrent la querelle près d'Aurai en bataille rangée (1364): les Anglais prévalurent encore; le comte de Blois fut tué.

Ces temps de grossièreté, de séditions, de rapines et de meurtres, furent cependant le temps le plus brillant de la chevalerie : elle servait de contre-poids à la férocité générale des mœurs; nous en traiterons à part; l'honneur, la générosité, joints à la galanterie, étaient ses principes. Le plus célèbre fait d'armes dans la chevalerie est le combat de trente Bretons [1] contre

---

[1] M. Crapelet a publié *le Combat des trente Bretons contre trente An-*

vingt Anglais, six Bretons et quatre Allemands, quand la comtesse de Blois, au nom de son mari, et la veuve de Montfort, au nom de son fils, se fesaient la guerre en Bretagne (1351). Le point d'honneur fut le sujet de ce combat, car il fut résolu dans une conférence tenue pour la paix. Au lieu de traiter, on se brava; et Beaumanoir, qui était à la tête des Bretons pour la comtesse de Blois, dit qu'il fallait combattre pour savoir *qui avait la plus belle amie*. On combattit en champ clos : il n'y eut des soixante combattants que cinq chevaliers de tués, un seul du côté des Bretons, et quatre du côté des Anglais. Tous ces faits d'armes ne servaient à rien, et ne remédiaient pas surtout à l'indiscipline des armées, à une administration presque toute sauvage. Si les Paul-Émile et les Scipion avaient combattu en champ clos pour savoir qui avait la plus belle amie, les Romains n'auraient pas été les vainqueurs et les législateurs des nations.

Édouard, après ses victoires et ses conquêtes, ne fit plus que des tournois. Amoureux d'une femme indigne de sa tendresse, il lui sacrifia ses intérêts et sa gloire, et perdit enfin tout le fruit de ses travaux en France. Il n'était plus occupé que de jeux, de tournois, des cérémonies de son ordre de la Jarretière : la grande Table ronde, établie par lui à Windsor, à laquelle se rendaient tous les chevaliers de l'Europe, fut le modèle sur lequel les romanciers imaginèrent toutes les histoires des chevaliers de la Table ronde,

---

glais, 1827, in-8°. Cette première édition d'un ouvrage rimé et dont l'auteur vivait au quinzième siècle, a été faite d'après le manuscrit de la Bibliothèque du roi. B.

dont ils attribuèrent l'institution fabuleuse au roi Artus. Enfin Édouard III survécut à son bonheur et à sa gloire, et mourut (1377) entre les bras d'Alix Pérse, sa maîtresse, qui lui ferma les yeux en volant ses pierreries, et en lui arrachant la bague qu'il portait au doigt. On ne sait qui mourut le plus misérablement, ou du vainqueur ou du vaincu.

Cependant, après la mort de Jean de France, Charles V son fils, justement surnommé *le Sage*, réparait les ruines de son pays par la patience et par les négociations : nous verrons comment il chassa les Anglais de presque toute la France. Mais tandis qu'il se préparait à cette grande entreprise, le Prince Noir, vers l'an 1366, ajoutait une nouvelle gloire à celle de Créci et de Poitiers. Jamais les Anglais ne firent des actions plus mémorables et plus inutiles.

CHAPITRE LXXVII.

Du Prince Noir, du roi de Castille don Pèdre-le-Cruel, et du connétable Du Guesclin.

La Castille était presque aussi désolée que la France. Pierre ou don Pèdre, qu'on nomme le Cruel, y régnait. On nous le représente comme un tigre altéré de sang humain, et qui sentait de la joie à le répandre ; un tel caractère est bien rarement dans la nature ; les hommes sanguinaires ne le sont que dans la fureur de la vengeance, ou dans les sévérités de cette politique atroce, qui fait croire la cruauté nécessaire; mais personne ne répand le sang pour son plaisir.

Il monta sur le trône de Castille étant encore mineur, et dans des circonstances fâcheuses. Son père Alfonse XI avait eu sept bâtards de sa maîtresse Éléonore de Gusman. Ces sept bâtards, puissamment établis, bravaient l'autorité de don Pèdre; et leur mère, encore plus puissante qu'eux, insultait à la mère du roi. La Castille était partagée entre le parti de la reine-mère et celui d'Éléonore. A peine le roi eut-il atteint l'âge de vingt-un ans, qu'il lui fallut soutenir contre la faction des bâtards une guerre civile. Il combattit, fut vainqueur, et accorda la mort d'Éléonore à la vengeance de sa mère. On peut le nommer jusque-là courageux et trop sévère. (1351) Il épouse Blanche de Bourbon; et la première nouvelle qu'il apprend de sa femme, quand elle est arrivée à Valladolid, c'est qu'elle est amoureuse du grand-maître de Saint-Jacques, l'un de ces mêmes bâtards qui lui avaient fait la guerre. Je sais que de telles intrigues sont rarement prouvées, qu'un roi sage doit plutôt les ignorer que s'en venger; mais enfin le roi fut excusable, puisqu'il y a encore une famille en Espagne qui se vante d'être issue de ce commerce: c'est celle des Henriques.

Blanche de Bourbon eut au moins l'imprudence d'être trop unie avec la faction des bâtards ennemis de son mari. Faut-il après cela s'étonner que le roi la laissât dans un château, et se consolât dans d'autres amours?

Don Pèdre eut à-la-fois à combattre et les Aragonais et ses frères rebelles : il fut encore vainqueur, et rendit sa victoire inhumaine. Il ne pardonna guère : ses proches, qui avaient pris parti contre lui, furent immolés à ses ressentiments; enfin ce grand-maître de Saint-Jacques fut tué par ses ordres. C'est ce qui lui mérita le nom de Cruel, tandis que Jean, roi de France, qui avait assassiné son connétable et quatre seigneurs de Normandie, était nommé Jean-le-Bon.

Dans ces troubles, la femme de don Pèdre mourut. Elle avait été coupable, il fallait bien qu'on dît qu'elle mourut empoisonnée; mais, encore une fois, on ne doit point intenter cette accusation de poison sans preuve.

C'était sans doute l'intérêt des ennemis de don Pèdre de répandre dans l'Europe qu'il avait empoisonné sa femme. Henri de Transtamare, l'un de ces sept bâtards, qui avait d'ailleurs son frère et sa mère à venger, et surtout ses intérêts à soutenir, profita de la conjoncture. La France était infestée par des brigands réunis, nommés Malandrins; ils fesaient tout le mal qu'Édouard n'avait pu faire. Henri de Transtamare négocia avec le roi de France Charles V pour délivrer la France de ces brigands et les avoir à son service : l'Aragonais, toujours ennemi du Castillan, promit de livrer passage. Bertrand Du Guesclin, chevalier d'une grande réputation, qui ne cherchait qu'à se signaler et à s'enrichir par les armes, engagea les Malandrins à le reconnaître pour chef et à le suivre en Castille. On a regardé cette entreprise de Bertrand Du Guesclin comme une action sainte, et qu'il fesait, dit-il, pour le bien de son ame : cette action sainte consistait à conduire des brigands au secours d'un rebelle contre un roi cruel, mais légitime.

On sait qu'en passant près d'Avignon, Du Guesclin, manquant d'argent pour payer ses troupes, rançonna le pape et sa cour. Cette extorsion était nécessaire; mais je n'ose prononcer le nom qu'on lui donnerait si elle n'eût pas été faite à la tête d'une troupe qui pouvait passer pour une armée.

(1366) Le bâtard Henri, secondé de ces troupes grossies dans leur marche, et appuyé de l'Aragon, commença par se faire déclarer roi dans Burgos. Don Pèdre, attaqué ainsi par les Français, eut recours au Prince Noir, leur vainqueur. Ce prince était souverain de la Guienne; le roi son père la lui avait cédée pour prix de ses actions héroïques. Il devait voir d'un œil jaloux le succès des armes françaises en Espagne, et prendre par intérêt et par honneur le parti le plus juste. Il marche en Espagne avec ses Gascons et quelques Anglais. Bientôt, sur les bords de l'Èbre et près du village de Navarette, don Pèdre et le Prince Noir d'un côté, de l'autre Henri de Transtamare et Du Guesclin, donnèrent la sanglante bataille qu'on nomme de Navarette. Elle fut plus glorieuse au Prince Noir que celle de Créci et de Poitiers, parcequ'elle fut plus disputée. Sa victoire fut complète; il prit Bertrand Du Guesclin et le maréchal d'Andrehen, qui ne se rendirent qu'à lui. Henri de Transtamare fut obligé de fuir en Aragon, et le Prince Noir rétablit don Pèdre sur le trône. Ce roi traita plusieurs rebelles avec une cruauté que les lois de tous les états autorisent du nom de justice. Don Pèdre usait dans toute son étenduc du malheureux droit de se venger (1368). Le Prince Noir, qui avait eu la gloire de le rétablir, eut encore celle d'arrêter le cours de ses cruautés. Il est, après Alfred, celui de tous les héros que l'Angleterre a le plus en vénération.

Quand celui qui soutenait don Pèdre se fut retiré, et que Bertrand Du Guesclin se fut racheté, alors le bâtard Transtamare réveilla le parti des mécontents, et Bertrand Du Guesclin, que le roi Charles V employait secrètement, leva de nouvelles troupes.

Transtamare avait pour lui l'Aragon, les révoltés de Castille, et les secours de la France. Don Pèdre avait la meilleure partie des Castillans, le Portugal, et enfin les musulmans d'Espagne : ce nouveau secours le rendit plus odieux, et le défendit mal. Transtamare et Du Guesclin, n'ayant plus à combattre le génie et l'ascendant du Prince Noir, vainquirent enfin don Pèdre auprès de Tolède (1368). Retiré et assiégé dans un château après sa défaite, il est pris, en voulant s'échapper, par un gentilhomme français qu'on appelait Le Bègue de Vilaines. Conduit dans la tente de ce chevalier, le premier objet qu'il y aperçoit est le comte de Transtamare. On dit que, transporté de fureur, il se jeta, quoique désarmé, sur son frère. Ce qui est vrai, c'est que ce frère lui arracha la vie d'un coup de poignard.

Ainsi périt don Pèdre à l'âge de trente-quatre ans, et avec lui s'éteignit la race de Castille. Son ennemi, son frère, son assassin, parvint à la couronne sans autre droit que celui du meurtre : c'est de lui que sont descendus les rois de Castille, qui ont régné en Espagne jusqu'à Jeanne, qui fit passer ce sceptre dans la maison d'Autriche par son mariage avec Philippe-le-Beau, père de Charles-Quint.

CHAPITRE LXXVIII.

De la France et de l'Angleterre du temps du roi Charles V. Comment ce prince habile dépouille les Anglais de leurs conquêtes. Son gouvernement. Le roi d'Angleterre Richard II, fils du Prince Noir, détrôné.

La dextérité de Charles V sauvait la France du naufrage. La nécessité d'affaiblir les vainqueurs, Édouard III et le Prince Noir, lui tint lieu de justice. Il profita de la vieillesse du père et de la maladie du fils attaqué de l'hydropisie. Il sut d'abord semer la division entre ce prince souverain de Guienne et ses vassaux, éluder les traités, refuser le reste du paiement de la rançon de son père, sur des prétextes plausibles; s'attacher le nouveau roi de Castille, et même ce roi de Navarre, Charles, surnommé le Mauvais, qui avait tant de terres en France; susciter le nouveau roi d'Écosse, Robert Stuart, contre les Anglais; remettre l'ordre dans les finances, faire contribuer les peuples sans murmures, et réussir enfin, sans sortir de son cabinet, autant que le roi Édouard qui avait passé la mer et gagné des batailles.

Quand il vit toutes les machines que sa politique arrangeait bien affermies, il fit une de ces démarches audacieuses qui pourraient passer pour des témérités en politique, si les mesures bien prises et l'événement ne les justifiaient. (1369) Il envoie un chevalier et un juge de Toulouse citer le Prince Noir à comparaître devant lui dans la cour des pairs, et à venir rendre compte de sa conduite. C'était agir en juge souverain avec le vainqueur de son père et de son grand-père, qui possédait la Guienne et les lieux circonvoisins en souveraineté absolue par le droit de conquête et par un traité solennel. Non seulement on le cite comme un sujet, (1370) mais on fait rendre un arrêt du parlement de Paris, par lequel on confisque la Guienne et tout ce qui appartient en France à la maison d'Angleterre. L'usage était de déclarer la guerre par un héraut d'armes, et on envoie à Londres un valet de pied faire cette cérémonie. Édouard n'était donc plus à craindre.

La valeur et l'habileté de Bertrand Du Guesclin, devenu connétable de France, et surtout le bon ordre que Charles V avait mis à tout, ennoblirent l'irrégularité de ces procédés, et firent voir que dans les affaires publiques, *où est le profit, là est la gloire*, comme disait Louis XI.

Le Prince Noir mourant ne pouvait plus paraître en campagne. Son père ne put lui envoyer que de faibles secours. Les Anglais, auparavant victorieux dans tous les combats, furent battus partout. Bertrand Du Guesclin, sans remporter de ces grandes victoires, telles que celles de Créci et de Poitiers, fit une campagne entièrement semblable à celle qui, dans les derniers temps, a fait passer le vicomte de Turenne pour le plus grand général de l'Europe.

(1370) Il tomba dans le Maine et dans l'Anjou sur les quartiers des troupes anglaises, les défit toutes les unes après les autres, et prit de sa main leur général Grandson. Il rangea le Poitou, la Saintonge, sous l'obéissance de la France. Les villes se rendaient, les unes par la force, les autres par l'intrigue. Les saisons combattaient encore pour Charles V. Une flotte formidable, équipée en Angleterre, fut toujours repoussée par les vents contraires. Des trèves adroitement ménagées préparèrent encore de nouveaux succès.

(1378) Charles, qui vingt ans auparavant n'avait pas eu de quoi entretenir une garde pour sa personne, eut à-la-fois cinq armées et une flotte. Ses vaisseaux portèrent la guerre jusqu'en Angleterre, dont on ravagea les côtes, tandis qu'après la mort d'Édouard III l'Angleterre ne prenait aucunes mesures pour se venger. Il ne restait aux Anglais que la ville de Bordeaux, celle de Calais, et quelques forteresses.

(1380) Ce fut alors que la France perdit Bertrand Du Guesclin. On sait quels honneurs son roi rendit à sa mémoire. Il fut, je crois, le premier dont on fit l'oraison funèbre, et le premier qu'on enterra dans l'église destinée aux tombeaux des rois de France. Son corps fut porté avec les mêmes cérémonies que ceux des souverains. Quatre princes du sang le suivaient. Ses chevaux, selon la coutume du temps, furent présentés dans l'église à l'évêque qui officiait, et qui les bénit en leur imposant les mains. Ces détails sont peu importants, mais ils font connaître l'esprit de chevalerie. L'attention que s'attiraient les grands chevaliers, célèbres par leurs faits d'armes, s'étendait sur les chevaux qui avaient combattu sous eux. Charles suivit bientôt Du Guesclin (1380). On le fait encore mourir d'un poison lent, qui lui avait été donné il y avait plus de dix années, et qui le consuma à l'âge de quarante-quatre ans : comme s'il y avait dans la nature des aliments qui pussent donner la mort au bout d'un certain temps. Il est bien vrai qu'un poison qui n'a pu donner une mort prompte laisse une langueur dans le corps, ainsi que toute maladie violente ; mais il n'est point vrai qu'il fasse de ces effets lents que le vulgaire croit inévitables. Le véritable poison qui tua Charles V était une mauvaise constitution.

Personne n'ignore que la majorité des rois de France fut fixée par lui à l'âge de quatorze ans commencés, et que cette ordonnance sage, mais encore trop inutile pour prévenir les troubles, fut enregistrée dans un lit de justice (1374). Il avait voulu déraciner l'ancien abus des guerres particulières des seigneurs, abus qui passait pour une loi de l'état. Elles furent défendues sous son règne, quand il fut le maître. Il interdit même jusqu'au port d'armes ; mais c'était une de ces lois dont l'exécution était alors impossible.

On fait monter les trésors qu'il amassa jusqu'à la somme de dix-sept millions de livres de son temps. La livre, monnaie d'argent, équivalait alors à environ 8 livres actuelles et $\frac{4}{5}$; et la livre, monnaie d'or, à 12 livres et $\frac{1}{5}$[a]. Il est certain qu'il avait accumulé, et que tout le fruit de son économie fut ravi et dissipé

---

[a] Voyez ci-dessus, page 135. En général nous entendons toujours par livre numéraire la livre numéraire, monnaie d'argent.

par son frère le duc d'Anjou, dans sa malheureuse expédition de Naples dont j'ai parlé[1].

Après la mort d'Édouard III, vainqueur de la France, et après celle de Charles V, son restaurateur, on vit bien que la supériorité d'une nation ne dépend que de ceux qui la conduisent.

Le fils du Prince Noir, Richard II, succéda à son grand-père Édouard III à l'âge de onze ans; et quelque temps après Charles VI fut roi de France à l'âge de douze. Ces deux minorités ne furent pas heureuses, mais l'Angleterre fut d'abord la plus à plaindre.

On a vu[2] quel esprit de vertige et de fureur avait saisi en France les habitants de la campagne, du temps du roi Jean, et comme ils vengèrent leur avilissement et leur misère sur tout ce qu'ils rencontrèrent de gentilshommes, qui en effet étaient leurs oppresseurs. La même furie saisit les Anglais (1381). On vit renouveler la guerre que Rome eut autrefois contre les esclaves. Un couvreur de tuiles et un prêtre firent autant de mal à l'Angleterre que les querelles des rois et des parlements peuvent en faire. Ils assemblent le peuple de trois provinces, et leur persuadent aisément que les riches avaient joui assez long-temps de la terre, et qu'il est temps que les pauvres se vengent. Ils les mènent droit à Londres, pillent une partie de la ville, et font couper la tête à l'archevêque de Cantorbéry et au grand trésorier du royaume. Il est vrai que cette fureur finit par la mort des chefs et par la

---

[1] Chap. LXIX. B.
[2] Chap. LXXVI. B.

dispersion des révoltés; mais de telles tempêtes, assez communes en Europe, font voir sous quel malheureux gouvernement on vivait alors. On était encore loin du véritable but de la politique, qui consiste à enchaîner au bien commun tous les ordres de l'état.

On peut dire qu'alors les Anglais ne savaient pas jusqu'où devaient s'étendre les prérogatives des rois et l'autorité des parlements. Richard II, à l'âge de dix-huit ans, voulut être despotique, et les Anglais trop libres. Bientôt il y eut une guerre civile. Presque toujours dans les autres états les guerres civiles sont fatales aux conjurés; mais en Angleterre elles le sont aux rois. Richard, après avoir disputé dix ans son autorité contre ses sujets, fut enfin abandonné de son propre parti. Son cousin le duc de Lancastre, petit-fils d'Édouard III, exilé depuis long-temps du royaume, y revint seulement avec trois vaisseaux. Il n'avait pas besoin d'un plus grand secours; la nation se déclara pour lui. Richard II demanda seulement qu'on lui laissât la vie et une pension pour subsister.

(1399) Un parlement lui fait son procès, comme il l'avait fait à Édouard II. Les accusations juridiquement portées contre lui ont été conservées: un des griefs est qu'il a emprunté de l'argent sans payer, qu'il a entretenu des espions, et qu'il avait dit qu'il était le maître des biens de ses sujets. On le condamna comme ennemi de la liberté naturelle, et comme coupable de trahison. Richard, enfermé dans la tour, remit au duc de Lancastre les marques de la royauté, avec un écrit signé de sa main, par lequel il se reconnaissait indigne de régner. Il l'était en effet, puisqu'il s'abaissait à le dire.

Ainsi le même siècle vit déposer solennellement deux rois d'Angleterre, Édouard II et Richard II, l'empereur Venceslas et le pape Jean XXIII, tous quatre jugés et condamnés avec les formalités juridiques.

Le parlement d'Angleterre, ayant enfermé son roi, décerna[1] que si quelqu'un entreprenait de le délivrer, dès-lors Richard II serait digne de mort. Au premier mouvement qui se fit en sa faveur, huit scélérats allèrent assassiner le roi dans sa prison (1400) : il défendit sa vie mieux qu'il n'avait défendu son trône ; il arracha la hache d'armes à un des meurtriers ; il en tua quatre avant de succomber. Le duc de Lancastre régna cependant sous le nom de Henri IV. L'Angleterre ne fut ni tranquille ni en état de rien entreprendre contre ses voisins ; mais son fils Henri V contribua à la plus grande révolution qui fût arrivée en France depuis Charlemagne.

CHAPITRE LXXIX.

Du roi de France Charles VI. De sa maladie. De la nouvelle invasion de la France par Henri V, roi d'Angleterre.

Une partie des soins que le roi Charles V avait pris pour rétablir la France, fut précisément ce qui précipita sa subversion. Ses trésors amassés furent

---

[1] Ce mot se retrouve dans la même signification, au chap. cxxxv. B.

dissipés, et les impôts qu'il avait mis révoltèrent la nation. On remarque que ce prince dépensait pour toute sa maison quinze cents marcs d'or par an, environ 1,200,000 de nos livres. Ses frères, régents du royaume, en dépensaient sept mille marcs, ou 5,600,000 livres, pour Charles VI, âgé de treize ans, qui, malgré cette dissipation, manquait du nécessaire. Il ne faut pas mépriser de tels détails, qui sont la source cachée de la ruine des états comme des familles.

Louis d'Anjou, le même qui fut adopté par Jeanne Ire, reine de Naples, l'un des oncles de Charles VI, non content d'avoir ravi le trésor de son pupille, chargeait le peuple d'exactions. Paris, Rouen, la plupart des villes se soulevèrent; les mêmes fureurs qui ont depuis désolé Paris du temps de la Fronde, dans la jeunesse de Louis XIV, parurent sous Charles VI. Les punitions publiques et secrètes furent aussi cruelles que le soulèvement avait été orageux. Le grand schisme des papes, dont j'ai parlé[1], augmentait encore le désordre. Les papes d'Avignon, reconnus en France, achevaient de la piller par tous les artifices que l'avarice déguisée en religion peut inventer. On espérait que le roi majeur réparerait tant de maux par un gouvernement plus heureux.

(1384) Il avait vengé en personne le comte de Flandre, son vassal, des Flamands rebelles toujours soutenus par l'Angleterre. Il profita des troubles où cette île était plongée sous Richard II. On équipa même plus de douze cents vaisseaux pour faire une

[1] Chap. LXXI. B.

descente. Ce nombre ne doit pas paraître incroyable; saint Louis en eut davantage : il est vrai que ce n'étaient que des vaisseaux de transport; mais la facilité avec laquelle on prépara cette flotte montre qu'il y avait alors plus de bois de construction qu'aujourd'hui, et qu'on n'était pas sans industrie. La jalousie qui divisait les oncles du roi empêcha que la flotte ne fût employée. Elle ne servit qu'à faire voir quelle ressource aurait eue la France sous un bon gouvernement, puisque, malgré les trésors que le duc d'Anjou avait emportés pour sa malheureuse expédition de Naples, on pouvait faire de si grandes entreprises.

Enfin on respirait, lorsque le roi allant en Bretagne faire la guerre au duc, dont il avait à se plaindre, fut attaqué d'une frénésie horrible. Cette maladie commençait par des assoupissements, suivis d'aliénation d'esprit, et enfin d'accès de fureur. Il tua quatre hommes dans son premier accès, continua de frapper tout ce qui était autour de lui, jusqu'à ce qu'épuisé de ces mouvements convulsifs, il tomba dans une léthargie profonde.

Je ne m'étonne point que toute la France le crût empoisonné et ensorcelé. Nous avons été témoins dans notre siècle, tout éclairé qu'il est, de préjugés populaires aussi injustes[1]. Son frère, le duc d'Orléans,

---

[1] Voltaire veut parler des soupçons d'empoisonnement qu'on avait élevés contre le duc d'Orléans, régent, et qu'il a toujours combattus; voyez *Siècle de Louis XIV*, fin du chapitre XXVII; et dans les *Mélanges* (année 1768), le chapitre XVI du *Pyrrhonisme de l'histoire;* voyez aussi dans les *Poésies*, l'*Épître sur la calomnie* (1733). B.

avait épousé Valentine de Milan. On accuse Valentine de cet accident; ce qui prouve seulement que les Français, alors fort grossiers, pensaient que les Italiens en savaient plus qu'eux.

Le soupçon redoubla quelque temps après dans une aventure digne de la rusticité de ce temps. On fit à la cour une mascarade dans laquelle le roi, déguisé en satyre, traînait quatre autres satyres enchaînés. Ils étaient vêtus d'une toile enduite de poix-résine, à laquelle on avait attaché des étoupes. (1393) Le duc d'Orléans eut le malheur d'approcher un flambeau d'un de ces habits, qui en furent enflammés en un moment. Les quatre seigneurs furent brûlés, et à peine put-on sauver la vie au roi par la présence d'esprit de sa tante la duchesse de Berri, qui l'enveloppa dans son manteau. Cet accident hâta une de ses rechutes (1393). On eût pu le guérir peut-être par des saignées, par des bains, et par du régime; mais on fit venir un magicien de Montpellier. Le magicien vint[1]. Le roi avait quelques relâches, qu'on ne manqua pas d'attribuer au pouvoir de la magie. Les fréquentes rechutes fortifièrent bientôt le mal, qui devint incurable. Pour comble de malheur, le roi reprenait quelquefois sa raison. S'il eût été malade sans retour, on aurait pu pourvoir au gouvernement du royaume. Le peu de raison qui resta au roi fut plus fatal que ses

---

[1] Après ce magicien, on vit des moines Augustins, des confréries de sorciers, se présenter pour guérir le roi. Plusieurs de ces misérables furent condamnés au feu, ce qui était absurde et cruel : car en admettant les principes de la superstition de ces temps-là, puisque ces pauvres gens manquaient leur coup, il était bien clair qu'ils pouvaient être des fripons ou des fous, mais qu'à coup sûr ils n'étaient pas des magiciens. K.

accès. On n'assembla point les états, on ne régla rien ; le roi restait roi, et confiait son autorité méprisée et sa tutèle tantôt à son frère, tantôt à ses oncles le duc de Bourgogne et le duc de Berri. C'était un surcroît d'infortune pour l'état que ces princes eussent de puissants apanages. Paris devint nécessairement le théâtre d'une guerre civile, tantôt sourde, tantôt déclarée. Tout était faction ; tout, jusqu'à l'université, se mêlait du gouvernement.

(1407) Personne n'ignore que Jean, duc de Bourgogne, fit assassiner son cousin le duc d'Orléans, frère du roi, dans la rue Barbette. Le roi n'était ni assez maître de son esprit ni assez puissant pour faire justice du coupable. Le duc de Bourgogne daigna cependant prendre des lettres d'abolition. Ensuite il vint à la cour faire trophée de son crime. Il assembla tout ce qu'il y avait de princes et de grands ; et en leur présence le docteur Jean Petit non seulement justifia la mort du duc d'Orléans (1408), mais il établit la doctrine de l'homicide, qu'il fonda sur l'exemple de tous les assassinats dont il est parlé dans les livres historiques de l'Écriture. Il osait faire un dogme de ce qui n'est écrit dans ces livres que comme un événement, au lieu d'apprendre aux hommes, comme on l'aurait toujours dû faire, qu'un assassinat rapporté dans l'Écriture est aussi détestable que s'il se trouvait dans les histoires des sauvages, ou dans celle du temps dont je parle. Cette doctrine fut condamnée, comme on a vu, au concile de Constance, et n'a pas moins été renouvelée depuis.

C'est vers ce temps-là que le maréchal de Boucicaut

laissa perdre Gênes qui s'était mise sous la protection de la France. Les Français y furent massacrés comme en Sicile (1410). L'élite de la noblesse qui avait couru se signaler en Hongrie contre Bajazet, l'empereur des Turcs, avait été tuée dans la bataille malheureuse que les chrétiens perdirent. Mais ces malheurs étrangers étaient peu de chose en comparaison de ceux de l'état.

La femme du roi, Isabelle de Bavière, avait un parti dans Paris; le duc de Bourgogne avait le sien; celui des enfants du duc d'Orléans était puissant : le roi seul n'en avait point. Mais ce qui fait voir combien Paris était considérable, et comme il était le premier mobile du royaume, c'est que le duc de Bourgogne, qui joignait à l'état dont il portait le nom la Flandre et l'Artois, mettait toute son ambition à être le maître de Paris. Sa faction s'appelait celle des *Bourguignons;* celle d'Orléans était nommée des *Armagnacs*, du nom du comte d'Armagnac, beau-père du duc d'Orléans, fils de celui qui avait été assassiné dans Paris. Celle des deux qui dominait fesait tour-à-tour conduire au gibet, assassiner, brûler ceux de la faction contraire. Personne ne pouvait s'assurer d'un jour de vie. On se battait dans les rues, dans les églises, dans les maisons, à la campagne[1].

---

[1] Ce siècle d'horreur a cependant produit un magistrat dont la vie eût honoré des temps plus heureux. Il était de ce petit nombre d'hommes qui doivent leur vertu à leur conscience et à leur raison, et non aux opinions de leur siècle. C'est de Jean Juvénal des Ursins que nous parlons. Né sans fortune, il fut d'abord avocat (car, soit qu'il descendit réellement des Ursins d'Italie, soit que cette origine fût une fable dont on a flatté depuis la vanité de ses enfants, il est certain qu'il subsista long-temps de cette profession):

CHARLES VI.

C'était une occasion bien favorable pour l'Angleterre de recouvrer ses patrimoines de France, et ce que les traités lui avaient donné. Henri V, prince rempli de prudence et de courage, négocie et arme à-la-fois. Il descend en Normandie avec une armée de près de cinquante mille hommes. Il prend Harfleur, et s'avance dans un pays désolé par les factions;

sa réputation de probité et de courage lui fit donner par Charles VI, alors gouverné par des ministres vertueux, la place de prévôt des marchands, long-temps supprimée, et qu'on crut devoir rétablir. A peine revêtu de cette charge, il voit que des moulins, construits par les seigneurs sur les rivières de Marne et de Seine, gênent la navigation; la puissance de ces seigneurs, leur crédit dans le parlement, ne l'arrêtent point; il sollicite un arrêt qui ordonne la destruction des moulins et le remboursement de leur valeur au denier dix; il l'obtient, parcequ'on espère faire naître des obstacles à l'exécution. Mais la nuit même tous les moulins sont abattus, et la subsistance du peuple assurée. Pendant la première attaque de folie de Charles VI, les princes s'emparèrent du gouvernement; on persécuta les ministres. On ôta l'épée de connétable à Clisson; Nogent et La Rivière furent emprisonnés; Juvénal prit leur défense et les sauva. Le duc de Bourgogne, Philippe, irrité contre lui, veut le faire décapiter dans les halles; c'était alors le sort des gens en place disgraciés, comme l'exil il y a quelque temps, et maintenant l'oubli. On suborne des témoins contre lui; Juvénal était cher au peuple. Un cabaretier qui avait surpris le cahier des informations (car c'était au cabaret que se traitaient les intrigues du gouvernement), s'expose à tout pour l'avertir; Juvénal instruit ne laisse pas le temps d'accomplir le projet, se présente hardiment aux princes, et réduit ses adversaires au silence. Échappé de ce danger, il conserve tout son courage; attaché au roi et à l'état, au milieu des factions des Orléanais et des Bourguignons, il ose reprocher au duc d'Orléans ses dissipations, sa légèreté et ses débauches, et lui en prédire les suites. Il reproche avec la même franchise, au duc de Bourgogne, ses liaisons avec des scélérats, et son obstination à tirer vanité de l'assassinat du duc d'Orléans.

En 1410, il devient avocat du roi au parlement; c'était dans le temps où le grand schisme d'Occident agitait toute l'Europe. Juvénal soutient que le roi a droit d'assembler son clergé, d'y présider, et, après l'avoir consulté, de choisir le pape qu'il voudra reconnaître; maximes qui annoncent des idées supérieures à son siècle.

Le duc de Lorraine avait fait abattre les armes de France placées dans mais une dyssenterie contagieuse fait périr les trois quarts de son armée. Cette grande invasion réunit cependant contre l'Anglais tous les partis. Le Bourguignon même, quoiqu'il traitât déjà secrètement avec le roi d'Angleterre, envoie cinq cents hommes d'armes et quelques arbalétriers au secours de sa patrie. Toute la noblesse monte à cheval; les communes

des terres qui relevaient du roi; le parlement de Paris le condamna, par contumace, à la confiscation de ces terres et au bannissement. Cependant le duc arrive à la cour, protégé par le duc de Bourgogne, alors tout puissant. Le parlement députe au roi pour lui faire sentir la nécessité de maintenir son arrêt. Juvénal arrive avec la députation au palais du roi à l'instant même où le duc de Bourgogne allait lui présenter le duc de Lorraine. Il expose avec force les motifs du parlement. Le duc de Bourgogne, indigné de se voir arrêté par l'activité et le courage de Juvénal: « Jean Juvénal, « lui dit-il, ce n'est pas ainsi qu'on agit. Si fait, monseigneur, dit Jean Ju- « vénal; et il ajouta: Que tous ceux qui sont bons citoyens se joignent à « moi, et que les autres restent avec M. de Lorraine. » Le duc étonné quitte la main du duc de Lorraine, se joint à Juvénal; et le duc de Lorraine est obligé d'implorer la clémence du roi. Avouons que ce trait vaut bien celui de Popilius.

Après l'assassinat du duc d'Orléans, le duc de Bourgogne, maître de Paris, livrait aux bourreaux ceux des Armagnacs qui n'avaient pu s'échapper; une troupe de scélérats à ses ordres emprisonnait, forçait à des rançons, assassinait ceux qu'on n'osait ou qu'on ne daignait pas livrer à un supplice public. Le roi, la reine, le dauphin, Louis, gendre du duc de Bourgogne, étaient prisonniers et exposés à l'insolence des satellites bourguignons. Juvénal ose concevoir seul l'idée de les délivrer et de sauver l'état. Il était aimé du peuple, et surtout de celui de son quartier. Il sait à-la-fois relever leur courage, exciter leur zèle et le contenir; et cette révolution, faite par le peuple, s'exécute sans qu'il en coûte un seul homme. Peu de jours après, il sauve le roi que le duc de Bourgogne voulait enlever, sous prétexte de le mener à la chasse. Ainsi, au milieu d'un peuple révolté, de princes, de grands accompagnés de troupes armées, agités par l'ambition et par la haine, un seul homme rétablit la paix, et tout lui obéit sans qu'il ait d'autre force que celle que donne la vertu.

Le dauphin, Louis, fut à la tête des affaires, et Juvénal devint son chancelier. On déclara la guerre au duc de Bourgogne; à qui Juvénal avait eu la générosité de laisser la liberté lors du tumulte de Paris. On reprit sur marchent sous leurs bannières. Le connétable d'Albret se trouva bientôt à la tête de plus de soixante mille combattants (1415). Ce qui était arrivé à Édouard III arrivait à Henri V ; mais la principale ressemblance fut dans la bataille d'Azincourt, qui fut telle que celle de Créci. Les Anglais la gagnèrent aussitôt qu'elle commença. Leurs grands arcs de la hauteur d'un homme, dont ils se servaient avec force et avec adresse, leur donnèrent d'abord la victoire. Ils n'avaient ni canons ni fusils ; et c'est une nouvelle raison de croire qu'ils n'en avaient point eu à la bataille de Créci. Peut-être que ces arcs sont une arme plus for-

---

lui tout le pays dont il s'était emparé depuis Compiègne jusqu'à Arras. Le roi fit en personne le siége de cette ville ; et le duc de Bourgogne, battu en voulant la secourir, demanda la paix, en consentant de remettre Arras. Juvénal fit conclure cette paix. Ce fut le dernier service qu'il rendit à son pays. Il était chancelier du dauphin ; on lui présenta des lettres qui contenaient des dons excessifs accordés par ce prince ; il refusa de les sceller, et perdit sa place.

Lors de la prise de Paris par le duc de Bourgogne, Juvénal était dans la ville, attaché au parti du roi contre la cabale du duc ; il s'attendait à périr. Il était douteux même que le duc de Bourgogne, qui lui devait la vie, l'eût épargné. Jamais tyran peut-être n'a uni tant de fausseté, de noirceur, et de férocité ; et il est difficile de supposer qu'un mouvement de vertu ait pu lui échapper. Mais Juvénal avait également sauvé Debar, l'un des généraux du duc de Bourgogne, le même qui avec Chatelus et L'Isle-Adam s'étaient rendus si célèbres par leurs pillages, leurs exactions, et leurs cruautés. Debar avertit Juvénal de se sauver.

On ne parle plus de lui après cette époque. Ses services furent récompensés dans ses enfants. L'un fut chancelier ; un autre, archevêque de Reims, a donné une histoire de ces temps malheureux, où il y a plus de patriotisme et moins de superstition qu'on ne devait en attendre. Il a le courage de louer son père de ce qu'il avait osé dire contre les prétentions du clergé.

Cette famille est éteinte ; les deux dernières héritières se sont alliées dans les maisons de Harville et de Saint-Chamans de Pesché. K.

midable : j'en ai vu qui portaient plus loin que les fusils ; on peut s'en servir plus vite et plus long-temps : cependant ils sont devenus entièrement hors d'usage. On peut remarquer encore que la gendarmerie de France combattit à pied à Azincourt, à Créci, et à Poitiers ; elle avait été auparavant invincible à cheval. Il arriva dans cette journée une chose qui est horrible, même dans la guerre. Tandis qu'on se battait encore, quelques milices de Picardie vinrent par derrière piller le camp des Anglais. Henri ordonna qu'on tuât tous les prisonniers qu'on avait faits. On les passa au fil de l'épée ; et après ce carnage on en prit encore quatorze mille, à qui on laissa la vie. Sept princes de France périrent dans cette journée avec le connétable. Cinq princes furent pris ; plus de dix mille Français restèrent sur le champ de bataille.

Il semble qu'après une victoire si entière, il n'y avait plus qu'à marcher à Paris, et à subjuguer un royaume divisé, épuisé, qui n'était qu'une vaste ruine. Mais ces ruines mêmes étaient un peu fortifiées. Enfin il est constant que cette bataille d'Azincourt, qui mit la France en deuil, et qui ne coûta pas trois hommes de marque aux Anglais, ne produisit aux victorieux que de la gloire. Henri V fut obligé de repasser en Angleterre pour amasser de l'argent et de nouvelles troupes.

(1415) L'esprit de vertige, qui troublait les Français au moins autant que le roi, fit ce que la défaite d'Azincourt n'avait pu faire. Deux dauphins étaient morts ; le troisième, qui fut depuis le roi Charles VII, âgé alors de seize ans, tâchait déjà de ramasser les débris de ce grand naufrage. La reine sa mère avait arraché de son mari des lettres-patentes qui lui laissaient les rênes du royaume. Elle avait à-la-fois la passion de s'enrichir, de gouverner, et d'avoir des amants. Ce qu'elle avait pris à l'état et à son mari était en dépôt en plusieurs endroits, et surtout dans les églises. Le dauphin et les Armagnacs, qui déterrèrent ces trésors, s'en servirent dans le pressant besoin où l'on était. A cet affront qu'elle reçut de son fils, le roi, alors gouverné par le parti du dauphin, en joignit un plus cruel. Un soir, en rentrant chez la reine, il trouva le seigneur de Boisbourdon qui en revenait; il le fait prendre sur-le-champ. On lui donne la question, et cousu dans un sac on le jette dans la Seine. On envoie incontinent la reine prisonnière à Blois, de là à Tours, sans qu'elle puisse voir son mari. Ce fut cet accident, et non la bataille d'Azincourt, qui mit la couronne de France sur la tête du roi d'Angleterre. La reine implore le secours du duc de Bourgogne. Ce prince saisit cette occasion d'établir son autorité sur de nouveaux désastres.

(1418) Il enlève la reine à Tours, ravage tout sur son passage, et conclut enfin sa ligue avec le roi d'Angleterre. Sans cette ligue il n'y eût point eu de révolution. Henri V assemble enfin vingt-cinq mille hommes, et débarque une seconde fois en Normandie. Il avance du côté de Paris, tandis que le duc Jean de Bourgogne est aux portes de cette ville, dans laquelle un roi insensé est en proie à toutes les séditions. La faction du duc de Bourgogne y massacre en un jour le connétable d'Armagnac, les archevêques de Reims et de

Tours, cinq évêques, l'abbé de Saint-Denys, et quarante magistrats. La reine et le duc de Bourgogne font à Paris une entrée triomphante au milieu du carnage. Le dauphin fuit au-delà de la Loire, et Henri V est déjà maître de toute la Normandie (1418). Le parti qui tenait pour le roi, la reine, le duc de Bourgogne, le dauphin, tous négocient avec l'Angleterre à-la-fois; et la fourberie est égale de tous côtés.

(1419) Le jeune dauphin, gouverné alors par Tannegui du Châtel, ménage enfin cette funeste entrevue avec le duc de Bourgogne sur le pont de Montereau. Chacun d'eux arrive avec dix chevaliers. Tannegui du Châtel y assassine le duc de Bourgogne aux yeux du dauphin. Ainsi le meurtre du duc d'Orléans est vengé enfin par un autre meurtre, d'autant plus odieux que l'assassinat était joint à la violation de la foi publique[1].

---

[1] Peu de jours avant l'assassinat du duc d'Orléans, le duc de Bourgogne et lui avaient communié de la même hostie sur laquelle ils s'étaient juré une amitié éternelle.

La mort de ce duc de Bourgogne, Jean, fut-elle l'effet d'une trahison, ou du hasard ?

Nous croyons la seconde opinion plus vraisemblable, et voici nos raisons :

Charles VII a été un prince faible; mais on ne lui a reproché aucune action atroce. Le duc de Bourgogne s'était souillé de toutes les espèces de crimes.

Il est donc plus naturel de soupçonner le duc d'avoir voulu se saisir du dauphin, que le dauphin d'avoir formé le complot de l'assassiner.

Charles nia que le meurtre du duc de Bourgogne fût prémédité. Tannegui du Châtel fit faire la même déclaration sur sa foi de chevalier au fils et à la veuve du duc de Bourgogne. Il s'offrit à la maintenir par les armes contre deux chevaliers, et personne n'accepta le défi. Jamais ni l'un ni l'autre ne varièrent dans leurs déclarations.

Parmi le grand nombre de chevaliers attachés au duc de Bourgogne, au-

On serait presque tenté de dire que ce meurtre ne fut point prémédité, tant on avait mal pris ses mesures pour en soutenir les suites. Philippe-le-Bon, nouveau duc de Bourgogne, successeur de son père, devint un ennemi nécessaire du dauphin par devoir et par politique. La reine sa mère outragée devint

cun n'osa entreprendre de le venger; et il est bien vraisemblable que c'était non par lâcheté, mais d'après l'idée superstitieuse qui fesait croire que Dieu accordait la victoire à la cause de la vérité.

Le duc de Bourgogne avait cependant avoué hautement l'assassinat du duc d'Orléans; il avait fait soutenir par le cordelier Jean Petit que c'était une bonne action.

Pourquoi, si le dauphin eût vengé ce crime par un crime semblable, n'eût-il pas avoué qu'il avait traité le duc de Bourgogne suivant ses propres principes? Tannegui du Châtel était un homme d'une grande générosité. Charles VII fut obligé de le sacrifier au connétable de Richemont. Tannegui se retira dans la ville d'Avignon sans se plaindre; après avoir même exhorté le roi à faire à ses dépens cette réconciliation nécessaire. Dans ce temps de barbarie, un homme de ce caractère pouvait tramer un assassinat; mais il n'est pas vraisemblable qu'il l'eût nié. Au contraire, il eût mis de la hauteur à s'en charger pour disculper le dauphin. Attaché au duc d'Orléans, assassiné par Jean de Bourgogne, il eût déclaré qu'il avait vengé son ami.

On a prétendu que Tannegui s'était vanté de ce meurtre, qu'il portait la hache avec laquelle il avait frappé le duc. Mais ou la pièce qui rapporte ce fait ne regarde pas du Châtel, ou elle n'est digne d'aucune créance. Tannegui du Châtel, qui avait, en 1404, fait une descente en Angleterre, à la tête de quatre cents gentilshommes, pour venger la mort de son frère, qui, la même année, en repoussant les Anglais qui étaient venus à leur tour en Bretagne, avait tué leur général de sa main, peut-il être désigné, vers 1420, comme un *bâtard naguère varlet de cuisine et de chevaux à Paris?*

On a compté la dame de Gyac, maîtresse du duc de Bourgogne, parmi les complices, parcequ'après la mort du duc, elle se retira dans les terres du dauphin, pour échapper à la vengeance de la duchesse. Cette accusation n'est-elle pas absurde? Que pouvait offrir le dauphin à cette femme, pour la dédommager de ce qu'il lui fesait perdre?

La dame de Gyac avait conseillé au duc de Bourgogne d'accepter la conférence de Montereau; c'en était assez pour que la duchesse la crût coupable: mais cela ne prouve rien contre elle.

On a instruit une espèce de procès contre les meurtriers, devant qui?

une marâtre implacable; et le roi anglais, profitant de tant d'horreurs, disait que Dieu l'amenait par la main pour punir les Français. (1420) Isabelle de Bavière et le nouveau duc Philippe conclurent à Troyes une paix plus funeste que toutes les guerres précédentes, par laquelle on donna Catherine, fille de

devant les officiers de la maison du duc de Bourgogne : qui a-t-on entendu ?

1° Trois des dix seigneurs qui l'ont accompagné; et de ces trois, deux disent ne pas savoir comment la chose s'est passée. Un seul dit avoir vu frapper le duc par du Châtel; mais aucun des trois ne parle des circonstances qui ont pu occasioner le tumulte.

2° Seguinat, secrétaire du duc, long-temps retenu à Bourges par le dauphin comme prisonnier; il était entré dans les barrières : son récit est très détaillé, et il est le seul qui charge le dauphin.

3° Deux écuyers du sire de Noailles de la maison de Foix; ces écuyers n'ont rien vu, mais ils déposent ce qu'ils ont entendu dire au sire de Noailles, qui, blessé en même temps que le duc, mourut trois jours après. Cette déposition n'est pas faite comme les autres devant une espèce de tribunal; c'est une simple déclaration par-devant notaire; déclaration écrite en latin, tandis que les autres sont en français, ce qui prouve qu'elle n'a pas été dictée par les deux écuyers. Pourquoi, au lieu de ces discours tenus à ces écuyers, n'a-t-on pas son testament de mort? S'il existe, est-il conforme à la déclaration des deux écuyers?

Le dauphin et le duc devaient être accompagnés chacun de dix personnes; le dauphin était faible, peu accoutumé aux armes; le duc de Bourgogne était très fort. Cependant le dauphin mena avec lui, parmi les dix, trois hommes de robe sans armes. Ce serait la première fois que dans un assassinat prémédité on aurait pris volontairement des gens inutiles.

Le duc Philippe voulait faire périr sur un échafaud les meurtriers de son père; le roi d'Angleterre, Henri V, avait entre ses mains Barbasan et Tannegui du Châtel, les deux hommes que la faction bourguignone haïssait le plus; jamais il ne voulut consentir à les livrer au duc, et il les relâcha, quoique les meurtriers du duc de Bourgogne fussent exceptés de toute capitulation. Henri V était fourbe et féroce; il avait besoin du duc de Bourgogne; il fallait donc que lui et les Anglais qui l'accompagnaient fussent bien convaincus de l'innocence de ces deux hommes.

Charles, duc de Bourbon, gendre du duc, était avec lui; il suivit le dauphin, et combattit pour lui dans la même année en Languedoc, où il prit

Charles VI, pour épouse au roi d'Angleterre, avec la France en dot.

Il fut stipulé dès lors même que Henri V serait reconnu pour roi, mais qu'il ne prendrait que le nom de régent pendant le reste de la vie malheureuse du roi de France devenu entièrement imbécile. Enfin, le contrat portait qu'on poursuivrait sans relâche celui qui se disait dauphin de France. Isabelle de Bavière

Béziers. Est-il vraisemblable qu'il eût tenu cette conduite, s'il eût vu le dauphin faire assassiner son beau-père sous ses yeux?

Les partisans du dauphin ont prétendu que le duc de Bourgogne ayant proposé au dauphin de venir vers son père, et que le dauphin l'ayant refusé, après quelques discours le sire de Noailles saisit le dauphin et mit la main sur son épée; qu'alors Tannegui emporta le dauphin dans ses bras, et lui sauva une seconde fois la liberté et la vie (car ce fut lui qui, lorsque le duc de Bourgogne entra dans Paris et fit le massacre des Armagnacs, prit le dauphin dans son lit et l'emporta sur son cheval à Vincennes); que les autres suivants du dauphin se retirèrent, excepté quatre qui tuèrent le duc de Bourgogne et le sire de Noailles. Ce récit est beaucoup plus vraisemblable que ceux de la faction bourguignone.

De ces quatre, trois avouèrent qu'ils avaient tué le duc de Bourgogne, parcequ'ils avaient vu qu'il voulait faire violence au dauphin. Un d'eux, ancien domestique du duc d'Orléans, se vantait d'avoir coupé la main du duc Jean, comme il avait coupé celle de son maître. Le quatrième avoua qu'il avait tué le sire de Noailles, parcequ'il lui avait vu tirer à demi son épée. Voyez l'*Histoire de Charles VI*, par Juvénal des Ursins.

Nous croyons donc que l'on doit regarder le dauphin et Tannegui du Châtel comme absolument innocents, non seulement de l'assassinat prémédité, mais même du meurtre du duc Jean; qu'il n'y eut rien de prémédité dans cet assassinat, qui n'eut pour cause que l'imprudente trahison du duc de Bourgogne, qui voulait profiter de la faiblesse du dauphin pour le forcer de le suivre, et la haine violente que lui portaient d'anciens serviteurs du duc d'Orléans qui saisirent ce prétexte pour le tuer.

Nos historiens ont presque tous accusé le dauphin et du Châtel, parceque, si on en excepte Juvénal des Ursins, tous les historiens du temps étaient ou sujets ou partisans de la maison de Bourgogne.

Voyez dans les *Essais historiques sur Paris*, par M. de Saint-Foix, une dissertation très intéressante sur ce point de notre histoire. K.

conduisit son malheureux mari et sa fille à Troyes, où le mariage s'accomplit. Henri, devenu roi de France, entra dans Paris paisiblement, et y régna sans contradiction, tandis que Charles VI était enfermé avec ses domestiques à l'hôtel de Saint-Paul, et que la reine Isabelle de Bavière commençait déjà à se repentir.

(1420) Philippe, duc de Bourgogne, fit demander solennellement justice du meurtre de son père aux deux rois, à l'hôtel de Saint-Paul, dans une assemblée de tout ce qui restait de grands. Le procureur-général de Bourgogne, Nicolas Rollin, un docteur de l'université, nommé Jean Larcher, accusent le dauphin. Le premier président du parlement de Paris et quelques députés de son corps assistaient à cette assemblée. L'avocat-général Marigni prend des conclusions contre l'héritier et le défenseur de la couronne, comme s'il parlait contre un assassin ordinaire. Le parlement fait citer le dauphin à ce qu'on appelle la *table de marbre*. C'était une grande table qui servait du temps de saint Louis à recevoir les redevances en nature des vassaux de la Tour du Louvre, et qui resta depuis comme une marque de juridiction. Le dauphin y fut condamné par contumace. En vain le président Hénault, qui n'avait pas le courage du président de Thou, a voulu déguiser ce fait; il n'est que trop avéré[a].

C'était une de ces questions délicates et difficiles à résoudre, de savoir par qui le dauphin devait être jugé, si on pouvait détruire la loi salique, si le meurtre du duc d'Orléans n'ayant point été vengé, l'assassinat

---

[a] L'archevêque de Reims, des Ursins, l'avoue dans son histoire. Voyez le chap. VI de l'*Histoire du Parlement de Paris*.

du meurtrier devait l'être. On a vu long-temps après en Espagne Philippe II faire périr son fils. Cosme Ier, duc de Florence, tua l'un de ses enfants qui avait assassiné l'autre. Ce fait est très vrai : on a contesté très mal à propos à Varillas cette aventure; le président de Thou fait assez entendre qu'il en fut informé sur les lieux. Le czar Pierre a fait de nos jours condamner son fils à la mort; exemples affreux, dans lesquels il ne s'agissait pas de donner l'héritage du fils à un étranger!

Voilà donc la loi salique abolie, l'héritier du trône déshérité et proscrit, le gendre régnant paisiblement, et enlevant l'héritage de son beau-frère, comme depuis on vit en Angleterre Guillaume prince d'Orange, étranger, déposséder le père de sa femme. Si cette révolution avait duré comme tant d'autres, si les successeurs de Henri V avaient soutenu l'édifice élevé par leur père, s'ils étaient aujourd'hui rois de France, y aurait-il un seul historien qui ne trouvât leur cause juste? Mézerai n'eût point dit en ce cas que Henri V mourut des hémorroïdes, en punition de s'être assis sur le trône des rois de France. Les papes ne leur auraient-ils pas envoyé bulles sur bulles? N'auraient-ils pas été les oints du Seigneur? La loi salique n'aurait-elle pas été regardée comme une chimère? Que de bénédictins auraient présenté aux rois de la race de Henri V de vieux diplômes contre cette loi salique! que de beaux esprits l'eussent tournée en ridicule! que de prédicateurs eussent élevé jusqu'au ciel Henri V, vengeur de l'assassinat, et libérateur de la France!

Le dauphin, retiré dans l'Anjou, ne paraissait qu'un exilé. Henri V, roi de France et d'Angleterre, fit voile vers Londres pour avoir encore de nouveaux subsides et de nouvelles troupes. Ce n'était pas l'intérêt du peuple anglais, amoureux de sa liberté, que son roi fût maître de la France. L'Angleterre était en danger de devenir une province d'un royaume étranger ; et après s'être épuisée pour affermir son roi dans Paris, elle eût été réduite en servitude par les forces du pays même qu'elle aurait vaincu, et que son roi aurait eues dans sa main.

Cependant Henri V retourna bientôt à Paris, plus maître que jamais. Il avait des trésors et des armées; il était jeune encore. Tout fesait croire que le trône de France passait pour toujours à la maison de Lancastre. La destinée renversa tant de prospérités et d'espérances. Henri V fut attaqué d'une fistule. On l'eût guéri dans des temps plus éclairés : l'ignorance de son siècle causa sa mort. (1422) Il expira au château de Vincennes, à l'âge de trente-quatre ans. Son corps fut exposé à Saint-Denys comme celui d'un roi de France, et ensuite porté à Westminster parmi ceux d'Angleterre.

Charles VI, à qui on avait encore laissé par pitié le vain titre de roi, finit bientôt après sa triste vie, après avoir passé trente années dans des rechutes continuelles de frénésie. (1422) Il mourut le plus malheureux des rois, et le roi du peuple le plus malheureux de l'Europe.

Le frère de Henri V, le duc de Betford, fut le seul qui assista à ses funérailles. On n'y vit aucun seigneur.

Les uns étaient morts à la bataille d'Azincourt; les autres captifs en Angleterre. Et le duc de Bourgogne ne voulait pas céder le pas au duc de Betford : il fallait bien pourtant lui céder tout. Betford fut déclaré régent de France, et on proclama roi à Paris et à Londres Henri VI, fils de Henri V, enfant de neuf mois. La ville de Paris envoya même jusqu'à Londres des députés pour prêter serment de fidélité à cet enfant.

CHAPITRE LXXX.

De la France du temps de Charles VII. De la Pucelle, et de Jacques Cœur.

Ce débordement de l'Angleterre en France fut enfin semblable à celui qui avait inondé l'Angleterre, du temps de Louis VIII; mais il fut plus long et plus orageux. Il fallut que Charles VII regagnât pied à pied son royaume. Il avait à combattre le régent Betford, aussi absolu que Henri V, et le duc de Bourgogne, devenu l'un des plus puissants princes de l'Europe, par l'union du Hainaut, du Brabant et de la Hollande à ses domaines. Les amis de Charles VII étaient pour lui aussi dangereux que ses ennemis. La plupart abusaient de ses malheurs, au point que le comte de Richemont, son connétable, frère du duc de Bretagne, fit étrangler deux de ses favoris.

On peut juger de l'état déplorable où Charles était réduit, par la nécessité où il fut de baisser dans les pays de son obéissance la livre numéraire, qui valait plus de 8 de nos livres à la fin du règne de Charles V, à moins de $\frac{15}{100}$ de ces mêmes livres actuelles; en sorte qu'elle ne désignait alors qu'un cinquantième de la valeur qu'elle avait désignée peu d'années auparavant.

Il fallut bientôt recourir à un expédient plus étrange, à un miracle. Un gentilhomme des frontières de Lorraine, nommé Baudricourt, crut trouver dans une jeune servante d'un cabaret de Vaucouleurs un personnage propre à jouer le rôle de guerrière et d'inspirée. Cette Jeanne d'Arc, que le vulgaire croit une bergère, était en effet une jeune servante d'hôtellerie, « robuste, montant chevaux à poil, comme dit Mon-« strelet, et fesant autres apertises que jeunes filles « n'ont point accoutumé de faire. » On la fit passer pour une bergère de dix-huit ans. Il est cependant avéré, par sa propre confession, qu'elle avait alors vingt-sept années. Elle eut assez de courage et assez d'esprit pour se charger de cette entreprise, qui devint héroïque. On la mena devant le roi à Bourges. Elle fut examinée par des femmes, qui ne manquèrent pas de la trouver vierge, et par une partie des docteurs de l'université et quelques conseillers du parlement, qui ne balancèrent pas à la déclarer inspirée; soit qu'elle les trompât, soit qu'ils fussent eux-mêmes assez habiles pour entrer dans cet artifice : le vulgaire le crut, et ce fut assez.

(1429) Les Anglais assiégeaient alors la ville d'Orléans, la seule ressource de Charles, et étaient prêts de s'en rendre maîtres. Cette fille guerrière, vêtue en homme, conduite par d'habiles capitaines, entreprend de jeter du secours dans la place. Elle parle aux soldats de la part de Dieu, et leur inspire ce courage d'enthousiasme qu'ont tous les hommes qui croient voir la Divinité combattre pour eux. Elle marche à leur tête et délivre Orléans, bat les Anglais, prédit à Charles qu'elle le fera sacrer dans Reims, et accomplit sa promesse l'épée à la main. Elle assista au sacre, tenant l'étendard avec lequel elle avait combattu.

(1429) Ces victoires rapides d'une fille, les apparences d'un miracle, le sacre du roi qui rendait sa personne plus vénérable, allaient bientôt rétablir le roi légitime et chasser l'étranger : mais l'instrument de ces merveilles, Jeanne d'Arc, fut blessée et prise en défendant Compiègne. Un homme tel que le Prince Noir eût honoré et respecté son courage. Le régent Betford crut nécessaire de la flétrir pour ranimer ses Anglais. Elle avait feint un miracle, Betford feignit de la croire sorcière. Mon but est toujours d'observer l'esprit du temps ; c'est lui qui dirige les grands événements du monde. L'université de Paris présenta requête contre Jeanne d'Arc, l'accusant d'hérésie et de magie. Ou l'université pensait ce que le régent voulait qu'on crût ; ou si elle ne le pensait pas, elle commettait une lâcheté détestable. Cette héroïne, digne du miracle qu'elle avait feint, fut jugée à Rouen par Cauchon, évêque de Beauvais, cinq autres évêques français, un seul évêque d'Angleterre, assistés d'un moine dominicain, vicaire de l'inquisition, et par des docteurs de l'université. Elle fut qualifiée de « superstitieuse, devineresse du diable, blasphémeresse

« en Dieu et en ses saints et saintes, errant par moult « de fors en la foi de Christ. » Comme telle, elle fut condamnée à jeûner au pain et à l'eau dans une prison perpétuelle. Elle fit à ses juges une réponse digne d'une mémoire éternelle. Interrogée pourquoi elle avait osé assister au sacre de Charles avec son étendard, elle répondit : « Il est juste que qui a eu part « au travail en ait à l'honneur. »

(1431) Enfin, accusée d'avoir repris une fois l'habit d'homme, qu'on lui avait laissé exprès pour la tenter, ses juges, qui n'étaient pas assurément en droit de la juger, puisqu'elle était prisonnière de guerre, la déclarèrent hérétique relapse, et firent mourir par le feu celle qui, ayant sauvé son roi, aurait eu des autels dans les temps héroïques, où les hommes en élevaient à leurs libérateurs. Charles VII rétablit depuis sa mémoire, assez honorée par son supplice même.

Ce n'est pas assez de la cruauté pour porter les hommes à de telles exécutions, il faut encore ce fanatisme composé de superstition et d'ignorance, qui a été la maladie de presque tous les siècles. Quelque temps auparavant, les Anglais condamnèrent la princesse de Glocester à faire amende honorable dans l'église de Saint-Paul, et une de ses amies à être brûlée vive, sous prétexte de je ne sais quel sortilége employé contre la vie du roi. On avait brûlé le baron de Cobham en qualité d'hérétique; et en Bretagne on fit mourir par le même supplice le maréchal de Retz, accusé de magie, et d'avoir égorgé des enfants pour faire avec leur sang de prétendus enchantements.

Que les citoyens d'une ville immense, où les arts, les plaisirs et la paix règnent aujourd'hui, où la raison même commence à s'introduire, comparent les temps, et qu'ils se plaignent s'ils l'osent. C'est une réflexion qu'il faut faire presque à chaque page de cette histoire.

Dans ces tristes temps, la communication des provinces était si interrompue, les peuples limitrophes étaient si étrangers les uns aux autres, qu'une aventurière osa, quelques années après la mort de la Pucelle, prendre son nom en Lorraine et soutenir hardiment qu'elle avait échappé au supplice, et qu'on avait brûlé un fantôme à sa place. Ce qui est plus étrange, c'est qu'on la crut. On la combla d'honneurs et de biens ; et un homme de la maison des Armoises l'épousa en 1436, pensant en effet épouser la véritable héroïne qui, quoique née dans l'obscurité, eût été pour le moins égale à lui par ses grandes actions[a].

Pendant cette guerre, plus longue que décisive, qui causait tant de malheurs, un autre événement fut le salut de la France. Le duc de Bourgogne, Philippe-le-Bon, mérita ce nom en pardonnant enfin au roi la mort de son père, et en s'unissant avec le chef de sa maison contre l'étranger. Il fit à la vérité payer cher

---

[a] Voyez l'article ARC (JEANNE D'ARC) dans les *Questions sur l'encyclopédie*. — Les *Questions sur l'encyclopédie* ont, depuis ce renvoi mis par Voltaire en 1775, été refondues dans le *Dictionnaire philosophique*. Mais avant de paraître en 1770 dans les *Questions sur l'encyclopédie*, le morceau sur Jeanne d'Arc avait été ajouté par Voltaire, en 1769, à la suite de l'*Essai sur les Mœurs*, dans une réimpression des *Éclaircissements historiques* (voyez ces *Éclaircissements* dans les *Mélanges*, année 1763). B.

au roi cet ancien assassinat, en se donnant par le traité toutes les villes sur la rivière de Somme, avec Roye, Montdidier, et le comté de Boulogne. Il se libéra de tout hommage pendant sa vie, et devint un très grand souverain; mais il eut la générosité de délivrer de sa longue prison de Londres le duc d'Orléans, le fils de celui qui avait été assassiné dans Paris. Il paya sa rançon. On la fait monter à trois cent mille écus d'or; exagération ordinaire aux écrivains de ce temps. Mais cette conduite montre une grande vertu. Il y a eu toujours de belles ames dans les temps les plus corrompus. La vertu de ce prince n'excluait pas en lui la volupté et l'amour des femmes, qui ne peut jamais être un vice que quand il conduit aux méchantes actions. C'est ce même Philippe qui avait en 1430 institué la Toison d'or en l'honneur d'une de ses maîtresses. Il eut quinze bâtards qui eurent tous du mérite. Sa cour était la plus brillante de l'Europe. Anvers, Bruges, fesaient un grand commerce, et répandaient l'abondance dans ses états. La France lui dut enfin sa paix et sa grandeur, qui augmentèrent toujours depuis, malgré les adversités, et malgré les guerres civiles et étrangères.

Charles VII regagna son royaume à peu près comme Henri IV le conquit cent cinquante ans après. Charles n'avait pas à la vérité ce courage brillant, cet esprit prompt et actif, et ce caractère héroïque de Henri IV; mais obligé, comme lui, de ménager souvent ses amis et ses ennemis, de donner de petits combats, de surprendre des villes et d'en acheter, il entra dans Paris comme y entra depuis Henri IV, par intrigue et par force. Tous deux ont été déclarés incapables de posséder la couronne, et tous deux ont pardonné. Ils avaient encore une faiblesse commune, celle de se livrer trop à l'amour ; car l'amour influe presque toujours sur les affaires d'état chez les princes chrétiens, ce qui n'arrive point dans le reste du monde.

Charles ne fit son entrée dans Paris qu'en 1437. Ces bourgeois qui s'étaient signalés par tant de massacres, allèrent au-devant de lui avec toutes les démonstrations d'affection et de joie qui étaient en usage chez ce peuple grossier. Sept filles représentant les sept péchés qu'on nomme mortels, et sept autres figurant les vertus théologales et cardinales, avec des écriteaux, le reçurent vers la porte Saint-Denys. Il s'arrêtait quelques minutes dans les carrefours à voir les mystères de la religion, que des bateleurs jouaient sur des tréteaux. Les habitants de cette capitale étaient alors aussi pauvres que rustiques : les provinces l'étaient davantage. Il fallut plus de vingt ans pour réformer l'état. Ce ne fut que vers l'an 1450 que les Anglais furent entièrement chassés de la France. Ils ne gardèrent que Calais et Guines, et perdirent pour jamais tous ces vastes domaines que les trois victoires de Créci, de Poitiers, et d'Azincourt, ne purent leur conserver. Les divisions de l'Angleterre contribuèrent autant que Charles VII à la réunion de la France. Cet Henri VI, qui avait porté les deux couronnes, et qui même était venu se faire sacrer à Paris, détrôné à Londres par ses parents, fut rétabli et détrôné encore.

Charles VII, maître enfin paisible de la France, y établit un ordre qui n'y avait jamais été depuis la décadence de la famille de Charlemagne. Il conserva des compagnies réglées de quinze cents gendarmes. Chacun de ces gendarmes devait servir avec six chevaux ; de sorte que cette troupe composait neuf mille cavaliers. Le capitaine de cent hommes avait mille sept cents livres de compte par an, ce qui revient à environ dix mille livres numéraires d'aujourd'hui. Chaque gendarme avait trois cent soixante livres de paie annuelle, et chacun des cinq hommes qui l'accompagnaient avait quatre livres de ce temps-là par mois. Il établit aussi quatre mille cinq cents archers, qui avaient cette même paie de quatre livres, c'est-à-dire environ vingt-quatre des nôtres. Ainsi en temps de paix il en coûtait environ six millions de notre monnaie présente pour l'entretien des soldats. Les choses ont bien changé dans l'Europe : cet établissement des archers fait voir que les mousquets n'étaient pas encore d'un fréquent usage. Cet instrument de destruction ne fut commun que du temps de Louis XI.

Outre ces troupes, tenues continuellement sous le drapeau, chaque village entretenait un franc-archer exempt de taille ; et c'est par cette exemption, attachée d'ailleurs à la noblesse, que tant de personnes s'attribuèrent bientôt la qualité de gentilhomme de nom et d'armes. Les possesseurs des fiefs immédiats furent dispensés du ban, qui ne fut plus convoqué. Il n'y eut que l'arrière-ban, composé des arrière-petits vassaux, qui resta sujet encore à servir dans les occasions.

On s'étonne qu'après tant de désastres la France

eût tant de ressources et d'argent. Mais un pays riche par ses denrées ne cesse jamais de l'être, quand la culture n'est pas abandonnée. Les guerres civiles ébranlent le corps de l'état, et ne le détruisent point. Les meurtres et les saccagements qui désolent des familles en enrichissent d'autres. Les négociants deviennent d'autant plus habiles qu'il faut plus d'art pour se sauver parmi tant d'orages. Jacques Cœur en est un grand exemple : il avait établi le plus grand commerce qu'aucun particulier de l'Europe eût jamais embrassé. Il n'y eut depuis lui que Cosme Medici, que nous appelons de Médicis, qui l'égalât. Jacques Cœur avait trois cents facteurs en Italie et dans le Levant. Il prêta deux cent mille écus d'or au roi, sans quoi on n'aurait jamais repris la Normandie. Son industrie était plus utile pendant la paix que Dunois et la Pucelle ne l'avaient été pendant la guerre. C'est une grande tache peut-être à la mémoire de Charles VII, qu'on ait persécuté un homme si nécessaire. On n'en sait point le sujet : car qui sait les secrets ressorts des fautes et des injustices des hommes ?

Le roi le fit mettre en prison, et le parlement de Paris lui fit son procès. On ne put rien prouver contre lui, sinon qu'il avait fait rendre à un Turc un esclave chrétien, lequel avait quitté et trahi son maître, et qu'il avait fait vendre des armes au soudan d'Égypte. Sur ces deux actions, dont l'une était permise et l'autre vertueuse, il fut condamné à perdre tous ses biens. Il trouva dans ses commis plus de droiture que dans les courtisans qui l'avaient perdu. Ils se cotisèrent presque tous pour l'aider dans sa disgrace. On dit que Jacques Cœur alla continuer son commerce en Chypre, et n'eut jamais la faiblesse de revenir dans son ingrate patrie, quoiqu'il y fût rappelé. Mais cette anecdote n'est pas bien avérée.

Au reste, la fin du règne de Charles VII fut assez heureuse pour la France, quoique très malheureuse pour le roi, dont les jours finirent avec amertume, par les rébellions de son fils dénaturé, qui fut depuis le roi Louis XI.

CHAPITRE LXXXI.

Mœurs, usages, commerce, richesses, vers les treizième et quatorzième siècles.

Je voudrais découvrir quelle était alors la société des hommes, comment on vivait dans l'intérieur des familles, quels arts étaient cultivés, plutôt que de répéter tant de malheurs et tant de combats, funestes objets de l'histoire, et lieux communs de la méchanceté humaine.

Vers la fin du treizième siècle et dans le commencement du quatorzième, il me semble qu'on commençait en Italie, malgré tant de dissensions, à sortir de cette grossièreté dont la rouille avait couvert l'Europe depuis la chute de l'empire romain. Les arts nécessaires n'avaient point péri. Les artisans et les marchands, que leur obscurité dérobe à la fureur ambitieuse des grands, sont des fourmis qui se creusent des habitations en silence, tandis que les aigles et les vautours se déchirent.

On trouva même dans ces siècles grossiers des inventions utiles, fruits de ce génie de mécanique que la nature donne à certains hommes, très indépendamment de la philosophie. Le secret, par exemple, de secourir la vue affaiblie des vieillards par des lunettes qu'on nomme *besicles* est de la fin du treizième siècle. Ce beau secret fut trouvé par Alexandre Spina[1]. Les machines qui agissent par le secours du vent, sont connues en Italie dans le même temps. La Flamma, qui vivait au quatorzième siècle, en parle, et avant lui on n'en parle point. Mais c'est un art connu long-temps auparavant chez les Grecs et chez les Arabes : il en est parlé dans des poëtes arabes du septième siècle. La faïence, qu'on fesait principalement à Faenza, tenait lieu de porcelaine. On connaissait depuis long-temps l'usage des vitres, mais il était fort rare : c'était un luxe de s'en servir. Cet art, porté en Angleterre par les Français vers l'an 1180, y fut regardé comme une grande magnificence.

Les Vénitiens eurent seuls, au treizième siècle, le secret des miroirs de cristal. Il y avait en Italie quelques horloges à roues : celle de Bologne était fameuse. La merveille plus utile de la boussole était due au seul hasard, et les vues des hommes n'étaient point encore assez étendues pour qu'on fît usage de cette découverte. L'invention du papier fait avec du linge pilé et bouilli, est du commencement du quatorzième

---

[1] Quelques personnes font à Spina honneur de l'invention des lunettes qu'on attribue plus généralement à *Salvino degli Armati*. B.

siècle. Cortusius, historien de Padoue, parle d'un certain *Pax* qui en établit à Padoue la première manufacture plus d'un siècle avant l'invention de l'imprimerie. C'est ainsi que les arts utiles se sont peu-à-peu établis, et la plupart par des inventeurs ignorés.

Il s'en fallait beaucoup que le reste de l'Europe eût des villes telles que Venise, Gênes, Bologne, Sienne, Pise, Florence. Presque toutes les maisons dans les villes de France, d'Allemagne, d'Angleterre, étaient couvertes de chaume. Il en était même ainsi en Italie dans les villes moins riches, comme Alexandrie de la paille, Nice de la paille, etc.

Quoique les forêts eussent couvert tant de terrains demeurés long-temps sans culture, cependant on ne savait pas encore se garantir du froid à l'aide de ces cheminées qui sont aujourd'hui dans tous nos appartements un secours et un ornement. Une famille entière s'assemblait au milieu d'une salle commune enfumée, autour d'un large foyer rond dont le tuyau allait percer le plafond.

La Flamma se plaint au quatorzième siècle, selon l'usage des auteurs peu judicieux, que la frugale simplicité a fait place au luxe; il regrette le temps de Frédéric Barberousse et de Frédéric II, lorsque dans Milan, capitale de la Lombardie, on ne mangeait de la viande que trois fois par semaine. Le vin alors était rare, la bougie était inconnue, et la chandelle un luxe. On se servait, dit-il, chez les meilleurs citoyens de morceaux de bois sec allumés pour s'éclairer; on ne mangeait de la viande chaude que trois fois par semaine; les chemises étaient de serge et non de linge;

la dot des bourgeoises les plus considérables était de cent livres tout au plus. Les choses ont bien changé, ajoute-t-il : on porte à présent du linge ; les femmes se couvrent d'étoffes de soie, et même il y entre quelquefois de l'or et de l'argent ; elles ont jusqu'à deux mille livres de dot, et ornent même leurs oreilles de pendants d'or. Cependant ce luxe dont il se plaint était encore loin à quelques égards de ce qui est aujourd'hui le nécessaire des peuples riches et industrieux.

Le linge de table était très rare en Angleterre. Le vin ne s'y vendait que chez les apothicaires comme un cordial. Toutes les maisons des particuliers étaient d'un bois grossier, recouvert d'une espèce de mortier qu'on appelle torchis, les portes basses et étroites, les fenêtres petites et presque sans jour. Se faire traîner en charrette dans les rues de Paris, à peine pavées et couvertes de fange, était un luxe ; et ce luxe fut défendu par Philippe-le-Bel aux bourgeoises. On connaît ce réglement fait sous Charles VI, *Nemo audeat dare præter duo fercula cum potagio* : « Que personne n'ose « donner plus de deux plats avec le potage. »

Un seul trait suffira pour faire connaître la disette d'argent en Écosse et même en Angleterre, aussi bien que la rusticité de ces temps-là, appelée simplicité. On lit dans les actes publics que quand les rois d'Écosse venaient à Londres, la cour d'Angleterre leur assignait trente schellings par jour, douze pains, douze gâteaux, et trente bouteilles de vin.

Cependant il y eut toujours chez les seigneurs de fiefs, et chez les principaux prélats, toute la magnificence que le temps permettait. Elle devait nécessairement s'introduire chez les possesseurs des grandes terres. Dès long-temps auparavant les évêques ne marchaient qu'avec un nombre prodigieux de domestiques et de chevaux. Un concile de Latran, tenu en 1179, sous Alexandre III, leur reproche que souvent on était obligé de vendre les vases d'or et d'argent dans les églises des monastères, pour les recevoir et pour les défrayer dans leurs visites. Le cortége des archevêques fut réduit, par les canons de ces conciles, à cinquante chevaux, celui des évêques à trente, celui des cardinaux à vingt-cinq; car un cardinal qui n'avait pas d'évêché, et qui par conséquent n'avait point de terres, ne pouvait pas avoir le luxe d'un évêque. Cette magnificence des prélats était plus odieuse alors qu'aujourd'hui, parcequ'il n'y avait point d'état mitoyen entre les grands et les petits, entre les riches et les pauvres. Le commerce et l'industrie n'ont pu former qu'avec le temps cet état mitoyen qui fait la richesse d'une nation. La vaisselle d'argent était presque inconnue dans la plupart des villes. Mussus [1], écrivain lombard du quatorzième siècle, regarde comme un grand luxe les fourchettes, les cuillers, et les tasses d'argent.

Un père de famille, dit-il, qui a neuf à dix personnes à nourrir, avec deux chevaux, est obligé de dépenser

---

[1] Jean de Mussis ou de Mussi, citoyen de Plaisance, est auteur d'une chronique *De rebus in Lombardia et speciatim Placentiæ ab anno 1222 ad 1402 gestis*, que Muratori a fait imprimer, en 1730, dans le tome XVI de ses *Rerum italicarum Scriptores*. B.

par an jusqu'à trois cents florins d'or. C'était tout au plus deux mille livres de la monnaie de France courante de nos jours.

L'argent était donc très rare en beaucoup d'endroits d'Italie, et bien plus en France aux douzième, treizième et quatorzième siècles. Les Florentins, les Lombards, qui fesaient seuls le commerce en France et en Angleterre, les Juifs, leurs courtiers, étaient en possession de tirer des Français et des Anglais vingt pour cent par an pour l'intérêt ordinaire du prêt. Le haut intérêt de l'argent est la marque infaillible de la pauvreté publique.

Le roi Charles V amassa quelques trésors par son économie, par la sage administration de ses domaines (alors le plus grand revenu des rois), et par des impôts inventés sous Philippe de Valois, qui, quoique faibles, firent beaucoup murmurer un peuple pauvre. Son ministre, le cardinal de La Grange, ne s'était que trop enrichi. Mais tous ces trésors furent dissipés dans d'autres pays. Le cardinal porta les siens dans Avignon; le duc d'Anjou, frère de Charles V, alla perdre ceux du roi dans sa malheureuse expédition d'Italie. La France resta dans la misère jusqu'aux derniers temps de Charles VII.

Il n'en était pas ainsi dans les belles villes commerçantes de l'Italie : on y vivait avec commodité, avec opulence; ce n'était que dans leur sein qu'on jouissait des douceurs de la vie. Les richesses et la liberté y excitèrent enfin le génie, comme elles élevèrent le courage.

CHAPITRE LXXXII.

Sciences et beaux-arts aux treizième et quatorzième siècles.

La langue italienne n'était pas encore formée du temps de Frédéric II. On le voit par les vers de cet empereur, qui sont le dernier exemple de la langue romance dégagée de la dureté tudesque :

« Plas me el cavalier Frances,
« E la donna Catalana,
« E l'ovrar Genoes,
« E la danza Trevisana,
« E lou cantar Provensales,
« Las man e cara d'Angles,
« E lou donzel de Toscana. »

Ce monument est plus précieux qu'on ne pense, et est fort au-dessus de tous ces décombres des bâtiments du moyen âge, qu'une curiosité grossière et sans goût recherche avec avidité. Il fait voir que la nature ne s'est démentie chez aucune des nations dont Frédéric parle. Les Catalanes sont, comme au temps de cet empereur, les plus belles femmes de l'Espagne. La noblesse française a les mêmes graces martiales qu'on estimait alors. Une peau douce et blanche, de belles mains, sont encore une chose commune en Angleterre. La jeunesse a plus d'agréments en Toscane qu'ailleurs. Les Génois ont conservé leur industrie; les Provençaux, leur goût pour la poésie et pour le chant. C'était en Provence et en Languedoc qu'on avait adouci la langue romance. Les Provençaux furent les maîtres des Italiens. Rien n'est si connu des amateurs de ces recherches que les vers sur les Vaudois de l'année 1100.

> « Que non voglia maudir ne jura ne mentir,
> « N'occir, ne avoutrar, ne prenre de altrui,
> « Ne s'avengear deli suo ennemi,
> « Loz dison qu'es Vaudes et los feson morir. »

Cette citation a encore son utilité, en ce qu'elle est une preuve que tous les réformateurs ont toujours affecté des mœurs sévères [1].

Ce jargon se maintint malheureusement tel qu'il était en Provence et en Languedoc, tandis que sous la plume de Pétrarque la langue italienne atteignit à cette force et à cette grace qui, loin de dégénérer, se perfectionna encore. L'italien prit sa forme à la fin du treizième siècle, du temps du bon roi Robert, grand-père de la malheureuse Jeanne. Déjà le Dante, Florentin, avait illustré la langue toscane par son poëme bizarre, mais brillant de beautés naturelles, intitulé *Comédie*; ouvrage dans lequel l'auteur s'éleva dans les détails au-dessus du mauvais goût de son siècle et de son sujet, et rempli de morceaux écrits aussi purement que s'ils étaient du temps de l'Arioste et du Tasse. On ne

---

[1] Ces vers montrent également que dès ce temps les hommes qui cultivaient leur esprit savaient se moquer des préjugés, et sentaient combien ces persécutions étaient injustes et atroces. On en trouve plusieurs autres preuves dans le recueil des *Fabliaux*, par M. Le Grand. Cependant le fanatisme a duré encore six siècles, soit parceque la première et la dernière classe d'une nation sont toujours celles où la lumière arrive le plus tard, soit parceque tant qu'un pays n'a point de bonnes lois, ou que le progrès des lumières n'y supplée point, c'est toujours entre les mains de la populace que réside véritablement le pouvoir. K.

doit pas s'étonner que l'auteur, l'un des principaux de la faction *gibeline*, persécuté par Boniface VIII et par Charles de Valois, ait dans son poëme exhalé sa douleur sur les querelles de l'empire et du sacerdoce. Qu'il soit permis d'insérer ici une faible traduction d'un des passages du Dante, concernant ces dissensions. Ces monuments de l'esprit humain délassent de la longue attention aux malheurs qui ont troublé la terre.

> Jadis on vit dans une paix profonde
> De deux soleils les flambeaux luire au monde,
> Qui sans se nuire éclairant les humains,
> Du vrai devoir enseignaient les chemins,
> Et nous montraient de l'aigle impériale
> Et de l'agneau les droits et l'intervalle.
> Ce temps n'est plus, et nos cieux ont changé.
> L'un des soleils, de vapeurs surchargé,
> En s'échappant de sa sainte carrière,
> Voulut de l'autre absorber la lumière.
> La règle alors devint confusion,
> Et l'humble agneau parut un fier lion,
> Qui, tout brillant de la pourpre usurpée,
> Voulut porter la houlette et l'épée.

Après le Dante, Pétrarque, né en 1304 dans Arezzo, patrie de Gui Arétin, mit dans la langue italienne plus de pureté, avec toute la douceur dont elle était susceptible. On trouve dans ces deux poëtes, et surtout dans Pétrarque, un grand nombre de ces traits semblables à ces beaux ouvrages des anciens, qui ont à-la-fois la force de l'antiquité et la fraîcheur du moderne. S'il y a de la témérité à l'imiter, vous la pardonnerez au desir de vous faire connaître, autant que je le puis, le genre dans lequel il écrivait. Voici à peu près le commencement de sa belle ode à la fontaine de Vaucluse, en vers croisés :

> Claire fontaine, onde aimable, onde pure,
> Où la beauté qui consume mon cœur,
> Seule beauté qui soit dans la nature,
> Des feux du jour évitait la chaleur ;
>   Arbre heureux dont le feuillage,
>   Agité par les zéphyrs,
>   La couvrit de son ombrage,
>   Qui rappelles mes soupirs,
>   En rappelant son image ;
> Ornements de ces bords, et filles du matin,
> Vous dont je suis jaloux, vous moins brillantes qu'elle,
> Fleurs qu'elle embellissait quand vous touchiez son sein,
> Rossignol dont la voix est moins douce et moins belle,
> Air devenu plus pur, adorable séjour,
>   Immortalisé par ses charmes,
> Douce clarté des nuits que je préfère au jour,
> Lieux dangereux et chers, où de ses tendres armes
>   L'Amour a blessé tous mes sens :
>   Écoutez mes derniers accents,
>   Recevez mes dernières larmes.

Ces pièces, qu'on appelle *Canzoni*, sont regardées comme ses chefs-d'œuvre : ses autres ouvrages lui firent moins d'honneur. Il immortalisa la fontaine de Vaucluse, Laure, et lui-même. S'il n'avait point aimé il serait beaucoup moins connu. Quelque imparfaite que soit cette imitation, elle fait entrevoir la distance immense qui était alors entre les Italiens et toutes les autres nations. J'ai mieux aimé vous donner quelque légère idée du génie de Pétrarque, de cette douceur et de cette mollesse élégante qui fait son caractère, que de vous répéter ce que tant d'autres ont dit des honneurs qu'on lui offrit à Paris, de ceux qu'il reçut à Rome, de ce triomphe au Capitole en 1341 ; célèbre hommage que l'étonnement de son siècle payait à son génie alors unique, mais surpassé depuis par l'Arioste et par le Tasse. Je ne passerai pas sous silence que sa famille avait été bannie de Toscane et dépouillée de ses biens, pendant les dissensions des guelfes et des gibelins, et que les Florentins lui députèrent Boccace pour le prier de venir honorer sa patrie de sa présence, et y jouir de la restitution de son patrimoine. La Grèce, dans ses plus beaux jours, ne montra jamais plus de goût et plus d'estime pour les talents.

Ce Boccace fixa la langue toscane : il est encore le premier modèle en prose pour l'exactitude et pour la pureté du style, ainsi que pour le naturel de la narration. La langue, perfectionnée par ces deux écrivains, ne reçut plus d'altération, tandis que tous les autres peuples de l'Europe, jusqu'aux Grecs mêmes, ont changé leur idiome.

Il y eut une suite non interrompue de poëtes italiens qui ont tous passé à la postérité : car le Pulci écrivit après Pétrarque; le Boyardo, comte de Scandiano, succéda au Pulci; et l'Arioste les surpassa tous par la fécondité de son imagination. N'oublions pas que Pétrarque et Boccace avaient célébré cette infortunée Jeanne de Naples dont l'esprit cultivé sentait tout leur mérite, et qui fut même une de leurs disciples. Elle était alors dévouée tout entière aux beaux-arts, dont les charmes fesaient oublier les temps criminels de son premier mariage. Ses mœurs, changées par la culture de l'esprit, devaient la défendre de la cruauté tragique qui finit ses jours.

Les beaux-arts, qui se tiennent comme par la main, et qui d'ordinaire périssent et renaissent ensemble, sortaient en Italie des ruines de la barbarie. Cimabué, sans aucun secours, était comme un nouvel inventeur de la peinture au treizième siècle. Le Giotto fit des tableaux qu'on voit encore avec plaisir. Il reste surtout de lui cette fameuse peinture qu'on a mise en mosaïque, et qui représente le premier apôtre marchant sur les eaux; on la voit au-dessus de la grande porte de Saint-Pierre de Rome. Brunelleschi commença à réformer l'architecture gothique. Gui d'Arezzo, long-temps auparavant, avait inventé les nouvelles notes de la musique à la fin du onzième siècle, et rendu cet art plus facile et plus commun.

On fut redevable de toutes ces belles nouveautés aux Toscans. Ils firent tout renaître par leur seul génie, avant que le peu de science qui était resté à Constantinople refluât en Italie avec la langue grecque, par les conquêtes des Ottomans. Florence était alors une nouvelle Athènes; et parmi les orateurs qui vinrent de la part des villes d'Italie haranguer Boniface VIII sur son exaltation, on compta dix-huit Florentins. On voit par là que ce n'est point aux fugitifs de Constantinople qu'on a dû la renaissance des arts. Ces Grecs ne purent enseigner aux Italiens que le grec. Ils n'avaient presque aucune teinture des véritables sciences; et c'est des Arabes que l'on tenait le peu de physique et de mathématiques que l'on savait alors.

Il peut paraître étonnant que tant de grands génies se soient élevés dans l'Italie, sans protection comme sans modèle, au milieu des dissensions et des guerres;

mais Lucrèce, chez les Romains, avait fait son beau *Poëme de la Nature,* Virgile ses *Bucoliques,* Cicéron ses livres de philosophie dans les horreurs des guerres civiles. Quand une fois une langue commence à prendre sa forme, c'est un instrument que les grands artistes trouvent tout préparé, et dont ils se servent, sans s'embarrasser qui gouverne et qui trouble la terre.

Si cette lueur éclaira la seule Toscane, ce n'est pas qu'il n'y eût ailleurs quelques talents. Saint Bernard et Abélard en France, au douzième siècle, auraient pu être regardés comme de beaux esprits ; mais leur langue était un jargon barbare, et ils payèrent en latin tribut au mauvais goût du temps. La rime à laquelle on assujettit ces hymnes latines des douzième et treizième siècles est le sceau de la barbarie. Ce n'était pas ainsi qu'Horace chantait les jeux séculaires. La théologie scolastique, fille bâtarde de la philosophie d'Aristote, mal traduite et méconnue, fit plus de tort à la raison et aux bonnes études que n'en avaient fait les Huns et les Vandales.

L'art des Sophocle n'existait point : on ne connut d'abord en Italie que des représentations naïves de quelques histoires de l'ancien et du nouveau Testament; et c'est de là que la coutume de jouer les mystères passa en France. Ces spectacles étaient originaires de Constantinople. Le poëte saint Grégoire de Nazianze les avait introduits pour les opposer aux ouvrages dramatiques des anciens Grecs et des anciens Romains : et comme les chœurs des tragédies grecques étaient des hymnes religieuses, et leur théâtre une chose sacrée, Grégoire de Nazianze et ses successeurs firent des tragédies saintes; mais malheureusement le nouveau théâtre ne l'emporta pas sur celui d'Athènes, comme la religion chrétienne l'emporta sur celle des gentils. Il est resté de ces pieuses farces des théâtres ambulants que promènent encore les bergers de la Calabre : dans les temps de solennités, ils représentent la naissance et la mort de Jésus-Christ. La populace des nations septentrionales adopta aussi bientôt ces usages. On a depuis traité ces sujets avec plus de dignité. Nous en voyons de nos jours des exemples dans ces petits opéra qu'on appelle *oratorio*; et enfin les Français ont mis sur la scène des chefs-d'œuvre tirés de l'ancien Testament.

Les confrères de la Passion en France, vers le seizième siècle[1], firent paraître Jésus-Christ sur la scène. Si la langue française avait été alors aussi majestueuse qu'elle était naïve et grossière, si parmi tant d'hommes ignorants et lourds il s'était trouvé un homme de génie, il est à croire que la mort d'un juste persécuté par des prêtres juifs, et condamné par un préteur romain, eût pu fournir un ouvrage sublime; mais il eût fallu un temps éclairé, et dans ce temps éclairé on n'eût pas permis ces représentations.

Les beaux-arts n'étaient pas tombés dans l'Orient; et puisque les poésies du Persan Sadi sont encore aujourd'hui dans la bouche des Persans, des Turcs et des Arabes, il faut bien qu'elles aient du mérite. Il était contemporain de Pétrarque, et il a autant de ré-

---

[1] Dans son *Appel à toutes les nations* (voyez les *Mélanges*, année 1761), Voltaire fait remonter avec raison au quatorzième siècle les premiers essais de ces représentations théâtrales. B.

putation que lui. Il est vrai qu'en général le bon goût n'a guère été le partage des Orientaux. Leurs ouvrages ressemblent aux titres de leurs souverains, dans lesquels il est souvent question du soleil et de la lune. L'esprit de servitude paraît naturellement ampoulé, comme celui de la liberté est nerveux, et celui de la vraie grandeur est simple. Les Orientaux n'ont point de délicatesse, parceque les femmes ne sont point admises dans la société. Ils n'ont ni ordre, ni méthode, parceque chacun s'abandonne à son imagination dans la solitude où ils passent une partie de leur vie, et que l'imagination par elle-même est déréglée. Ils n'ont jamais connu la véritable éloquence, telle que celle de Démosthène et de Cicéron. Qui aurait-on eu à persuader en Orient? des esclaves. Cependant ils ont de beaux éclats de lumière; ils peignent avec la parole; et quoique les figures soient souvent gigantesques et incohérentes, on y trouve du sublime. Vous aimerez peut-être à revoir [1] ici ce passage de Sadi que j'avais traduit en vers blancs, et qui ressemble à quelques passages des prophètes hébreux. C'est une peinture de la grandeur de Dieu; lieu commun à la vérité, mais qui vous fera connaître le génie de la Perse.

> Il sait distinctement ce qui ne fut jamais,
> De ce qu'on n'entend point son oreille est remplie.
> Prince, il n'a pas besoin qu'on le serve à genoux;
> Juge, il n'a pas besoin que sa loi soit écrite.

[1] Avant d'être produits dans cet ouvrage où ils sont depuis 1756, les vers imités de Sadi avaient été imprimés en 1753 à la tête des *Annales de l'Empire*, dans la *Lettre à M. ****, *professeur d'histoire*: voyez cette lettre dans les *Mélanges*, année 1753. B.

De l'éternel burin de sa prévision
Il a tracé nos traits dans le sein de nos mères.
De l'aurore au couchant il porte le soleil :
Il sème de rubis les masses des montagnes.
Il prend deux gouttes d'eau ; de l'une il fait un homme,
De l'autre il arrondit la perle au fond des mers.
L'être au son de sa voix fut tiré du néant.
Qu'il parle, et dans l'instant l'univers va rentrer
Dans les immensités de l'espace et du vide ;
Qu'il parle, et l'univers repasse en un clin d'œil
Des abîmes du rien dans les plaines de l'être.

Si les belles-lettres étaient ainsi cultivées sur les bords du Tigre et de l'Euphrate, c'est une preuve que les autres arts qui contribuent aux agréments de la vie étaient très connus. On n'a le superflu qu'après le nécessaire ; mais ce nécessaire manquait encore dans presque toute l'Europe. Que connaissait-on en Allemagne, en France, en Angleterre, en Espagne et dans la Lombardie septentrionale ? les coutumes barbares et féodales, aussi incertaines que tumultueuses, les duels, les tournois, la théologie scolastique, et les sortiléges.

On célébrait toujours dans plusieurs églises la fête de l'âne[1], ainsi que celle des innocents et des fous. On amenait un âne devant l'autel, et on lui chantait pour antienne, *Amen, amen, asine ; eh eh eh, sire âne, eh eh eh, sire âne.*

Du Cange et ses continuateurs, les compilateurs les plus exacts, citent un manuscrit de cinq cents ans, qui contient l'hymne de l'âne.

« Orientis partibus

---

[1] Voyez le *Dictionnaire philosophique*, au mot ANE. B.

« Adventavit asinus
« Pulcher et fortissimus. »

Eh ! sire âne, çà, chantez,
Belle bouche, rechignez,
Vous aurez du foin assez.

Une fille représentant la mère de Dieu allant en Égypte, montée sur cet âne, et tenant un enfant entre ses bras, conduisait une longue procession ; et à la fin de la messe, au lieu de dire *Ite, missa est,* le prêtre se mettait à braire trois fois de toutes ses forces, et le peuple répondait par les mêmes cris.

Cette superstition de sauvages venait pourtant d'Italie. Mais quoique au treizième et au quatorzième siècles quelques Italiens commençassent à sortir des ténèbres, toute la populace y était toujours plongée. On avait imaginé à Vérone que l'âne qui porta Jésus-Christ avait marché sur la mer, et était venu jusque sur les bords de l'Adige par le golfe de Venise ; que Jésus-Christ lui avait assigné un pré pour sa pâture, qu'il y avait vécu long-temps, qu'il y était mort. On enferma ses os dans un âne artificiel qui fut déposé dans l'église de Notre-Dame des Orgues, sous la garde de quatre chanoines : ces reliques furent portées en procession trois fois l'année avec la plus grande solennité.

Ce fut cet âne de Vérone qui fit la fortune de Notre-Dame de Lorette. Le pape Boniface VIII, voyant que la procession de l'âne attirait beaucoup d'étrangers, crut que la maison de la Vierge Marie en attirerait davantage, et ne se trompa point : il autorisa cette fable de son autorité apostolique. Si le peuple croyait qu'un âne avait marché sur la mer, de Jérusalem jusqu'à Vérone, il pouvait bien croire que la maison de Marie avait été transportée de Nazareth à Loretto. La petite maison fut bientôt enfermée dans une église superbe : les voyages des pélerins et les présents des princes rendirent ce temple aussi riche que celui d'Éphèse. Les Italiens s'enrichissaient du moins de l'aveuglement des autres peuples; mais ailleurs on embrassait la superstition pour elle-même, et seulement en s'abandonnant à l'instinct grossier et à l'esprit du temps. Vous avez observé plus d'une fois que ce fanatisme, auquel les hommes ont tant de penchant, a toujours servi non seulement à les rendre plus abrutis, mais plus méchants. La religion pure adoucit les mœurs en éclairant l'esprit; et la superstition, en l'aveuglant, inspire toutes les fureurs.

Il y avait en Normandie, qu'on appelle le pays de sapience, un abbé des conards, qu'on promenait dans plusieurs villes sur un char à quatre chevaux, la mitre en tête, la crosse à la main, donnant des bénédictions et des mandements.

Un roi des ribauds était établi à la cour par lettres patentes. C'était dans son origine un chef, un juge d'une petite garde du palais, et ce fut ensuite un fou de cour qui prenait un droit sur les filous et sur les filles publiques. Point de ville qui n'eût des confréries d'artisans, de bourgeois, de femmes : les plus extravagantes cérémonies y étaient érigées en mystères sacrés; et c'est de là que vient la société des francs-maçons, échappée au temps, qui a détruit toutes les autres.

La plus méprisable de toutes ces confréries fut celle des flagellants, et ce fut la plus étendue. Elle avait commencé d'abord par l'insolence de quelques prêtres qui s'avisèrent d'abuser de la faiblesse des pénitents publics, jusqu'à les fustiger : on voit encore un reste de cet usage dans les baguettes dont sont armés les pénitenciers à Rome. Ensuite les moines se fustigèrent, s'imaginant que rien n'était plus agréable à Dieu que le dos cicatrisé d'un moine. Pierre Damien, dans le onzième siècle, excita les séculiers même à se fouetter tout nus. On vit en 1260 plusieurs confréries de pélerins courir toute l'Italie armés de fouets. Ils parcoururent ensuite une partie de l'Europe. Cette association fit même une secte qu'il fallut enfin dissiper.

Tandis que des troupes de gueux couraient le monde en se fustigeant, des fous marchaient dans presque toutes les villes à la tête des processions, avec une robe plissée, des grelots, une marotte; et la mode s'en est encore conservée dans les villes des Pays-Bas et en Allemagne. Nos nations septentrionales avaient pour toute littérature, en langue vulgaire, les farces nommées *moralités*, suivies de celles de la *mère sotte* et du *prince des sots*.

On n'entendait parler que de révélations, de possessions, de maléfices. On ose accuser la femme de Philippe III d'adultère, et le roi envoie consulter une béguine pour savoir si sa femme est innocente ou coupable. Les enfants de Philippe-le-Bel font entre eux une association par écrit, et se promettent un secours mutuel contre ceux qui voudront les faire périr par la magie. On brûle par arrêt du parlement une sorcière qui a fabriqué avec le diable un acte en faveur de Robert d'Artois. La maladie de Charles VI est attribuée à un sortilége, et on fait venir un magicien pour le guérir. La princesse de Glocester, en Angleterre, est condamnée à faire amende honorable devant l'église de Saint-Paul, ainsi qu'on l'a déjà remarqué [1]; et une baronne du royaume, sa prétendue complice, est brûlée vive comme sorcière.

Si ces horreurs, enfantées par la crédulité, tombaient sur les premières personnes des royaumes de l'Europe, on voit assez à quoi étaient exposés les simples citoyens. C'était encore là le moindre des malheurs.

L'Allemagne, la France, l'Espagne, tout ce qui n'était pas en Italie grande ville commerçante, était absolument sans police. Les bourgades murées de la Germanie et de la France furent saccagées dans les guerres civiles. L'empire grec fut inondé par les Turcs. L'Espagne était encore partagée entre les chrétiens et les mahométans arabes; et chaque parti était déchiré souvent par des guerres intestines. Enfin du temps de Philippe de Valois, d'Édouard III, de Louis de Bavière, de Clément VI, une peste générale enlève ce qui avait échappé au glaive et à la misère.

Immédiatement avant ces temps du quatorzième siècle, on a vu les croisades dépeupler et appauvrir notre Europe. Remontez depuis ces croisades aux temps qui s'écoulèrent après la mort de Charlemagne: ils ne sont pas moins malheureux et sont encore plus grossiers. La comparaison de ces siècles avec le nôtre

[1] Chap. LXXX. B.

(quelques perversités et quelques malheurs que nous puissions éprouver) doit nous faire sentir notre bonheur, malgré ce penchant presque invincible que nous avons à louer le passé aux dépens du présent.

Il ne faut pas croire que tout ait été sauvage : il y eut de grandes vertus dans tous les états, sur le trône et dans les cloîtres, parmi les chevaliers, parmi les ecclésiastiques ; mais ni un saint Louis ni un saint Ferdinand ne purent guérir les plaies du genre humain. La longue querelle des empereurs et des papes, la lutte opiniâtre de la liberté de Rome contre les Césars de l'Allemagne et contre les pontifes romains, les schismes fréquents, et enfin le grand schisme d'Occident, ne permirent pas à des papes élus dans le trouble, d'exercer des vertus que des temps paisibles leur auraient inspirées. La corruption des mœurs pouvait-elle ne se pas étendre jusqu'à eux ? Tout homme est formé par son siècle : bien peu s'élèvent au-dessus des mœurs du temps. Les attentats dans lesquels plusieurs papes furent entraînés, leurs scandales autorisés par un exemple général, ne peuvent pas être ensevelis dans l'oubli. A quoi sert la peinture de leurs vices et de leurs désastres ? à faire voir combien Rome est heureuse depuis que la décence et la tranquillité y règnent. Quel plus grand fruit pouvons-nous retirer de toutes les vicissitudes recueillies dans cet Essai sur les mœurs, que de nous convaincre que toute nation a toujours été malheureuse jusqu'à ce que les lois et le pouvoir législatif aient été établis sans contradiction ?

De même que quelques monarques, quelques pontifs, dignes d'un meilleur temps, ne purent arrêter tant de désordres ; quelques bons esprits, nés dans les ténèbres des nations septentrionales, ne purent y attirer les sciences et les arts.

Le roi de France Charles V, qui rassembla environ neuf cents volumes cent ans avant que la bibliothèque du Vatican fût fondée par Nicolas V, encouragea en vain les talents. Le terrain n'était pas préparé pour porter de ces fruits étrangers. On a recueilli quelques malheureuses compositions de ce temps. C'est faire un amas de cailloux tirés d'antiques masures quand on est entouré de palais. Il fut obligé de faire venir de Pise un astrologue ; et Catherine [1], fille de cet astrologue, qui écrivit en français, prétend que Charles disait : « Tant que doctrine sera honorée en ce royaume, « il continuera à prospérité. » Mais la doctrine fut inconnue, le goût encore plus. Un malheureux pays dépourvu de lois fixes, agité par des guerres civiles, sans commerce, sans police, sans coutumes écrites, et gouverné par mille coutumes différentes ; un pays dont la moitié s'appelait la langue d'*Oui* ou d'*Oïl*, et l'autre la langue d'*Oc*, pouvait-il n'être pas barbare ? La noblesse française eut seulement l'avantage d'un extérieur plus brillant que les autres nations.

Quand Charles de Valois, frère de Philippe-le-Bel, avait passé en Italie, les Lombards, les Toscans même prirent les modes des Français. Ces modes étaient extravagantes : c'était un corps qu'on laçait par-derrière, comme aujourd'hui ceux des filles : c'étaient de grandes

---

[1] C'est ainsi qu'on lit dans les éditions de 1756, 1761, 1769, 1775, etc. M. Daunou le premier a, en 1825, remarqué qu'il fallait lire *Christine*. B.

manches pendantes, un capuchon dont la pointe traînait à terre. Les chevaliers français donnaient pourtant de la grace à cette mascarade, et justifiaient ce qu'avait dit Frédéric II : *Plas me el cavalier frances.* Il eût mieux valu connaître alors la discipline militaire : la France n'eût pas été la proie de l'étranger sous Philippe de Valois, Jean, et Charles VI. Mais comment était-elle plus familière aux Anglais ? c'est peut-être que, combattant loin de leur patrie, ils sentaient plus le besoin de cette discipline, ou plutôt parceque la nation a un courage plus tranquille et plus réfléchi.

CHAPITRE LXXXIII.

Affranchissements, priviléges des villes, états-généraux.

De l'anarchie générale de l'Europe, de tant de désastres même, naquit le bien inestimable de la liberté, qui a fait fleurir peu-à-peu les villes impériales et tant d'autres cités.

Vous avez déjà observé que dans les commencements de l'anarchie féodale presque toutes les villes étaient peuplées plutôt de serfs que de citoyens, comme on le voit encore en Pologne, où il n'y a que trois ou quatre villes qui puissent posséder des terres, et où les habitants appartiennent à leur seigneur, qui a sur eux droit de vie et de mort. Il en fut de même en Allemagne et en France. Les empereurs commencèrent par affranchir plusieurs villes ; et, dès le treizième siècle, elles s'unirent pour leur défense commune contre les seigneurs de châteaux qui subsistaient de brigandage.

Louis-le-Gros, en France, suivit cet exemple dans ses domaines, pour affaiblir des seigneurs qui lui fesaient la guerre. Les seigneurs eux-mêmes vendirent à leurs petites villes la liberté, pour avoir de quoi soutenir en Palestine l'honneur de la chevalerie.

Enfin en 1167, le pape Alexandre III déclare, au nom du concile, « que tous les chrétiens devaient être « exempts de la servitude. » Cette loi seule doit rendre sa mémoire chère à tous les peuples, ainsi que ses efforts pour soutenir la liberté de l'Italie doivent rendre son nom précieux aux Italiens.

C'est en vertu de cette loi que, long-temps après, le roi Louis Hutin, dans ses chartes, déclara que tous les serfs qui restaient encore en France devaient être affranchis, *parceque c'est*, dit-il, *le royaume des Francs*. Il fesait à la vérité payer cette liberté, mais pouvait-on l'acheter trop cher?

Cependant les hommes ne rentrèrent que par degrés et très difficilement dans leur droit naturel. Louis Hutin ne put forcer les seigneurs ses vassaux à faire pour les sujets de leurs domaines ce qu'il fesait pour les siens. Les cultivateurs, les bourgeois même restèrent encore long-temps hommes de *poest*, hommes de puissance attachés à la glèbe, ainsi qu'ils le sont encore en plusieurs provinces d'Allemagne. Ce ne fut guère en France que du temps de Charles VII[1], que

[1] Dans l'édition de 1775 et autres on lisait : *Que la servitude fut entièrement abolie par l'affaiblissement des seigneurs. Les Anglais mêmes y contribuèrent beaucoup en apportant avec eux la liberté qui fait leur carac-*

la servitude fut abolie dans les principales villes. Enfin il est si difficile de faire bien, qu'en 1778, temps auquel je revois ce chapitre, il est encore quelques cantons en France où le peuple est esclave, et, ce qui est aussi horrible que contradictoire, esclave de moines [1].

Le monde avec lenteur marche vers la sagesse [2].

Avant Louis Hutin les rois anoblirent quelques citoyens. Philippe-le-Hardi, fils de saint Louis, anoblit Raoul qu'on appelait Raoul-l'Orfèvre, non que ce fût un ouvrier, son anoblissement eût été ridicule ; c'était celui qui gardait l'argent du roi. On appelait *orfèvres* ces dépositaires, ainsi qu'on les nomme encore à Londres, où l'on a retenu beaucoup de coutumes de l'ancienne France ; et saint Louis anoblit sans doute son chirurgien La Brosse, puisqu'il le fit son chambellan.

Les communautés des villes avaient commencé en France sous Philippe-le-Bel, en 1301, à être admises dans les états-généraux, qui furent alors substitués aux anciens parlements de la nation, composés auparavant des seigneurs et des prélats. Le tiers-état y forma son avis sous le nom de requête : cette requête

---

tère. *Avant Louis Hutin même les rois ennoblirent*, etc. Cependant l'édition de 1769 (in-4°) portait déjà *anoblirent*. B.

[1] Ce sont les moines de l'abbaye de Cherzel et les chanoines du chapitre noble de Saint-Claude que Voltaire désigne ici. Depuis 1770 il avait élevé contre eux sa voix en faveur des serfs du mont Jura. Voyez dans les *Mélanges*, année 1770, l'opuscule intitulé : *Au roi en son conseil pour les sujets du roi qui réclament la liberté en France*, et les autres écrits postérieurs. B.

[2] Vers des *Lois de Minos*, acte III, scène 5. B.

fut présentée à genoux. L'usage a toujours subsisté que les députés du tiers-état parlassent aux rois un genou en terre, ainsi que les gens du parlement, du parquet, et le chancelier même dans les lits de justice. Ces premiers états-généraux furent tenus pour s'opposer aux prétentions du pape Boniface VIII. Il faut avouer qu'il était triste pour l'humanité qu'il n'y eût que deux ordres dans l'état : l'un composé des seigneurs des fiefs, qui ne fesaient pas la cinq millième partie de la nation ; l'autre du clergé, bien moins nombreux encore, et qui par son institution sacrée est destiné à un ministère supérieur, étranger aux affaires temporelles. Le corps de la nation avait donc été compté pour rien jusque-là. C'était une des véritables raisons qui avaient fait languir le royaume de France en étouffant toute industrie. Si en Hollande et en Angleterre le corps de l'état n'était formé que de barons séculiers et ecclésiastiques, ces peuples n'auraient pas, dans la guerre de 1701, tenu la balance de l'Europe. Dans les républiques, à Venise, à Gênes, le peuple n'eut jamais de part au gouvernement, mais il ne fut jamais esclave. Les citadins d'Italie étaient fort différents des bourgeois des pays du Nord ; les bourgeois en France, en Allemagne, étaient bourgeois d'un seigneur, d'un évêque ou du roi ; ils appartenaient à un homme ; les citadins n'appartenaient qu'à la république. Ce qu'il y a d'affreux, c'est qu'il est resté encore en France trop de serfs de glèbe.

Philippe-le-Bel, à qui on reproche son peu de fidélité sur l'article des monnaies, sa persécution contre les templiers, et une animosité peut-être trop acharnée contre Boniface VIII et contre sa mémoire, fit donc beaucoup de bien à la nation en appelant le tiers-état aux assemblées générales de la France.

Il est essentiel de faire sur les états-généraux de France une remarque que nos historiens auraient dû faire : c'est que la France est le seul pays du monde où le clergé fasse un ordre de l'état. Partout ailleurs les prêtres ont du crédit, des richesses, ils sont distingués du peuple par leurs vêtements; mais ils ne composent point un ordre légal, une nation dans la nation. Ils ne sont ordre de l'état ni à Rome ni à Constantinople : ni le pape ni le grand Turc n'assemblent jamais le clergé, la noblesse et le tiers-état. L'*uléma*, qui est le clergé des Turcs, est un corps formidable, mais non pas ce que nous appelons un ordre de la nation. En Angleterre les évêques siégent en parlement, mais ils y siégent comme barons et non comme prêtres. Les évêques, les abbés, ont séance à la diète d'Allemagne; mais c'est en qualité d'électeurs, de princes, de comtes. La France est la seule où l'on dise, *le clergé, la noblesse, et le peuple.*

La-chambre des communes, en Angleterre, commençait à se former dans ces temps-là, et prit un grand crédit dès l'an 1300. Ainsi le chaos du gouvernement commençait à se débrouiller presque partout, par les malheurs mêmes que le gouvernement féodal trop anarchique avait partout occasionés. Mais les peuples, en reprenant tant de liberté et tant de droits, ne purent de long-temps sortir de la barbarie où l'abrutissement qui naît d'une longue servitude les avait réduits. Ils acquirent la liberté : ils furent comptés pour des hommes; mais ils n'en furent ni plus polis, ni plus industrieux. Les guerres cruelles d'Édouard III et de Henri V plongèrent le peuple en France dans un état pire que l'esclavage, et il ne respira que dans les dernières années de Charles VII. Il ne fut pas moins malheureux en Angleterre après le règne de Henri V. Son sort fut moins à plaindre en Allemagne du temps de Venceslas et de Sigismond, parceque les villes impériales étaient déjà puissantes.

CHAPITRE LXXXIV.

Tailles et monnaies.

Le tiers-état ne servit, en 1345, aux états tenus par Philippe de Valois, qu'à donner son consentement au premier impôt des aides et des gabelles : mais il est certain que si les états avaient été assemblés plus souvent en France, ils eussent acquis plus d'autorité; car immédiatement après le gouvernement de ce même Philippe de Valois, devenu odieux par la fausse monnaie, et décrédité par ses malheurs, les états de 1355 dont nous avons déjà parlé [1] nommèrent eux-mêmes des commissaires des trois ordres pour recueillir l'argent qu'on accordait au roi. Ceux qui donnent ce qu'ils veulent, et comme ils veulent, partagent l'autorité souveraine : voilà pourquoi les rois n'ont convoqué de ces assemblées que quand ils n'ont pu s'en dispenser. Ainsi le peu d'habitude que la na-

[1] Chap. LXXVI. B.

tion a eue d'examiner ses besoins, ses ressources et ses forces, a toujours laissé les états-généraux destitués de cet esprit de suite, et de cette connaissance de leurs affaires qu'ont les compagnies réglées. Convoqués de loin en loin, ils se demandaient les lois et les usages au lieu d'en faire : ils étaient étonnés et incertains. Les parlements d'Angleterre se sont donné plus de prérogatives; ils se sont établis et maintenus dans le droit d'être un corps nécessaire représentant la nation. C'est là qu'on connaît surtout la différence des deux peuples. Tous deux partis des mêmes principes, leur gouvernement est devenu entièrement différent; il était alors tout semblable. Les états d'Aragon, ceux de Hongrie, les diètes d'Allemagne, avaient encore de plus grands priviléges.

Les états-généraux de France, ou plutôt la partie de la France qui combattait pour son roi Charles VII contre l'usurpateur Henri V, accorda [1] généreusement à son maître une taille générale en 1426, dans le fort de la guerre, dans la disette, dans le temps même où l'on craignait de laisser les terres sans culture. (Ce sont les propres mots prononcés dans la harangue du tiers-état.) Cet impôt depuis ce temps fut perpétuel. Les rois auparavant vivaient de leurs domaines; mais il ne restait presque plus de domaines à Charles VII; et, sans les braves guerriers qui se sacrifièrent pour lui et pour la patrie, sans le connétable de Richemont qui le maîtrisait, mais qui le servait à ses dépens, il était perdu.

Bientôt après, les cultivateurs qui avaient payé au-

---

[1] Cette phrase est ici conforme à l'édition de 1756. B.

paravant des tailles à leurs seigneurs dont ils avaient été serfs, payèrent ce tribut au roi seul dont ils furent sujets. Ce n'est pas que les rois n'eussent aussi levé des tailles, même avant saint Louis, dans les terres du patrimoine royal. On connaît la taille de *pain et vin*, payée d'abord en nature et ensuite en argent. Ce mot de *taille* venait de l'usage des collecteurs, de marquer sur une petite taille de bois ce que les contribuables avaient donné : rien n'était plus rare que d'écrire chez le commun peuple. Les coutumes mêmes des villes n'étaient point écrites ; et ce fut ce même Charles VII qui ordonna qu'on les rédigeât, en 1454, lorsqu'il eut remis dans le royaume la police et la tranquillité dont il avait été privé depuis si longtemps, et lorsqu'une si longue suite d'infortunes eut fait naître une nouvelle forme de gouvernement.

Je considère donc ici en général le sort des hommes plutôt que les révolutions du trône. C'est au genre humain qu'il eût fallu faire attention dans l'histoire : c'est là que chaque écrivain eût dû dire *homo sum;* mais la plupart des historiens ont décrit des batailles.

Ce qui troublait encore en Europe l'ordre public, la tranquillité, la fortune des familles, c'était l'affaiblissement des monnaies. Chaque seigneur en fesait frapper, et altérait le titre et le poids, se fesant à lui-même un préjudice durable pour un bien passager. Les rois avaient été obligés, par la nécessité des temps, de donner ce funeste exemple. J'ai déjà remarqué[1] que l'or d'une partie de l'Europe, et surtout de la France, avait été englouti en Asie et en

[1] Chap. LVIII. B.

Afrique par les infortunes des croisades. Il fallut donc, dans les besoins toujours renaissants, augmenter la valeur numéraire des monnaies. La livre, dans le temps du roi Charles V, après qu'il eut conquis son royaume, valait entre 8 et 9 de nos livres numéraires; sous Charlemagne elle avait été réellement le poids d'une livre de douze onces. La livre de Charles V ne fut donc en effet qu'environ deux treizièmes de l'ancienne livre : donc une famille qui aurait eu pour vivre une ancienne redevance, une inféodation, un droit payable en argent, était devenue six fois et demie plus pauvre.

Qu'on juge, par un exemple plus frappant encore, du peu d'argent qui roulait dans un royaume tel que la France. Ce même Charles V déclara que les fils de France auraient un apanage de douze mille livres de rente. Ces douze mille livres n'en valent aujourd'hui qu'environ cent mille. Quelle petite ressource pour le fils d'un roi! Les espèces n'étaient pas moins rares en Allemagne, en Espagne, en Angleterre.

Le roi Édouard III fut le premier qui fit frapper des espèces d'or. Qu'on songe que les Romains n'en eurent que six cent cinquante ans après la fondation de Rome.

Henri V n'avait que cinquante-six mille livres sterling, environ douze cent vingt mille livres de notre monnaie d'aujourd'hui, pour tout revenu. C'est avec ce faible secours qu'il voulut conquérir la France. Aussi après la victoire d'Azincourt il était obligé d'aller emprunter de l'argent dans Londres, et de mettre tout en gage pour recommencer la guerre. Et enfin les conquêtes se fesaient avec le fer plus qu'avec l'or.

On ne connaissait alors en Suède que la monnaie de fer et de cuivre. Il n'y avait d'argent en Danemarck que celui qui avait passé dans ce pays par le commerce de Lubeck en très petite quantité.

Dans cette disette générale d'argent qu'on éprouvait en France après les croisades, le roi Philippe-le-Bel avait non seulement haussé le prix fictif et idéal des espèces; il en fit fabriquer de bas aloi, il y fit mêler trop d'alliage : en un mot, c'était de la fausse monnaie, et les séditions qu'excita cette manœuvre ne rendirent pas la nation plus heureuse. Philippe de Valois avait encore été plus loin que Philippe-le-Bel; il fesait jurer sur les évangiles aux officiers des monnaies de garder le secret. Il leur enjoint, dans son ordonnance, de tromper les marchands, « de fa-« çon, dit-il, qu'ils ne s'aperçoivent pas qu'il y ait « mutation de poids. » Mais comment pouvait-il se flatter que cette infidélité ne serait point découverte? et quel temps que celui où l'on était forcé d'avoir recours à de tels artifices! Quel temps où presque tous les seigneurs de fiefs depuis saint Louis fesaient ce qu'on reproche à Philippe-le-Bel et à Philippe de Valois ! Ces seigneurs vendirent en France au souverain leur droit de battre monnaie : ils l'ont tous conservé en Allemagne, et il en a résulté quelquefois de grands abus, mais non de si universels ni de si funestes.

CHAPITRE LXXXV.

Du parlement de Paris jusqu'à Charles VII.

Si Philippe-le-Bel, qui fit tant de mal en altérant la bonne monnaie de saint Louis, fit beaucoup de bien en appelant aux assemblées de la nation les citoyens qui sont en effet le corps de la nation, il n'en fit pas moins en instituant sous le nom de parlement une cour souveraine de judicature sédentaire à Paris.

Ce qu'on a écrit sur l'origine et sur la nature du parlement de Paris ne donne que des lumières confuses, parceque tout passage des anciens usages aux nouveaux échappe à la vue. L'un veut que les chambres des enquêtes et des requêtes représentent précisément les anciens conquérants de la Gaule; l'autre prétend que le parlement n'a d'autre droit de rendre justice que parceque les anciens pairs étaient les juges de la nation, et que le parlement est appelé *la cour des pairs*.

Un peu d'attention rectifiera ces idées. Il se fit un grand changement en France sous Philippe-le-Bel au commencement du quatorzième siècle, c'est que le grand gouvernement féodal et aristocratique était miné peu-à-peu dans les domaines du roi de France; c'est que Philippe-le-Bel érigea presque en même temps ce qu'on appela les parlements de Paris, de Toulouse, de Normandie, et les grands jours de Troyes, pour rendre la justice; c'est que le parlement de Paris était le plus considérable par son grand district, que Philippe-le-Bel le rendit sédentaire à Paris, et que Philippe-le-Long le rendit perpétuel. Il était le dépositaire et l'interprète des lois anciennes et nouvelles, le gardien des droits de la couronne, et l'oracle de la nation : mais il ne représentait nullement la nation. Pour la représenter il faut, ou être nommé par elle, ou en avoir le droit inhérent en sa personne. Les officiers de ce parlement (excepté les pairs) étaient nommés par le roi, payés par le roi, amovibles par le roi.

Le conseil étroit du roi, les états-généraux, le parlement, étaient trois choses très différentes. Les états généraux étaient véritablement l'ancien parlement de toute la nation, auxquels on ajouta les députés des communes. L'étroit conseil du roi était composé des grands officiers qu'il voulait y admettre, et surtout des pairs du royaume, qui étaient tous princes du sang; et la cour de justice nommée parlement, devenue sédentaire à Paris, était d'abord composée d'évêques et de chevaliers, assistés de légistes soit tonsurés, soit laïques, instruits des procédures.

Il fallait bien que les pairs eussent droit de séance dans cette cour, puisqu'ils étaient originairement les juges de la nation. Mais quand les pairs n'y auraient pas eu droit de séance, elle n'en eût pas moins été une cour suprême de judicature; comme la chambre impériale d'Allemagne est une cour suprême, quoique les électeurs ni les autres princes de l'empire n'y aient jamais assisté, et comme le conseil de Castille est encore une juridiction suprême, quoique les grands d'Espagne n'aient pas le privilége d'y avoir séance.

Ce parlement n'était pas tel que les anciennes assemblées des champs de mars et de mai dont il retenait le nom. Les pairs eurent le droit, à la vérité, d'y assister : mais ces pairs n'étaient pas, comme ils le sont encore en Angleterre, les seuls nobles du royaume ; c'étaient des princes relevant de la couronne ; et quand on en créait de nouveaux, on n'osait les prendre que parmi les princes. La Champagne ayant cessé d'être une pairie, parceque Philippe-le-Bel l'avait acquise par son mariage, il érigea en pairie la Bretagne et l'Artois. Les souverains de ces états ne venaient pas sans doute juger des causes au parlement de Paris, mais plusieurs évêques y venaient.

Ce nouveau parlement s'assemblait d'abord deux fois l'an. On changeait souvent les membres de cette cour de justice, et le roi les payait de son trésor pour chacune de leurs séances.

On appela ces parlements *cours souveraines* : le président s'appelait le souverain du corps, ce qui ne voulait dire que le chef. Témoin ces mots exprès de l'ordonnance de Philippe-le-Bel : « Que nul maître « ne s'absente de la chambre sans le congé de son « souverain. » Je dois encore remarquer qu'il n'était pas permis d'abord de plaider par procureur ; il fallait venir *ester à droit* soi-même, à moins d'une dispense expresse du roi.

Si les prélats avaient conservé leur droit d'assister aux séances de cette compagnie toujours subsistante, elle eût pu devenir à la longue une assemblée d'états généraux perpétuelle. Les évêques en furent exclus sous Philippe-le-Long, en 1320. Ils avaient d'abord présidé au parlement et précédé le chancelier. Le premier laïque qui présida dans cette compagnie par ordre du roi, en 1320, fut un haut-baron, comte de Boulogne, possédant les droits régaliens, en un mot un prince. Tous les hommes de loi ne prirent que le titre de conseiller jusque vers l'an 1350. Ensuite les jurisconsultes étant devenus présidents, ils portèrent le manteau de cérémonie des chevaliers. Ils eurent les priviléges de la noblesse : on les appela souvent *chevaliers ès lois*. Mais les nobles de nom et d'armes affectèrent toujours de mépriser cette noblesse paisible. Les descendants des hommes de loi ne sont point encore reçus dans les chapitres d'Allemagne. C'est un reste de l'ancienne barbarie d'attacher de l'avilissement à la plus belle fonction de l'humanité, celle de rendre la justice.

On objecte que ce n'est pas la fonction de rendre la justice qui les avilissait, puisque les pairs et les rois la rendaient, mais que des hommes nés dans une condition servile, introduits d'abord au parlement de Paris pour instruire les procès, et non pour donner leurs voix, et ayant prétendu depuis les droits de la noblesse, à qui seule il appartenait de juger la nation, ne devaient pas partager avec cette noblesse des honneurs incommunicables. Le célèbre Fénelon, archevêque de Cambrai, dans une lettre à notre Académie Française, nous écrit que pour être digne de faire l'histoire de France, il faut être versé dans nos anciens usages; qu'il faut savoir, par exemple, que les conseillers du parlement furent originairement des serfs

29.

qui avaient étudié nos lois, et qui conseillaient les nobles dans la cour du parlement. Cela peut être vrai de quelques-uns élevés à cet honneur par le mérite; mais il est plus vrai encore que la plupart n'étaient point serfs, qu'ils étaient fils de bons bourgeois dès long-temps affranchis, vivant librement sous la protection des rois dont ils étaient bourgeois. Cet ordre de citoyens en tout temps et en tout pays a plus de facilités pour s'instruire que les hommes nés dans l'esclavage.

Ce tribunal était, comme vous savez, ce qu'est en Angleterre la cour appelée *du banc du roi*. Les rois anglais, vassaux de ceux de France, imitèrent en tout les usages de leurs souverains. Il y avait un procureur du roi au parlement de Paris; il y en eut un au banc du roi d'Angleterre; le chancelier de France peut résider aux parlements français, le chancelier d'Angleterre au banc de Londres. Le roi et les pairs anglais peuvent casser les jugements du banc, comme le roi de France casse les arrêts du parlement en son conseil d'état, et comme il les casserait avec les pairs, les hauts-barons, et la noblesse, dans les états-généraux qui sont le parlement de la nation. La cour du banc ne peut faire de lois, de même que le parlement de Paris n'en peut faire. Ce même mot de *banc* prouve la ressemblance parfaite; le banc des présidents a retenu son nom chez nous, et nous l'appelons encore aujourd'hui *le grand banc*.

La forme du gouvernement anglais n'a point changé comme la nôtre, nous l'avons déjà remarqué [1]. Les

---

[1] Chap. LXXVI. B.

états-généraux anglais ont subsisté toujours : ils ont partagé la législation ; les nôtres, rarement convoqués, sont hors d'usage. Les cours de justice, appelées parmi nous *parlements*, étant devenues perpétuelles, et s'étant enfin considérablement accrues, ont acquis insensiblement, tantôt par la concession des rois, tantôt par l'usage, tantôt même par le malheur des temps, des droits qu'ils n'avaient ni sous Philippe-le-Bel, ni sous ses fils, ni sous Louis XI.

Le plus grand lustre du parlement de Paris vint de la coutume que les rois de France introduisirent de faire enregistrer leurs traités et leurs édits à cette chambre du parlement sédentaire, afin que le dépôt en fût plus authentique. D'ailleurs cette chambre n'entrait dans aucune affaire d'état, ni dans celles des finances. Tout ce qui regardait les revenus du roi et les impôts était incontestablement du ressort de la chambre des comptes. Les premières remontrances du parlement sur les finances sont du temps de François Ier.

Tout change chez les Français beaucoup plus que chez les autres peuples. Il y avait une ancienne coutume, par laquelle on n'exécutait aucun arrêt portant peine afflictive que cet arrêt ne fût signé du souverain. Il en est encore ainsi en Angleterre, comme en beaucoup d'autres états : rien n'est plus humain et plus juste. Le fanatisme, l'esprit de parti, l'ignorance, ont fait condamner à mort plusieurs citoyens innocents. Ces citoyens appartiennent au roi, c'est-à-dire à l'état ; on ôte un homme à la patrie, on flétrit sa famille, sans que celui qui représente la patrie le sache.

Combien d'innocents accusés d'hérésie, de sorcellerie, et de mille crimes imaginaires, auraient dû la vie à un roi éclairé !

Loin que Charles VI fût éclairé, il était dans cet état déplorable qui rend un homme le jouet des hommes.

Ce fut dans ce parlement perpétuel, établi à Paris au palais de saint Louis, que Charles VI tint, le 23 décembre 1420, ce fameux lit de justice en présence du roi d'Angleterre Henri V; ce fut là qu'il nomma « son très amé fils Henri, héritier, régent du royaume. » Ce fut là que le propre fils du roi ne fut nommé que *Charles, soi-disant dauphin,* et que tous les complices du meurtre de Jean-sans-peur, duc de Bourgogne, furent déclarés criminels de lèse-majesté, et privés de toute succession : ce qui était en effet condamner le dauphin sans le nommer.

Il y a bien plus; on assure que les registres du parlement, sous l'année 1420, portent que précédemment le dauphin (depuis Charles VII) avait été ajourné trois fois à son de trompe, au mois de janvier, et condamné par contumace au bannissement perpétuel; *de quoi*, ajoute ce registre, *il appela à Dieu et à son épée*. Si le registre est véritable, il se passa donc près d'une année entre la condamnation et le lit de justice, qui ne confirma que trop ce funeste arrêt. Il n'est point étonnant qu'il ait été porté. Philippe, duc de Bourgogne, fils du duc assassiné, était tout puissant dans Paris; la mère du dauphin était devenue pour son fils une marâtre implacable; le roi, privé de sa raison, était entre des mains étrangères; et enfin le dauphin avait puni un crime par un crime encore plus horrible, puisqu'il avait fait assassiner à ses yeux son parent Jean de Bourgogne, attiré dans le piége sur la foi des serments. Il faut encore considérer quel était l'esprit du temps. Ce même Henri V, roi d'Angleterre, et régent de France, avait été mis en prison à Londres, étant prince de Galles, sur le simple ordre d'un juge ordinaire auquel il avait donné un soufflet, lorsque ce juge était sur son tribunal.

On vit dans le même siècle un exemple atroce de la justice poussée jusqu'à l'horreur. Un ban de Croatie ose juger à mort et faire noyer la régente de Hongrie Élisabeth, coupable du meurtre du roi Charles de Durazzo.

Le jugement du parlement contre le dauphin était d'une autre espèce; il n'était que l'organe d'une force supérieure. On n'avait point procédé contre Jean, duc de Bourgogne, quand il assassina le duc d'Orléans; et on procéda contre le dauphin pour venger le meurtre d'un meurtrier.

On doit se souvenir, en lisant la déplorable histoire de ce temps-là, qu'après le fameux traité de Troyes, qui donna la France au roi Henri V d'Angleterre, il y eut deux parlements à-la-fois, comme on en vit deux du temps de la Ligue, près de deux cents ans après: mais tout était double dans la subversion qui arriva sous Charles VI; il y avait deux rois, deux reines, deux parlements, deux universités de Paris; et chaque parti avait ses maréchaux et ses grands officiers.

J'observe encore que dans ces siècles, quand il fallait faire le procès à un pair du royaume, le roi était obligé de présider au jugement. Charles VII, la dernière année de sa vie, fut lui-même, selon cette coutume, à la tête des juges qui condamnèrent le duc d'Alençon; coutume qui parut depuis indigne de la justice et de la majesté royale, puisque la présence du souverain semblait gêner les suffrages, et que, dans une affaire criminelle, cette même présence, qui ne doit annoncer que des graces, pouvait commander les rigueurs.

Enfin je remarque que, pour juger un pair, il était essentiel d'assembler des pairs. Ils étaient ses juges naturels. Charles VII y ajouta des grands officiers de la couronne dans l'affaire du duc d'Alençon; il fit plus, il admit dans cette assemblée des trésoriers de France, avec les députés laïques du parlement. Ainsi tout change. L'histoire des usages, des lois, des priviléges, n'est en beaucoup de pays, et surtout en France, qu'un tableau mouvant.

C'est donc une idée bien vaine, un travail bien ingrat, de vouloir tout rappeler aux usages antiques, et de vouloir fixer cette roue que le temps fait tourner d'un mouvement irrésistible. A quelle époque faudrait-il avoir recours ? est-ce à celle où le mot de *parlement* signifiait une assemblée de capitaines francs, qui venaient en plein champ régler, au premier de mars, les partages des dépouilles? est-ce à celle où tous les évêques avaient droit de séance dans une cour de judicature, nommée aussi *parlement?* A quel siècle, à quelles lois faudrait-il remonter ? à quel usage s'en tenir? Un bourgeois de Rome serait aussi bien fondé à demander au pape des consuls, des tribuns, un sénat, des comices, et le rétablissement entier de la république romaine; et un bourgeois d'Athènes pourrait réclamer auprès du sultan l'ancien aréopage et les assemblées du peuple qui s'appelaient *églises*.

CHAPITRE LXXXVI.

Du concile de Bâle tenu du temps de l'empereur Sigismond et de Charles VII, au quinzième siècle.

Ce que sont des états-généraux pour les rois, les conciles le sont pour les papes: mais ce qui se ressemble le plus diffère toujours. Dans les monarchies tempérées par l'esprit le plus républicain, les états ne se sont jamais crus au-dessus des rois, quoiqu'ils aient déposé leurs souverains dans des nécessités pressantes ou dans des troubles. Les électeurs qui déposèrent l'empereur Venceslas ne se sont jamais crus supérieurs à un empereur régnant. Les *cortes* d'Aragon disaient au roi qu'ils élisaient, « Nos que valemos « tanto como vos, y que podemos mas que vos»; mais quand le roi était couronné, ils ne s'exprimaient plus ainsi, ils ne se disaient plus supérieurs à celui qu'ils avaient fait leur souverain.

Mais il n'en est pas d'une assemblée d'évêques de tant d'Églises également indépendantes comme du corps d'un état monarchique: ce corps a un souverain, et les Églises n'ont qu'un premier métropolitain. Les matières de religion, la doctrine et la discipline ne peuvent être soumises à la décision d'un seul homme, au mépris du monde entier. Les conciles sont donc supérieurs aux papes dans le même sens que mille avis doivent l'emporter sur un seul. Reste à savoir s'ils ont le droit de le déposer comme les diètes de Pologne et les électeurs de l'empire allemand ont le droit de déposer leur souverain. .

Cette question est de celles que la raison du plus fort peut seule décider. Si d'un côté un simple concile provincial peut dépouiller un évêque, une assemblée du monde chrétien peut à plus forte raison dégrader l'évêque de Rome. Mais de l'autre côté cet évêque est souverain : ce n'est pas un concile qui lui a donné son état; comment des conciles peuvent-ils le lui ravir, quand ses sujets sont contents de son administration? Un électeur ecclésiastique, dont l'empire et son électorat seraient contents, serait en vain déposé comme évêque par tous les évêques de l'univers; il resterait électeur, avec le même droit qu'un roi excommunié par toute l'Église, et maître chez lui, demeurerait souverain.

Le concile de Constance avait déposé le souverain de Rome, parceque Rome n'avait voulu ni pu s'y opposer. Le concile de Bâle, qui prétendit dix ans après suivre cet exemple, fit voir combien l'exemple est trompeur, combien sont différentes les affaires qui semblent les mêmes, et que ce qui est grand et seulement hardi dans un temps, est petit et téméraire dans un autre.

Le concile de Bâle n'était qu'une prolongation de plusieurs autres indiqués par le pape Martin V, tantôt à Pavie, tantôt à Sienne : mais dès que le pape Eugène IV fut élu, en 1431, les pères commencèrent par déclarer que le pape n'avait ni le droit de dissoudre leur assemblée, ni même celui de la transférer, et qu'il leur était soumis sous peine de punition. Le pape Eugène, sur cet énoncé, ordonna la dissolution du concile. Il paraît qu'il y eut dans cette démarche précipitée des pères plus de zèle que de prudence, et que ce zèle pouvait être funeste. L'empereur Sigismond, qui régnait encore, n'était pas le maître de la personne d'Eugène comme il l'avait été de celle de Jean XXIII. Il ménageait à-la-fois le pape et le concile. Le scandale s'en tint long-temps aux négociations; on y fit entrer l'Orient et l'Occident. L'empire des Grecs ne pouvait plus se soutenir contre les Turcs que par les princes latins; et pour obtenir un faible secours très incertain, il fallait que l'Église grecque se soumît à la romaine. Elle était bien éloignée de cette soumission. Plus le péril était proche, plus les Grecs étaient opiniâtres. Mais l'empereur Jean Paléologue, second du nom, que le péril intéressait davantage, consentait à faire par politique ce que tout son clergé refusait par opiniâtreté. Il était prêt d'accorder tout, pourvu qu'on le secourût. Il s'adressait à-la-fois au pape et au concile; et tous deux se disputaient l'honneur de faire fléchir les Grecs. Il envoya des ambassadeurs à Bâle, où le pape avait quelques partisans qui furent plus adroits que les autres pères. Le concile avait décrété qu'on enverrait quelque argent à l'empereur, et des galères pour l'amener en Italie, qu'ensuite on le recevrait à Bâle. Les émissaires du pape firent un décret clandestin, par lequel il était dit, au nom du concile même, que l'empereur serait reçu à Florence, où le pape transférait l'assemblée; ils enlevèrent la serrure de la cassette où l'on gardait les sceaux du concile, et scellèrent ainsi au nom des pères mêmes le contraire de ce que l'assemblée avait résolu. Cette ruse italienne réussit; et il était palpable que le pape devait en tout avoir l'avantage sur le concile.

Cette assemblée n'avait point de chef qui pût réunir les esprits et écraser le pape, comme il y en avait eu un à Constance. Elle n'avait point de but arrêté; elle se conduisait avec si peu de prudence, que, dans un écrit que les pères délivrèrent aux ambassadeurs grecs, ils disaient qu'après avoir détruit l'hérésie des hussites, ils allaient détruire l'hérésie de l'Église grecque. Le pape, plus habile, traitait avec plus d'adresse; il ne parlait aux Grecs que d'union et de fraternité, et épargnait les termes durs. C'était un homme très prudent, qui avait pacifié les troubles de Rome, et qui était devenu puissant. Il eut des galères prêtes avant celles des pères.

L'empereur, défrayé par le pape, s'embarque avec son patriarche et quelques évêques choisis, qui voulaient bien renoncer aux sentiments de toute l'Église grecque pour l'intérêt de la patrie (1439). Le pape les reçut à Ferrare. L'empereur et les évêques, dans leur soumission réelle, gardèrent en apparence la majesté de l'empire et la dignité de l'Église grecque. Aucun ne baisa les pieds du pape; mais après quelques contestations sur le *Filioque*, que Rome avait ajouté depuis long-temps au symbole, sur le pain azyme, sur le purgatoire, on se réunit en tout au sentiment des Romains.

Le pape transféra son concile de Ferrare à Florence. Ce fut là que les députés de l'Église grecque adoptèrent le purgatoire. Il fut décidé que « le Saint-« Esprit procède du Père et du Fils par la production « de spiration; que le Père communique tout au Fils, « excepté la paternité, et que le Fils a de toute éter-« nité la vertu productive. »

Enfin l'empereur grec, son patriarche et presque tous ses prélats, signèrent dans Florence le point si long-temps débattu de la primatie de Rome. L'histoire byzantine assure que le pape acheta leur signature. Cela est vraisemblable : il importait au pape de gagner cet avantage à quelque prix que ce fût; et les évêques d'un pays désolé par les Turcs étaient pauvres.

Cette union des Grecs et des Latins fut à la vérité passagère; ce fut une comédie jouée par l'empereur Jean Paléologue second. Toute l'Église grecque la réprouva. Les évêques qui avaient signé à Florence en demandèrent pardon à Constantinople; ils dirent qu'ils avaient trahi la foi. On les compara à *Judas qui trahit son maître*. Ils ne furent réconciliés à leur Église qu'après avoir abjuré les innovations reprochées aux Latins.

L'Église latine et la grecque furent plus divisées que jamais. Les Grecs, toujours fiers de leur ancienneté, de leurs premiers conciles universels, de leurs sciences, se fortifièrent dans leur haine et dans leur mépris pour la communion romaine. Ils rebaptisaient les Latins qui revenaient à eux; et de là vient qu'aujourd'hui, à Pétersbourg et à Riga, les prêtres russes donnent un second baptême à un catholique qui embrasse la religion grecque. Plusieurs retranchèrent la confirmation et l'extrême-onction du nombre des sacrements. Tous s'élevèrent de nouveau contre la procession du Saint-Esprit, contre le purgatoire, contre la communion sous une seule espèce; et il est très vrai enfin qu'ils diffèrent autant de l'Église de Rome que les réformés.

Cependant Eugène IV passait dans l'Occident pour avoir éteint ce grand schisme. Il avait soumis l'empereur grec et son Église en apparence. Sa victoire était glorieuse, et jamais pontife avant lui n'avait paru rendre un si grand service à l'Église romaine, ni jouir d'un si beau triomphe.

Dans le temps même qu'il rend ce service aux Latins, et qu'il finit, autant qu'il est en lui, le schisme de l'Orient et de l'Occident, le concile de Bâle le dépose du pontificat, le déclare « rebelle, simoniaque, « schismatique, hérétique, et parjure (1439). »

Si on considère le concile par ce décret, on n'y voit qu'une troupe de factieux; si on le regarde par les règles de discipline qu'il donna, on y verra des hommes très sages. C'est que la passion n'avait point de part à ces réglements, et qu'elle agissait seule dans la déposition d'Eugène. Le corps le plus auguste, quand la faction l'entraîne, fait toujours plus de fautes qu'un seul homme. Le conseil du roi de France,

Charles VII, adopta les règles que l'on avait faites avec sagesse, et rejeta l'arrêt que l'esprit de parti avait dicté.

Ce sont ces réglements qui servirent à faire la pragmatique sanction, si long-temps chère aux peuples de France. Celle qu'on attribue à saint Louis ne subsistait presque plus. Les usages en vain réclamés par la France étaient abolis par l'adresse des Romains. On les rétablit par cette célèbre pragmatique. Les élections par le clergé, avec l'approbation du roi, y sont confirmées; les annates déclarées simoniaques; les réserves, les expectatives y sont détestées. Mais d'un côté on n'ose jamais faire tout ce qu'on peut, et de l'autre on fait au-delà de ce que l'on doit. Cette loi si fameuse, qui assure les libertés de l'Église gallicane, permet qu'on appelle au pape en dernier ressort, et qu'il délègue des juges dans toutes les causes ecclésiastiques, que des évêques compatriotes pouvaient terminer si aisément. C'était en quelque sorte reconnaître le pape pour maître; et dans le temps même que la pragmatique lui laisse le premier des droits, elle lui défend de faire plus de vingt-quatre cardinaux, avec aussi peu de raison que le pape en aurait de fixer le nombre des ducs et pairs, ou des grands d'Espagne. Ainsi tout est contradiction. Il est vrai que le concile de Bâle avait le premier fait cette défense aux papes. Il n'avait pas considéré qu'en diminuant le nombre il augmentait le pouvoir, et que plus une dignité est rare, plus elle est respectée.

Ce fut encore la discipline établie par ce concile qui produisit depuis le concordat germanique. Mais la pragmatique a été abolie en France; le concordat germanique s'est soutenu. Tous les usages d'Allemagne ont subsisté. Élections des prélats, investitures des princes, priviléges des villes, droits, rangs, ordre de séance, presque rien n'a changé. On ne voit au contraire rien en France des usages reçus du temps de Charles VII.

Le concile de Bâle, ayant déposé vainement un pape très sage que toute l'Europe continuait à reconnaître, lui opposa, comme on sait, un fantôme, un duc de Savoie, Amédée VIII, qui avait été le premier duc de sa maison, et qui s'était fait ermite à Ripaille, par une dévotion que le Poggio est bien loin de croire réelle. Sa dévotion ne tint pas contre l'ambition d'être pape. On le déclara souverain pontife, tout séculier qu'il était. Ce qui avait causé de violentes guerres du temps d'Urbain VI, ne produisit alors que des querelles ecclésiastiques, des bulles, des censures, des excommunications réciproques, des injures atroces. Car si le concile appelait Eugène simoniaque, hérétique, et parjure, le secrétaire d'Eugène traitait les pères de fous, d'enragés, de barbares, et nommait Amédée cerbère et antechrist. Enfin, sous le pape Nicolas V, le concile se dissipa peu-à-peu de lui-même; et ce duc de Savoie, ermite et pape, se contenta d'être cardinal, laissant l'Église dans l'ordre accoutumé (1449). Ce fut là le vingt-septième et le dernier schisme considérable excité pour la chaire de saint Pierre. Le trône d'aucun royaume n'a jamais été si souvent disputé.

Æneas Picolomini, Florentin, poëte et orateur, qui

fut secrétaire de ce concile, avait écrit violemment pour soutenir la supériorité des conciles sur les papes. Mais lorsque ensuite il fut pape lui-même sous le nom de Pie II, il censura encore plus violemment ses propres écrits, immolant tout à l'intérêt présent, qui seul fait si souvent les principes de vérité et d'erreur. Il y avait d'autres écrits de lui, qui couraient dans le monde. La quinzième de ses lettres, imprimées depuis dans le recueil de ses aménités, recommande à son père un de ses bâtards qu'il avait eu d'une femme anglaise. Il ne condamna point ses amours comme il condamna ses sentiments sur la faillibilité du pape.

Ce concile fait voir en tout combien les choses changent selon les temps. Les pères de Constance avaient livré au bûcher Jean Hus et Jérôme de Prague, malgré leurs protestations qu'ils ne suivaient point les dogmes de Wiclef, malgré leur foi nettement expliquée sur la présence réelle, persistant seulement dans les sentiments de Wiclef sur la hiérarchie et sur la discipline de l'Église.

Les hussites, du temps du concile de Bâle, allaient bien plus loin que leurs deux fondateurs. Procope-le-Rasé, ce fameux capitaine, compagnon et successeur de Jean Ziska, vint disputer au concile de Bâle, à la tête de deux cents gentilshommes de son parti. Il soutint entre autres choses *que les moines étaient une invention du diable.* « Oui, dit-il, je le prouve. N'est-il « pas vrai que Jésus-Christ ne les a point institués? — « Nous n'en disconvenons pas, dit le cardinal Julien. « — Eh bien! dit Procope, il est donc clair que c'est « le diable. » Raisonnement digne d'un capitaine bohémien de ce temps-là. Æneas Silvius, témoin de cette scène, dit qu'on ne répondit à Procope que par un éclat de rire; on avait répondu aux infortunés Jean Hus et Jérôme par un arrêt de mort.

On a vu pendant ce concile quel était l'avilissement des empereurs grecs. Il fallait bien qu'ils touchassent à leur ruine, puisqu'ils allaient à Rome mendier de faibles secours, et faire le sacrifice de leur religion : aussi succombèrent-ils quelques années après sous les Turcs, qui prirent Constantinople. Nous allons voir les causes et les suites de cette révolution.

CHAPITRE LXXXVII.

Décadence de l'empire grec, soi-disant empire romain. Sa faiblesse, sa superstition, etc.

Les croisades, en dépeuplant l'Occident, avaient ouvert la brèche par où les Turcs entrèrent enfin dans Constantinople; car les princes croisés, en usurpant l'empire d'Orient, l'affaiblirent. Les Grecs ne le reprirent que déchiré et appauvri.

On doit se souvenir que cet empire retourna aux Grecs en 1261, et que Michel Paléologue l'arracha aux usurpateurs latins, pour le ravir à son pupille Jean Lascaris. Il faut encore se représenter que dans ce temps-là le frère de saint Louis, Charles d'Anjou, envahissait Naples et Sicile, et que, sans les vêpres siciliennes, il eût disputé au tyran Paléologue la ville de Constantinople, destinée à être la proie des usurpateurs.

Ce Michel Paléologue ménageait les papes pour détourner l'orage. Il les flatta de la soumission de l'Église grecque; mais sa basse politique ne put l'emporter contre l'esprit de parti et la superstition qui dominaient dans son pays. Il se rendit si odieux par ce manége, que son propre fils Andronic, schismatique, malheureusement zélé, n'osa ou ne voulut pas lui donner les honneurs de la sépulture chrétienne (1283).

Ces malheureux Grecs, pressés de tous côtés, et par les Turcs et par les Latins, disputaient cependant sur la transfiguration de Jésus-Christ. La moitié de l'empire prétendait que la lumière du Thabor était éternelle; et l'autre, que Dieu l'avait produite seulement pour la transfiguration. Une grande secte de moines et de dévots contemplatifs voyaient cette lumière à leur nombril, comme les fakirs des Indes voient la lumière céleste au bout de leur nez. Cependant les Turcs se fortifiaient dans l'Asie Mineure, et bientôt inondèrent la Thrace.

Ottoman, de qui sont descendus tous les empereurs osmanlis, avait établi le siége de sa domination à Burse en Bithynie. Orcan son fils vint jusqu'aux bords de la Propontide, et l'empereur Jean Cantacuzène fut trop heureux de lui donner sa fille en mariage. Les noces furent célébrées à Scutari, vis-à-vis de Constantinople. Bientôt après, Cantacuzène, ne pouvant plus garder l'empire qu'un autre lui disputait, s'enferma dans un monastère. Un empereur, beau-père, du sultan, et moine, annonçait la chute de l'empire. Les Turcs n'avaient point encore de vaisseaux, et ils voulaient passer en Europe. Tel était l'abaissement de l'empire, que les Génois, moyennant une faible redevance, étaient les maîtres de Galata, qu'on regarde comme un faubourg de Constantinople, séparé par un canal qui forme le port. Le sultan Amurat, fils d'Orcan, engagea, dit-on, les Génois à passer ses soldats au-deçà du détroit. Le marché se conclut ; et on tient que les Génois, pour quelques milliers de besants d'or, livrèrent l'Europe. D'autres prétendent qu'on se servit de vaisseaux grecs. Amurat passe, et va jusqu'à Andrinople, où les Turcs s'établissent, menaçant de là toute la chrétienté (1378). L'empereur Jean Paléologue Ier court à Rome baiser les pieds du pape Urbain V : il reconnaît sa primatie ; il s'humilie pour obtenir par sa médiation des secours que la situation de l'Europe et les funestes exemples des croisades ne permettaient plus de donner. Après avoir inutilement fléchi devant le pape, il revient ramper sous Amurat. Il fait un traité avec lui, non comme un roi avec un roi, mais comme un esclave avec un maître. Il sert à-la-fois de lieutenant et d'otage au conquérant turc ; et après que Paléologue, de concert avec Amurat, a fait crever les yeux à son fils aîné, dont ils se défiaient également, l'empereur donne son second fils au sultan. Ce fils, nommé Manuel, sert Amurat contre les chrétiens, et le suit dans ses armées. Cet Amurat donna à la milice des janissaires déjà instituée la forme qui subsiste encore.

(1389) Ayant été assassiné dans le cours de ses victoires, son fils Bajazet Ilderim, ou Bajazet-le-Foudre, lui succéda. La honte et l'abaissement des empereurs grecs furent à leur comble. Andronic, ce malheureux fils de Jean Paléologue, à qui son père avait crevé les yeux, s'enfuit vers Bajazet, et implore sa protection contre son père, et contre Manuel son frère. Bajazet lui donne quatre mille chevaux; et les Génois, toujours maîtres de Galata, l'assistent d'hommes et d'argent. Andronic, avec les Turcs et les Génois, se rend maître de Constantinople et enferme son père.

Le père, au bout de deux ans, reprend la pourpre, et fait élever une citadelle près de Galata, pour arrêter Bajazet, qui déjà projetait le siége de la ville impériale. Bajazet lui ordonne de démolir la citadelle, et de recevoir un cadi turc dans la ville pour y juger les marchands turcs qui y étaient domiciliés. L'empereur obéit. Cependant Bajazet, laissant derrière lui Constantinople, comme une proie sur laquelle il devait retomber, s'avance au milieu de la Hongrie. (1396) C'est là qu'il défait, comme je l'ai déjà dit[1], l'armée chrétienne, et ces braves Français commandés par l'empereur d'Occident Sigismond. Les Français, avant la bataille, avaient tué leurs prisonniers turcs : ainsi on ne doit pas s'étonner que Bajazet, après sa victoire, eût fait à son tour égorger les Français qui lui avaient donné ce cruel exemple. Il n'en réserva que vingt-cinq chevaliers, parmi lesquels était le comte de Nevers, depuis duc de Bourgogne, auquel il dit, en recevant sa rançon : « Je pourrais t'obliger à faire « serment de ne plus t'armer contre moi; mais je mé-

[1] Chap. LXXII. B.

« prise tes serments et tes armes. » Ce duc de Bourgogne était ce même Jean-sans-peur, assassin du duc d'Orléans, et assassiné depuis par Charles VII. Et nous nous vantons d'être plus humains que les Turcs!

Après cette défaite, Manuel Paléologue, qui était devenu empereur de la ville de Constantinople, court chez les rois de l'Europe comme son père Jean Ier et son fils Jean II. Il vient en France chercher de vains secours. On ne pouvait prendre un temps moins propice : c'était celui de la frénésie de Charles VI, et des désolations de la France. Manuel Paléologue resta deux ans entiers à Paris, tandis que la capitale des chrétiens d'Orient était bloquée par les Turcs. Enfin le siége est formé, et sa perte semblait certaine, lorsqu'elle fut différée par un de ces grands événements qui bouleversent le monde.

La puissance des Tartares-Mogols, de laquelle nous avons vu l'origine, dominait du Volga aux frontières de la Chine et au Gange. Tamerlan, l'un de ces princes tartares, sauva Constantinople en attaquant Bajazet.

CHAPITRE LXXXVIII.

De Tamerlan.

Timour, que je nommerai Tamerlan pour me conformer à l'usage, descendait de Gengis par les femmes, selon les meilleurs historiens. Il naquit l'an 1357, dans la ville de Cash, territoire de l'ancienne Sogdiane, où les Grecs pénétrèrent autrefois sous Alexandre, et où ils fondèrent des colonies. C'est aujourd'hui le pays des Usbecs. Il commence à la rivière du Gion, ou de l'Oxus, dont la source est dans le petit Thibet, environ à sept cents lieues de la source du Tigre et de l'Euphrate. C'est ce même fleuve Gion dont il est parlé dans la *Genèse*, et qui coulait d'une même fontaine avec l'Euphrate et le Tigre : il faut que les choses aient bien changé.

Au nom de la ville de Cash, on se figure un pays affreux ; il est pourtant dans le même climat que Naples et la Provence, dont il n'éprouve pas les chaleurs : c'est une contrée délicieuse.

Au nom de Tamerlan, on s'imagine aussi un barbare approchant de la brute : on a vu qu'il n'y a jamais de grand conquérant parmi les princes, non plus que de grandes fortunes chez les particuliers, sans cette espèce de mérite dont les succès sont la récompense. Tamerlan devait avoir d'autant plus de ce mérite propre à l'ambition, qu'étant né sans états, il subjugua autant de pays qu'Alexandre, et presque autant que Gengis. Sa première conquête fut celle de Balk, capitale de Corassan, sur les frontières de la Perse. De là il va se rendre maître de la province de Candahar. Il subjugue toute l'ancienne Perse ; il retourne sur ses pas pour soumettre les peuples de la Transoxane. Il revient prendre Bagdad. Il passe aux Indes, les soumet, se saisit de Déli qui en était la capitale. Nous voyons que tous ceux qui se sont rendus maîtres de la Perse ont aussi conquis ou désolé les Indes. Ainsi Darius Ochus, après tant d'autres, en fit la conquête. Alexandre, Gengis, Tamerlan, les envahirent aisément. Sha-Nadir, de nos jours, n'a eu qu'à s'y présenter; il y a donné la loi, et en a remporté des trésors immenses.

Tamerlan, vainqueur des Indes, retourne sur ses pas. Il se jette sur la Syrie; il prend Damas. Il revole à Bagdad déjà soumise, et qui voulait secouer le joug. Il la livre au pillage et au glaive. On dit qu'il y périt près de huit cent mille habitants; elle fut entièrement détruite. Les villes de ces contrées étaient aisément rasées, et se rebâtissaient de même. Elles n'étaient, comme on l'a déjà remarqué [1], que de briques séchées au soleil. C'est au milieu du cours de ces victoires que l'empereur grec, qui ne trouvait aucun secours chez les chrétiens, s'adresse enfin à ce Tartare. Cinq princes mahométans, que Bajazet avait dépossédés vers les rives du Pont-Euxin, imploraient dans le même temps son secours. Il descendit dans l'Asie Mineure, appelé par les musulmans et par les chrétiens.

Ce qui peut donner une idée avantageuse de son caractère, c'est qu'on le voit dans cette guerre observer au moins le droit des nations. Il commence par envoyer des ambassadeurs à Bajazet, et lui demande d'abandonner le siége de Constantinople, et de rendre justice aux princes musulmans dépossédés. Bajazet reçoit ces propositions avec colère et avec mépris. Tamerlan lui déclare la guerre; il marche à lui. Bajazet lève le siége de Constantinople, (1401) et livre entre Césarée et Ancyre cette grande bataille où il semblait que toutes les forces du monde fussent as-

[1] Chap. vi. B.

semblées. Sans doute les troupes de Tamerlan étaient bien disciplinées, puisque après le combat le plus opiniâtre elles vainquirent celles qui avaient défait les Grecs, les Hongrois, les Allemands, les Français, et tant de nations belliqueuses. On ne saurait douter que Tamerlan, qui jusque-là combattit toujours avec les flèches et le cimeterre, ne fît usage du canon contre les Ottomans, et que ce ne soit lui qui ait envoyé des pièces d'artillerie dans le Mogol, où l'on en voit encore, sur lesquelles sont gravés des caractères inconnus. Les Turcs se servirent contre lui, dans la bataille de Césarée, non seulement de canons, mais aussi de l'ancien feu grégeois. Ce double avantage eût donné aux Ottomans une victoire infaillible, si Tamerlan n'eût eu de l'artillerie.

Bajazet vit son fils aîné, Mustapha, tué en combattant auprès de lui, et tomba captif entre les mains de son vainqueur avec un de ses autres fils, nommé Musa, ou Moïse. On aime à savoir les suites de cette bataille mémorable entre deux nations qui semblaient se disputer l'Europe et l'Asie, et entre deux conquérants dont les noms sont encore si célèbres; bataille qui d'ailleurs sauva pour un temps l'empire des Grecs, et qui pouvait aider à détruire celui des Turcs.

Aucun des auteurs persans et arabes qui ont écrit la vie de Tamerlan ne dit qu'il enferma Bajazet dans une cage de fer; mais les annales turques le disent: est-ce pour rendre Tamerlan odieux? est-ce plutôt parcequ'ils ont copié des historiens grecs? Les auteurs arabes prétendent que Tamerlan se fesait verser à boire par l'épouse de Bajazet à demi nue; et c'est ce qui a donné lieu à la fable reçue, que les sultans turcs ne se marièrent plus depuis cet outrage fait à une de leurs femmes. Cette fable est démentie par le mariage d'Amurat II, que nous verrons épouser la fille d'un despote de Servie, et par le mariage de Mahomet II avec la fille d'un prince de Turcomanie.

Il est difficile de concilier la cage de fer et l'affront brutal fait à la femme de Bajazet avec la générosité que les Turcs attribuent à Tamerlan. Ils rapportent que le vainqueur, étant entré dans Burse ou Pruse, capitale des états turcs asiatiques, écrivit à Soliman, fils de Bajazet, une lettre qui eût fait honneur à Alexandre. « Je veux oublier, dit Tamerlan dans cette « lettre, que j'ai été l'ennemi de Bajazet. Je servirai « de père à ses enfants, pourvu qu'ils attendent les ef- « fets de ma clémence. Mes conquêtes me suffisent, « et de nouvelles faveurs de l'inconstante fortune ne « me tentent point. »

Supposé qu'une telle lettre ait été écrite, elle pouvait n'être qu'un artifice. Les Turcs disent encore que Tamerlan n'étant pas écouté de Soliman, déclara sultan dans Burse ce même Musa, fils de Bajazet, et qu'il lui dit : « Reçois l'héritage de ton père; une ame « royale sait conquérir des royaumes, et les rendre. »

Les historiens orientaux, ainsi que les nôtres, mettent souvent dans la bouche des hommes célèbres des paroles qu'ils n'ont jamais prononcées. Tant de magnanimité avec le fils s'accorde mal avec la barbarie dont on dit qu'il usa avec le père. Mais ce qu'on peut recueillir de certain, et ce qui mérite notre attention, c'est que la grande victoire de Tamerlan n'ôta pas enfin une ville à l'empire des Turcs. Ce Musa, qu'il fit sultan, et qu'il protégea pour l'opposer et à Soliman et à Mahomet Ier, ses frères, ne put leur résister, malgré la protection du vainqueur. Il y eut une guerre civile de treize années entre les enfants de Bajazet, et on ne voit point que Tamerlan en ait profité. Il est prouvé par le malheur même de ce sultan, que les Turcs étaient un peuple belliqueux qui avait pu être vaincu, sans pouvoir être asservi ; et que le Tartare, ne trouvant pas de facilité à s'étendre et à s'établir vers l'Asie Mineure, porta ses armes en d'autres pays.

Sa prétendue magnanimité envers les fils de Bajazet n'était pas sans doute de la modération. On le voit bientôt après ravager encore la Syrie, qui appartenait aux mamelucs de l'Égypte. De là il repassa l'Euphrate, et retourna dans Samarcande, qu'il regardait comme la capitale de ses vastes états. Il avait conquis presque autant de terrain que Gengis : car si Gengis eut une partie de la Chine et de la Corée, Tamerlan eut quelque temps la Syrie et une partie de l'Asie Mineure, où Gengis n'avait pu pénétrer; il possédait encore presque tout l'Indoustan, dont Gengis n'eut que les provinces septentrionales. Possesseur mal affermi de cet empire immense, il méditait dans Samarcande la conquête de la Chine, dans un âge où sa mort était prochaine.

Ce fut à Samarcande qu'il reçut, à l'exemple de Gengis, l'hommage de plusieurs princes de l'Asie, et l'ambassade de plusieurs souverains. Non seulement l'empereur grec Manuel y envoya ses ambassadeurs, mais il en vint de la part de Henri III, roi de Castille. Il y donna une de ces fêtes qui ressemblent à celles des premiers rois de Perse. Tous les ordres de l'état, tous les artisans passèrent en revue, chacun avec les marques de sa profession. Il maria tous ses petits-fils et toutes ses petites-filles le même jour. (1406) Enfin il mourut dans une extrême vieillesse, après avoir régné trente-six ans, plus heureux par sa longue vie, et par le bonheur de ses petits-fils, qu'Alexandre auquel les Orientaux le comparent; mais fort inférieur au Macédonien, en ce qu'il naquit chez une nation barbare, et qu'il détruisit beaucoup de villes comme Gengis, sans en bâtir une seule : au lieu qu'Alexandre, dans une vie très courte, et au milieu de ses conquêtes rapides, construisit Alexandrie et Scanderon, rétablit cette même Samarcande, qui fut depuis le siége de l'empire de Tamerlan, et bâtit des villes jusque dans les Indes, établit des colonies grecques au-delà de l'Oxus, envoya en Grèce les observations de Babylone, et changea le commerce de l'Asie, de l'Europe et de l'Afrique, dont Alexandrie devint le magasin universel. Voilà, ce me semble, en quoi Alexandre l'emporte sur Tamerlan, sur Gengis, et sur tous les conquérants qu'on lui veut égaler.

Je ne crois point d'ailleurs que Tamerlan fût d'un naturel plus violent qu'Alexandre. S'il est permis d'égayer un peu ces événements terribles, et de mêler le petit au grand, je répéterai ce que raconte un Persan contemporain de ce prince. Il dit qu'un fameux poëte persan, nommé *Hamédi-Kermani*, étant dans le même bain que lui avec plusieurs courtisans, et jouant à un jeu d'esprit qui consistait à estimer en argent ce que valait chacun d'eux : « Je vous estime trente aspres », dit-il au grand kan. « La serviette dont je m'essuie les « vaut », répondit le monarque. « Mais c'est aussi en « comptant la serviette », répondit Hamédi. Peut-être qu'un prince qui laissait prendre ces innocentes libertés, n'avait pas un fonds de naturel entièrement féroce; mais on se familiarise avec les petits, et on égorge les autres.

Il n'était ni musulman ni de la secte du grand lama; mais il reconnaissait un seul Dieu, comme les lettrés chinois, et en cela marquait un grand sens dont des peuples plus polis ont manqué. On ne voit point de superstition ni chez lui ni dans ses armées : il souffrait également les musulmans, les lamistes, les brames, les guèbres, les Juifs, et ceux qu'on nomme idolâtres; il assista même, en passant vers le mont Liban, aux cérémonies religieuses des moines maronites qui habitent dans ces montagnes : il avait seulement le faible de l'astrologie judiciaire, erreur commune à tous les hommes, et dont nous ne fesons que de sortir. Il n'était pas savant, mais il fit élever ses petits-fils dans les sciences. Le fameux Oulougbeg, qui lui succéda dans les états de la Transoxane, fonda dans Samarcande la première académie des sciences, fit mesurer la terre, et eut part à la composition des tables astronomiques qui portent son nom; semblable en cela au roi Alfonse X de Castille, qui l'avait précédé de plus de cent années. Aujourd'hui la grandeur de Samarcande est tombée avec les sciences; et ce pays, occupé par les Tartares Usbecs, est redevenu barbare pour refleurir peut-être un jour.

Sa postérité règne encore dans l'Indoustan, que l'on appelle Mogol, et qui tient ce nom des Tartares-Mogols de Gengis, dont Tamerlan descendait par les femmes. Une autre branche de sa race régna en Perse jusqu'à ce qu'une autre dynastie de princes tartares de la faction du *mouton blanc* s'en empara, en 1468. Si nous songeons que les Turcs sont aussi d'origine tartare, si nous nous souvenons qu'Attila descendait des mêmes peuples, tout cela confirmera ce que nous avons déjà dit [1], que les Tartares ont conquis presque toute la terre : nous en avons vu la raison. Ils n'avaient rien à perdre ; ils étaient plus robustes, plus endurcis que les autres peuples. Mais depuis que les Tartares de l'Orient, ayant subjugué une seconde fois la Chine dans le dernier siècle, n'ont fait qu'un état de la Chine et de cette Tartarie orientale ; depuis que l'empire de Russie s'est étendu et civilisé ; depuis enfin que la terre est hérissée de remparts bordés d'artillerie, ces grandes émigrations ne sont plus à craindre ; les nations polies sont à couvert des irruptions de ces sauvages. Toute la Tartarie, excepté la Chinoise, ne renferme plus que des hordes misérables, qui seraient trop heureuses d'être conquises à leur tour, s'il ne valait pas encore mieux être libre que civilisé.

[1] Chap. LX. B.

CHAPITRE LXXXIX.

Suite de l'histoire des Turcs et des Grecs, jusqu'à la prise de Constantinople.

Constantinople fut un temps hors de danger par la victoire de Tamerlan; mais les successeurs de Bajazet rétablirent bientôt leur empire. Le fort des conquêtes de Tamerlan était dans la Perse, dans la Syrie et aux Indes, dans l'Arménie et vers la Russie. Les Turcs reprirent l'Asie Mineure, et conservèrent tout ce qu'ils avaient en Europe; il fallait alors qu'il y eût plus de correspondance et moins d'aversion qu'aujourd'hui entre les musulmans et les chrétiens. Cantacuzène n'avait fait nulle difficulté de donner sa fille en mariage à Orcan; et Amurat II, petit-fils de Bajazet et fils de Mahomet Ier, n'en fit aucune d'épouser la fille d'un despote de Servie, nommée Irène.

Amurat II était un de ces princes turcs qui contribuèrent à la grandeur ottomane : mais il était très détrompé du faste de cette grandeur qu'il accroissait par ses armes; il n'avait d'autre but que la retraite. C'était une chose assez rare qu'un philosophe turc qui abdiquait la couronne. Il la résigna deux fois; et deux fois les instances de ses bachas et de ses janissaires l'engagèrent à la reprendre.

Jean II Paléologue allait à Rome et au concile, que nous avons vu [1] assemblé par Eugène IV à Florence;

---

[1] Chap. LXXXVI, page 461. B.

il y disputait sur la procession du Saint-Esprit, tandis que les Vénitiens, déjà maîtres d'une partie de la Grèce, achetaient Thessalonique, et que son empire était presque tout partagé entre les chrétiens et les musulmans. Amurat cependant prenait cette même Thessalonique à peine vendue. Les Vénitiens avaient cru mettre en sûreté ce territoire, et défendre la Grèce par une muraille de huit mille pas de long, selon cet ancien usage que les Romains eux-mêmes avaient pratiqué au nord de l'Angleterre : c'est une défense contre des incursions de peuples encore sauvages; ce n'en fut pas une contre la milice victorieuse des Turcs; ils détruisirent la muraille, et poussèrent leurs irruptions de tous côtés dans la Grèce, dans la Dalmatie, dans la Hongrie.

Les peuples de Hongrie s'étaient donnés au jeune Ladislas IV, roi de Pologne (1444). Amurat II ayant fait quelques années la guerre en Hongrie, dans la Thrace et dans tous les pays voisins, avec des succès divers, conclut la paix la plus solennelle que les chrétiens et les musulmans eussent jamais contractée : Amurat et Ladislas la jurèrent tous deux solennellement, l'un sur l'*Alcoran*, et l'autre sur l'Évangile. Le Turc promettait de ne pas avancer plus loin ses conquêtes; il en rendit même quelques unes : on régla les limites des possessions ottomanes, de la Hongrie, et de Venise.

[1] Le cardinal Julien Cesarini, légat du pape en Al-

---

[1] Cet alinéa et les deux qui suivent étaient, en 1753, dans les *Annales de l'Empire*. Voltaire les ayant admis dès 1756 dans ce chapitre, n'en laissa que quelques phrases dans les *Annales* (voyez cet ouvrage, années 1443-

lemagne, homme fameux par ses poursuites contre les partisans de Jean Hus, par le concile de Bâle auquel il avait d'abord présidé, par la croisade qu'il prêchait contre les Turcs, fut alors, par un zèle trop aveugle, la cause de l'opprobre et du malheur des chrétiens.

A peine la paix est jurée que ce cardinal veut qu'on la rompe; il se flattait d'avoir engagé les Vénitiens et les Génois à rassembler une flotte formidable, et que les Grecs réveillés allaient faire un dernier effort. L'occasion était favorable : c'était précisément le temps où Amurat II, sur la foi de cette paix, venait de se consacrer à la retraite, et de résigner l'empire à Mahomet son fils, jeune encore et sans expérience.

Le prétexte manquait pour violer le serment. Amurat avait observé toutes les conditions avec une exactitude qui ne laissait nul subterfuge aux infracteurs. Le légat n'eut d'autre ressource que de persuader à Ladislas, aux chefs hongrois, et aux Polonais, qu'on pouvait violer ses serments; il harangua, il écrivit, il assura que la paix jurée sur l'Évangile était nulle, parcequ'elle avait été faite malgré l'inclination du pape. En effet le pape, qui était alors Eugène IV, écrivit à Ladislas qu'il lui ordonnait de « rompre une « paix qu'il n'avait pu faire à l'insu du saint-siége. » On a déjà vu [1] que la maxime s'était introduite, « de

---

44). Mais il est bon de remarquer que ces phrases avaient été, pour les *Annales de l'Empire*, tirées des manuscrits ou matériaux de l'*Essai sur les Mœurs*. Voyez dans les *Mélanges*, année 1753, la *Lettre à M. de****, professeur en histoire. B.

[1] Voltaire veut probablement parler du supplice de Jean Hus que l'em-

« ne pas garder la foi aux hérétiques » : on en concluait qu'il ne fallait pas la garder aux mahométans.

C'est ainsi que l'ancienne Rome viola la trêve avec Carthage dans sa dernière guerre punique. Mais l'événement fut bien différent. L'infidélité du sénat fut celle d'un vainqueur qui opprime ; et celle des chrétiens fut un effort des opprimés pour repousser un peuple d'usurpateurs. Enfin Julien prévalut : tous les chefs se laissèrent entraîner au torrent, surtout Jean Corvin Huniade, ce fameux général des armées hongroises qui combattit si souvent Amurat et Mahomet II.

Ladislas, séduit par de fausses espérances et par une morale que le succès seul pouvait justifier, entra dans les terres du sultan. Les janissaires alors allèrent prier Amurat de quitter sa solitude pour se mettre à leur tête. Il y consentit ; (1444) les deux armées se rencontrèrent vers le Pont-Euxin, dans ce pays qu'on nomme aujourd'hui la Bulgarie, autrefois la Mœsie. [1] La bataille se donna près de la ville de Varnes. Amurat portait dans son sein le traité de paix qu'on venait de conclure. Il le tira au milieu de la mêlée dans un moment où ses troupes pliaient, et pria Dieu,

---

pereur fit exécuter *malgré la foi du sauf-conduit* ; voyez chap. LXXIII. Dans les *Annales de l'Empire*, année 1443-44, on trouve une phrase que l'on pourrait croire celle à laquelle Voltaire renvoie, si ce n'était que cette phrase des *Annales de l'Empire* fut ajoutée après 1753, tandis que dès 1753, ainsi que je l'ai dit dans la note précédente, on y lisait les trois alinéa aujourd'hui placés ici. B.

[1] La fin de cet alinéa est extraite des *Annales de l'Empire*, où elle a été conservée. B.

qui punit les parjures, de venger cet outrage fait aux lois des nations. Voilà ce qui donna lieu à la fable que la paix avait été jurée sur l'eucharistie, que l'hostie avait été remise aux mains d'Amurat, et que ce fut à cette hostie qu'il s'adressa dans la bataille. Le parjure reçut cette fois le châtiment qu'il méritait. Les chrétiens furent vaincus après une longue résistance. Le roi Ladislas fut percé de coups; sa tête, coupée par un janissaire, fut portée en triomphe de rang en rang dans l'armée turque, et ce spectacle acheva la déroute.

Amurat vainqueur fit enterrer ce roi dans le champ de bataille avec une pompe militaire. On dit qu'il éleva une colonne sur son tombeau, et même que l'inscription de cette colonne, loin d'insulter à la mémoire du vaincu, louait son courage et plaignait son infortune.

[1] Quelques uns disent que le cardinal Julien, qui avait assisté à la bataille, voulant dans sa fuite passer une rivière, y fut abîmé par le poids de l'or qu'il portait; d'autres disent que les Hongrois mêmes le tuèrent. Il est certain qu'il périt dans cette journée.

Mais ce qu'il y a de plus remarquable, c'est qu'Amurat, après cette victoire, retourna dans sa solitude, qu'il abdiqua une seconde fois la couronne, qu'il fut une seconde fois obligé de la reprendre pour combattre et pour vaincre. (1451) Enfin il mourut à Andrinople, et laissa l'empire à son fils Mahomet II, qui songea plus à imiter la valeur de son père que sa philosophie.

---

[1] Cet alinéa est extrait des *Annales de l'Empire*, et y a été conservé. B.

CHAPITRE XC.

De Scanderbeg.

Un autre guerrier non moins célèbre, que je ne sais si je dois appeler osmanli ou chrétien, arrêta les progrès d'Amurat, et fut même long-temps depuis un rempart des chrétiens contre les victoires de Mahomet II : je veux parler de Scanderbeg, né dans l'Albanie, partie de l'Épire, pays illustre dans les temps qu'on nomme héroïques, et dans les temps vraiment héroïques des Romains. Son nom était Jean Castriot. Il était fils d'un despote ou d'un petit hospodar de cette contrée, c'est-à-dire d'un prince vassal ; car c'est ce que signifiait despote : ce mot veut dire à la lettre, *maître de maison* ; et il est étrange que l'on ait depuis affecté le mot de *despotique* aux grands souverains qui se sont rendus absolus.

Jean Castriot était encore enfant lorsque Amurat, plusieurs années avant la bataille de Varnes, dont je viens de parler, s'était saisi de l'Albanie, après la mort du père de Castriot. Il éleva cet enfant, qui restait seul de quatre frères. Les annales turques ne disent point du tout que ces quatre princes aient été immolés à la vengeance d'Amurat. Il ne paraît pas que ces barbaries fussent dans le caractère d'un sultan qui abdiqua deux fois la couronne, et il n'est guère vraisemblable qu'Amurat eût donné sa tendresse et sa confiance à celui dont il ne devait attendre qu'une haine implacable. Il le chérissait, il le fesait combattre auprès de sa personne. Jean Castriot se distingua tellement, que le sultan et les janissaires lui donnèrent le nom de Scanderbeg, qui signifie *le seigneur Alexandre*.

Enfin l'amitié prévalut sur la politique. Amurat lui confia le commandement d'une petite armée contre le despote de Servie, qui s'était rangé du parti des chrétiens, et fesait la guerre au sultan son gendre : c'était avant son abdication. Scanderbeg, qui n'avait pas alors vingt ans, conçut le dessein de n'avoir plus de maître et de régner.

Il sut qu'un secrétaire qui portait les sceaux du sultan passait près de son camp. Il l'arrête, le met aux fers, le force à écrire et à sceller un ordre au gouverneur de Croye, capitale de l'Épire, de remettre la ville et la citadelle à Scanderbeg. Après avoir fait expédier cet ordre, il assassine le secrétaire et sa suite. (1443) Il marche à Croye; le gouverneur lui remet la place sans difficulté. La nuit même il fait avancer les Albanais avec lesquels il était d'intelligence. Il égorge le gouverneur et la garnison. Son parti lui gagne toute l'Albanie. Les Albanais passent pour les meilleurs soldats de ces pays. Scanderbeg les conduisit si bien, sut tirer tant d'avantages de l'assiette du terrain âpre et montagneux, qu'avec peu de troupes il arrêta toujours de nombreuses armées turques. Les musulmans le regardaient comme un perfide; les chrétiens l'admiraient comme un héros qui, en trompant ses ennemis et ses maîtres, avait repris la couronne de son père, et la méritait par son courage.

CHAPITRE XCI.

De la prise de Constantinople par les Turcs.

Si les empereurs grecs avaient été des Scanderbegs, l'empire d'Orient se serait conservé; mais ce même esprit de cruauté, de faiblesse, de division, de superstition, qui l'avait ébranlé si long-temps, hâta le moment de sa chute.

On comptait trois empires d'Orient, et il n'y en avait réellement pas un. La ville de Constantinople entre les mains des Grecs fesait le premier; Andrinople, refuge des Lascaris, pris par Amurat Ier, en 1362, et toujours demeuré aux sultans, était regardé comme le second empire; et une province barbare de l'ancienne Colchide, nommée Trébisonde, où les Comnènes s'étaient retirés, était réputée le troisième.

Ce déchirement de l'empire, comme on l'a vu, était l'unique effet considérable des croisades. Dévasté par les Francs, repris par ses anciens maîtres, mais repris pour être ravagé encore, il était étonnant qu'il subsistât. Il y avait deux partis dans Constantinople, acharnés l'un contre l'autre par la religion, à peu près comme dans Jérusalem, quand Vespasien et Titus l'assiégèrent. L'un était celui des empereurs, qui, dans la vaine espérance d'être secourus, consentaient de soumettre l'Église grecque à la latine; l'autre, celui des prêtres et du peuple, qui, se souvenant encore de l'invasion des croisés, avaient en exécration la réunion des deux Églises. On s'occupait toujours de controverses, et les Turcs étaient aux portes.

Jean II Paléologue, le même qui s'était soumis au pape dans la vaine espérance d'être secouru, avait régné vingt-sept ans sur les débris de l'empire romain-grec; et après sa mort, arrivée en 1449, telle fut la faiblesse de l'empire, que Constantin, l'un de ses fils, fut obligé de recevoir du Turc Amurat II, comme de son seigneur, la confirmation de la dignité impériale. Un frère de ce Constantin eut Lacédémone, un autre eut Corinthe, un troisième eut ce que les Vénitiens n'avaient pas dans le Péloponèse.

(1451) Telle était la situation des Grecs quand Mahomet Bouyouk, ou Mahomet-le-Grand, succéda pour la seconde fois au sultan Amurat, son père. Les moines ont peint ce Mahomet comme un barbare insensé, qui tantôt coupait la tête à sa prétendue maîtresse Irène, pour apaiser les murmures de ses janissaires, tantôt fesait ouvrir le ventre à quatorze de ses pages pour voir qui d'entre eux avait mangé un melon. On trouve encore ces histoires absurdes dans nos dictionnaires, qui ont été long-temps, pour la plupart, des archives alphabétiques du mensonge.

Toutes les annales turques nous apprennent que Mahomet avait été le prince le mieux élevé de son temps : ce que nous venons de dire d'Amurat, son père, prouve assez qu'il n'avait pas négligé l'éducation de l'héritier de sa fortune. On ne peut encore disconvenir que Mahomet n'ait écouté le devoir d'un fils, et n'ait étouffé son ambition, quand il fallut rendre le trône qu'Amurat lui avait cédé. Il redevint deux fois sujet, sans exciter le moindre trouble. C'est un fait unique dans l'histoire, et d'autant plus singulier, que Mahomet joignait à son ambition la fougue d'un caractère violent.

Il parlait le grec, l'arabe, le persan ; il entendait le latin ; il dessinait ; il savait ce qu'on pouvait savoir alors de géographie et de mathématiques ; il aimait la peinture. Aucun amateur des arts n'ignore qu'il fit venir de Venise le fameux Gentili Bellino, et qu'il le récompensa, comme Alexandre avait payé Apelles, par des dons et par sa familiarité. Il lui fit présent d'une couronne d'or, d'un collier d'or, de trois mille ducats d'or, et le renvoya avec honneur. Je ne puis m'empêcher de ranger parmi les contes improbables celui de l'esclave auquel on prétend que Mahomet fit couper la tête, pour faire voir à Bellino l'effet des muscles et de la peau sur un cou séparé de son tronc. Ces barbaries que nous exerçons sur les animaux, les hommes ne les exercent sur les hommes que dans la fureur des vengeances ou dans ce qu'on appelle le droit de la guerre. Mahomet II fut souvent sanguinaire et féroce, comme tous les conquérants qui ont ravagé le monde ; mais pourquoi lui imputer des cruautés si peu vraisemblables ? à quoi bon multiplier les horreurs ? Philippe de Commines, qui vivait sous le siècle de ce sultan, avoue qu'en mourant il demanda pardon à Dieu d'avoir mis un impôt sur ses sujets. Où sont les princes chrétiens qui manifestent un tel repentir ?

Il était âgé de vingt-deux ans quand il monta sur le

trône des sultans; et il se prépara dès-lors à se placer sur celui de Constantinople, tandis que cette ville était toute divisée pour savoir s'il fallait se servir ou non de pain azyme, et s'il fallait prier en grec ou en latin.

(1453) Mahomet II commença donc par serrer la ville du côté de l'Europe et du côté de l'Asie. Enfin, dès les premiers jours d'avril 1453, la campagne fut couverte de soldats que l'exagération fait monter à trois cent mille, et le détroit de la Propontide d'environ trois cents galères et deux cents petits vaisseaux.

Un des faits les plus étranges et les plus attestés, c'est l'usage que Mahomet fit d'une partie de ses navires. Ils ne pouvaient entrer dans le port de la ville, fermé par les plus fortes chaînes de fer, et d'ailleurs apparemment défendu avec avantage. Il fait en une nuit couvrir une demi-lieue de chemin sur terre de planches de sapin enduites de suif et de graisse, disposées comme la crèche d'un vaisseau; il fait tirer à force de machines et de bras quatre-vingts galères et soixante et dix alléges du détroit, et les fait couler sur ces planches. Tout ce grand travail s'exécuta en une seule nuit, et les assiégés sont surpris le lendemain matin de voir une flotte entière descendre de la terre dans le port. Un pont de bateaux, dans ce jour même, fut construit à leur vue, et servit à l'établissement d'une batterie de canon.

Il fallait ou que Constantinople n'eût point d'artillerie, ou qu'elle fût bien mal servie. Car comment le canon n'eût-il pas foudroyé ce pont de bateaux? Mais il est douteux que Mahomet se servît, comme on le dit, de canon de deux cents livres de balle. Les vaincus exagèrent tout. Il eût fallu environ cent cinquante livres de poudre pour bien chasser de tels boulets. Cette quantité de poudre ne peut s'allumer à-la-fois; le coup partirait avant que la quinzième partie prît feu, et le boulet aurait très peu d'effet. Peut-être les Turcs, par ignorance, employaient de ces canons; et peut-être les Grecs, par la même ignorance, en étaient effrayés.

Dès le mois de mai on donna des assauts à la ville qui se croyait la capitale du monde : elle était donc bien mal fortifiée ; elle ne fut guère mieux défendue. L'empereur, accompagné d'un cardinal de Rome, nommé Isidore, suivait le rite romain ou feignait de le suivre, pour engager le pape et les princes catholiques à le secourir; mais, par cette triste manœuvre, il irritait et décourageait les Grecs, qui ne voulaient pas seulement entrer dans les églises qu'il fréquentait. « Nous aimons mieux, s'écriaient-ils, voir ici le turban « qu'un chapeau de cardinal. »

Dans d'autres temps, presque tous les princes chrétiens, sous prétexte d'une guerre sainte, se liguèrent pour envahir cette métropole et ce rempart de la chrétienté ; et quand les Turcs l'attaquèrent, aucun ne la défendit.

L'empereur Frédéric III n'était ni assez puissant ni assez entreprenant. La Pologne était trop mal gouvernée. La France sortait à peine de l'abîme où la guerre civile et celle contre l'Anglais l'avaient plongée. L'Angleterre commençait à être divisée et faible. Le duc de Bourgogne, Philippe-le-Bon, était un puissant prince, mais trop habile pour renouveler seul les croisades, et trop vieux pour de telles actions. Les princes italiens étaient en guerre. L'Aragon et la Castille n'étaient point encore unis, et les musulmans occupaient toujours une partie de l'Espagne.

Il n'y avait en Europe que deux princes dignes d'attaquer Mahomet II. L'un était Huniade, prince de Transylvanie, mais qui pouvait à peine se défendre; l'autre, ce fameux Scanderbeg, qui ne pouvait que se soutenir dans les montagnes de l'Épire, à peu près comme autrefois don Pélage dans celles des Asturies, quand les mahométans subjuguèrent l'Espagne. Quatre vaisseaux de Gênes, dont l'un appartenait à l'empereur Frédéric III, furent presque le seul secours que le monde chrétien fournit à Constantinople. Un étranger commandait dans la ville; c'était un Génois nommé Giustiniani. Tout bâtiment qui est réduit à des appuis étrangers menace ruine. Jamais les anciens Grecs n'eurent de Persan à leur tête, et jamais Gaulois ne commanda les troupes de la république romaine. Il fallait donc que Constantinople fût prise : aussi le fut-elle, mais d'une manière entièrement différente de celle dont tous nos auteurs, copistes de Ducas et de Chalcondyle, le racontent.

Cette conquête est une grande époque. C'est là où commence véritablement l'empire turc au milieu des chrétiens d'Europe; et c'est ce qui transporta parmi eux quelques arts des Grecs.

Les annales turques, rédigées à Constantinople par le feu prince Démétrius Cantemir, m'apprennent qu'après quarante-neuf jours de siége l'empereur Constantin fut obligé de capituler. Il envoya plusieurs Grecs recevoir la loi du vainqueur. On convint de quelques articles. Ces annales turques paraissent très vraies dans ce qu'elles disent de ce siége. Ducas lui-même, qu'on croit de la race impériale, et qui dans son enfance était dans la ville assiégée, avoue dans son histoire que le sultan offrit à l'empereur Constantin de lui donner le Péloponèse, et d'accorder quelques petites provinces à ses frères. Il voulait avoir la ville et ne la point saccager, la regardant déjà comme son bien qu'il ménageait; mais dans le temps que les envoyés grecs retournaient à Constantinople pour y rapporter les propositions des assiégeants, Mahomet, qui voulut leur parler encore, fait courir à eux. Les assiégés, qui du haut des murs voient un gros de Turcs courant après les leurs, tirent imprudemment sur ces Turcs. Ceux-ci sont bientôt joints par un plus grand nombre. Les envoyés grecs rentraient déjà par une poterne. Les Turcs entrent avec eux : ils se rendent maîtres de la haute ville séparée de la basse. L'empereur est tué dans la foule; et Mahomet fait aussitôt du palais de Constantin celui des sultans, et de Sainte-Sophie sa principale mosquée.

Est-on plus touché de pitié que saisi d'indignation, lorsqu'on lit dans Ducas que le sultan « envoya ordre « dans le camp, d'allumer partout des feux, ce qui « fut fait avec ce cri impie qui est le signe particulier « de leur superstition détestable? » Ce cri impie est le nom de Dieu, *Allah*, que les mahométans invoquent dans tous les combats. La superstition détestable était chez les Grecs qui se réfugièrent dans Sainte-Sophie, sur la foi d'une prédiction qui les assurait qu'un ange descendrait dans l'église pour les défendre.

On tua quelques Grecs dans le parvis, on fit le reste esclave; et Mahomet n'alla remercier Dieu dans cette église qu'après l'avoir lavée avec de l'eau rose.

Souverain par droit de conquête d'une moitié de Constantinople, il eut l'humanité ou la politique d'offrir à l'autre partie la même capitulation qu'il avait voulu accorder à la ville entière, et il la garda religieusement. Ce fait est si vrai, que toutes les églises chrétiennes de la basse ville furent conservées jusque sous son petit-fils Sélim qui en fit abattre plusieurs. On les appelait *les mosquées d'Issévi: Issévi* est, en turc, le nom de Jésus. Celle du patriarche grec subsiste encore dans Constantinople sur le canal de la mer Noire. Les Ottomans ont permis qu'on fondât dans ce quartier une académie où les Grecs modernes enseignent l'ancien grec qu'on ne parle plus guère en Grèce, la philosophie d'Aristote, la théologie, la médecine; et c'est de cette école que sont sortis Constantin Ducas, Mauro Cordato, et Cantemir, faits par les Turcs princes de Moldavie. J'avoue que Démétrius Cantemir a rapporté beaucoup de fables anciennes; mais il ne peut s'être trompé sur les monuments modernes qu'il a vus de ses yeux, et sur l'académie où il a été élevé.

On a conservé encore aux chrétiens une église, et une rue entière qui leur appartient en propre, en faveur d'un architecte grec, nommé Christobule. Cet architecte avait été employé par Mahomet II pour construire une mosquée sur les ruines de l'église des

Saints-Apôtres, ancien ouvrage de Théodora, femme de l'empereur Justinien; et il avait réussi à en faire un édifice qui approche de la beauté de Sainte-Sophie. Il construisit aussi, par ordre de Mahomet, huit écoles et huit hôpitaux dépendants de cette mosquée; et c'est pour prix de ce service que le sultan lui accorda la rue dont je parle, dont la possession demeura à sa famille. Ce n'est pas un fait digne de l'histoire qu'un architecte ait eu la propriété d'une rue; mais il est important de connaître que les Turcs ne traitent pas toujours les chrétiens aussi barbarement que nous nous le figurons. Aucune nation chrétienne ne souffre que les Turcs aient chez elle une mosquée, et les Turcs permettent que tous les Grecs aient des églises. Plusieurs de ces églises sont des collégiales; et on voit dans l'Archipel des chanoines sous la domination d'un bacha.

Les erreurs historiques séduisent les nations entières. Une foule d'écrivains occidentaux a prétendu que les mahométans adoraient Vénus, et qu'ils niaient la Providence. Grotius lui-même a répété que Mahomet, ce grand et faux prophète, avait instruit une colombe à voler auprès de son oreille, et avait fait accroire que l'esprit de Dieu venait l'instruire sous cette forme. On a prodigué sur le conquérant Mahomet II des contes non moins ridicules.

Ce qui montre évidemment, malgré les déclamations du cardinal Isidore et de tant d'autres, que Mahomet était un prince plus sage et plus poli qu'on ne croit, c'est qu'il laissa aux chrétiens vaincus la liberté d'élire un patriarche. Il l'installa lui-même avec la solennité ordinaire : il lui donna la crosse et l'anneau que les empereurs d'Occident n'osaient plus donner depuis long-temps; et, s'il s'écarta de l'usage, ce ne fut que pour reconduire jusqu'aux portes de son palais le patriarche élu, nommé Gennadius, qui lui dit « qu'il « était confus d'un honneur que jamais les empereurs « chrétiens n'avaient fait à ses prédécesseurs. » Des auteurs ont eu l'imbécillité de rapporter que Mahomet II dit à ce patriarche : « La sainte Trinité te « fait, par l'autorité que j'ai reçue, patriarche œcu- « ménique. » Ces auteurs connaissent bien mal les musulmans. Ils ne savent pas que notre dogme de la Trinité leur est en horreur; qu'ils se croiraient souillés d'avoir prononcé ce mot; qu'ils nous regardent comme des idolâtres adorateurs de plusieurs dieux. Depuis ce temps, les sultans osmanlis ont toujours fait un patriarche qu'on nomme *œcuménique;* le pape en nomme un autre qu'on appelle le patriarche *latin;* chacun d'eux, taxé par le divan, rançonne à son tour son troupeau. Ces deux Églises, également gémissantes, sont irréconciliables; et le soin d'apaiser leurs querelles n'est pas aujourd'hui une des moindres occupations des sultans, devenus les modérateurs des chrétiens aussi bien que leurs vainqueurs.

Ces vainqueurs n'en usèrent point avec les Grecs, comme autrefois aux dixième et onzième siècles avec les Arabes, dont ils avaient adopté la langue, la religion, et les mœurs. Quand les Turcs soumirent les Arabes, ils étaient encore entièrement barbares; mais quand ils subjuguèrent l'empire grec, la constitution de leur gouvernement était dès long-temps toute formée. Ils avaient respecté les Arabes, et ils méprisaient les Grecs. Ils n'ont eu d'autre commerce avec ces Grecs que celui des maîtres avec des peuples asservis.

Ils ont conservé tous les usages, toutes les lois qu'ils eurent au temps de leurs conquêtes. Le corps des *gengichéris*, que nous nommons *janissaires*, subsista dans toute sa vigueur au même nombre d'environ quarante-cinq mille. Ce sont de tous les soldats de la terre ceux qui ont toujours été le mieux nourris : chaque oda de janissaires avait et a encore un pourvoyeur qui leur fournit du mouton, du riz, du beurre, des légumes, et du pain en abondance.

Les sultans ont conservé en Europe l'ancien usage qu'ils avaient pratiqué en Asie, de donner à leurs soldats des fiefs à vie, et quelques uns héréditaires. Ils ne prirent point cette coutume des califes arabes qu'ils détrônèrent : le gouvernement des Arabes était fondé sur des principes différents. Les Tartares occidentaux partagèrent toujours les terres des vaincus. Ils établirent, dès le cinquième siècle, en Europe, cette institution qui attache les vainqueurs à un gouvernement devenu leur patrimoine; et les nations qui se mêlèrent à eux, comme les Lombards, les Francs, les Normands, suivirent ce plan. Tamerlan le porta dans les Indes, où sont aujourd'hui les plus grands seigneurs de fiefs, sous les noms d'*omras*, de *rajas*, de *nababs*. Mais les Ottomans ne donnèrent jamais que de petites terres. Leurs *zaimets* et leurs *timariots* sont plutôt des métairies que des seigneuries. L'esprit guerrier paraît tout entier dans cet établissement. Si un zaim meurt les armes à la main, ses enfants partagent son fief; s'il ne meurt point à la guerre, le béglierbeg, c'est-à-dire le commandant des armes de la province, peut nommer à ce bénéfice militaire. Nul droit pour ces zaims et pour ces timars que celui de fournir et de mener des soldats à l'armée, comme chez nos premiers Francs; point de titres, point de juridiction, point de noblesse.

On a toujours tiré des mêmes écoles les cadis, les mollas, qui sont les juges ordinaires, et les deux cadileskers d'Asie et d'Europe, qui sont les juges des provinces et des armées, et qui président sous le muphti à la religion et aux lois. Le muphti et les cadileskers ont toujours été également soumis au divan. Les dervis, qui sont les moines mendiants chez les Turcs, se sont multipliés, et n'ont pas changé. La coutume d'établir des caravanserais pour les voyageurs, et des écoles avec des hôpitaux auprès de toutes les mosquées, n'a point dégénéré. En un mot, les Turcs sont ce qu'ils étaient, non seulement quand ils prirent Constantinople, mais quand ils passèrent pour la première fois en Europe.

CHAPITRE XCII.

Entreprise de Mahomet II, et sa mort.

Pendant trente et une années de règne, Mahomet II marcha de conquête en conquête, sans que les princes chrétiens se liguassent contre lui; car il ne faut pas appeler ligue un moment d'intelligence entre Huniade, prince de Transylvanie, le roi de Hongrie, et un despote de la Russie Noire. Ce célèbre Huniade montra que s'il avait été mieux secouru, les chrétiens n'auraient pas perdu tous les pays que les mahométans possèdent en Europe. Il repoussa Mahomet II devant Belgrade, trois ans après la prise de Constantinople.

Dans ce temps-là même les Persans tombaient sur les Turcs, et détournaient ce torrent dont la chrétienté était inondée. Ussum-Cassan, de la branche de Tamerlan, qu'on nommait *le bélier blanc*, gouverneur d'Arménie, venait de subjuguer la Perse. Il s'alliait aux chrétiens, et par là il les avertissait de se réunir contre l'ennemi commun; car il épousa la fille de David Comnène, empereur de Trébisonde. Il n'était pas permis aux chrétiens d'épouser leur commère ou leur cousine; mais on voit qu'en Grèce, en Espagne, en Asie, ils s'alliaient aux musulmans sans scrupule.

Le Tartare Ussum-Cassan, gendre de l'empereur chrétien David Comnène, attaqua Mahomet vers l'Euphrate. C'était une occasion favorable pour la chrétienté : elle fut encore négligée. On laissa Mahomet, après des fortunes diverses, faire la paix avec le Persan, et prendre ensuite Trébisonde avec la partie de la Cappadoce qui en dépendait; tourner vers la Grèce, saisir le Négrepont, retourner au fond de la mer Noire, s'emparer de Caffa, l'ancienne Théodosie rebâtie par les Génois; revenir réduire Scutari, Zante, Céphalonie; courir jusqu'à Trieste, à la porte de Venise, et établir enfin la puissance musulmane au milieu de la

Calabre, d'où il menaçait le reste de l'Italie, et d'où ses lieutenants ne se retirèrent qu'après sa mort.

Sa fortune échoua contre Rhodes. Les chevaliers, qui sont aujourd'hui les chevaliers de Malte, eurent, ainsi que Scanderbeg, la gloire de repousser les armes victorieuses de Mahomet II.

Ce fut en 1480 que ce conquérant fit attaquer cette île autrefois si célèbre, et cette ville fondée très long-temps avant Rome, dans le terrain le plus heureux, dans l'aspect le plus riant, et sous le ciel le plus pur; ville gouvernée par les enfants d'Hercule, par Danaüs, par Cadmus, fameuse dans toute la terre par son colosse d'airain, dédié au soleil, ouvrage immense, jeté en fonte par un Indien [1], et qui s'élevant de cent pieds de hauteur, les pieds posés sur deux môles de marbre, laissait voguer sous lui les plus gros navires. Rhodes avait passé au pouvoir des Sarrasins dans le milieu du septième siècle; un chevalier français, Foulques de Villaret, grand-maître de l'ordre, l'avait reprise sur eux en 1310; et un autre chevalier français, Pierre d'Aubusson, la défendit contre les Turcs.

C'est une chose bien remarquable que Mahomet II employât dans cette entreprise une foule de chrétiens renégats. Le grand-vizir lui-même, qui vint attaquer Rhodes, était un chrétien; et ce qui est encore plus étrange, il était de la race impériale des Paléologues.

---

[1] L'édition de 1761, la première qui contienne cette phrase, porte *Indien*. Ce n'est peut-être qu'une faute commise sous la dictée; mais elle s'est répétée pendant près de soixante ans. Ce n'est qu'en 1819 que M. Renouard a fait remarquer qu'il faudrait ici *Lindien*; Charès, natif de Lindes, ville de l'île de Rhodes, est le sculpteur à qui l'on dut le colosse de Rhodes. B.

Un autre chrétien, Georges Frupan, conduisait le siége sous les ordres du vizir. On ne vit jamais de mahométans quitter leur religion pour servir dans les armées chrétiennes. D'où vient cette différence? Serait-ce qu'une religion qui a coûté une partie d'eux-mêmes à ceux qui la professent, et qu'on a scellée de son sang dans une opération très douloureuse, en devient ensuite plus chère? serait-ce parceque les vainqueurs de l'Asie s'attiraient plus de respect que les puissances de l'Europe? serait-ce qu'on eût cru, dans ces temps d'ignorance, les armes des musulmans plus favorisées de Dieu que les armes chrétiennes, et que de là on eût inféré que la cause triomphante était la meilleure?

Pierre d'Aubusson fit alors triompher la sienne. Il força, au bout de trois mois, le grand-vizir Messith Paléologue à lever le siége. Chalcondyle, dans son *Histoire des Turcs*, vous dit que les assiégeants, en montant sur la brèche, virent dans l'air une croix d'or entourée de lumière, et une très belle femme vêtue de blanc; que ce miracle les alarma, et qu'ils prirent la fuite saisis d'épouvante. Il y a pourtant quelque apparence que la vue d'une belle femme aurait plutôt encouragé qu'intimidé les Turcs, et que la valeur de Pierre d'Aubusson et des chevaliers fut le seul prodige auquel ils cédèrent. Mais c'est ainsi que les Grecs modernes écrivaient.

Cette petite île manquée ne rendait pas Mahomet Bouyouk moins terrible au reste de l'Occident. Il avait depuis long-temps conquis l'Épire après la mort de Scanderbeg. Les Vénitiens avaient eu le courage de défier ses armes. C'était le temps de la puissance vénitienne; elle était très étendue en terre ferme, et ses flottes bravaient celles de Mahomet; elles s'emparèrent même d'Athènes : mais enfin cette république, n'étant point secourue, fut obligée de céder, de rendre Athènes, et d'acheter, par un tribut annuel, la liberté de commercer sur la mer Noire; songeant toujours à réparer ses pertes par son commerce, qui avait fait les fondements de sa grandeur. Nous verrons que bientôt après le pape Jules II et presque tous les princes chrétiens firent plus de mal à cette république qu'elle n'en avait essuyé des Ottomans.

Cependant Mahomet II allait porter ses armes victorieuses contre les sultans mamelucs d'Égypte, tandis que ses lieutenants étaient dans le royaume de Naples; ensuite il se flattait de venir prendre Rome comme Constantinople; et en entendant parler de la cérémonie dans laquelle le doge de Venise épouse la mer Adriatique, il disait « qu'il l'enverrait bientôt au « fond de cette mer consommer son mariage. » Une colique arrêta les progrès et les desseins de ce conquérant. (1481) Il mourut à Nicomédie, à l'âge de cinquante-trois ans, lorsqu'il se préparait à faire encore le siége de Rhodes, et à conduire en Italie une armée formidable.

CHAPITRE XCIII.

État de la Grèce sous le joug des Turcs : leur gouvernement, leurs mœurs.

Si l'Italie respira par la mort de Mahomet II, les Ottomans n'ont pas moins conservé en Europe un pays plus beau et plus grand que l'Italie entière. La patrie des Miltiade, des Léonidas, des Alexandre, des Sophocle et des Platon, devint bientôt barbare. La langue grecque dès-lors se corrompit. Il ne resta presque plus de trace des arts ; car quoiqu'il y ait dans Constantinople une académie grecque, ce n'est pas assurément celle d'Athènes ; et les beaux-arts n'ont pas été rétablis par les trois mille moines que les sultans laissent toujours subsister au mont Athos. Autrefois cette même Constantinople fut sous la protection d'Athènes. Chalcédoine fut sa tributaire ; le roi de Thrace briguait l'honneur d'être admis au rang de ses bourgeois. Aujourd'hui les descendants des Tartares dominent dans ces belles régions, et à peine le nom de la Grèce subsiste. Cependant la seule petite ville d'Athènes aura toujours plus de réputation parmi nous que les Turcs ses oppresseurs, eussent-ils l'empire de la terre.

La plupart des grands monuments d'Athènes, que les Romains imitèrent et ne purent surpasser, ou sont en ruine, ou ont disparu : une petite mosquée est bâtie sur le tombeau de Thémistocle, ainsi qu'une chapelle de récollets est élevée à Rome sur les débris du Capitole ; l'ancien temple de Minerve est aussi changé en mosquée ; le port de Pirée n'est plus. Un lion antique de marbre subsiste encore auprès, et donne son nom au port du Lion presque comblé. Le lieu où était l'académie est couvert de quelques huttes de jardiniers. Les beaux restes du Stadion inspirent de la vénération et des regrets ; et le temple de Cérès, qui n'a rien souffert des injures du temps, fait entrevoir ce que fut autrefois Athènes. Cette ville, qui vainquit Xerxès, contient seize à dix-sept mille habitants, tremblants devant douze cents janissaires qui n'ont qu'un bâton blanc à la main. Les Spartiates, ces anciens rivaux et ces vainqueurs d'Athènes, sont confondus avec elle dans le même assujettissement. Ils ont combattu plus long-temps pour leur liberté, et semblent garder encore quelques restes de ces mœurs dures et altières que leur inspira Lycurgue.

Les Grecs restèrent dans l'oppression, mais non pas dans l'esclavage. On leur laissa leur religion et leurs lois; et les Turcs se conduisirent comme s'étaient conduits les Arabes en Espagne. Les familles grecques subsistent dans leur patrie, avilies, méprisées, mais tranquilles : elles ne paient qu'un léger tribut; elles font le commerce et cultivent la terre; leurs villes et leurs bourgades ont encore leur Protogéros qui juge leurs différents; leur patriarche est entretenu par elles honorablement. Il faut bien qu'il en tire des sommes assez considérables, puisqu'il paie à son installation quatre mille ducats au trésor impérial, et autant aux officiers de la Porte.

Le plus grand assujettissement des Grecs a été long-temps d'être obligés de livrer au sultan des enfants de tribut, pour servir dans le sérail ou parmi les janissaires. Il fallait qu'un père de famille donnât un de ses fils, ou qu'il le rachetât. Il y a en Europe des provinces chrétiennes où la coutume de donner ses enfants, destinés à la guerre dès le berceau, est établie. Ces enfants de tribut, élevés par les Turcs, fesaient souvent dans le sérail une grande fortune. La condition même des janissaires est assez bonne. C'était une grande preuve de la force de l'éducation et des bizarreries de ce monde, que la plupart de ces fiers ennemis des chrétiens fussent nés des chrétiens opprimés. Une plus grande preuve de cette fatale et invincible destinée par qui l'Être suprême enchaîne tous les événements de l'univers, c'est que Constantin ait bâti Constantinople pour les Turcs, comme Romulus avait, tant de siècles auparavant, jeté les fondements du Capitole pour les pontifes de l'Église catholique.

Je crois devoir ici combattre un préjugé, que le gouvernement turc est un gouvernement absurde qu'on appelle *despotique;* que les peuples sont tous esclaves du sultan, qu'ils n'ont rien en propre, que leur vie et leurs biens appartiennent à leur maître. Une telle administration se détruirait elle-même. Il serait bien étrange que les Grecs vaincus ne fussent point réellement esclaves, et que leurs vainqueurs le fussent. Quelques voyageurs ont cru que toutes les terres appartenaient au sultan, parcequ'il donne des timariots à vie, comme autrefois les rois francs donnaient des bénéfices militaires. Ces voyageurs devaient considérer qu'il y a des lois pour les héritages en Turquie, comme partout ailleurs. L'*Alcoran,* qui est la loi civile, aussi bien que celle de la religion, pourvoit dès le quatrième chapitre aux héritages des hommes et des femmes; et la loi de tradition et de coutume supplée à ce que l'*Alcoran* ne dit pas.

Il est vrai que le mobilier des bachas décédés appartient au sultan, et qu'il fait la part à la famille.

Mais c'était une coutume établie en Europe dans le temps que les fiefs n'étaient point héréditaires; et long-temps après les évêques mêmes héritèrent des meubles des ecclésiastiques inférieurs, et les papes exercèrent ce droit sur les cardinaux et sur tous les bénéficiers qui mouraient dans la résidence du premier pontife.

Non seulement les Turcs sont tous libres, mais ils n'ont chez eux aucune distinction de noblesse. Ils ne connaissent de supériorité que celle des emplois.

Leurs mœurs sont à-la-fois féroces, altières et efféminées; ils tiennent leur dureté des Scythes leurs ancêtres, et leur mollesse de la Grèce et de l'Asie. Leur orgueil est extrême. Ils sont conquérants et ignorants; c'est pourquoi ils méprisent toutes les nations.

L'empire ottoman n'est point un gouvernement monarchique, tempéré par des mœurs douces, comme le sont aujourd'hui la France et l'Espagne; il ressemble encore moins à l'Allemagne, devenue avec le temps une république de princes et de villes, sous un chef suprême qui a le titre d'empereur. Il n'a rien de la Pologne, où les cultivateurs sont esclaves, et où les nobles sont rois; il est aussi éloigné de l'Angleterre par sa constitution que par la distance des lieux. Mais il ne faut pas imaginer que ce soit un gouvernement arbitraire en tout, où la loi permette aux caprices d'un seul d'immoler à son gré des multitudes d'hommes, comme des bêtes fauves qu'on entretient dans un parc pour son plaisir.

Il semble à nos préjugés qu'un chiaoux peut aller,

un hatichérif à la main, demander de la part du sultan tout l'argent des pères de famille d'une ville, et toutes les filles pour l'usage de son maître. Il y a sans doute d'horribles abus dans l'administration turque; mais en général ces abus sont bien moins funestes au peuple qu'à ceux mêmes qui partagent le gouvernement; c'est sur eux que tombe la rigueur du despotisme. La sentence secrète d'un divan suffit pour sacrifier les principales têtes aux moindres soupçons. Nul grand corps légal établi dans ce pays pour rendre les lois respectables, et la personne du souverain sacrée. Nulle digue opposée par la constitution de l'état aux injustices du vizir. Ainsi peu de ressources pour le sujet quand il est opprimé, et pour le maître quand on conspire contre lui. Le souverain qui passe pour le plus puissant de la terre est en même temps le moins affermi sur son trône. Il suffit d'un jour de révolutions pour l'en faire tomber. Les Turcs ont en cela imité les mœurs de l'empire grec qu'ils ont détruit. Ils ont seulement plus de respect pour la maison ottomane, que les Grecs n'en avaient pour la famille de leurs empereurs. Ils déposent, ils égorgent un sultan; mais c'est toujours en faveur d'un prince de la maison ottomane. L'empire grec, au contraire, avait passé par les assassinats dans vingt familles différentes.

La crainte d'être déposé est un plus grand frein pour les empereurs turcs que toutes les lois de l'*Alcoran*. Maître absolu dans son sérail, maître de la vie de ses officiers, au moyen d'un fetfa du muphti, il ne l'est pas des usages de l'empire : il n'augmente point les impôts, il ne touche point aux monnaies; son trésor particulier est séparé du trésor public.

La place du sultan est quelquefois la plus oisive de la terre, et celle du grand vizir la plus laborieuse: il est à-la-fois connétable, chancelier, et premier président. Le prix de tant de peines a été souvent l'exil ou le cordeau.

Les places de bachas n'ont pas été moins dangereuses, et jusqu'à nos jours une mort violente a été souvent leur destinée. Tout cela ne prouve que des mœurs dures et féroces, telles que l'ont été long-temps celles de l'Europe chrétienne, lorsque tant de têtes tombaient sur les échafauds, lorsqu'on pendait La Brosse, le favori de saint Louis; que le ministre Laguette mourait dans la question sous Charles-le-Bel; que le connétable de France, Charles de La Cerda, était exécuté sous le roi Jean, sans forme de procès; qu'on voyait Enguerrand de Marigni pendu au gibet de Montfaucon, que lui-même avait fait dresser; qu'on portait au même gibet le corps du premier ministre Montagu; que le grand-maître des templiers et tant de chevaliers expiraient dans les flammes, et que de telles cruautés étaient ordinaires dans les états monarchiques. On se tromperait beaucoup si on pensait que ces barbaries fussent la suite du pouvoir absolu. Aucun prince chrétien n'était despotique, et le grand-seigneur ne l'est pas davantage. Plusieurs sultans, à la vérité, ont fait plier toutes les lois à leurs volontés, comme un Mahomet II, un Sélim, un Soliman....... Les conquérants trouvent peu de contradictions dans leurs sujets; mais tous nos historiens nous ont bien trompés quand ils ont regardé l'empire ottoman comme un gouvernement dont l'essence est le despotisme.

Le comte de Marsigli, plus instruit qu'eux tous, s'exprime ainsi : « In tutte le nostre storie sentiamo « esaltar la sovranità che cosi despoticamente prati- « casi dal sultano : ma quanto si scostano elle dal ve- « ro! » La milice des janissaires, dit-il, qui reste à Constantinople, et qu'on nomme *capiculi*, a par ses lois le pouvoir de mettre en prison le sultan, de le faire mourir et de lui donner un successeur. Il ajoute que le grand-seigneur est souvent obligé de consulter l'état politique et militaire pour faire la guerre et la paix.

Les bachas ne sont point absolus dans leurs provinces comme nous le croyons; ils dépendent de leur divan. Les principaux citoyens ont le droit de se plaindre de leur conduite, et d'envoyer contre eux des mémoires au grand-divan de Constantinople. Enfin, Marsigli conclut par donner au gouvernement turc le nom de démocratie. C'en est une en effet à peu près dans la forme de celle de Tunis et d'Alger. Ces sultans, que le peuple n'ose regarder, et qu'on n'aborde qu'avec des prosternements qui semblent tenir de l'adoration, n'ont donc que le dehors du despotisme; ils ne sont absolus que quand ils savent déployer heureusement cette fureur de pouvoir arbitraire qui semble être née chez tous les hommes. Louis XI, Henri VIII, Sixte-Quint, d'autres princes ont été aussi despotiques qu'aucun sultan. Si on approfondissait ainsi le secret des trônes de l'Asie, presque toujours inconnu aux étrangers, on verrait qu'il y a bien moins de despotisme sur la terre qu'on ne pense. Notre Europe a vu des princes vassaux d'un autre prince qui n'est pas absolu, prendre dans leurs états une autorité plus arbitraire que les empereurs de la Perse et de l'Inde. Ce serait pourtant une grande erreur de penser que les états de ces princes sont par leur constitution un gouvernement despotique.

Toutes les histoires des peuples modernes, excepté peut-être celles d'Angleterre et d'Allemagne, nous donnent presque toujours de fausses notions, parcequ'on a rarement distingué les temps et les personnes, les abus et les lois, les événements passagers et les usages.

On se tromperait encore si on croyait que le gouvernement turc est une administration uniforme, et que du fond du sérail de Constantinople il part tous les jours des courriers qui portent les mêmes ordres à toutes les provinces. Ce vaste empire, qui s'est formé par la victoire en divers temps, et que nous verrons toujours s'accroître jusqu'au dix-huitième siècle, est composé de trente peuples différents qui n'ont ni la même langue, ni la même religion, ni les mêmes mœurs. Ce sont les Grecs de l'ancienne Ionie, des côtes de l'Asie Mineure et de l'Achaïe, les habitants de l'ancienne Colchide, ceux de la Chersonèse Taurique : ce sont les Gètes devenus chrétiens, et connus sous le nom de Valaques et de Moldaves ; des Arabes, des Arméniens, des Bulgares, des Illyriens, des Juifs ; ce sont enfin les Égyptiens, et les peuples de l'ancienne Carthage, que nous verrons bientôt engloutis par la puissance ottomane. La seule milice des Turcs a vaincu tous ces peuples, et les a contenus. Tous sont différemment gouvernés : les uns reçoivent des princes nommés par la Porte, comme la Valachie, la Moldavie, et la Crimée. Les Grecs vivent sous l'administration municipale dépendante d'un bacha. Le nombre des subjugués est immense par rapport au nombre des vainqueurs; il n'y a que très peu de Turcs naturels; presque aucun d'eux ne cultive la terre, très peu s'adonnent aux arts. On pourrait dire ce que Virgile dit des Romains : *Leur art est de commander*[1]. La grande différence entre les conquérants turcs et les anciens conquérants romains, c'est que Rome s'incorpora tous les peuples vaincus, et que les Turcs restent toujours séparés de ceux qu'ils ont soumis, et dont ils sont entourés.

Il est resté, à la vérité, deux cent mille Grecs dans Constantinople; mais ce sont environ deux cent mille artisans ou marchands qui travaillent pour leurs dominateurs. C'est un peuple entier toujours conquis dans sa capitale, auquel il n'est pas même permis de s'habiller comme les Turcs.

Ajoutons à cette remarque qu'une seule puissance a subjugué tous ces pays, depuis l'Archipel jusqu'à l'Euphrate, et que vingt puissances conjurées n'avaient pu, par les croisades, établir que des dominations passagères dans ces mêmes contrées, avec vingt

---

[1] « Tu regere imperio populos, Romane, memento;
« Hæ tibi erunt artes. »
Æn. vi, 851-52. B.

fois plus de soldats, et des travaux qui durèrent deux siècles entiers.

Ricaut, qui a demeuré long-temps en Turquie, attribue la puissance permanente de l'empire ottoman *à quelque chose de surnaturel*. Il ne peut comprendre comment ce gouvernement, qui dépend si souvent du caprice des janissaires, peut se soutenir contre ses propres soldats et contre ses ennemis. Mais l'empire romain a duré cinq cents ans à Rome, et près de quatorze siècles dans le Levant, au milieu des séditions des armées; les possesseurs du trône furent renversés, et le trône ne le fut pas. Les Turcs ont pour la race ottomane une vénération qui leur tient lieu de loi fondamentale : l'empire est arraché souvent au sultan ; mais, comme nous l'avons remarqué [1], il ne passe jamais dans une maison étrangère. La constitution intérieure n'a donc eu rien à craindre, quoique le monarque et les vizirs aient eu si souvent à trembler.

Jusqu'à présent cet empire n'a pas redouté d'invasions étrangères. Les Persans ont rarement entamé les frontières des Turcs. Vous verrez au contraire le sultan Amurat IV prendre Bagdad d'assaut sur les Persans en 1638 [2], demeurer toujours le maître de la Mésopotamie, envoyer d'un côté des troupes au grand-mogol contre la Perse, et de l'autre menacer Venise. Les Allemands ne se sont jamais présentés aux portes de Constantinople comme les Turcs à celles de Vienne [3] :

---

[1] Page 506. B.
[2] Chap. cxci. B.
[3] En 1529 et 1683. Voyez pour le dernier siége le chapitre cxcii ; Voltaire parle du premier à sa date dans les *Annales de l'Empire*. B.

Les Russes ne sont devenus redoutables à la Turquie que depuis Pierre-le-Grand. Enfin, la force et la rapine établirent l'empire ottoman, et les divisions des chrétiens l'ont maintenu: il n'est rien là que de naturel. Nous verrons comment cet empire s'est accru dans sa puissance, et s'est conservé long-temps dans ses usages féroces, qui commencent enfin à s'adoucir.

CHAPITRE XCIV.

Du roi de France Louis XI.

Le gouvernement féodal périt bientôt en France, quand Charles VII eut commencé à établir sa puissance par l'expulsion des Anglais, par la jouissance de tant de provinces réunies à la couronne, et enfin par des subsides rendus perpétuels.

L'ordre féodal s'affermissait en Allemagne, par une raison contraire, sous des empereurs électifs, qui en qualité d'empereurs n'avaient ni provinces ni subsides. L'Italie était toujours partagée en républiques et en principautés indépendantes. Le pouvoir absolu n'était connu ni en Espagne, ni dans le Nord; et l'Angleterre jetait au milieu de ses divisions les semences de ce gouvernement singulier, dont les racines, toujours coupées et toujours sanglantes, ont enfin produit après des siècles, à l'étonnement des nations, le mélange égal de la liberté et de la royauté.

Il n'y avait plus en France que deux grands fiefs,

la Bourgogne et la Bretagne; mais leur pouvoir les rendit indépendantes; et malgré les lois féodales, elles n'étaient pas regardées en Europe comme fesant partie du royaume. Le duc de Bourgogne, Philippe-le-Bon, avait même stipulé qu'il ne rendrait point hommage à Charles VII, quand il lui pardonna l'assassinat du duc Jean, son père.

Les princes du sang avaient en France des apanages en pairies, mais ressortissants au parlement sédentaire. Les seigneurs, puissants dans leurs terres, ne l'étaient pas comme autrefois dans l'état: il n'y avait plus guère au-delà de la Loire que le comte de Foix qui s'intitulât *Prince par la grace de Dieu*, et qui fît battre monnaie; mais les seigneurs des fiefs et les communautés des grandes villes avaient d'immenses priviléges.

Louis XI, fils de Charles VII, devint le premier roi absolu en Europe depuis la décadence de la maison de Charlemagne. Il ne parvint enfin à ce pouvoir tranquille que par des secousses violentes. Sa vie est un grand contraste. Faut-il pour humilier et pour confondre la vertu qu'il ait mérité d'être regardé comme un grand roi, lui qu'on peint comme un fils dénaturé, un frère barbare, un mauvais père, et un voisin perfide! Il remplit d'amertume les dernières années de son père; il causa sa mort. Le malheureux Charles VII mourut, comme on sait, par la crainte que son fils ne le fît mourir; il choisit la faim pour éviter le poison qu'il redoutait. Cette seule crainte dans un père, d'être empoisonné par son fils, prouve trop que le fils passait pour être capable de ce crime.

Après avoir bien pesé toute la conduite de Louis XI, ne peut-on pas se le représenter comme un homme qui voulut effacer souvent ses violences imprudentes par des artifices, et soutenir des fourberies par des cruautés? D'où vient que dans les commencements de son règne, tant de seigneurs attachés à son père, et surtout ce fameux comte de Dunois, dont l'épée avait soutenu la couronne, entrèrent contre lui dans la ligue *du bien public?* Ils ne profitaient pas de la faiblesse du trône, comme il est arrivé tant de fois. Mais Louis XI avait abusé de sa force. N'est-il pas évident que le père, instruit par ses fautes et par ses malheurs, avait très bien gouverné, et que le fils, trop enflé de sa puissance, commença par gouverner mal?

(1465) Cette ligue le mit au hasard de perdre sa couronne et sa vie. La bataille donnée à Montlhéri contre le comte de Charolais et tant d'autres princes ne décida rien; mais il est certain qu'il la perdit, puisque ses ennemis eurent le champ de bataille, et qu'il fut obligé de leur accorder tout ce qu'ils demandèrent. Il ne se releva du traité honteux de Conflans qu'en le violant dans tous ses points. Jamais il n'accomplit un serment, à moins qu'il ne jurât par un morceau de bois qu'on appelait *la vraie croix de Saint-Lô.* Il croyait, avec le peuple, que le parjure sur ce morceau de bois fesait mourir infailliblement dans l'année.

Le barbare, après le traité, fit jeter dans la rivière plusieurs bourgeois de Paris soupçonnés d'être partisans de son ennemi. On les liait deux à deux dans un sac : c'est la chronique de Saint-Denys qui rend ce témoignage. Il ne désunit enfin les confédérés qu'en donnant à chacun d'eux ce qu'il demandait. Ainsi, jusque dans son habileté, il y eut encore de la faiblesse.

Il se fit un irréconciliable ennemi de Charles, fils de Philippe-le-Bon, maître de la Bourgogne, de la Franche-Comté, de la Flandre, de l'Artois, des places sur la Somme, et de la Hollande. Il excite les Liégeois à faire une perfidie à ce duc de Bourgogne et à prendre les armes contre lui. Il se remet en même temps entre ses mains à Péronne, croyant le mieux tromper. Quelle plus mauvaise politique! Mais aussi, étant découvert (1468), il se vit prisonnier dans le château de Péronne, et forcé de marcher à la suite de son vassal contre ces Liégeois mêmes qu'il avait armés. Quelle plus grande humiliation!

Non seulement il fut toujours perfide, mais il força le duc Charles de Bourgogne à l'être; car ce prince était né emporté, violent, téméraire, mais éloigné de la fraude. Louis XI, en trompant tous ses voisins, les invitait tous à le tromper. A ce commerce de fraudes se joignirent les barbaries les plus sauvages. Ce fut surtout alors qu'on regarda comme un droit de la guerre de faire pendre, de noyer, ou d'égorger les prisonniers faits dans les batailles, et de tuer les vieillards, les enfants et les femmes, dans les villes conquises. Maximilien, depuis empereur, fit pendre par représailles, après sa victoire de Guinegaste, un capitaine gascon qui avait défendu avec bravoure un château contre toute son armée; et Louis XI, par une autre représaille, fit mourir par le gibet cinquante gentilshommes de l'armée de Maximilien, tombés entre ses mains. Charles de Bourgogne se vengea de quelques autres cruautés du roi en tuant tout dans la ville de Dinant prise à discrétion, et en la réduisant en cendres.

Louis XI craint son frère le duc de Berri, (1472) et ce prince est empoisonné par un moine bénédictin, nommé Favre Vésois, son confesseur. Ce n'est pas ici un de ces empoisonnements équivoques adoptés sans preuves par la maligne crédulité des hommes[1] : le duc de Berri soupait entre la dame de Montsorau, sa maîtresse, et son confesseur; celui-ci leur fait apporter une pêche d'une grosseur singulière : la dame expire immédiatement après en avoir mangé; le prince, après de cruelles convulsions, meurt au bout de quelque temps.

Odet Daidie, brave seigneur, veut venger le mort, auquel il avait été toujours attaché. Il conduit loin de Louis, en Bretagne, le moine empoisonneur. On lui fait son procès en liberté; et le jour qu'on doit prononcer la sentence à ce moine, on le trouve mort dans son lit. Louis XI, pour apaiser le cri public, se fait apporter les pièces du procès, et nomme des commissaires; mais ils ne décident rien, et le roi les comble de bienfaits. On ne douta guère dans l'Europe que Louis n'eût commis ce crime, lui qui étant dauphin avait fait craindre un parricide à Charles VII, son père. L'histoire ne doit point l'en accuser sans preuves; mais elle doit le plaindre d'avoir mérité qu'on l'en soupçonnât. Elle doit surtout observer que tout prince cou-

[1] Voyez ma note sur le chapitre LXXIX. B.

pable d'un attentat avéré, est coupable aussi des jugements téméraires qu'on porte sur toutes ses actions.

Telle est la conduite de Louis XI avec ses vassaux et ses proches. Voici celle qu'il tient avec ses voisins. Le roi d'Angleterre, Édouard IV, débarque en France pour tenter de rentrer dans les conquêtes de ses pères. Louis peut le combattre, mais il aime mieux être son tributaire (1475). Il gagne les principaux officiers anglais ; il fait des présents de vins à toute l'armée ; il achète le retour de cette armée en Angleterre. N'eût-il pas été plus digne d'un roi de France, d'employer à se mettre en état de résister et de vaincre, l'argent qu'il mit à séduire un prince très mal affermi, qu'il craignait, et qu'il ne devait pas craindre ?

Les grandes ames choisissent hardiment des favoris illustres et des ministres approuvés : Louis XI n'eut guère pour ses confidents et pour ses ministres que des hommes nés dans la fange, et dont le cœur était au-dessous de leur état.

Il y a peu de tyrans qui aient fait mourir plus de citoyens par les mains des bourreaux, et par des supplices plus recherchés. Les chroniques du temps comptent quatre mille sujets exécutés sous son règne en public ou en secret. Les cachots, les cages de fer, les chaînes dont on chargeait ses victimes, sont les monuments qu'a laissés ce monarque, et qu'on voit avec horreur.

Il est étonnant que le P. Daniel indique à peine le supplice de Jacques d'Armagnac, duc de Nemours, descendant reconnu de Clovis. Les circonstances et l'appareil de sa mort (1477), le partage de ses dépouilles, les cachots où ses jeunes enfants furent enfermés jusqu'à la mort de Louis XI, sont de tristes et intéressants objets de la curiosité. On ne sait point précisément quel était le crime de ce prince. Il fut jugé par des commissaires, ce qui peut faire présumer qu'il n'était point coupable. Quelques historiens lui imputent vaguement d'avoir voulu se saisir de la personne du roi, et faire tuer le dauphin. Une telle accusation n'est pas croyable. Un petit prince ne pouvait guère, du pied des Pyrénées où il était réfugié, prendre prisonnier Louis XI en pleine paix, tout puissant et absolu dans son royaume. L'idée de tuer le dauphin encore enfant, et de conserver le père, est encore une de ces extravagances qui ne tombent point dans la tête d'un homme d'état. Tout ce qui est bien avéré, c'est que Louis XI avait en exécration la maison des Armagnacs; qu'il fit saisir le duc de Nemours dans Carlat, en 1477; qu'il le fit enfermer dans une cage de fer à la Bastille; qu'ayant dressé lui-même toute l'instruction du procès, il lui envoya des juges, parmi lesquels était ce Philippe de Commines, célèbre traître, qui, ayant long-temps vendu les secrets de la maison de Bourgogne au roi, passa enfin au service de la France, et dont on estime les Mémoires, quoique écrits avec la retenue d'un courtisan qui craignait encore de dire la vérité, même après la mort de Louis XI.

Le roi voulut que le duc de Nemours fût interrogé dans sa cage de fer, qu'il y subît la question, et qu'il y reçût son arrêt. On le confessa ensuite dans une salle tendue de noir. La confession commençait à devenir une grace accordée aux condamnés. L'appareil noir était en usage pour les princes. C'est ainsi qu'on avait exécuté Conradin à Naples, et qu'on traita depuis Marie Stuart en Angleterre. On était barbare en cérémonie chez les peuples chrétiens occidentaux; et ce raffinement d'inhumanité n'a jamais été connu que d'eux. Toute la grace que ce malheureux prince put obtenir, ce fut d'être enterré en habit de cordelier, grace digne de la superstition de ces temps atroces, qui égalait leur barbarie.

Mais ce qui ne fut jamais en usage, et ce que pratiqua Louis XI, ce fut de faire mettre sous l'échafaud, dans les halles de Paris, les jeunes enfants du duc, pour recevoir sur eux le sang de leur père. Ils en sortirent tout couverts; et en cet état on les conduisit à la Bastille, dans des cachots faits en forme de hottes, où la gêne que leurs corps éprouvaient était un continuel supplice. On leur arrachait les dents à plusieurs intervalles. Ce genre de torture, aussi petit qu'odieux, était en usage. C'est ainsi que du temps de Jean, roi de France, d'Édouard III, roi d'Angleterre, et de l'empereur Charles IV, on traitait les Juifs en France, en Angleterre, et dans plusieurs villes d'Allemagne, pour avoir leur argent. Le détail des tourments inouïs que souffrirent les princes de Nemours-Armagnac serait incroyable, s'il n'était attesté par la requête que ces princes infortunés présentèrent aux états, après la mort de Louis XI, en 1483.

Jamais il n'y eut moins d'honneur que sous ce règne. Les juges ne rougirent point de partager les biens de celui qu'ils avaient condamné. Le traître Philippe de Commines, qui avait trahi le duc de Bourgogne en lâche, et qui fut plus lâchement l'un des commissaires du duc de Nemours, eut les terres du duc dans le Tournaisis.

Les temps précédents avaient inspiré des mœurs fières et barbares, dans lesquelles on vit éclater quelquefois de l'héroïsme. Le règne de Charles VII avait eu des Dunois, des La Trimouille, des Clisson, des Richemont, des Saintraille, des La Hire, et des magistrats d'un grand mérite; mais sous Louis XI, pas un grand homme. Il avilit la nation. Il n'y eut nulle vertu: l'obéissance tint lieu de tout, et le peuple fut enfin tranquille comme les forçats le sont dans une galère.

Ce cœur artificieux et dur avait pourtant deux penchants qui auraient dû mettre de l'humanité dans ses mœurs : c'étaient l'amour et la dévotion. Il eut des maîtresses ; il eut trois bâtards ; il fit des neuvaines et des pélerinages. Mais son amour tenait de son caractère, et sa dévotion n'était que la crainte superstitieuse d'une ame timide et égarée. Toujours couvert de reliques, et portant à son bonnet sa Notre-Dame de plomb, on prétend qu'il lui demandait pardon de ses assassinats avant de les commettre. Il donna par contrat le comté de Boulogne à la sainte Vierge. La piété ne consiste pas à faire la Vierge comtesse, mais à s'abstenir des actions que la conscience reproche, que Dieu doit punir, et que la Vierge ne protége point.

Il introduisit la coutume italienne de sonner la cloche à midi, et de dire un *Ave Maria*. Il demanda au pape le droit de porter le surplus et l'aumusse, et de se faire oindre une seconde fois de l'ampoule de Reims.

(1483) Enfin sentant la mort approcher, renfermé au château du Plessis-les-Tours, inaccessible à ses sujets, entouré de gardes, dévoré d'inquiétudes, il fait venir de Calabre un ermite, nommé François Martorillo, révéré depuis sous le nom de saint François de Paule. Il se jette à ses pieds; il le supplie en pleurant d'intercéder auprès de Dieu, et de lui prolonger la vie, comme si l'ordre éternel eût dû changer à la voix d'un Calabrois dans un village de France, pour laisser dans un corps usé une ame faible et perverse plus long-temps que ne comportait la nature. Tandis qu'il demande ainsi la vie à un ermite étranger, il croit en ranimer les restes en s'abreuvant du sang qu'on tire à des enfants, dans la fausse espérance de corriger l'âcreté du sien. C'était un des excès de l'ignorante médecine de ces temps, médecine introduite par les Juifs, de faire boire du sang d'un enfant aux vieillards apoplectiques, aux lépreux, aux épileptiques.

On ne peut éprouver un sort plus triste dans le sein des prospérités, n'ayant d'autres sentiments que l'ennui, les remords, la crainte, et la douleur d'être détesté.

C'est cependant lui qui le premier des rois de France prit toujours le nom de *Très Chrétien*, à peu près dans le temps que Ferdinand d'Aragon, illustre par des perfidies autant que par des conquêtes, prenait le nom de *Catholique*. Tant de vices n'ôtèrent pas à Louis XI ses bonnes qualités. Il avait du courage ; il savait donner en roi ; il connaissait les hommes et les affaires ; il voulait que la justice fût rendue, et qu'au moins lui seul pût être injuste.

Paris, désolé par une contagion, fut repeuplé par ses soins : il le fut à la vérité de beaucoup de brigands, mais qu'une police sévère contraignit de devenir citoyens. De son temps il y eut, dit-on, dans cette ville quatre-vingt mille bourgeois capables de porter les armes. C'est à lui que le peuple doit le premier abaissement des grands. Environ cinquante familles en ont murmuré, et plus de cinq cent mille ont dû s'en féliciter. Il empêcha que le parlement et l'université de Paris, deux corps alors également ignorants, parceque tous les Français l'étaient, ne poursuivissent comme sorciers les premiers imprimeurs qui vinrent d'Allemagne en France [1].

De lui vient l'établissement des postes, non tel qu'il est aujourd'hui en Europe ; il ne fit que rétablir les *veredarii* de Charlemagne et de l'ancien empire romain. Deux cent trente courriers à ses gages portaient ses ordres incessamment. Les particuliers pouvaient courir avec les chevaux destinés à ces courriers, en payant dix sous par cheval pour chaque traite de quatre lieues. Les lettres étaient rendues de ville en ville par les courriers du roi. Cette police ne fut longtemps connue qu'en France. Il voulait rendre les poids et les mesures uniformes dans ses états, comme ils l'avaient été du temps de Charlemagne. Enfin il prouva

---

[1] Voyez chapitre cxxi et ma note. B.

qu'un méchant homme peut faire le bien public, quand son intérêt particulier n'y est pas contraire.

Les impositions, sous Charles VII, indépendamment du domaine, étaient de dix-sept cent mille livres de compte. Sous Louis XI, elles se montèrent jusqu'à quatre millions sept cent mille livres; et la livre étant alors de dix au marc, cette somme revenait à vingt-trois millions cinq cent mille livres d'aujourd'hui. Si, en suivant ces proportions, on examine les prix des denrées, et surtout celui du blé qui en est la base, on trouve qu'il valait la moitié moins qu'aujourd'hui. Ainsi, avec vingt-trois millions numéraires, on faisait précisément ce qu'on fait à présent avec quarante-six.

Telle était la puissance de la France avant que la Bourgogne, l'Artois, le territoire de Boulogne, les villes sur la Somme, la Provence, l'Anjou, fussent incorporés par Louis XI à la monarchie française. Ce royaume devint bientôt le plus puissant de l'Europe. C'était un fleuve grossi par vingt rivières, et épuré de la fange qui avait si long-temps troublé son cours.

Les titres commencèrent alors à être donnés au pouvoir. Louis XI fut le premier roi de France à qui on donna quelquefois le titre de majesté, que jusque-là l'empereur seul avait porté, mais que la chancellerie allemande n'a jamais donné à aucun roi, jusqu'à nos derniers temps. Les rois d'Aragon, de Castille, de Portugal, avaient le titre d'*altesse*: on disait à celui d'Angleterre, *votre grace*; on aurait pu dire à Louis XI, *votre despotisme*.

Nous avons vu [1] par combien d'attentats heureux il

---

[1] Dans ce chapitre même, page 513. B.

fut le premier roi de l'Europe absolu, depuis l'établissement du grand gouvernement féodal. Ferdinand-le-Catholique ne put jamais l'être en Aragon. Isabelle, par son adresse, prépara les Castillans à l'obéissance passive ; mais elle ne régna point despotiquement. Chaque état, chaque province, chaque ville avait ses priviléges dans toute l'Europe. Les seigneurs féodaux combattaient souvent ces priviléges, et les rois cherchaient à soumettre également à leur puissance les seigneurs féodaux et les villes. Nul n'y parvint alors que Louis XI ; mais ce fut en fesant couler sur les échafauds le sang d'Armagnac et de Luxembourg, en sacrifiant tout à ses soupçons, en payant chèrement les exécuteurs de ses vengeances. Isabelle de Castille s'y prenait avec plus de finesse sans cruauté. Il s'agissait, par exemple, de réunir à la couronne le duché de Placentia : que fait-elle ? Ses insinuations et son argent soulèvent les vassaux du duc de Placentia contre lui. Ils s'assemblent, ils demandent à être les vassaux de la reine, et elle y consent par complaisance.

Louis XI, en augmentant son pouvoir sur ses peuples par ses rigueurs, augmenta son royaume par son industrie. Il se fit donner la Provence par le dernier comte souverain de cet état, et arracha ainsi un feudataire à l'empire, comme Philippe de Valois s'était fait donner le Dauphiné. L'Anjou et le Maine, qui appartenaient au comte de Provence, furent encore réunis à la couronne. L'habileté, l'argent, et le bonheur, accrurent petit à petit le royaume de France, qui depuis Hugues Capet avait été peu de chose, et que les Anglais avaient presque détruit. Ce même bonheur rejoignit la Bourgogne à la France, et les fautes du dernier duc rendirent au corps de l'état une province qui en avait été imprudemment séparée.

Ce temps fut en France le passage de l'anarchie à la tyrannie. Ces changements ne se font point sans de grandes convulsions. Auparavant les seigneurs féodaux opprimaient, et sous Louis XI ils furent opprimés. Les mœurs ne furent pas meilleures ni en France, ni en Angleterre, ni en Allemagne, ni dans le Nord. La barbarie, la superstition, l'ignorance, couvraient la face du monde, excepté en Italie. La puissance papale asservissait toujours toutes les autres puissances; et l'abrutissement de tous les peuples qui sont au-delà des Alpes était le véritable soutien de ce prodigieux pouvoir contre lequel tant de princes s'étaient inutilement élevés de siècle en siècle. Louis XI baissa la tête sous ce joug, pour être plus le maître chez lui. C'était sans doute l'intérêt de Rome que les peuples fussent imbéciles, et en cela elle était partout bien servie. On était assez sot à Cologne pour croire posséder les os pourris de trois prétendus rois qui vinrent, dit-on, du fond de l'Orient apporter de l'or à l'enfant Jésus dans une étable. On envoya à Louis XI quelques restes de ces cadavres, qu'on fesait passer pour ceux de ces trois monarques, dont il n'est pas même parlé dans les évangiles; et l'on fit accroire à ce prince qu'il n'y avait que les os pourris des rois qui pussent guérir un roi. On a conservé une de ses lettres à je ne sais quel prieur de Notre-Dame de Salles, par laquelle il demande à cette Notre-Dame de lui accorder la fièvre quarte, attendu, dit-il, que les médecins l'assurent qu'il n'y a que la fièvre quarte qui soit bonne pour sa santé. L'impudent charlatanisme des médecins était donc aussi grand que l'imbécillité de Louis XI, et son imbécillité était égale à sa tyrannie. Ce portrait n'est pas seulement celui de ce monarque, c'est celui de presque toute l'Europe. Il ne faut connaître l'histoire de ces temps-là que pour la mépriser. Si les princes et les particuliers n'avaient pas quelque intérêt à s'instruire des révolutions de tant de barbares gouvernements, on ne pourrait plus mal employer son temps qu'en lisant l'histoire.

CHAPITRE XCV.

De la Bourgogne, et des Suisses ou Helvétiens, du temps de Louis XI, au quinzième siècle.

Charles-le-Téméraire, issu en droite ligne de Jean, roi de France, possédait le duché de Bourgogne, comme l'apanage de sa maison, avec les villes sur la Somme que Charles VII avait cédées. Il avait par droit de succession la Franche-Comté, l'Artois, la Flandre, et presque toute la Hollande. Ses villes des Pays-Bas florissaient par un commerce qui commençait à approcher de celui de Venise. Anvers était l'entrepôt des nations septentrionales; cinquante mille ouvriers travaillaient dans Gand aux étoffes de laine; Bruges était aussi commerçante qu'Anvers; Arras était renommée pour ses belles tapisseries, qu'on nomme encore de son nom en Allemagne, en Angleterre, et en Italie.

Les princes étaient alors dans l'usage de vendre leurs états quand ils avaient besoin d'argent, comme aujourd'hui on vend sa terre et sa maison. Cet usage subsistait depuis le temps des croisades. Ferdinand, roi d'Aragon, vendit le Roussillon à Louis XI avec faculté de rachat. Charles, duc de Bourgogne, venait d'acheter la Gueldre. Un duc d'Autriche lui vendit encore tous les domaines qu'il possédait en Alsace et dans le voisinage des Suisses. Cette acquisition était bien au-dessus du prix que Charles en avait payé. Il se voyait maître d'un état contigu des bords de la Somme jusqu'aux portes de Strasbourg : il n'avait qu'à jouir. Peu de rois dans l'Europe étaient aussi puissants que lui; aucun n'était plus riche et plus magnifique. Son dessein était de faire ériger ses états en royaume; ce qui pouvait devenir un jour très préjudiciable à la France. Il ne s'agissait d'abord que d'acheter le diplôme de l'empereur Frédéric III. L'usage subsistait encore de demander le titre de roi aux empereurs; c'était un hommage qu'on rendait à l'ancienne grandeur romaine. La négociation manqua; et Charles de Bourgogne, qui voulait ajouter à ses états la Lorraine et la Suisse, était bien sûr, s'il eût réussi, de se faire roi sans la permission de personne.

Son ambition ne se couvrait d'aucun voile; et c'est principalement ce qui lui fit donner le surnom de *Téméraire*. On peut juger de son orgueil par la réception qu'il fit à des députés de Suisse (1474). Des écrivains de ce pays assurent que le duc obligea ces députés de lui parler à genoux[1]. C'est une étrange contradiction dans les mœurs d'un peuple libre, qui fut bientôt après son vainqueur.

Voici sur quoi était fondée la prétention du duc de Bourgogne, à laquelle les Helvétiens se soumirent. Plusieurs bourgades suisses étaient enclavées dans les domaines vendus à Charles par le duc d'Autriche. Il croyait avoir acheté des esclaves. Les députés des communes parlaient à genoux au roi de France; le duc de Bourgogne avait conservé l'étiquette des chefs de sa maison. Nous avons d'ailleurs remarqué que plusieurs rois, à l'exemple de l'empereur, avaient exigé qu'on fléchît un genou en leur parlant, ou en les servant; que cet usage asiatique avait été introduit par Constantin, et précédemment par Dioclétien. De là même venait la coutume qu'un vassal fît hommage à son seigneur, les deux genoux en terre. De là encore l'usage de baiser le pied droit du pape. C'est l'histoire de la vanité humaine.

Philippe de Commines et la foule des historiens qui l'ont suivi, prétendent que la guerre contre les Suisses, si fatale au duc de Bourgogne, fut excitée pour une charrette de peaux de moutons. Le plus léger sujet de querelle produit une guerre, quand on a envie de la faire : mais il y avait déjà long-temps que Louis XI animait les Suisses contre le duc de Bourgogne, et qu'on avait commis beaucoup d'hostilités de part et d'autre avant l'aventure de la charrette : il est très sûr que l'ambition de Charles était l'unique sujet de la guerre.

---

[1] Sur les prosternements, voyez chapitre XIII. B.

Il n'y avait alors que huit cantons suisses confédérés ; Fribourg, Soleure, Schaffouse, et Appenzel, n'étaient pas encore entrés dans l'union. Bâle, ville impériale, que sa situation sur le Rhin rendait puissante et riche, ne fesait pas partie de cette république naissante, connue seulement par sa pauvreté, sa simplicité, et sa valeur. Les députés de Berne vinrent remontrer à cet ambitieux que tout leur pays ne valait pas les éperons de ses chevaliers. Ces Bernois ne se mirent point à genoux ; ils parlèrent avec humilité, et se défendirent avec courage.

(1476) La gendarmerie du duc, couverte d'or, fut battue et mise deux fois dans la plus grande déroute par ces hommes simples, qui furent étonnés des richesses trouvées dans le camp des vaincus.

Aurait-on prévu, lorsque le plus gros diamant de l'Europe, pris par un Suisse à la bataille de Granson, fut vendu au général pour un écu, aurait-on prévu alors qu'il y aurait un jour en Suisse des villes aussi belles et aussi opulentes que l'était la capitale du duché de Bourgogne ? Le luxe des diamants, des étoffes d'or y fut long-temps ignoré ; et quand il a été connu, il a été prohibé ; mais les solides richesses, qui consistent dans la culture de la terre, y ont été recueillies par des mains libres et victorieuses. Les commodités de la vie y ont été recherchées de nos jours. Toutes les douceurs de la société, et la saine philosophie, sans laquelle la société n'a point de charme durable, ont pénétré dans les parties de la Suisse où le climat est le plus doux, et où règne l'abondance. Enfin, dans ces pays autrefois si agrestes, on est parvenu en quelques endroits à joindre la politesse d'Athènes à la simplicité de Lacédémone.

Cependant Charles-le-Téméraire voulut se venger sur la Lorraine, et arracher au duc René, légitime possesseur, la ville de Nanci qu'il avait déjà prise une fois ; mais ces mêmes Suisses vainqueurs, assistés de ceux de Fribourg et de Soleure, dignes par là d'entrer dans leur alliance, défirent encore l'usurpateur, qui paya de son sang le nom de *Téméraire* que la postérité lui donne (1477).

Ce fut alors que Louis XI s'empara de l'Artois et des villes sur la Somme, du duché de Bourgogne comme d'un fief mâle, et de la ville de Besançon, par droit de bienséance.

La princesse Marie, fille de Charles-le-Téméraire, unique héritière de tant de provinces, se vit donc tout d'un coup dépouillée des deux tiers de ses états. On aurait pu joindre encore au royaume de France les dix-sept provinces qui restaient à peu près à cette princesse, en lui fesant épouser le fils de Louis XI. Ce roi se flatta vainement d'avoir pour bru celle qu'il dépouillait ; et ce grand politique manqua l'occasion d'unir au royaume la Franche-Comté et tous les Pays-Bas.

Les Gantois et le reste des Flamands, plus libres alors sous leurs souverains que les Anglais mêmes ne le sont aujourd'hui sous leurs rois, destinèrent à leur princesse Maximilien, fils de l'empereur Frédéric III.

Aujourd'hui les peuples apprennent les mariages de leurs princes, la paix et la guerre, les établissements des impôts, et toute leur destinée, par une déclaration de leurs maîtres : il n'en était pas ainsi en Flandre. Les Gantois voulurent que leur princesse épousât un Allemand, et ils firent couper la tête au chancelier de Marie de Bourgogne, et à Imbercourt, son chambellan, parcequ'ils négociaient pour lui donner le dauphin de France. Ces deux ministres furent exécutés aux yeux de la jeune princesse, qui demandait en vain leur grace à ce peuple féroce.

Maximilien, appelé par les Gantois plus que par la princesse, vint conclure ce mariage comme un simple gentilhomme qui fait sa fortune avec une héritière : sa femme fournit aux frais de son voyage, à son équipage, à son entretien. Il eut cette princesse, mais non ses états : il ne fut que le mari d'une souveraine; et même, lorsque après la mort de sa femme on lui donna la tutèle de son fils, lorsqu'il eut l'administration des Pays-Bas, lorsqu'il venait d'être élu roi des Romains et César, les habitants de Bruges le mirent quatre mois en prison, en 1488, pour avoir violé leurs priviléges. Si les princes ont abusé souvent de leur pouvoir, les peuples n'ont pas moins abusé de leurs droits.

Ce mariage de l'héritière de Bourgogne avec Maximilien fut la source de toutes les guerres qui ont mis pendant tant d'années la maison de France aux mains avec celle d'Autriche. C'est ce qui produisit la grandeur de Charles-Quint; c'est ce qui mit l'Europe sur le point d'être asservie : et tous ces grands événements arrivèrent, parceque des bourgeois de Gand s'étaient opiniâtrés à marier leur princesse.

CHAPITRE XCVI.

Du gouvernement féodal après Louis XI, au quinzième siècle.

Vous avez vu en Italie, en France, en Allemagne, l'anarchie se tourner en despotisme, sous Charlemagne, et le despotisme détruit par l'anarchie, sous ses descendants.

Vous savez que c'est une erreur de penser que les fiefs n'eussent jamais été héréditaires avant les temps de Hugues Capet : la Normandie est une assez grande preuve du contraire : la Bavière et l'Aquitaine avaient été héréditaires avant Charlemagne : presque tous les fiefs l'étaient en Italie sous les rois lombards. Du temps de Charles-le-Gros et de Charles-le-Simple, les grands officiers s'arrogèrent les droits régaliens, ainsi que quelques évêques; mais il y avait toujours eu des possesseurs de grandes terres, des *sires* en France, des *herrens* en Allemagne, des *ricos hombres* en Espagne. Il y a toujours eu aussi quelques grandes villes gouvernées par leurs magistrats, comme Rome, Milan, Lyon, Reims, etc. Les limites des libertés de ces villes, celles du pouvoir des seigneurs particuliers, ont toujours changé : la force et la fortune ont toujours décidé de tout. Si les grands officiers devinrent des usurpateurs, le père de Charlemagne l'avait été. Ce Pepin, petit-fils d'un Arnoud, précepteur de Dagobert et évêque de Metz, avait dépouillé la race de Clovis. Hugues Capet détrôna la postérité de Pepin; et les descendants de Hugues ne purent réunir tous les membres épars de cette ancienne monarchie française, laquelle avant Clovis n'avait été jamais une monarchie.

Louis XI avait porté un coup mortel en France à la puissance féodale[1] : Ferdinand et Isabelle la combattaient dans la Castille et dans l'Aragon : elle avait cédé en Angleterre au gouvernement mixte : elle subsistait en Pologne sous une autre forme ; mais c'était en Allemagne qu'elle avait conservé et augmenté toute sa vigueur. Le comte de Boulainvilliers appelle cette constitution *l'effort de l'esprit humain*. Loiseau et d'autres gens de loi l'appellent une *institution bizarre, un monstre composé de membres sans tête*.

On pourrait croire que ce n'est point un puissant effort du génie, mais un effet très naturel et très commun de la raison et de la cupidité humaine, que les possesseurs des terres aient voulu être les maîtres chez eux. Du fond de la Moscovie aux montagnes de la Castille, tous les grands terriens eurent toujours la même idée sans se l'être communiquée ; tous voulurent que ni leurs vies ni leurs biens ne dépendissent du pouvoir suprême d'un roi ; tous s'associèrent dans chaque pays contre ce pouvoir, et tous l'exercèrent autant qu'ils le purent sur leurs propres sujets : l'Europe fut ainsi gouvernée pendant plus de cinq cents ans. Cette administration était inconnue aux Grecs et aux Romains ; mais elle n'est point bizarre, puis-

---

[1] Sur l'état des personnes en France sous les Mérovingiens, voyez un mémoire de M. Naudet dans le tome VIII du nouveau Recueil de l'académie des inscriptions et belles-lettres. B.

qu'elle est si universelle dans l'Europe : elle paraît injuste en ce que le plus grand nombre des hommes est écrasé par le plus petit, et que jamais le simple citoyen ne peut s'élever que par un bouleversement général : nulle grande ville, point de commerce, point de beaux-arts sous un gouvernement féodal. Les villes puissantes n'ont fleuri en Allemagne, en Flandre, qu'à l'ombre d'un peu de liberté; car la ville de Gand, par exemple, celles de Bruges et d'Anvers, étaient bien plutôt des républiques, sous la protection des ducs de Bourgogne, qu'elles n'étaient soumises à la puissance arbitraire de ces ducs : il en était de même des villes impériales.

Vous avez vu [1] s'établir dans une grande partie de l'Europe l'anarchie féodale sous les successeurs de Charlemagne; mais avant lui il y avait eu une forme plus régulière de fiefs sous les rois lombards en Italie. Les Francs qui entrèrent dans les Gaules partageaient les dépouilles avec Clovis : le comte de Boulainvilliers veut, par cette raison, que les seigneurs de châteaux soient tous souverains en France. Mais quel homme peut dire dans sa terre, Je descends d'un conquérant des Gaules? et quand il serait sorti en droite ligne d'un de ces usurpateurs, les villes et les communes n'auraient-elles pas plus de droit de reprendre leur liberté que ce Franc ou ce Visigoth n'en avait eu de la leur ravir ?

On ne peut pas dire qu'en Allemagne la puissance féodale se soit établie par droit de conquête, ainsi qu'en Lombardie et en France. Jamais toute l'Alle-

[1] Chap. xxiv. B.

magne n'a été conquise par des étrangers ; c'est cependant aujourd'hui de tous les pays de la terre le seul où la loi des fiefs subsiste véritablement. Les *boyards* de Russie ont leurs sujets ; mais ils sont sujets eux-mêmes, et ils ne composent point un corps comme les princes allemands. Les kans des Tartares, les princes de Valachie et de Moldavie, sont de véritables seigneurs féodaux qui relèvent du sultan turc ; mais ils sont déposés par un ordre du divan, au lieu que les seigneurs allemands ne peuvent l'être que par un jugement de toute la nation. Les nobles polonais sont plus égaux entre eux que les possesseurs des terres en Allemagne : et ce n'est pas là encore l'administration des fiefs. Il n'y a point d'arrière-vassaux en Pologne : un noble n'y est pas sujet d'un autre noble comme en Allemagne : il est quelquefois son domestique, mais non son vassal. La Pologne est une république aristocratique où le peuple est esclave.

La loi féodale subsiste en Italie d'une manière différente. Tout est réputé fief de l'empire en Lombardie ; et c'est encore une source d'incertitudes, car les empereurs n'ont été dominateurs suprêmes de ces fiefs qu'en qualité de rois d'Italie, de successeurs des rois lombards ; et certainement une diète de Ratisbonne n'est pas roi d'Italie. Mais qu'est-il arrivé ? La liberté germanique ayant prévalu sur l'autorité impériale en Allemagne, l'empire étant devenu une chose différente de l'empereur, les fiefs italiens se sont dits vassaux de l'empire et non de l'empereur : ainsi une administration féodale est devenue dépendante d'une autre administration féodale. Le fief de Naples est encore d'une espèce toute différente; c'est un hommage que le fort a rendu au faible; c'est une cérémonie que l'usage a conservée.

Tout a été fief dans l'Europe; et les lois de fief étaient partout différentes. Que la branche mâle de Bourgogne s'éteigne, le roi Louis XI se croit en droit d'hériter de cet état; que la branche de Saxe ou de Bavière eût manqué, l'empereur n'eût pas été en droit de s'emparer de ces provinces. Le pape pourrait encore moins prendre pour lui le royaume de Naples à l'extinction d'une maison régnante. La force, l'usage, les conventions, donnent de tels droits : la force les donna en effet à Louis XI, car il restait un prince de la maison de Bourgogne, un comte de Nevers descendant de l'institué; et ce prince n'osa pas seulement réclamer ses droits. Il était encore fort douteux que Marie de Bourgogne ne dût pas succéder à son père. La donation de la Bourgogne par le roi Jean portait que *les héritiers succéderaient;* et une fille est héritière.

La question des fiefs masculins et féminins, le droit d'hommage lige, ou d'hommage simple, l'embarras où se trouvaient des seigneurs vassaux de deux suzerains à-la-fois pour des terres différentes, ou vassaux de suzerains qui se disputaient le domaine suprême, mille difficultés pareilles firent naître de ces procès que la guerre seule peut juger. Les fortunes des simples citoyens furent souvent encore plus incertaines.

Quel état, pour un cultivateur, que de se trouver sujet d'un seigneur qui est lui-même sujet d'un autre dépendant encore d'un troisième! Il faut qu'il plaide devant tous ces tribunaux ; et il perd son bien avant d'avoir pu obtenir un jugement définitif. Il est sûr que ce ne sont pas les peuples qui ont, de leur gré, choisi cette forme de gouvernement. Il n'y a de pays dignes d'être habités par des hommes, que ceux où toutes les conditions sont également soumises aux lois.

FIN DU SECOND VOLUME
DE L'ESSAI SUR LES MOEURS.

TABLE

DES MATIÈRES DU SECOND VOLUME

DE L'ESSAI

SUR LES MŒURS ET L'ESPRIT DES NATIONS.

Chap. XXXVI. Suite de l'empire d'Othon et de l'état de l'Italie, *page* 1. — Othon dépose le pape, qui l'avait appelé à son secours, 3. — Vengeance du pape Jean XII, ibid. — Hypocrisie commune, 4.

Chap. XXXVII. Des empereurs Othon II et III, et de Rome, 6. — Crimes et malheurs dans Rome, ibid. — Barbarie d'Othon II, 7. — Son neveu pape. Autre pape chassé et maltraité, 8. — Romains toujours opposés aux empereurs, ibid. — Triumvirat de papes, 9. — Il y aurait eu des empereurs s'ils avaient demeuré à Rome, 10. — La cour de Constantinople méprise la cour romaine, ibid.

Chap. XXXVIII. De la France, vers le temps de Hugues Capet, 12. — Anarchie féodale en France, ibid. — Coutumes féodales, 13. — Armées, ibid. — Lois, 14. — Pairs, 15. — Hugues Capet, 16. — Hugues Capet s'empare du royaume à force ouverte, 17.

Chap. XXXIX. État de la France aux dixième et onzième siècles. Excommunication du roi Robert, 18. — Superstition horrible, mais non prouvée, 19. — Autres superstitions, 20. — Une Russe épouse du roi Henri Ier, 21. — Étrange jugement à Rome contre un seigneur français, 22.

Chap. XL. Conquête de Naples et de Sicile par des gentilshommes normands, 23. — Anarchie dans la Pouille ou Apulie, 24. — Beaux exploits de gentilshommes normands, 25. — Les fils de Tancrède, 26. — Le pape fait prisonnier par les princes normands, 28. — Origine de l'hommage des rois de Naples aux papes, 30. — Naples vassale de l'empire, depuis de l'Église romaine, 31. — Grégoire VII meurt captif, 32.

Chap. XLI. De la Sicile en particulier, et du droit de légation dans cette île, 34. — Origine des droits ecclésiastiques des rois de Sicile, 36. — Premier roi de Naples et de Sicile, ibid. — Saint Bernard déclare la suzeraineté du pape une usurpation, 37. — Autre pape pris par les princes normands ; 38.

Chap. XLII. Conquête de l'Angleterre par Guillaume, duc de Normandie, 39. — Édouard-le-Saint, ou le Confesseur, 40. — Écrouelles, ibid. — Guillaume-le-Bâtard, 41. — Nul droit de succession alors, 42. — Bataille de Hastings, 43. — Chanson de Roland; ibid. — Véritable idée des conquêtes, 44. — Gouvernement de Guillaume-le-Bâtard, 45. — Ridicule tyrannie imputée à Guillaume, 46. — Grégoire VII veut l'hommage de l'Angleterre, ibid.

Chap. XLIII. De l'état de l'Europe aux dixième et onzième siècles, 47.— Le nord de l'Europe commence à être chrétien, ibid.—Venise et Gênes, 50.—Commencements de Venise, 51.—Premier doge, ibid.—Héraclée, capitale de l'état vénitien, ibid.

Chap. XLIV. De l'Espagne et des mahométans de ce royaume, jusqu'au commencement du douzième siècle, 53. — Politesse des Maures en Espagne, 54.—Mariages des mahométans avec des chrétiennes, ibid.—Le Cid, 56.—Alfonse, roi d'Espagne, épouse une mahométane. Usage commun, 59.— Le Cid, 60.

Chap. XLV. De la religion et de la superstition aux dixième et onzième siècles, 61. — Hérétiques brûlés vifs sous le roi Robert, et en sa présence, 62.—Origine des communions de l'Europe séparées de Rome, 63. —Bel exemple de tolérance mal imité, ibid. — Eucharistie; ignorance et disputes, 64. — Ratram ne croit pas la présence réelle, 65. — Bérenger enseigne publiquement que Dieu n'est pas dans le pain consacré, 66. — Réfutation de Bérenger, 67.—Purgatoire, fête des morts, 69.—Épreuves; fables, 71.—Petrus igneus, 72.—Combat pour le missel, 73.—La fête des fous, 74.

Chap. XLVI. De l'Empire, de l'Italie, de l'empereur Henri IV, et de Grégoire VII. De Rome et de l'Empire dans le onzième siècle. De la donation de la comtesse Mathilde. De la fin malheureuse de l'empereur Henri IV et du pape Grégoire VII, 75.—Quel était Grégoire VII, 77.—Le pape ose citer devant lui l'empereur Henri IV, ibid.—Hardiesse de Grégoire VII, ibid. — Grégoire VII en prison, 80. — Il dépose l'empereur, ibid.—Henri IV persécuté, 81.— Il demande pardon au pape à genoux, 83.—L'Italie prend parti contre le pape, 84.—Grégoire donne l'empire, ibid. — Henri donne la papauté, 85. — Grégoire accusé de magie, ibid. —Prétentions absurdes de Grégoire VII, 86.—Grande et vraie donation au siége de Rome, 87. — Rome prise par Henri IV, 88. — Fond de la querelle entre l'empire et le sacerdoce, 90. — Mort affreuse de l'empereur Henri IV, 91. — Privé de sépulture, ibid. — Réflexion trop vraie, ibid.

Chap. XLVII. De l'empereur Henri V, et de Rome jusqu'à Frédéric Ier, 92. —Henri V ayant condamné son père, l'imite, ibid.— Henri V cède enfin au pape, 94. — Élection des papes, source des guerres civiles, 95. —Amour de la liberté, c'est-à-dire des lois, en Italie, 96.—Portrait des Romains par saint Bernard, 97.

Chap. XLVIII. De Frédéric Barberousse. Cérémonies du couronnement des empereurs et des papes. Suite des guerres de la liberté italique contre la puissance allemande. Belle conduite du pape Alexandre III, vainqueur de l'empereur par la politique, et bienfaiteur du genre humain, 98. — Serments réciproques des empereurs et des papes de ne se point faire assassiner, 99. — Cérémonies singulières, ibid. — Empire, bénéfice à la collation du pape, 101. — Papes donnent des couronnes et n'en ont point, ibid. — Adrien IV fait les rois de Sicile papes chez eux, 102. — Il donne l'Irlande, ibid. — Grandes actions de Barberousse, 103. — Schisme à Rome, ibid. — Pape habile triomphe de Barberousse; guerrier, 105.

Chap. XLIX. De l'empereur Henri VI, et de Rome, 107. — Empereur vassal du pape, ibid. — Empereur Henri VI très cruel, 108. — Innocent III, pape puissant, 109.

Chap. L. État de la France et de l'Angleterre pendant le douzième siècle, jusqu'au règne de saint Louis, de Jean-sans-Terre, et de Henri III. Grand changement dans l'administration publique en Angleterre et en France. Meurtre de Thomas Becket, archevêque de Cantorbéry. L'Angleterre devenue province du domaine de Rome, etc. Le pape Innocent III joue les rois de France et d'Angleterre, 111. — Gouvernement féodal, ibid. — Louis-le-Jeune renonce à sa femme et à ses provinces, 112. — Roi d'Angleterre qui renonce au droit de régale; 116. — Histoire de Thomas Becket, ou saint Thomas de Cantorbéry, 117. — Thomas assassiné, 119. — Le pape donne l'Irlande au roi Henri, pourvu qu'il se fasse fouetter par pénitence, ibid. — Richard-Cœur-de-Lion, 121. — Évêques portant les armes, 122. — Jean-sans-Terre, ibid. — Les pairs de France font le procès au roi d'Angleterre, 123. — Qui sont ces pairs; ibid. — Innocent III met l'Angleterre en interdit, et la donne au roi de France, 124. — Angleterre cédée solennellement au pape, 126. — Rome se moque de Philippe-Auguste, 127.

Chap. LI. D'Othon IV et de Philippe-Auguste, au treizième siècle. De la bataille de Bouvines. De l'Angleterre et de la France, jusqu'à la mort de Louis VIII, père de saint Louis. Puissance singulière de la cour de Rome: pénitence plus singulière de Louis VIII, etc., 128. — Armée du roi commandée par un évêque, 129. — Un seul chevalier tué dans la bataille, 130. — Grande charte, 131. — Louis VIII va conquérir l'Angleterre; 133. — Mort de Jean-sans-Terre, ibid. — Louis VIII abandonne l'Angleterre; 134. — Excommunié, et ses chapelains fouettés, ibid. — Testament de Louis VIII, 135. — Conte ridicule d'une fille, 136.

Chap. LII. De l'empereur Frédéric II : de ses querelles avec les papes; et de l'empire allemand. Des accusations contre Frédéric II. Du livre *De Tribus Impostoribus*. Du concile général de Lyon, etc.; 137. — Droit de vol, 138. — Droit de cuissage, ibid. — Frédéric II excommunié, 140. — Prétendu livre des Trois Imposteurs, 141. — Saint Louis sollicité en vain par les papes de favoriser leurs prétentions, 142. — Innocent IV dépose l'empereur Frédéric II, 143. — Accusations absurdes contre Frédéric,

143. — Accusations différentes contre la cour de Rome, 144. — Despotisme du pape sur le clergé, ibid. — Juste colère de l'empereur, 145. — Rome arme souvent les fils contre les pères, 146.—Croisade contre l'empereur, ibid.

Chap. LIII. De l'Orient au temps des croisades, et de l'état de la Palestine, 150. — Commencements des Turcs, ibid. — Décadence des califes, 151. — Décadence de Constantinople, 153. — Tableau de la Palestine, 154.

Chap. LIV. De la première croisade jusqu'à la prise de Jérusalem, 157. — Un fanatique auteur des croisades, ibid.—Croisade déclarée, 159.—Armement prodigieux, ibid. — Juifs massacrés sur la route par les croisés, 161. — L'Ermite sans armée, ibid. — Princes croisés, 162. — Intérêt des papes aux croisades, 163.—Caractère des principaux croisés, 164.— Magnificence de l'empereur Alexis, 165.—Prise de Jérusalem, 168.

Chap. LV. Croisades depuis la prise de Jérusalem. Louis-le-Jeune prend la croix. Saint Bernard, qui d'ailleurs fait des miracles, prédit des victoires, et on est battu. Saladin prend Jérusalem; ses exploits; sa conduite. Quel fut le divorce de Louis VII, dit le Jeune, etc., 170.—Émigrations, ibid.—Chevaliers teutons, 173.—Saint Bernard et ses prophéties, ibid. —Louis-le-Jeune, 174.—Nouvelles fautes des croisés, 176.—Désastres de Louis-le-Jeune, 177.

Chap. LVI. De Saladin, 179.—Alliance du roi chrétien de Jérusalem avec un soudan, ibid.—Horrible tremblement de terre, ibid.—Saladin, 180. —Le roi de Jérusalem captif de Saladin, ibid.—Générosité de Saladin, 181.—Il purifie la mosquée, ibid.—Croisade dans le nord, 182.—Dîme saladine, ibid.—L'empereur de Constantinople allié de Saladin, 183. — Philippe-Auguste et Richard-Cœur-de-Lion, 184. — Mort de Saladin : son testament, 186.—Venise gagne aux croisades, 187.

Chap. LVII. Les croisés envahissent Constantinople. Malheurs de cette ville et des empereurs grecs. Croisade en Égypte. Aventure singulière de saint François d'Assise. Disgraces des chrétiens, 188. — Révolutions horribles dans l'empire grec, 189. — Prise de Constantinople par les croisés, 190. —Élection singulière d'un empereur, 192. — Débris de l'empire grec, 193.— Croisades dégénérées en folie, ibid.—Le roi de France fait un roi de Jérusalem, 194.—On coupe la tête à cinq compagnons de saint François, 196.—Défaite des chrétiens, 197.—Comment Frédéric II se démêlait des croisades, 198. — Suite d'événements étranges, ibid. — Autres brigands, 200.

Chap. LVIII. De saint Louis. Son gouvernement, sa croisade, nombre de ses vaisseaux, ses dépenses, sa vertu, son imprudence, ses malheurs, 201.—Portrait de saint Louis, ibid.—Son vœu d'entreprendre une croisade, 203.—Ses dépenses, 204.—Il va en Égypte, 205.—Défait et pris, ibid.—Fables de Joinville, dont on n'a point la véritable histoire, 206.

— Générosité des vainqueurs, 207. — Saint Louis de retour en France, 208.—Son gouvernement en France, ibid.—Il repart pour sa croisade, 209.—État de la Syrie, ibid.—Mort du roi, 210.—Pertes de l'Europe, 211.

Chap. LIX. Suite de la prise de Constantinople par les croisés. Ce qu'était alors l'empire nommé grec, 212. — Les Français règnent à Constantinople, 213.—Les Grecs reprennent l'empire, 214.—Leurs mœurs, ibid.

Chap. LX. De l'Orient, et de Gengis-kan, 216. — Des Tartares, 217.— Leurs mœurs, ibid. — Leur culte, 218. — Prêtre Jean chimérique, 219. — Lois de Gengis, 220. — Conquêtes de Gengis, 221. — Armées prodigieuses, 222.—Cour plénière, 225.—Mort de Gengis, ibid.—Hommes égorgés sur son tombeau, 226. — Ses enfants partagent la moitié du monde, 227. — Si les princes de la race de Gengis étaient despotiques, 228.—Descendants de Gengis, 229.—Causes des succès de cette famille, 230.—Tartares font la guerre du Japon à l'Italie, ibid.

Chap. LXI. De Charles d'Anjou, roi des Deux-Siciles. De Mainfroi, de Conradin, et des Vêpres siciliennes, 232. — Pourquoi Naples et Sicile dépendent des papes, 233. — Les papes veulent dépouiller l'héritier du royaume, 234.—Les papes prennent pour eux les Deux-Siciles, 236.— Roi de Naples cité devant le pape, 237. — Manfredi se soutient toujours contre les papes, 238. — Marché de Clément IV avec Charles d'Anjou, 239. — Manfredi vaincu : son cadavre sans sépulture, ibid. — Conradin : son droit, ses malheurs, ibid. — Conradin et Frédéric d'Autriche exécutés par l'ordre de l'usurpateur, 240. — Vêpres siciliennes, 241.

Chap. LXII. De la croisade contre les Languedociens, 243. — Albigeois, ibid.—Commencements de l'inquisition, ibid.—Luxe des moines, 244.— Le comte de Toulouse persécuté, ibid. — Tous les habitants de Béziers égorgés, 245.—Injustice du jésuite Daniel, 246.—Évéques croisés contre les Languedociens, 248. — Bataille incroyable, 249. — Le comte de Toulouse va demander grace à Rome, ibid.—La croisade contre le Languedoc sous saint Louis, 250. — Cruelle paix faite avec le comte de Toulouse, 251. — Le comtat d'Avignon demeuré aux papes, 252. — Aristote brûlé dans un concile, 253. — Grand inquisiteur en France, scélérat reconnu, ibid.

Chap. LXIII. État de l'Europe au treizième siècle, 255. — Anarchie en Allemagne, ibid. — Élection de Rodolphe de Habsbourg, 256. — Papes jugent presque tous les rois, 258. — Papes donnent presque tous les royaumes, 259. — Science scolastique, pire que la plus honteuse ignorance, 260.

Chap. LXIV. De l'Espagne aux douzième et treizième siècles, 262. — Le Cid, ibid.—Grande preuve que les papes donnaient les royaumes, 264. — Prêtre évéque, marié, et roi par dispense du pape, 265. — Premier roi d'Aragon à qui on fait serment, 268.—États d'Aragon égaux au roi, 269.—Justification d'Alfonse-le-Sage, 270.—Lois d'Alfonse-le-Sage, 271. —Papes prétendent droit sur l'Aragon, 273.

Chap. LXV. Du roi de France Philippe-le-Bel, et de Boniface VIII, 274. —Quel était Boniface, 275.—Quel était l'état de Rome, ibid.—Boniface nomme Charles de Valois empereur d'Orient, 276. — Observation importante, 278.—Témérité de Boniface, 279.—On brûle sa bulle, 280. — Le confesseur du roi va rendre compte de la conscience de son pénitent en cour de Rome, ibid. — Philippe fait saisir la personne du pape, 283.—Procès criminel fait à la mémoire du pape, ibid. — Juifs chassés, 285.

Chap. LXVI. Du supplice des templiers, et de l'extinction de cet ordre, ibid. — Templiers accusés, 286. — Templiers interrogés, 287. — Templiers brûlés vifs, 288. — Justifiés, 289. — Dépouilles partagées, 291.

Chap. LXVII. De la Suisse, et de sa révolution au commencement du quatorzième siècle, 292. — Description de la Suisse, ibid. — Maison d'Autriche, 293. — Fondateurs de la liberté helvétique, ibid. — Fable de la pomme, 294.—Suisses vainqueurs, ibid.— Bonheur de la Suisse, 295.

Chap. LXVIII. Suite de l'état où étaient l'empire, l'Italie, et la papauté, au quatorzième siècle, 297. — Transmigration du siége papal, ibid. — L'empereur Henri VII à Rome, 298. — Henri VII cru empoisonné, 299.—Jean XXII, 300. — Jean XXII dépose l'empereur Louis de Bavière, 301.—Auteur âgé de cent quinze ans, 302. — Louis de Bavière dépose le pape et le condamne à mort, ibid. — Cordeliers brûlés, 303. —Jean XXII hérétique, ibid. — Pape Jean XXII très riche, et pourquoi, 304.—Rome veut toujours être libre, 305.—Cola Rienzi, tribun du peuple, ridicule, et assassiné, ibid.

Chap. LXIX. De Jeanne, reine de Naples, 306.—Crimes et malheurs de la belle Jeanne, reine de Naples, ibid.—Les troubles de sa maison commencent par un moine, ibid.— Mari de Jeanne étranglé, 307. — Mari de Jeanne vengé, ibid.—Jeanne vend Avignon au pape, 308.—Jeanne se remarie souvent, 309.—Jeanne déposée par un pape, 310.—Jeanne étouffée, 311.

Chap. LXX. De l'empereur Charles IV. De la bulle d'or. Du retour du saint-siége d'Avignon à Rome. De sainte Catherine de Sienne, etc., 312. —Bulle d'or, ibid.—Solennité de la bulle d'or, ibid.—Origine des sept électeurs, 313.—Origine des charges de l'empire, 314.—Dignité impériale suprême et vaine, ibid. — Dauphin de France précédé par un cardinal, 315. — Charles IV servi par des souverains, mais ne peut coucher à Rome, 316. —Venceslas et le roi Charles VI malades du cerveau en même temps, 317.—Les papes rétablissent enfin leur cour à Rome, 318.—Sainte Catherine de Sienne et sainte Brigitte, ibid.

Chap. LXXI. Grand schisme d'Occident, 319.—États du saint-siége, ibid. —Emportements du pape Urbain VI, 320.—On en élit un autre, ibid. —Excommunication et guerre civile, 321.—Urbain prisonnier : ses vengeances exécrables, 322. — Le schisme continue après Urbain, 323.— La France ne reconnaît aucun pape, ibid. — Le concile élit le corsaire Cozza, 325.—Aventures du pape Cozza, 326.

Chap. LXXII. Concile de Constance, 327. — Préparatifs du concile, 328. — État de l'Europe, au temps du concile, ibid. — Le pape s'enfuit du concile, 330.—Le pape est pris, 331.—Condamné, ibid.—Martin V, 332.

Chap. LXXIII. De Jean Hus, et de Jérôme de Prague, 334.—Esprit de ces temps, ibid. — Wiclef, 335. — Origine de la persécution contre Hus, 336. — Jean Hus innocent et opiniâtre, 338. — Étranges discours des pères du concile, ibid.—Beau témoignage de Poggio, 340.—Suites de la cruauté du concile, 341.

Chap. LXXIV. De l'état de l'Europe vers le temps du concile de Constance. De l'Italie, 342.—Républiques chrétiennes, ibid.—Florence, 344.—Tyrans divers, ibid.—Venise, 345. — Pise, 346. — Parme et Plaisance, ibid. — Empire et saint-siége, ibid.—L'Italie ne fit jamais un corps comme l'Allemagne, 347.—Naples et Sicile, ibid.—Les deux Jeannes, ibid.

Chap. LXXV. De la France et de l'Angleterre du temps de Philippe de Valois, d'Édouard II, et d'Édouard III. Déposition du roi Édouard II par le parlement. Édouard III, vainqueur de la France. Examen de la loi salique. De l'artillerie, etc., 350.—Édouard Ier, estimé des Anglais, ibid.—Chambre des communes, 351.—Édouard II, vicieux, faible, détrôné, ibid.—Mère d'Édouard III punie par son fils, 353.—Ce qu'était la France, 354. — Loi salique, 355. — Mauvaises raisons, ibid. — Plus mauvaises raisons, 356.—Disputes sur cette loi, 357.—Philippe de Valois, fortuné de nom, 358. — Édouard III, vicaire de l'empire, 359.— Anglais vainqueurs, 360. — Duel proposé, ibid. — La Bretagne disputée par le comte de Montfort et Charles de Blois, 361. — Héroïsme de la comtesse de Montfort, ibid.—Invention de la poudre, 362.—Se servit-on d'artillerie à Créci, ibid. — Duel de rois encore proposé, 364.—Six habitants de Calais se dévouent à la mort, mais ils n'ont rien à craindre, ibid.—Édouard III, généreux, ne fait point pendre de braves gens, 365.—Peste générale, 366.—Philippe de Valois acquiert le Dauphiné, 367.—Introduction de l'appel comme d'abus, faible imitation des lois anglaises, 368.

Chap. LXXVI. De la France sous le roi Jean. Célèbre tenue des états-généraux. Bataille de Poitiers. Captivité de Jean. Ruine de la France. Chevalerie, etc., 369.—Assassinats en cour, ibid.—Fausse monnaie, 370.— États-généraux mémorables, ibid.—Bataille de Poitiers, 372.—Jean prisonnier, 372.—Royaume bouleversé, 373.—Édouard III donne la paix, non par dévotion, 374. — Retour du roi en France. Épuisement des finances, 375. — Attroupements de paysans et de soldats licenciés, ibid. —Jean ne pouvant payer, retourne à Londres, et meurt, 376.—Chevalerie en honneur dans ces temps horribles, ibid.—La Table ronde, 377.

Chap. LXXVII. Du Prince Noir, du roi de Castille don Pèdre-le-Cruel, et du connétable Du Guesclin, 378. — Pierre rendu cruel par des rebelles cruels, 379.— Sa femme coupable, ibid.—Du Guesclin à la tête des brigands, 380.—Du Guesclin, un bâtard, et une armée de voleurs, contre Pierre, 381. — Bataille de Navarette, ibid. — Le bâtard tue son frère, roi légitime, 382.

Chap. LXXVIII. De la France et de l'Angleterre du temps du roi Charles V. Comment ce prince habile dépouille les Anglais de leurs conquêtes. Son gouvernement. Le roi d'Angleterre Richard II, fils du Prince Noir, détrôné, 383. — Politique du roi Charles V, ibid. — Puissance du roi Charles V, 385. — Mort de Bertrand Du Guesclin; cérémonie singulière, ibid.—Charles V non empoisonné, 386. — Trésor de Charles V, ibid.—Guerre des pauvres contre les riches, 387. — Richard II déposé juridiquement, 388. — Quatre souverains jugés et condamnés, 389. — Mort de Richard II, ibid.

Chap. LXXIX. Du roi de France Charles VI. De sa maladie. De la nouvelle invasion de la France par Henri V, roi d'Angleterre, 389.— Tout le fruit de la sagesse de Charles V perdu, ibid.—Charles VI tombe en frénésie, 391.—Cru ensorcelé, ibid.—Un sorcier du Languedoc envoyé pour guérir le roi, 392.— Duc d'Orléans assassiné, 393.— Un docteur justifie l'assassinat, ibid.—Factions à Paris, ville déjà considérable, 394. — Henri V descend en France, 395. — Batailles perdues, 397.—Reine mère coupable, punie, et qui se venge, 399.—Le dauphin assassine le duc de Bourgogne, 400.— Le dauphin déshérité, 403. — Condamné au parlement, 404. — Le roi d'Angleterre règne en France, 405. — Le roi d'Angleterre à Saint-Denys, 406.

Chap. LXXX. De la France du temps de Charles VII. De la Pucelle, et de Jacques Cœur, 407. — Qu'était la Pucelle d'Orléans, 408. — La Pucelle prisonnière accusée par la Sorbonne, et condamnée au feu par des évêques français et anglais, 409.—Observation, 411.—Philippe-le-Bon, père de quinze bâtards, 412.—Entrée de Charles VII dans Paris, reçu par les sept péchés mortels, 413.—Établissement de Charles VII, ibid. —Troupes réglées, 414.—Noblesse nouvelle, ibid.—Grand commerce de Jacques Cœur, ibid.

Chap. LXXXI. Mœurs, usages, commerce, richesses, vers les treizième et quatorzième siècles, 416. — Villes pauvres, 418. — Disette appelée frugalité, ibid. — Luxe chez les seigneurs et prélats, 420. — Usure énorme en usage, preuve de misère; et misère, preuve de sottise, 421.

Chap. LXXXII. Sciences et beaux-arts aux treizième et quatorzième siècles, 422.—Langue romance adoucie, ibid.—Citations essentielles, ibid — Le Dante, 423. — Pétrarque, 424. — Boccace, 426. — Cimabué, le Giotto, 427.—Toscans nos maîtres, ibid.—Remarque, ibid.—Langue française alors jargon grossier, 428.—Farces saintes, ibid.—Beaux-arts dans l'Asie, 429.—Traduction de Sadi, 430.—Sottises d'Europe, 431. — Fête de l'Ane, ibid. — Flagellants, 434. — Révélations, sortiléges, ibid.—Barbarie et misère, 435.—Grands hommes qui ne peuvent corriger leur siècle, 436. — Charles V, le Sage, digne d'un meilleur temps, 437.—Modes françaises, ibid.

Chap. LXXXIII. Affranchissements, priviléges des villes, états-généraux, 438.—Servitude établie dans presque toute l'Europe, ibid.—Servitude abolie en quelques pays, ibid. — Anoblissements, 440. — Tiers-état appelé aux parlements du royaume, ibid. — Les communes en Angleterre, 442.

Chap. LXXXIV. Tailles et monnaies, 443.—France sans lois, ibid.—Subsides noblement accordés, 444.—Tailles anciennes, ibid.—Monnaie faible, 445.— Peu d'argent comptant, 446. — Première monnaie d'or au coin du roi d'Angleterre, ibid.

Chap. LXXXV. Du parlement de Paris jusqu'à Charles VII, 448. — Ce qu'était le parlement de Paris, ibid. — Pairs, 449. — Différence entre parlement, cour de justice, et parlement de la nation, 450.—Pourquoi cour souveraine, ibid. — Évêques exclus de cette cour, ibid. — Roture en parlement, 451.—Parlement de Paris semblable au banc du roi d'Angleterre, 452. — Charles VII condamné au parlement de Paris, 454.—On n'ose procéder contre le duc de Bourgogne, puissant; et on procède contre le dauphin persécuté, 455. — Toutes les charges doubles en France, ibid.—Usages dans les jugements des pairs, ibid.

Chap. LXXXVI. Du concile de Bâle tenu du temps de l'empereur Sigismond et de Charles VII, au quinzième siècle, 457.—Si un concile a le droit de déposer un pape, un évêque prince, ibid. — Différence entre les conciles de Bâle et de Constance, 458. — Le pape Eugène casse le concile, ibid.—Tour plus adroit du pape Eugène, 459.—Union passagère des Églises grecque et latine, 460. — Cette union anathématisée à Constantinople. Eugène déposé, 461.—Défense au pape de créer plus de vingt-quatre cardinaux, 463. — Antipape, 464.—Le pape Pie II condamne tout ce qu'il avait fait contre les papes, ibid.—Cavaliers hussites au concile, 465.

Chap. LXXXVII. Décadence de l'empire grec, soi-disant empire romain. Sa faiblesse, sa superstition, etc., 466.—Sottises grecques, 467.—Ottoman, ibid.—Empereur grec, beau-père du sultan turc, ibid.—Bajazet, 469.—Le duc de Bourgogne prisonnier de Bajazet, ibid.

Chap. LXXXVIII. De Tamerlan, 470.—Bajazet vaincu et pris, 473.—

Fables de la cage, et de la raison qui empêche les sultans de se marier, ibid.—Hommages rendus à Tamerlan, 475.—Religion de Tamerlan, 477.

Chap. LXXXIX. Suite de l'histoire des Turcs et des Grecs, jusqu'à la prise de Constantinople, 479.—Mariages des Turcs avec des chrétiennes, et des chrétiens avec des Turques, ibid.—Grande muraille en Grèce, 480. — Paix avec les chrétiens, rompue, 481. — Décision qu'il ne faut pas garder la foi aux musulmans, ibid.

Chap. XC. De Scanderbeg, 484.

Chap. XCI. De la prise de Constantinople par les Turcs, 486.—Mahomet II, sultan, 487.—Son caractère, ibid.—Siége de Constantinople, 489.—Nul prince chrétien ne secourt Constantinople, 490.—Manière dont Constantinople fut prise, 491. — Traitement fait aux chrétiens, 493.—Nos erreurs sur les Turcs, 495.—Mahomet fait un patriarche, ibid.—Usages des Turcs, 496.

Chap. XCII. Entreprise de Mahomet II, et sa mort, 497. — Conquêtes de Mahomet II, 498.—Rhodes, 499.—Chrétien grand-vizir, ibid.—Miracle rapporté par Chalcondyle, 500.—Mort de Mahomet II, 501.

Chap. XCIII. État de la Grèce sous le joug des Turcs, leur gouvernement, leurs mœurs, ibid.—Athènes, 502.—Lacédémone, 503.—Enfants de tribut, ibid. — Sultans non despotiques, 504. — Gouvernement turc, ibid.—Mœurs, 505.—Férocité égale dans toutes les nations, 507.—Opinion de Marsigli, 508.—Administration non uniforme, 509.—Puissance turque, surnaturelle selon Ricaut, 511.

Chap. XCIV. Du roi de France Louis XI, 512. — Conduite de Louis XI avec les amis de son père, 514. — Avec le duc de Bourgogne, 515. — Avec son frère, qu'il empoisonne, 516.—Avec le roi d'Angleterre; dont il achète l'inaction; 517.—Avec ses ministres, ibid.—Avec les seigneurs du royaume, ibid.—Avec le duc de Nemours, dont il fait couler le sang sur la tête de ses enfants, ibid. — Avec les enfants du duc de Nemours, mis dans des cachots, 519.—Avec ses maîtresses; avec la sainte Vierge, 520. — Avec Martorillo, depuis saint François de Paule, 521. — Ses bonnes qualités, 522.—Sa puissance, 523.

Chap. XCV. De la Bourgogne et des Suisses ou Helvétiens, du temps de Louis XI, au quinzième siècle, 525.—Grandeur des ducs de Bourgogne, ibid. — Origine de la guerre contre les Helvétiens, 528. — Mort de Charles-le-Téméraire, 530. — Mariage de sa fille, 531. — Maximilien, depuis empereur, mis en prison par les bourgeois de Bruges, ibid.

Chap. XCVI. Du gouvernement féodal après Louis XI, au quinzième siècle, 532.

FIN DE LA TABLE.

www.ingramcontent.com/pod-product-compliance
Lightning Source LLC
Chambersburg PA
CBHW050827230426
43667CB00012B/1896